韓國行政思想史

한국행정사상사

삼봉, 율곡, 반계, 다산을 중심으로

나중식 저

서울경제경영

책 머리에...

"천하의 도(道)가 총체적으로 부너진 <세도지강(世道之降)>의 시대." 이는 삼봉이 역성혁명을 주도하면서 고려 말의 시대상황을 묘사한 말이다. 오늘날 한국의 시대상황도 이와 다르지 않다는 것이 필자의 생각이다. 보이는 질서인 법·제도뿐만 아니라 보이지 않는 질서인 윤리·도덕까지 무너지면서 한 치의 앞도 분간할 수 없는 갈등과 혼돈의 시대(era of chaos)에 우리는 살고 있다. 하늘인 도(道)가 무너지고 땅인 기(器)가 깨어지니 어느 한 방향 빛이 보이지 않는다. 전 국민의 70%가 희망이 없다고 말한다. 그런데도 불구하고 이를 헤쳐나갈 바람직한 국정운영방향과 가치를 찾지 못해 방황하고 있는 것이 오늘의 현실이다. 이러한 때에 예리한 시대인식과 혜안으로 한 시대의 이정표를 제시하였던 우리 선현들의 국정운영사상을 재조명한다는 것은 오늘의 난세를 극복할 수 있는 지혜와 시사점을 얻을 수 있다는 점에서 매우 의미 있는 일이라 생각된다. 현재의 가치와 시각으로 현실을 아무리 분석해 보아도 오늘이 보이지 않는다. 과거를 되돌아보아야 역설적으로 오늘이 보이고 미래가 보인다.

이 책은 <한국행정사상사> 연구의 일환으로 이루어진 조선시대의 인물중심의 행정사상사이다. 이 책은 조선시대의 뛰어난 학자이자 정치가 또는 관료였던 삼봉, 율곡, 반계, 다산의 국정운영사상을 현대 행정학적 관점에서 이해하고 해석한 결과를 담고 있다. 그 분석대상은 그들이 남긴, 그것도 한문으로 쓰여 진 그들의 정신적 산물들이다. 한문학자도 아니며, 철학자도 아닌 필자가 그들의 행정사상을 천착해 보겠다고 생각했던 이유는 우리의 행정학 연구에서 가장 취약하고 빈약한 분야가 바로 <한국행정사상사>에 관한 연구라 생각했기 때문이다.

행정학이라는 학문의 역사는 일천하지만 행정의 역사는 길다. 나라가 있으면 반드시 나라를 경영하는 행정사상과 철학이 있기 마련이지만, 행정학 관련 교과서 그 어디에도 우리 선현들의 행정사상과 국정운영철학에 관한 언급이 없다. 유구한 역사를 지닌 우리나라는 세계 그 어느 나라에도 뒤지지 않는 훌륭한 '행정아이디어와 가치'를 가지고 있었음에도 불구하고 이에 대한 의미부여는 찾아보기 힘들다. 수없이 많은 외국 학자들의 주장과 이론을 소개하면서도 우리 선현들의 행정사상에 대하여는 인색하기 짝이 없다. 한국의 행정학이 처음부터 서구, 특히 미국의 이론을 도입 수용하는 것이었기 때문에 우리의 전통적인 행정제도나 행정 가치는 연구의 대상이 아니라 오히려 극복의 대상으로 생각했기 때문이었을 것이다.

한국행정학의 정체성과 토착화(자주성) 문제가 제기된 지 많은 시간이 흘렀지만, 아직까지 한국행정사상사에 대한 연구는 큰 진전이 없다. 실적 또한 빈곤하기 그지없다. 이제는 외국의 행정이론과 제도의 도입에 치중한 연구에서 벗어나 우리 고유의 행정이론과 사상에 대하여 관심을 기울여야 할 때다. 외국의 행정이론과 사상을 알기 이전에 우리의 토종 행정사상을 먼저 알아야 한다. 학문적 사대주의를 벗어나기 위해서도, 또 훌륭한 외국의 이론과 제도를 우리의 토양에 튼튼하게 뿌리내리게 하기 위해서도 우리의 행정사상사에 대한 이해가 먼저 이루어져야 한다.

우리 선현들이 고민했던 국정운영에 대한 문제는 단순히 그 시대로 종결된 것이 아니라 여전히 오늘날의 우리들의 문제로 남아 있다. 덕과 예를 강조한 삼봉의 인정주의와 민본행정사상, 환경변화에 대한 적극적 대응을 강조한 율곡의 시무행정사상, 시대에 적합하고 실리에 합당한 법제도를 통하여 백성들의 항산과 항심을 유지할 수 있게 만드는 것이 행정의 근본이 되어야 한다는 반계의 실리행정사상, 그리고 국가권력을 행정의 중심개념으로 보면서 사회적 형평성(social equity)을 강조한 다산의 휼민행정사상과 집행과 실천을 강조한 실학행정사상은 오늘날의 행정실제와 비교해보아도 뒤지지 않는 진취적이고 발전적인 행정사상이다. 나아가 실적과 능력중심의 인사행정사상이나 절약과 능률중심의 재무행정사상, 그리고 공도(公道)와 청백리정신을 강조하는 선비사상은 오늘날 우리가 본받아야 할 불가역(不可易)의 정신이다.

이 책은 2011학년도 행정윤리와 철학을 강의하면서 학생들과 공동으로 토론하고 읽어간 결과물이다. 그들과의 토론과 격려가 없었다면 이 책이 나오지 못했을 것이다. 이 기회에 학생들에게 감사의 뜻을 전한다. 사상사에 관한 연구는 인간의 삶과 정신을 대상으로 하는 것이기에 접근방법에 따라 많은 오류를 범할 수 있다. 이 책 또한 필자의 의욕이 지나쳐 문장이나 논리의 전개에 무리가 있을 수도 있고, 또 사상의 이해나 해석에 있어 필자와는 다른 견해를 가질 수도 있을 것이다. 이는 필자의 능력부족과 가치에 기인하는 것이니 전적으로 필자의 몫이다. 잘못되었거나 보완해야 할 점에 대하여 독자들의 기탄없는 충고와 조언을 기대한다. 또한 어려운 출판환경에서도 흔쾌히 출판을 허락해 주신 서울경제경영출판사의 김은중 사장님과 편집부의 여러분께도 감사를 드린다. 끝으로 이 책이 나라와 백성을 염려하며 한 시대를 살았던 우리 선현들의 행정사상을 이 시대에 되살리는데 조금이라도 도움이 되기를 기대한다.

2012년 4월 도진산방에서

저자

목 차

제1장 연구의 기본 틀

제2장 삼봉의 민본행정사상

제3장 율곡의 시무행정사상

제4장 반계의 실리행정사상

제5장 다산의 휼민행정사상

제6장 종합적 해석과 평가 –조선시대의 행정사상–

제1장 연구의 기본 틀

"역사적 관점에서 현재를 들여다보아야 오늘의 문제점이 보이고, 미래를 설계할 수 있는 지혜가 생긴다. 선현들의 행정아이디어와 가치가 담긴 옛 자료들을 현대 행정학적인 의미로 해석하는 일은 고전으로서의 가치와 생명을 부여하는 작업인 동시에, 한국행정학의 독자성과 정체성을 찾기 위한 기초공사이다."

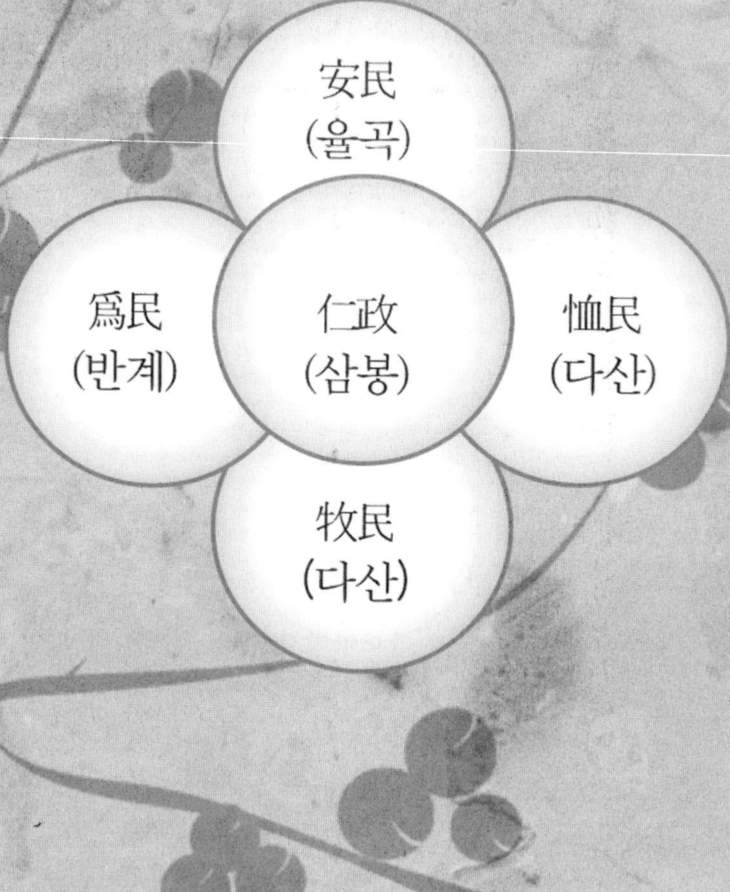
安民
(율곡)
爲民
(반계)
仁政
(삼봉)
恤民
(다산)
牧民
(다산)

01 서 론

1. 한국행정학의 반성과 회고

한국의 행정학은 지난 60여 년 동안 눈부시게 발전해 왔다. 그러나 한국에서의 행정학은 다른 사회과학과 마찬가지로 서구에서 유입되어 비교적 짧은 기간에 성장한 신흥학문이었기 때문에 외국, 특히 미국의 행정이론을 중심으로 발전해 왔다. 한국의 행정학이 우리 선현들의 행정사상과 철학을 바탕으로 그리고 우리의 전통적인 가치관과 생활양식의 특수성을 외면하지 않으면서 서구의 행정이론을 접목한 것이라기보다는, 서구의 행정사상과 이론을 보편성이 높은 것으로 간주하고 서구의 관점으로만 한국의 행정현상을 연구하고 설명해 왔다. 한국의 정치와 행정을 연구하면서도 우리의 전통적인 제도나 가치는 연구의 대상이라기보다는 오히려 극복의 대상이었다. 그 이유는 여러 가지가 있겠지만, 한국의 근대화 과정에서 우리의 '전통적인 행정아이디어와 가치'는 국가발전을 저해하는 후진형이니 하루빨리 극복해야 한다고 주장하면서, 우리의 「전통」보다는 서구형의 「발전」 만을 이상적인 가치로 추구해온 발전주의 행정학자들의 책임이 컸다고 볼 수 있다. 그 이유야 어떠하든 결국 한국의 행정학의 발전은 한국행정이 안고 있는 역사성과 특수성에 대한 이해보다는 외국의 문헌과 이론의 소개에 더 많은 관심을 기울여 왔다고 볼 수 있다.

우리의 역사 속에는 뛰어난 정치가와 행정가(관료) 그리고 학자들이 무수히 많았고, 또 그들의 행정사상과 철학이 국정운영에 많은 영향을 미친 것이 사실이다. 그들의 정신이 오늘의 국정운영문화에 그대로 녹아 있음에도 불구하고, 우리 선조들의 '행정아이디어나 가치'에 대한 연구는 행정현상을 연구대상으로 하는 행정학분야에서보다는 언제나 사학이나 동양철학을 전공하는 사람들의 몫이었다. 실제로 삼봉, 정암, 회재, 퇴계, 율곡, 서애, 반계, 다산 등의 행정사상에 대해서 일반 행정학자들보다는 그들이 훨씬 더 정통하다. 한국의 국정운영과 행정현상을 연구하는 학문공동체가 미국 행정학자들의 사상과 철학은 잘 알고 있으면서도 우리 선현들의 행정사상에 대해서는 전혀 모르는 기현상을 낳은 것이다. 이는 행정현상을 연구하는 우리 행정학자들의 직무태만이자 직무유기라 할 수 있을 것이다. 우리의 뿌리와 토양을 알지 못하면서 어떻게 국적있는 행정학을 꽃피울 수 있겠는가? 우리의 행정학 연구에서 가장 빈약하고 취약한 분야가 바로 한국의 <행정사> 또는 <행정사상사>에 관한 연구라 할 수 있다.

1970년대 말 한국행정의 토착화와 정체성(identity crisis)의 문제가 제기된 이후 우리 선현들의 행정사상이나 철학에 관한 연구가 활발히 진행되는 듯 했지만, 그 실적은 매우 빈곤하다. 최근에는 한문세대가 점점 사라지고, 외국에서 수학한 신세대들이 학계를 채우면서 우리의 행정사상과 가치에 대한 관심은 더 급격하게 줄어들고 있는 실정이다. 백완기(1982: 419) 교수는 그 이유를 선현들의 국정운영사상이 담긴 그들의 저서들이 모두 한문으로 쓰여 있어 독해가 불가능했고, 또 연구하는 사람의 수가 적고 관심이 적어 선현들의 사상을 잘 이해하지 못한 탓으로 돌리고 있다. 그러나 최근에는 한문으로 된 거의 모든 자료들이 한글로 번역이 되어 있기 때문에 자료의 접근문제는 그 이유가 되지 못한다.[1] 이제는 행정학자들의 손에 의해, 한국의 학문전통과 역사 속에서 적실성 있는 행정이론과 행정사상을 창출하고, 이를 행정에 적용하려는 노력을 기울여야 할 때이다.

조선의 통치이념이었던 유학이 '이익을 배척하고 도덕만을 중시하는' 이상주의에 흘러 결국 패망의 길로 들어선 것으로 알려져 있지만, 과연 조선의 선비들은 현실지향적인 이념을 무시하고 공리공론만을 지향했을까? 조선의 선비들은 어떠한 행정사상과 철학을 가지고 있었을까? 우리의 행정사상사를 들추어 보면, 서구의 사상과 이론 못지않게 훌륭하고 탁월한 행정사상을 지닌 선현들이 많고, 또한 서구의 행정사상이라고 알고 있는 것들이 사실은 우리 선현들

---

1) 한국 고전에 대한 번역은 1970년 민족문화추진회가 설립되어 『조선왕조실록』을 번역하면서부터 시작되었다. 그 이후 꾸준히 고전에 대한 번역출판이 추진되어 오다가 2007년 11월 <한국고전번역원>이 설립되어 보다 체계적으로 고전번역 사업이 추진되고 있다. 지금까지 국고문헌에서 개인문집에 이르기까지 1200여 권의 번역서를 간행하였다.

의 주장이었음을 많이 발견하게 된다. 이러한 것들을 찾아내어 이론화하는 작업을 통하여 한국 행정학의 뿌리를 찾아야 한다.

오늘날 한국은 짧은 기간 안에 세계 10위권의 경제대국으로 성장하는 등, 기적과 같은 발전을 이루었다. 그 발전을 이끌어 내는데 결정적인 역할을 한 것은 우리 스스로 극복의 대상이라고 생각했던 한국형의 행정패러다임이었다. 한국의 행정은 그동안 많은 비판을 거치면서 서양의 행정문화를 접목시켜 왔지만, 여전히 우리의 전통적인 행정사상과 가치가 그 맥을 이루고 있다. 결국 오늘의 발전을 유도한 것은 우리 선현들의 국정운영사상이 녹아있는 우리의 행정의 공(功)이라 할 수 있다. 이와는 반대로 그토록 우리가 추구하고자 했던 서구의 지적흐름과 미국중심의 국정운영 및 행정사상은 지난 2008년 글로벌 금융위기를 겪은 이후부터 전 세계인들의 비판과 불신의 대상이 되고 있다. 세계대공황에 버금가는 글로벌 금융위기를 극복하는 과정에서 세계의 석학들에 의해 미래의 새로운 국정운영방식으로 지목된 것은 다름 아닌 국가운영의 도덕성을 강조하는 유교민주주의(Confucian Democracy)였다. 이에 편승하여 중국 공산당은 문화혁명 이후 천대 받던 유교를 다시금 국가 통치이념으로 선언하면서 민족주의를 강화하고 있다. 현재 『논어』와 유학의 열풍이 전 세계를 강타하고 있다. 이제는 서양이 동양의 '행정아이디어와 가치'를 수입해가고 있다. 이러한 상황을 보면서도 유교적 통치이념에 바탕을 둔 한국의 행정사상이 극복의 대상에 불과한 것일까? 한국의 행정현상을 연구하고 설명하면서, 오늘의 우리를 있게 한 선현들의 행정사상과 철학을 무시한다면, 어떻게 정체성 있는 한국행정학의 정립이 가능하겠는가?

한국행정학의 발전의 중심에는 반드시 한국문화가 굳건하게 자리 잡혀 있어야 한다. 한국의 행정학은 <한국행정사>와 <한국행정사상사>에 대한 연구로부터 다시 시작하여야 한다. 즉 오늘의 한국행정을 보다 잘 알기 위해서는 먼저 우리의 <한국행정사>를 정립하여야 하고, 그 과정에서 선현들의 행정사상과 철학에 관한 연구가 깊이 이루어져야 한다. 행정학자들의 손에 의해 선현들의 행정사상이나 철학이 보다 정확하고 의미 있게 해석되고 정리되어야, 한국의 행정사상을 이론적으로 체계화할 수 있게 될 것이다. 선현들의 '행정아이디어와 가치'가 담긴 옛 자료들을 현대 행정학적인 의미로 해석하는 일은 고전으로서의 가치와 생명을 부여하는 작업인 동시에, 한국행정학의 독자성과 정체성을 찾아가는 하나의 과정이라 할 수 있다. 이 연구도 우리 선현들의 행정사상 연구를 통하여 한국 행정학의 정체성을 찾기 위한 일환으로 이루어진 것이다.

2. 행정사상사 연구의 목적과 필요성

행정사상(行政思想)이란 행정과 사상의 복합어로써, '행정행위 내지 행정체제의 바람직한 모습에 대한 인간의 체계적인 생각'을 말한다. 정치사상이 권력의 유지 쟁탈과 관련하여 일어나는 인간 활동에 대한 인식과 그 가치판단에 대한 신념(사고)체계를 말한다면, 행정사상은 '권력을 어떻게 하면 국민을 위하여 공적(公的)으로 잘 쓸 수 있을까'에 대한 일련의 규범적인 사고체계를 말한다. 즉 '행정이 지향하고자 하는 바람직한 목표와 가치는 무엇이며, 그 목표와 가치를 달성하기 위해여 조직, 사람, 예산, 정책 등의 행정수단을 어떻게 활용하고 운용하는 것이 바람직한가에 대한 체계적인 사고'를 말한다.

행정사상은 그 시대의 국정운영에 대한 반응으로 형성되는 것이기 때문에 시대에 따라, 사람에 따라 상대적이다. 한 사상가의 행정사상과 철학은 그 시대 국정운영상황에 대한 관찰과 문제인식(perception)을 통하여 형성된다. 따라서 한 사상가의 행정사상과 가치의 형성과정은 행정이 추구하고 달성하고자 하는 바람직한 가치와 그 가치를 실현시킬 수 있는 수단에 대하여 사상가 스스로 그 의미(가치)를 부여하고 강화하면서 구성되는 사고체계(지식과 지혜)의 축적과정이다.

행정사상사(行政思想史)란 행정사상을 역사적으로 고찰하는 행정학의 한 분야로서, 국정운영에 대한 사상가들의 관념(ideas), 비전(vision), 개념(concept), 가치(value)의 창조·보완·수정의 역사라 볼 수 있다. 위대한 사상가들의 국정운영 아이디어와 가치는 우리가 행정현상을 이해하고 통제할 수 있도록 하는 지적 도구이며, 현재를 극복하는데 필요한 자율적 가치선택의 자원이 된다. 이와 같은 관점과 맥락에서 볼 때, 한국 행정사상의 근원에 대한 탐구는 매우 의미 있는 일이다. 보다 구체적으로 한국행정사상사 연구가 왜 필요한가를 정리하면 다음과 같다.

첫째로는, 바람직한 행정은 무엇인가에 대한 지혜를 얻고자 함이다. 우리의 선현들은 "행정(통치)이란 무엇이며 누구를 위해 존재해야 하는가?" 에 대해 치열하게 사유하고 철학한 사람들이다. 그들이 추구했던 행정아이디어와 가치에 대한 연구를 통하여 오늘의 우리들이 추구하고 있는 행정가치가 바람직한 것인지에 대해 성찰하고, 이를 통해 바람직한 미래가치를 개척할 수 있는 지혜를 얻고자 하는 것이 행정사상사 연구의 목적이다. 다시 말하면, 우리가 살고 있는 현재 또는 현대를 역사적 관점에서 보다 객관적으로 인식하고, 이를 통해 바람직한 미래가치를 자율적으로 선택할 수 있는 능력을 배양하기 위해서이다. 우리가 살고 있는 현재 또는 현대를 객관적으로 자각하고 의식하기 위해서는 현재를 역사로서의 현재로 파악하여야 한다. 즉 역사적 관점에서 현재의 시간(가치)을 '대상화'하여 객관적으로 들여다 볼 수 있어야 한다.

현대국가의 국정운영은 극도의 가치갈등 속에서 무엇이 바람직한 가치인지를 선택하고 집행하는데 많은 어려움을 겪고 있다. 국정운영에 있어서 바람직한 가치와 정책의 선택은 그 무엇보다 중요하다. 바람직한 행정목표와 행정가치의 설정은 과거와 현재의 연속선 위에서 미래의 방향을 설정하는 일이다. 행정사나 행정사상사에 관한 연구는 현재 우리들이 역사의 어느 지점에 와 있는가를 자각하고 의식하게 만들고, 현재를 극복할 수 있는 '자율적인 가치선택'을 가능하게 해 준다(박충석, 1982: 256). 즉 과거를 되돌아보아야 오늘을 알 수 있고, 또 미래를 설계할 수 있는 지혜가 생긴다. 서구의 사상이나 역사만으로는 또는 서구의 이론과 이념에 입각한 단편적이고 공시적(synchronic)인 한국행정의 연구만으로는 현재를 극복할 수 있는 적실성(relevance)있는 가치를 발견하기 어렵다. 국정운영은 통시적(diachronic)인 역사적 발전과정을 통해서만 바람직한 미래가치를 설계할 수 있다. 만약 과거의 역사적 발전의 추이에 대한 지식이 없다면, 즉 역사적으로 어떠한 행정사상과 이념에 의하여 국정운영이 이루어져왔으며 오늘에 이르렀는가에 대한 지식이 없다면 현재에만 매몰되어 어디에서 어디로 발전되어 가는 것이 바람직한가에 대한 방향감각을 잃어버리게 된다. 다시 말하면 가치를 자율적으로 선택하고 향유할 수 있는 능력을 상실하게 된다.

둘째는, 한국행정사상사 연구를 통하여 행정학의 토착화를 이룩하는데 기초공사를 놓을 수 있다는 점이다. 현대 한국의 행정행위와 행정문화는 전통사회의 유산과 문화의 영향을 강하게 받고 있기 때문에 현대행정과 전통행정 사이에서 많은 연속성과 계속성을 발견하게 된다. 행정문화를 형성하는 사상적 토양은 쉽게 바뀌지 않는다. 아무리 좋은 서양의 행정아이디어와 제도를 도입해도 우리의 토양에 맞지 않으면 잘 자라지 않는다. 우리의 토양에 맞게끔 배양된 싹을 심어야 튼튼한 나무로 잘 자라난다. 따라서 우리의 토양에 해당되는 행정사상과 가치에 대한 철저한 연구를 통하여 서양의 좋은 제도와 이론을 접목시키려는 노력이 있어야 한다. 처음부터 이질적인 문화 속에서 생성한 제도가 우리의 것으로 토착화하기에는 많은 문제점이 있다. 예컨대 합리주의(rationalism), 보편주의(universalism), 비인간주의(impersonalism)를 기반으로 성립·발전된 서양식 관료제가 정적이고 수직적이고 지배복종의 권위관계를 강조하는 우리의 문화 속에서 정착하기에는 쉽지 않다는 말이다(백완기, 1980: 379). 한국행정학에서 한국행정사상사에 관한 연구는 이러한 토양에 대한 지식을 축적하게 하여준다.

셋째로는 유학사상사 또는 정치사상사에서 단편적으로 설명되어 온 전통사회의 국정운영 및 관리사상을 현대 행정학적 관점에서 체계적으로 정리해 봄으로써 행정학연구의 외연의 확대와 한국행정학의 정체성(identity)을 확보할 수 있다는 점이다. 아울러 한국행정사상의 구조와 전개과정을 서양의 행정사상과 상호비교해 봄으로써 한국행정사상의 보편성과 특수성을 탐구할 수 있다는 점이다. 한국행정사상의 특색을 알기 위해서는 한국 행정사상의 역사적 추이와 전개과정에 관한 종적인 연구와 아울러, 세계사적인 횡적인 비교연구를 통해서만 사상의 특수성과 보편성을 명확히 들어낼 수 있기 때문이다.

이 연구는 조선시대의 가장 대표적인 4명의 사상가들의 행정사상을 그들이 남긴 지서와 문집을 <텍스트>로 하고, 그 <텍스트>에 나타난 행정아이디어와 행정가치를 해석학적 접근방법을 통하여 체계적으로 이해하고 해석하고자 하였다. 조선왕조를 설계한 삼봉 정도전(1342~98)의 행정사상을 출발로 하여, 그가 죽은 지 200년이 지난 중쇠기의 시점에 나타난 조선 최고의 사상가이자 선비였던 율곡 이이(1536~84)의 행정사상, 그리고 건국 후 300년이 지난 시점에서 실학의 선구자라고 평가받는 불세출의 중농주의 사상가인 반계 유형원(1622~73)의 행정사상, 마지막으로 건국 400년 후 실학을 집대성한 한국의 석학 다산 정약용(1762~1836)의 행정사상을 통시적(diachronic)으로 밝혀봄으로써 오늘 우리 한국의 행정사상에 그들의 사상이 어떻게 녹아있는가를 보고자 하였다.

02 한국행정사상사 연구의 경향분석

1. 행정사상과 가치연구의 무관심

지금까지 행정학분야에서는 행정사상이나 가치 그리고 행정철학에 대해서는 크게 관심을 기울이지 않았다. 그렇다면 어떠한 학문에도 기본적으로 내포하고 있는 가치와 철학 그리고 규범성에 대하여 행정학이 관심을 두지 않았던 이유는 어디에서 찾을 수 있을까? 그것은 행정학의 발생 배경에서 그리고 초기의 학문적 정체성을 규정해 가는 과정에서 잘 설명된다.

현대행정학은 19세기 말 일련의 정치학자들이 미국의 국정운영에서 나타나는 행정의 비효율성은 바로 행정의 전문주의(professionalism)를 침해하는 '정치물결의 행정에의 침투' 또는 '정치로부터 행정의 왜곡'에 그 원인이 있다고 보고, 행정을 정치 또는 정쟁(partisan politics) 에서 분리하여 독립된 학문으로 연구할 필요가 있다는 주장에서 시작되었다(Wilson, 1887). 실제로 그 당시에 성행했던 엽관주의(spoil system)는 선거운동원을 행정에 끌어들여 중요한 직책을 맡게 했으며, 그 결과 행정 관료의 진퇴를 정치적 운명과 같이 하게 함으로써 행정의 일관성과 전문화를 키울 여지를 주지 않았다. 정치와 분리된 행정의 독자적 연구가 강조된 이후 대부분의 행정학자들은 '행정의 영역은 과학이 적용되어야 하는 영역'이며, '행정학은 과학이다.'라는 강한 신념으로 행정학의 과학화를 지속적으로 강화해 왔다. 이러한 연유로 인해 지금까지 행정현상에 대한 연구는 객관성과 과학성을 강조하는 실증주의(positivism)와 행태주의(behaviorism)가 지배했다. 실증주의는 주어진 것(the given) 혹은 주어진 현상에 대한 경험적 인식을 토대로 하며, 분석적 방법을 통해 과학의 통일을 이루고자 하는 연구방법이다. 즉 실증주의는 방법론이라는 '지식획득의 도구'를 통해 모든 과학(사회과학이건 자연과학이건)을 하나로 통일시키고자 한다(임의영, 2006: 161). 이러한 실증주의 논리가 사이몬(Simon, 1947)에 의하여 행정학에 도입되면서 그가 명명한 행태론적 방법론이 행정학의 지배적인 접근방법이 되었다.

행태론적 방법론(behavioral methodology)은 관찰과 과학적 방법을 통해서만 유용한 지식을 얻을 수 있다는 논리실증주의(logical positivism)의 영향을 받아 자연과학에서의 엄격한 경험적 방법을 정치 및 행정현상을 연구하는데 이용할 것을 주장하고, 이를 위해 가치와 사실을 분리하고 연구대상을 사실의 측면에 국한시켜야 한다고 주장한다.[2)] 이러한 행정학에서의 과학주의적 사고는 행정의 연구는 가치를 배제한 사실의 측면에 한정하여야 한다고 주장하는 가치－

2) 하버마스(Habermas, 1986)는 과학적 지식을 강조하는 실증주의는 ① 감각적 확실성(sense certainty), ② 방법의 확실성(methodical certainty), ③ 지식의 정확성(precision of knowledge), ④ 지식의 유용성(utility of knowledge) 등을 강조하는 속성이 있다고 본다. 행정현상을 연구하는데 있어서 이러한 과학이 중심적이어야 한다는 데에는 이론이 없으나, 관찰과 과학적 방법 자체의 불확실성을 인정하고, 과학만이 지식을 획득하는 유일한 방법이라는 도그마에서는 벗어나야 한다.

사실 이원론(value-fact dichotomy) 내지는 가치중립성(value free) 원칙에 그 기초를 두고 있다. 이 가치중립성 원칙은 실증주의의 영향에서 유래된 것으로, 가치란 기본적으로 개인의 선호(personal preference)나 신념(conviction)에 근거하고 있기 때문에 합리적 과학적 연구의 대상이 되지 않는다고 보았던 것이다. 이러한 과학적 지식에 대한 신념, 즉 '행정학은 과학이다'라는 신념으로 인해 행정현상에 관한 연구는 가치나 규범의 문제보다는 사실의 문제에 천착하지 않을 수 없었다.

이러한 실증주의와 과학주의적 사고를 강조하는 행정학의 연구경향은 행정의 과학화에는 많은 영향을 미쳤으나 행정현상의 본질탐구에는 크게 기여하지 못했다. 이 과학주의적 연구경향은 주관적 성격의 가치문제를 배제하고 객관적 사실만 분석대상으로 삼기 때문에 의식현상을 이해하거나 이념적인 것을 파악하려고 할 때에는 한계가 있다(Husserl, 1981). 이러한 이성과 자율적인 판단의지를 가진 인간의 주관성을 무시한 과학적 방법론에 반기를 들고 일어난 것이 현상학적 접근방법이지만, 사이몬을 중심으로 한 과학적 노력은 현재까지도 주류로 인정받고 있다.

어떠한 학문이든 학문은 기본적으로 처방성과 과학성 그리고 규범성을 모두 내포한다(이종범, 1986). 그런데 행정학 학문공동체는 행정학을 처방지향적이고 과학지향적인 학문으로 규정하고 있으면서도 규범적이고 가치적인 측면에는 별로 관심을 기울이지 않았다. 지난 2006년 한국행정 50주년을 회고하면서 한국행정학회가 스스로 평가해본 바에 의하면, 한국행정학의 연구경향은 행정현상에 대한 거시적, 본질적, 철학적, 역사 비교론적 연구보다는 실증적이고 미시적이며 가치판단이 없는 처방적인 연구행태들이 그 주를 이루고 있다고 회고하고 있다. 다시 말하면 연구영역이 다양화되고 연구방법도 실천위주로 정교해졌지만, 학문의 본질추구보다는 임기응변적인 처방전 작성에 몰두하면서 관변학문적인 틀을 크게 벗어나지 못했다는 것이다(이종범, 2006: 안병영, 2006). 행정현상을 인식하는 데에는 목적론적 설명(teleological explanation)과 인과론적인 설명(causal explanation)이 모두 필요함에도 불구하고 그동안 가치를 제외한 사실의 측면에 한정하여 행정현상을 연구해 오다 보니, 인간행위가 결부된 행정현상을 설명함에 있어서 인간행위의 의도(intention)나 지향성, 그리고 규범성의 중요성을 간과했던 것이다.

행정학은 학문의 성격상 사회과학의 한분야로서 바람직한 사회 상태와 행정질서의 실현을 목적으로, 현실세계에서 가능한 행동방안을 강구하고 이를 실현하려는 실천 지향적 학문이다. 이울러 행정학은 사회문제를 해결하고 바람직한 사회를 구현하기 위한 처방과학이다. 실천 지향적 연구를 위해서는 사실에 관한 정보뿐만 아니라, 어떤 행동이 바람직한가를 판단하는데 이용될 수 있는 가치에 관한 정보를 필요로 한다. 행정은 당연히 실천적이기 때문에 규범적 측면과 사실적 측면, 그리고 논리적인 측면까지를 함축하고 있다(강신택, 2002: 125).

행정현상은 항상 무질서하게 맛 물려진 가치들을 포함하고 있으며, 행정적인 것들의 본질을 이해하는데 가치판단을 하지 않고 연구한다는 것은 불가능하다. 올바른 행정이란 과학과 기술의 차원을 뛰어 넘어 궁극적으로는 인간 존엄성 확보에 도움이 되는 철학으로 무장되고 체계화되어진 것이어야 한다(Dimock, 1965: 1-6). 행정학은 가치개입적인 학문이다. 행정학에서는 관심 없는 연구는 행해질 수 없으며 오히려 가치판단이 모든 연구를 결정한다(Myrdal, 1972: 161-162). 좋은 행정이란 무엇이며, 현재의 행정이 추구해야 할 올바른 가치가 무엇인가를 탐색하고 선택하는데 도움을 받기 위해서도 우리 선현들이 추구했던 행정아이디와 가치에 대한 깊이 있는 종적 연구와 함께 그들의 행정사상이 역사적으로 어떻게 변화 발전되어 왔는가에 대한 통시적인 연구가 동시에 이루어져야 한다.

2. 유학사상과 정치사상에의 종속성

행정(administration or management)을 가장 간단하게 정의하면 '공동목표를 달성하기 위한 협동행위(co-operative action)'라 할 수 있다. 이러한 행정은 인류가 집단을 이루어 생활할 때부터 시작되었고, 또한 행정학의 연구대상인 국가의 공공행정(public administration)은 독립된 국가가 형성되었을 때부터 시작되었다고 볼 수 있다. 그렇다면 국가의 행정행위나 행정현상에 대한 바람직한 생각이나 사고체계를 뜻하는 행정사상은 어떤 형태의 국가에서도 존재했다고 볼 수 있다. 따라서 행정사상사에 관한 연구는 매우 중요한 연구영역이고, 그에 비례하여 그 연구결과도 많아야 한다. 그러나 한국의 행정사상사에 관한 체계적이고 독립된 연구는 거의 없는 실정이다.

지금까지의 전통사회의 행정사상에 관한 연구는 유학사상사나 정치사상사의 연구범위 속에서 부분적으로 다루어져 왔다. 전통사회에서는 학문이나 사상이 미분화상태에 있었기 때문에 정치행정사상이 종교나 철학사상으로부터 구분되지 못하였고, 또한 제 사상이 타 분야의 행위와 밀접하게 연관되어 있어 국정운영행위나 통치 및 관리행위에 직·간접적으로 관련되어 있었기 때문에 행정사상만을 독자적으로 분리하여 설명하려고 시도하지 않았다. 그 근본적인 이유는 국정운영현상이나 통치현상을 전체적으로 이해하려는 동양의 전일적이고 통합적인 세계관 또는 사고방식의 결과라 생각된다.[3] 즉 유학사상사나 정치사상사를 통하여 국정운영과 통치 및 관리행위에 대한 설명이 충분하다고 보았을 뿐 아니라, 행정학자들도 정치와 행정이 분리되지 않았던 전통사회의 행정현상을 독립된 연구영역으로 생각하지 않았기 때문이다. 그 구체적인 이유는 다음을 들 수 있다.

첫째는, 조선시대는 정치와 행정이 분화되지 않은 상태였기 때문에 행정의 고유성이나 독자성에 대한 인식의 기반이 없었다. 조선은 국가와 군주가 인격적으로 동일한 것으로 간주되는 가산국가(家産國家)의 특징을 가졌기 때문에 행정의 고유성에 대한 인식의 기초가 마련되어 있지 않았다. 즉 행정은 본질적으로 정치와 분화되지 않은 상태였다. 특히 조선은 농업생산을 중심으로 안정

3) 동양의 세계관은 전일적이고 통합적인 사고체계를 가지고 있는 반면, 서양은 보다 분석적이고 변증법적인 사고체계를 가지고 있다. 정치와 행정의 분리적 사고는 서양의 분석적 사고체계와 무관하지 않다.

적이고 보수적인 국정운영, 즉 자기 분수를 지켜 생업에 종사하게 하려는 안분수업(安分守業)을 목적으로 하는 유교적·입헌적 군주주의국가였다. 따라서 작위적이고 계획적인 국가 활동보다는 군주의 도덕적 규범의 강화를 통한 국민교화와 덕치를 중시하는 소극적 보수적 국정운영을 하였기 때문에 구체적인 관리지식이나 행정기술에는 크게 관심을 기울이지 않았다고 볼 수 있다.[4)]

둘째는, 행정학을 연구하는 학자들조차도 전통시대의 행정사상을 자기들의 연구대상으로 생각하지 않고 사학이나 철학분야의 고유한 연구영역으로 생각하여 별로 관심을 기울이지 않았다. 조선의 통치이념이 유학(성리학)이었기 때문에 유학의 경세사상이 곧 조선의 정치사상이었으며 행정사상은 당연히 그 정치사상속에서 종속적으로 설명되고 있다고 보았다는 점이다. 조선시대의 국가와 인간사회를 규율하고 떠 받혀 온 지배적인 사상은 유학사상이다. 유학은 한마디로 말해서 인간은 어떻게 살아야 하는가하는 인간의 삶을 대상으로 하는 학문이다. 유학은 인의(仁義), 도(道), 수기(修己), 치인(治人)으로 귀결되는 교리(doctrine)를 가진 사회통치이념이자 우리사회를 지배해온 사회도덕규범이었다. 조선은 이 유학(성리학)을 국가 통치이념으로 하여 출발하였기 때문에 유학사상은 조선시대의 인간과 인간, 국가와 사회의 관계를 규율하고 유지시켜온 사상적·정신적 규범이었다. 따라서 조선조의 유학사상이나 통치 및 권력현상을 다루는 정치사상에 관한 연구는 많지만, 이러한 사상이나 이념을 실현시키는 국정운영이나 관리에 초점을 둔 행정사상사에 대한 독자적인 연구는 거의 없다.

조선시대는 유학교육을 받은 관료가 지배하는 관인지배체제였기 때문에 지

---

4) 이와는 반대로 17세기 서양의 절대군주주의 국가는 강력한 상비군과 중앙집권적 관료제를 기반으로 하였으며, 국가정책은 중상주의와 보호무역주의 그리고 식민주의정책을 강력히 추진하였다. 따라서 그 시대에는 국가재정의 부강(확충)이 절대로 필요하였기 때문에 이를 위한 행정기술과 지식의 제공이라는 실천적 필요성이 인식되어 관방학(官房學)이라는 학문이 성립할 수 있었다. 비록 현실 문제를 해결하기 위한 기술적인 성격이 강조된 나머지 행정에 대한 체계적인 인식까지는 이루지 못하였지만, 점차 행정의 독자성을 강조하면서 국가 활동의 학으로서의 행정학의 성립을 주장하기에 이르게 된다.

배 관료를 중심으로 한 유학적 도덕규범이 국정운영을 지배하였음은 사실이다. 따라서 지배관료들의 도덕성과 규범성의 강화를 통하여 유교가 지향하는 행정이념인 민본(民本)과 위민(爲民), 그리고 인정(仁政)을 달성하려고 하였기 때문에 구체적인 행정기술이나 행정제도에 관해서는 별도로 관심을 둘 필요가 없었을지도 모른다. 그러나 그 시대에도 바람직한 국정운영 또는 행정에 대한 체계적인 생각과 견해는 당연히 존재했을 것이다. 즉 국정운영목표를 달성하기 위한 조직과 사람, 그리고 재정의 운영과 관련된 미시적이고 구체적인 운영사상은 어떠한 국가에서도 존재하기 때문이다. 비록 유학사상이 우리의 전 영역을 지배했다 하더라도 유학사상으로 우리의 행정사상을 덮어버릴 것이 아니라, 그 유학사상이 구체적으로 어떻게 행정행위에 영향을 미쳐 우리의 행정사상이 되었는지도 밝혀야 한다. 이러한 이유에서도 행정사상사에 대한 독자적인 연구가 필요하다.

3. 행정사상사 연구의 경향

조선시대의 사상사의 전개는 유학사상－실학사상－개화사상으로 이어지는 단일의 사상사의 흐름으로 파악하고 있는 것이 일반적이다. 또한 정치사상사의 전개도 유학에서의 정치사상－실학파의 정치사상－개화기의 정치사상으로 이어지는 단일의 흐름으로 설명하고 있다. 그러나 이러한 사상의 단일흐름 및 변화에 대한 해석은 학자에 따라 많이 다르다. 즉 실학사상의 성격과 관련해서는 성리학의 범주에 충실한 퇴계와 율곡의 철학을 극복한 새로운 지평위에서 독자적인 인식체계를 수립하였다고 보는 견해(이을호, 1975: 이우성, 1982: 10-14)와, 실학은 성리학사상의 내재적 연속적 발전이라고 보는 견해로 크게 나눌 수 있다. 전자는 실학은 '반주자학적 내지 탈성리학적 맥락'에서 형성되었기 때문에 성리학과는 다른 독자적인 사상체계라는 것이고, 후자는 실학은 실학자들의 현실인식과 대응방식이 성리학적 이론의 틀을 벗어나지 않았기 때문에 '성리학의 역사적 변용(historical variation)'으로 보고 성리학의 연장선상

에서 다루어야 한다는 견해(박충석, 1982)로 요약할 수 있다.5)

조선시대 사상사의 전개의 특징이 유학사상의 내재적 변용으로 보든 독자적인 사상의 출현으로 보든, 다시 말하면 성리학과 실학의 관련성에 관한 견해가 어떠하든 대부분의 학자들은 조선시대의 사상사의 흐름을 퇴·율의 성리학사상－실학사상－개화사상이라는 단일흐름으로 전개되어 왔다고 보고 있다.6) 그러면서도 그 기본적 바탕은 유학을 깔고 전개되었다는 점은 부인하지 않는다. 조선시대의 행정사상을 연구하면서 유학사상사를 떠나 연구할 수는 없는 것은 사실이지만, 유학사상사가 행정사상사를 대신할 수는 없다. 행정사상은 그 시대의 환경과 시대의 변화에 적응하여 형성되는 미시적이고 작위적인 사고체계이기 때문이다. 막연히 유학사상이 행정사상에 영향을 미쳤다고 말할 것이 아니라, 구체적으로 어떠한 유학사상이 조선시대의 행정아이디어와 행정가치에 영향을 미쳤는가에 대한 해석이 있어야 한다. 그러나 아직 조선시대의 행정사상사에 대한 체계적인 연구는 없는 실정이다. 다시 말하면 조선초기의 유학에서 지치주의 유학, 주자성리학, 예학중심의 유학을 거쳐 경세치용과 위정척사로 이어지는 유학의 흐름이 조선의 행정사상사에 어떠한 영향을 미쳤는

---

5) 정치학자인 박충석(1988: 71-72) 교수는 한국정치사상사의 전개를 성리학사상의 내재적 연속적 발전이라는 관점에서 정리하면서, '퇴계에서 율곡으로', '율곡에서 실학으로', '실학에서 개화사상으로', 라는 간단한 언명으로 설명하고 있다. 그는 성리학사상의 내재적 극복과 변용을 통하여 조선의 정치행정사상이 전개되어 왔다고 본다. 이러한 관점은 실학사상이 성리학과 다른 독특한 사상이라고 보는 견해와 대립된다.

6) 유학 및 정치사상사의 전개는 주로 (1) 조선전기는 <정몽주－길재－김숙자－김종직－김굉필－조광조>로 이어지는 유학사상, 즉 도통론에 입각하여 사상사를 보는 시각, (2) 조선중기는 <화담－남명－퇴계－율곡－우계>로 이어지는 사람파들의 유학사상, 즉 군주의 바른 마음과 성실한 자세를 강조하는 유학사상에 입각하여 정치사상사를 보는 시각, (3) 조선후기는 주희의 도학연구와 그 현실적 실천을 강조한, <이이－김장생－김집－송시열>로 이어지는 노론의 유학사상, 즉 서인－노론의 국정운영론과 도통의 계승에 의한 왕도 및 도학정치에 입각하여 정치사상사를 보는 시각이 그 맥을 이룬다. 유학사상 다음으로는 <반계－성호－다산>으로 이어지는 실학사상과 실학정치사상이, 그리고 그 다음은 <박규수－김윤식－김홍집－김옥균－박영효>로 이어지는 개화사상 및 개화정치사상으로 전개되었다고 보는 것이 일반적이다.

가에 대한 체계적인 연구와 행정학적 해석이 부족하다는 것이다.

조선유학의 주축과 중심은 성리학(정주학 또는 주자학)에 있지만, 원래 유학에는 여러 방면과 분야의 유학이 있다. 정치 · 경제 · 법률 · 인륜도덕도 있고, 철학도 있고, 문학 예학도 있다.[7] 그 중에서 무엇을 강조한 학풍과 사상이 그 시대를 지배하였는가에 따라 행정도 영향을 받지 않을 수 없기 때문에, 도통론 또는 유학의 철학방면을 강조한(성리학) 유학사상사 만으로는 행정사상사를 설명하기에는 부족하다. 예컨대, 도통론의 관점에서 정리한 조선유학사에는 조선 초기 현실참여 유학자들의 사상은 큰 흐름 속에서 제외되어 있다. 실제로 정치행정에 깊숙이 관여했던 정도전, 권근, 신숙주등 조선 초기 국가의 제도와 문물정비, 그리고 통치이념을 제공한 학자들이 가지고 있던 사유와 철학은 유학사상사에서는 중요하게 다루지 않고 누락되어 있지만 행정사상사에서는 매우 중요하게 다루어야 하기 때문이다. 따라서 행정사상사의 연구는 유학사상사나 정치사상사의 연구와는 별도로 연구되어야 한다.

다행스럽게도 오래 전부터 비록 소수이지만 한국의 행정사에 관심 있는 학자들끼리 한국행정학회 내에 <행정사연구회>를 결성하여 조선왕조실록을 윤독하고 한문강독회를 실시하는 등 전통시대의 행정실태에 대한 연구를 꾸준히 해오고 있다. 최근에는 <행정사상 및 방법론 연구회>를 중심으로 행정윤리와 행정사상에 대한 연구를 진행해 오고 있다. 비록 서양의 근대행정학자들의 행

---

7) 경전을 중심으로 설명하면, 『상서』『춘추』『논어』『맹자』 등은 주로 정치 · 경제 · 법률 · 윤리도덕을 논하였고, 『중용』『대학』『주역』 등은 주로 철학을 말하였으며, 『예기』와 『악기(전하지 않음)』는 예악을, 『시경』『서경』『논어』『맹자』『악기』『춘추』 등은 또한 문장의 표본이 되는 것이다(현상윤, 2010: 20). 공 · 맹 이후 시대와 사람에 따라 이들 중 어느 방면을 강조하고 발달시켰느냐에 따라 그 사람 또는 그 시대의 특색을 발휘하게 된다. 중국의 한나라와 당나라는 특히 정치 · 경제 · 법률 부분을 적용하여 발전시켰고, 송나라와 명나라는 그 철학적 방면 즉 성리학의 부분을 발전시켰다(현상윤, 2010: 20). 우리나라의 경우, 신라와 고려시대의 유학의 학풍은 한나라와 당나라의 학풍의 영향을 받아 경학(經學)에 통달하고 역사에 밝아야 하며(通經明史), 또한 시나 문장에 능해야 하는 것(詞章)을 지향했다. 그러다가 고려 말기에 송나라의 학문인 송학(宋學)이 점차로 소개됨에 따라 유학의 철학방면이 발달하여 주자성리학의 학풍으로 옮겨가게 된다.

정사상을 중심으로 연구가 이루어지고 있으나, 조만간 한국의 행정사상사에 대한 관심도 높아지리라 생각된다.8)

이 연구는 조선시대의 행정사상의 전개와 흐름을 이론화하기 위한 선행연구로서 500년 조선왕조의 국정운영과 행정사상에 크게 영향을 미친 위대한 사상가들의 행정사상을 선별적으로 진행한 연구이다. 각 시대별 위대한 행정사상가들의 개별연구를 통하여 통시적으로 조선시대의 행정사상의 흐름을 알 수 있을 것이라는 가설 속에서 연구를 진행하였다. 이 연구는 유학－실학－개화사상이라는 단일흐름의 사상사만으로는 조선조의 행정사상사를 밝히는 데는 한계가 있다고 보고, 실제로 정치행정에 적극 참여하여 국정운영을 담당해 온 전문 관료들과 국정운영과 행정사상에 크게 영향을 미친 위대한 개혁론자들의 행정사상을 시대별로 밝혀보고, 이들의 주장과 행정사상들이 어떠한 경향성을 지니며, 또한 보편성과 특수성이 있는가를 사상사적 시각에서 해석해 보고자 했다.

4. 행정사상사 연구의 유형과 시각

행정사상사란 지나간 시대에 살았던 사람들이 각각 그 시대별로 “국정운영이나 행정에 대하여 어떠한 규범적 생각을 가지고 있었는가?” 또는 그 생각한 내용이 “어떠한 체계와 통일성을 갖고 어떻게 작용하였는가?”를 포괄적으로 이해하려는 학문이다. 즉 행정사상사는 행정사상을 역사적으로 고찰하는 행정학의 한 분야인 동시에 행정사상사 연구는 역사학과 마찬가지로 이해(verstehen)를 중시하는 정신과학의 한 분야이다. 일반적으로 사상사연구의 유형은 크게 다음 세 가지로 나눌 수 있다(박충석, 1982: 236-237. 민병학, 2005: 5).

---

8) 현실적으로 볼 때, 행정사 및 행정사상사 연구의 전망은 그리 밝지만은 않다. 박병련(2006: 92) 교수는 우리의 학문공동체가 스스로 학문을 정당화하는 근거나 권위의 원천을 타자(他者)에게 의존하는 ‘식민지적 학문상황’이 근절되지 않는 한 그리고 미국 일변도의 ‘학문 권력자’들의 인식이 바뀌지 않는 한 한국행정사 연구가 각광을 받기는 힘들 것이라고 예측하고 있다.

첫째 유형은 교의사(教義史) 내지는 주의사(主義史)의 발전 및 변천을 다루는 유형이다. 일반적으로 교의사(history of doctrine)라고 하는 것은 특정의 종교 내지는 사상, 또는 이미 분화된 어떤 전문분과의 교의(doctrine) 또는 학설(theory)의 역사적인 발달사를 추적하는 연구로서, 예를 들면 기독교의 교의사라든가, 유교의 유학사라든가, 불교의 교의사 등이 이 범주에 속하며, 오늘날의 개별사회과학에서 본다면 학설사(學說史) 또는 이론사(理論史)에 해당하는 것으로 정치학설사 경제학설사 사회학설사 등이 여기에 해당된다. 이 연구는 기독교, 유교, 불교, 또는 어떤 전문분과학문의 학설을 하나의 완결된 결과로 생각하여 그 시대의 정치사회적 기초와는 일단 분리하여 사상의 존재형태 그 자체를 연구대상으로 하는 것이 특징이다. 이른바 「불교 교의사」 「기독교 교의사」 「정치학설사」 「경제학설사」 「조선유학사」 또는 「한국철학사」 등이 이에 속하며 주로 철학분야에서 연구되며, 학설 및 이론사는 각 분과학문에서 연구된다.

둘째 유형은 미국이나 일본 등 주로 인문사회과학에서 이루어지는 지식사(intellectual history) 또는 관념사(觀念史: history of ideas)라 불리는 연구유형이다. 이는 특정시대 또는 수 시대에 걸쳐서 통용되는 관념 또는 이념의 내부구조가 동시대의 다른 관념의 내부구조와 어떠한 논리적 연관이 있으며, 또 어떻게 변용(variation)되어 왔는가를 추구한다. 이 연구경향은 특정 관념과 이념이 시대변화와 함께 어떻게 그 의미가 변화 또는 변용되어 왔는가 하는 사상의 역사적 문맥(historical context)을 강조하는 연구경향이다. 예컨대, 행정사상사에서는 민본(民本)이나 인정(仁政)이라는 관념이나 이념이 사상가에 따라 또는 시대적으로 어떻게 변용되었으며, 또 이들 여러 관념들이 동시대의 정치적 · 사회적 기초를 어떻게 방향지어 왔는가 하는 관념과 사회와의 상호관계에 주목한다. 유학사상사에서 예를 든다면 「이(理)」와 「기(氣)」라는 관념이 사상가에 따라 또는 시대적 흐름에 따라 어떻게 그 의미가 변화되고 사회에 영향을 미쳤는가를 연구하는 유형이다. 주로 정치학 행정학 경제학 등 개별 사회과학 분야에서의 사상사 연구에서 많이 이용된다. 「한국정치사상사」 「한국경제사

상사」 등이 여기에 속한다.[9)]

셋째로는 과거 어느 특정시대에 살았던 위대한 인물들의 사상에 초점을 둔 인물중심의 사상사연구경향이다. 주로 역사학 또는 개별 관련 사회과학분야에서 연구되고 있는 가장 기본적인 연구유형이다. 이러한 사상사연구의 유형을 행정학분야에 적용시켜보면, 행정사상사 연구는 첫 번째 유형의 행정이론(학설)사, 두 번째 유형의 관념 또는 이념중심의 행정사상사 그리고 세 번째 유형의 인물중심의 행정사상사 연구가 모두 가능하다. 그러나 지금까지의 연구경향은 행정학이 독립분과학문으로 탄생한 이후부터의 이론 및 학설의 변천을 다루고 있는 미국의 행정이론(학설)사를 중심으로 연구되어 왔다.

어떠한 유형의 연구이든 사상사연구에서는 다음과 같은 점을 반드시 유의하여야 한다. 먼저 과거의 전통사상은 무지몽매한 시대의 유물이므로 유치하고 진부한 사상이라고 취급하지 말아야 하며, 오늘날의 현대 민주주의 사상만이 진리이고 과거 전통시대의 군주주의 사상은 반진리라는 시대적 통념에서 벋어나야 한다. 다음으로, 사상은 시대적 환경에 따라 다르게 나타나기 때문에 문화적 상대주의 입장을 가져야 한다. 마지막으로 행정사상의 연구에는 역사적 문헌기록이나 사상가들의 저서나 문집 뿐만 아니라, 역사적 유적, 금석문, 야사 등 기록되지 않은 문화인류적인 방법의 원용도 필요하다는 점을 염두에 두어야 한다(민병학, 2005: 5).

이 연구는 주로 조선시대에 살았던 특정 인물들의 행정사상을 탐구하여 한국행정사상의 역사적 전개나 흐름을 이해하고자 했다. 즉 인물중심의 행정사상사 연구를 통하여 관념사적인 행정사상사 연구의 발판을 마련하고자 한 것

---

9) 박충석(1982: 262) 교수는 「사상사학」이 하나의 독립분과 학문으로 성립할 수 있는가에 대한 서설적 연구에서 교의사(history of doctrine)적인 연구유형은 이미 분화된 학문의 세계 또는 분과사상을 대상으로 하는 것임으로 독립분과학문으로서 성립할 수 없는 영역이며, 관념사(history of ideas)적인 사상사연구와 인물중심의 사상사연구는 정치, 행정, 경제, 예술 등 모든 분야를 포괄하는 인간의 문화 활동 전반을 대상으로 하기 때문에 「사상사학」이라는 독립된 분과학문이 형성될 수 있다고 주장하면서 사상사학의 중요성을 강조하고 있다.

이다. 이러한 특정 인물중심의 사상연구는 사상사연구에서 가장 기초적인 작업인 동시에 반드시 거쳐야 할 연구 작업이다. 이 연구를 거쳐야 특정한 개인의 사상을 넘어 그 시대의 공유된 사상체계의 추이를 규명할 수 있고, 나아가 행정사상의 흐름(관념과 이념의 역사적 변용)을 체계화할 수 있다.[10)]

03 연구대상과 분석대상

조선시대의 국정운영을 방향지어 온 행정사상이 어떻게 전개되고 변화되어 왔는가를 통시적(diachronic)으로 규명해보기 위해서는 조선왕조 519년 동안의 위대한 사상가들의 개별적인 행정사상에 대한 심층적 연구가 모두 이루어져야 할 것이나, 이 연구에서는 이미 기존의 연구에 의하여 많이 알려져 있고, 또 조선의 정치행정사상에 크게 영향을 미쳤다고 생각되는 삼봉 정도전, 율곡 이이, 반계 유형원, 그리고 다산 정약용만을 선정하였다. 연구대상의 선정은 연구의 편의를 고려하여 다음 세 가지의 기준에 의하였다. ① 행정사상의 변화와 흐름을 염두에 두었기 때문에 건국초기의 삼봉을 기준으로 하여, 건국 후 200년 후의 율곡, 300년 뒤의 반계, 그리고 400년 뒤의 다산을 선정하여 시대의 흐름에 따른 행정사상의 변화를 추적하고자 하였다. ② 위대한 사상가들의 행정사상을 알기 위해서는 그들의 행정사상이 담긴 정신적 산물인 연구결과물, 즉 텍스트를 분석해야 한다. 따라서 국정운영과 행정(치인과 경세론)에 관하여 자신

10) 사상사를 탐구하는 시각은, ① 사상의 구조적 측면을 파악하는 일과, ② 사상의 역사적 전개나 추이를 분석하는 일, 그리고 ③ 사상간 상호비교를 통하여 그 사상들 간의 역사적 보편성과 특수성을 탐구하는 일이다(박충석, 1982: 262-273. 민병학, 2005: 5). 모든 사상은 어떠한 형태의 구조를 이루고 있다. 이들 사상 자체를 하나의 완결된 관념형태로 생각하여 그 구조를 파악하는 구조적 접근방법은 사상사연구의 가장 기본적인 접근방법이다. 구조란 사상이 의거하고 있는 기본철학인 세계관(우주관), 인간관, 그리고 그 세계관과 인간관에 의하여 그리고 있는 정치사회관을 말한다.

들의 의견을 밝힌 서적과 연구물이 현존하고 있는 사상가들을 연구대상으로 하였다. ③ 현실에 적극적으로 참여한 관료학자들과 재야에서 국정운영을 비판적 시각에서 연구한 학자들도 포함시켰다. 삼봉과 율곡이 전자에 속하며, 반계는 후자에 속한다. 다산은 전자와 후자를 모두 겸한 사례이다.

삼봉, 율곡, 반계, 다산의 행정사상을 밝히는 데 있어서 가장 객관적인 분석자료는 그들의 생각을 문자로 기록한 산물(저서, 소, 장계, 행위, 행적)이다. 즉 그들의 저서(텍스트)에 나타나 있는 '행정의 바람직한 모습에 대한 그들의 체계적인 생각'이 무엇인지를 이해하고 그 본래적 의미를 밝히는 것이 곧 그들의 행정사상을 보다 잘 이해하고 해석하는 작업이라 할 수 있다. 선정된 사상가들의 행정사상을 밝혀보기 위하여 선택한 텍스트와 자료를 보면, 삼봉은 『삼봉집』과 『조선왕조실록』을, 율곡은 『율곡전서』 『조선왕조실록』 그리고 『선조수정실록』을, 반계는 『반계수록』을, 그리고 다산은 『여유당전서』 중에서 「일표이서」를 중점으로 분석하였다. 각 사상가들에 대한 선행 연구물도 참고로 하였다.

04 접근방법과 분석의 틀

1. 행정사상의 형성과정

삼봉에서 다산에 이르기까지 우리 선현들의 행정사상을 보다 잘 이해하고 해석하기 위해서는 한 인간의 행정사상은 어떠한 심리적 의미구성과정을 거쳐 형성되는가에 대한 일반적 이해가 우선되어야 한다. 그래야 그들의 행정사상 형성과정을 따라가면서 감정이입을 통한 추체험이 용이하고, 나아가 사상의 본래적 의미를 공감할 수 있기 때문이다.

그렇다면 한 인간의 행정사상은 어떻게 형성되는가? 일반적으로 어떠한 사상이든 사상의 창조는 한 인간 또는 여러 인간의 심리적 생산이요, 역사적 또는 사회적 산물이다. 한 인간의 행정사상과 가치는 개인과 독립해서 존재하는 것이 아니라, 자신에게 내재된 삶의 모든 경험과 고뇌, 그리고 이성이 하나로 용해되면서 의식 밑바탕에서 구성되고, 또 자신이 스스로 부여하는 의미에 의하여 점점 강화된다. 즉 한 인간의 삶과 사상은 그 개인과 환경과의 상호교섭, 즉 정신 생활적 구조연관(Strukturzusammenhang) 또는 심적 상호연관에 의하여 의식 내에서 구성되고 형성된다(Dilthey, 손승남(역), 2008. 이한우(역), 2002). 한 인간의 행정사상, 즉 행정현상을 보는 관점(perspectives)과 사고체계(thought system)는 의식적으로 내면에서 형성되고 구성되는 것이기 때문에 사람마다 상대적이다. 따라서 사상에 관한 연구는 구성주의(constructivism)[11] 인식이론을 그 바탕으로 하고 있다.

<그림 1>은 각 사상가들이 남긴 정신적 산물인 각종 문서와 기록(시, 산문, 서적, 소, 장계, 기록물) 등은 어떠한 심리적 구성과정을 거쳐 나타나게 되었는가를 설명하는 행정사상형성과정모형이다. 유기체인 한 인간(O)의 행정사상은 그 시대의 국정운영현상(S)에 대한 시대인식이라는 심리적이고 의식적인 사유과정을 거치면서 의도적이고 자율적인 행위나 주장(R)의 형태로 나타난다. 시대인식은 인간의 의식 속에서 국정운영현상을 경험하면서 그 의미를 부여하는 문제인식 및 평가과정이다. 이 과정에 영향을 미치는 요인은 인식주체인 인간의 삶과 체험 등의 경험적요인과, 그리고 교육과 학문 등의 이성적 요인 등이다. 따라서 한 인간의 행정사상은 이러한 그 시대의 행정현상(대상)에 대한 문제인식과정과 의식적 의미구성과정(conscious formation)을 거치면서[12] 형성되

11) 구성주의(constructivism)는 상대주의적 인식론으로서 심리학과 철학의 영역을 넘어 사회학적 영역에까지 세계이해를 위한 새로운 담론으로 각광을 받고 있다. 구성주의 입장에서 보면, 절대적 지식 절대적 진리는 존재하지 않으며, 의미 있는 지식은 개인의 사회적 경험에 의거하여 구축되어지는 인지적 작용의 결과로 본다.

12) 해석학적 현상학에서는 모든 객관적 실체는 의식적 형성(conscious formation), 즉 구성(constitution)의 산물이며, 따라서 구성에 대한 이해 없이는 객관적 존재를 이해할 수 없다고 본다. 여기서 구성이란 의식이 대상을 경험하는 상황이다. 의식에 주어진 대상(현상: appearances)의 경험은 의식이 대상의 의미를 의식 속에서 구성하면서(대상자체와 구별됨) 인식하는 과정으로 전개된다. 바로 그 의미를 통하여 대상을 경험하게 된다(김홍우,

는 '행정에 대한 아이디어와 가치'를 말한다. 이러한 행정사상은 의도적이고 의식적인 행위와 주장에 포함되어 나타난다.

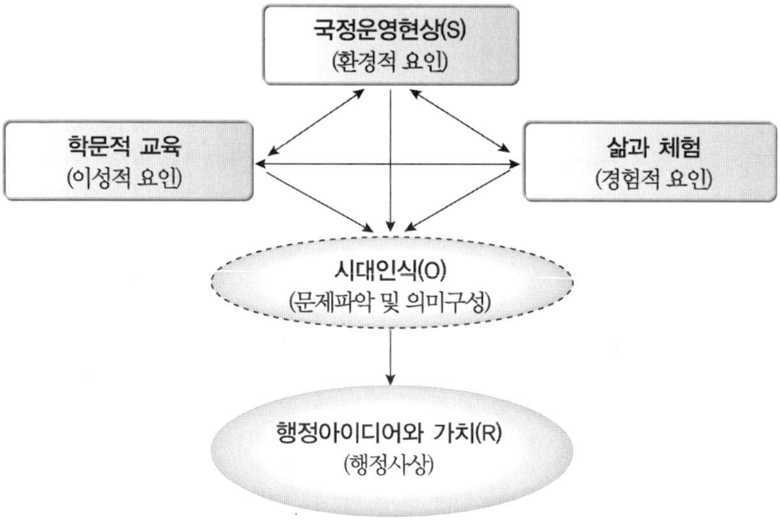

▎그림 1 행정사상형성과정 설명모형

행정사상은 국정운영상황이라는 환경의 자극(S)에 대한 단순한 반응으로, 다시 말하면 가치가 배제된 행태(behavior)로 나타나는 것이 아니라, 일관된 의미구성과정을 거친 가치가 함축된 의식적인 행위(action)로 표출된다. 이 모형에서의 인식주체인 인간(O)은 행태주의나 실증주의에서 가정하는 가치가 배제된 인간과는[13] 다른 현상학적인 의미에서의 인간을 가정한다. 즉 인간은 본질

1983: 29). 슈츠(Schutz, 1973)에 의하면 현실을 구성하는 것은 <대상의 존재>가 아니라, 우리의 <경험의 의미>라고 하면서 현실은 하나가 아니라 상이한 인식태도에 따라 여러 개의 현실로 구분된다는 복수적 현실론을 주장한다. 우리가 사는 매일 매일의 생활세계인 모든 현실은 '제한된 의미의 영역' 내에서의 현실이다. 따라서 시대인식은 사람마다 상대적이다.

13) 행태주의와 실증주의에서 가정하는 인간관은 인간은 내외의 환경에서 부여하는 자극에 대하여 반응하는 행동체계, 즉 정보처리체계(information-processing system)로 본다

적으로 수동적(passive)이기보다는 능동적(active)이며, 원자적(atomistic)이기보다는 사회적(social)이다. 따라서 자신들의 행위를 결정하는데 있어서 자율성(autonomy)을 가지고 있음과 동시에 사회적 맥락(social context)에 의하여 한계지워진다고 본다(Harmon, 1981: 31).

2. 해석학적 접근방법

<그림 1>과 같은 과정을 거쳐 형성된 한 인간의 행정사상과 철학을 보다 잘 이해하기 위해서는, 그가 살았던 당시의 시대로 되돌아가 그가 겪고 체험한 그 시대의 국정운영상황을 내면적으로 공감하고 추체험(nacherleben: 원체험을 재현하는 것)하면서 그 시대를 성찰하고 비판할 수 있어야 한다. 즉 내면적으로 그와 동일시 또는 일체화되는 가상적 삶을 통하여 진정으로 그가 '의식 속에서 형성하고 구성하고자 했던 행정아이디어와 가치'는 무엇이었는가를 밝혀야 한다. 다시 말하면 그가 의도적으로 행한 저술과 행위(action)의 본래적 의미를 이해하고 해석해 내어야 한다. 이렇게 의도된 인간행위의 본래적 의미를 이해하고 해석해 내는 연구방법이 곧 해석학적 접근방법이다.

해석학적 접근방법(hermeneutics approach)이란 언어나 문장으로 표현된 인간정신의 산물인 텍스트(학문, 예술, 풍속 등 문화라 칭할 수 있는 것들)는 물론이고, 나아가 하나의 텍스트로 취급될 수 있는 인간의 행동, 표현 및 제도에 담겨져 있는 본래적 의미를 내면적 심리적으로 명료하게 이해하고 해석하려는 접근방법을 말한다. 이 접근방법은 주로 역사학, 문헌학, 인류학, 사회학, 문화비평 등의 연구방법론으로 활용되며, 이해와 해석의 기능을 특히 강조한다. 해석학(hermeneutics)은 원래 중세 독일의 서지학(書誌學)에서 유래한 것으로, 고대 문서를 정리하고 이해하는 문헌학의 한 방법으로서 인간정신의 소산인 문

(Simon, 이종범(역), 1981). 즉 유기체에 초점을 둔 행동체계개념을 사이버네틱스의 개념으로 발전시켜, 전통적으로 생각해 온 생각하는 인간개념을 사실적인 인간, 즉 사실인(事實人)으로 가정하고 있다(임의영, 1993). 이러한 인간관은 관찰의 영역과 컴퓨터에 유비된 추론의 영역(Newell, Show and Simon, 1958)에서만이 이해될 수 있다.

헌을 정확하게 이해하는 기술론을 말한다.[14] 처음에는 위서(僞書)와 진서(眞書)의 구분에만 활용하다가 나중에는 성서(聖書)의 시대적 의미를 탐구하는 방법으로 전용하였다. 그 후 해석학은 베크(J. T. Beck) · 랑케(L. V. Ranke) 등 역사학파의 영향을 받은 딜타이(W. Dilthey)가 그의 정신과학의 기초로 생각한 이래 현대 철학에서 주목을 끌게 되었다. 그는 해석학의 궁극적인 목적은 '저자가 자기를 이해하는 것보다 그 저자를 더 잘 이해하는데 있다'고 했다.[15]

딜타이(W. Dilthey)를 비롯한 19세기의 독일 철학자들은 해석학적 기법을 더욱 발전시켜 인간의 행위와 제도를 포함한 사물의 이해에 적용하여 새로운 해석학을 발전시켰다. 그들은 사물을 이해한다는 것은 바로 그것을 해석하는 것이라고 보았다. 우리가 무엇을 이해한다는 것은 마치 교재를 읽고 해석하는 것과 같다는 것이다. 무엇을 이해한다는 것은 그것의 의미 혹은 의의를 파악하는 것이며, 어떤 관점이나 상황에 비추어 그것이 의미하는 바를 터득하는 것이다. 이해하거나 해석하는 사람은 이미 자신이 가지고 있는 선입견(혹은 전이해)에 근거하여 자신의 마음의 눈으로 대상에 접근한다. 이러한 과정을 딜타이는 「공감적 이해」(Verstehen)이라고 하였으며, 특히 인간 과학의 참된 방법이

14) 해석학(hermeneutics)이라는 말은 그리스어의 「해석하다」의 뜻에 상당하는 말에서 온 것이며, 이 말은 제우스의 의지를 지상의 인간들에게 해석해 주기 위하여 올림포스 산에서 내려온 사자인 「Hermes」에서 유래한 것이다. 그리스인들은 신들에 관한 전설을 해석하기 위한 기법을 개발하여 「해석」이라고 하였다. 기독교 신학자들도 성경을 해석할 때 이 기법을 사용한 것으로 알려져 있다.

15) 딜타이(W. Dilthey: 1833～1911)는 학문에는 설명(erklären)을 중심으로 하는 자연과학과 이해(verstehen)를 중심으로 하는 정신과학이 있다고 본다. 그가 말하는 정신과학이란 인간, 사회, 역사에 관한 학문, 즉 인문사회과학을 말한다. 해석학은 삶(life)을 이해하는 방법이자 이론으로서 정신과학(인문사회과학)의 기초적 연구방법이다. 역사학이나 사상사에 관한 연구는 문헌(넓은 의미의 텍스트)을 통하여 타인의 삶이나 체험을 총체적으로 이해하는 학문으로 규정한다. 딜타이는 인간의 삶이 전통철학에서 말하는 이성(vernunft)에 의해서만 활성화되는 것이 아니라는 점을 분명히 하고 있다. 감성, 기분, 정서와 같은 요소들이 오히려 '원하고, 느끼는' 인간 존재의 본질 규명에 더 부합하다는 것이다. 딜타이의 창작 활동이 이성적 학문인 철학에 국한되지 않고, 예술, 시학, 음악에까지 두루 미치고 있는 점은, 인간의 삶을 총체적으로 파악해야 한다는 그의 철학적 신념에서 비롯된 것이다.

라고 하였다. 인간의 행위, 제도, 혹은 산물은 내면적 삶의 표현이므로 그것을 관찰하는 것보다 그 의미를 해석하는 것이 그것을 보다 잘 이해하는 옳은 방법이라고 여긴 것이다. 해석은 사회행위의 의미와 그 사회행위를 규제하는 규칙, 규범, 가치에 부여된 의미를 이해하는 것으로서, 인간행태의 인과적 설명보다는 행위동기와 개인적 의도의 내면탐구에 몰두한다. 해석학은 행위자의 관점에서 세상을 해석함으로 행위자를 둘러싼 특정의 상황맥락과 행위자의 불가피한 행위동기를 이해하는데 매우 유익하다.

해석학은 사회생활 속에서 인간의 주관적 의식을 중시하는 사회과학의 방법론, 특히 현상학에 크게 영향을 미쳤다. 예컨대, 후설(H. Husserl: 1859～1938)의 현상학(現象學)의 영향을 이어받아 독자적인 존재론을 구축한 하이데거(Heidegger: 1889～1976)는 이 해석학의 생각을 실존주의에 도입하여 해석학적 현상학이라는 철학을 발전시켰다.[16] 실존주의를 포함한 현상학은 사실의 세계에 집착하지 아니하고 가치의 세계를 중시하며, 겉으로 나타난 것만을 보고 본질(그의 사상)은 알 수 없으며, 속에 숨겨져 있는 것을 보아야 그의 진면목을 알 수 있다고 생각한다. 즉 외부로 나타난 현상 너머에 있는 근본적인 것, 본질적인 것을 꿰뚫어 보기 위한 학문적 태도라 할 수 있다. 해석학은 역사주의(historicism)를 지탱하는 인식론적 기반을 이루고 있으며(이종수, 2009), 사회현상은 이해에 의하여 해석되어야 한다는 오늘날 유럽의 사회과학방법론의

16) 현대 해석학의 흐름(사조)은 ① Schleiermacher · Dilthey · Betti로 대표되는 방법론으로서의 해석학, ② Heidegger · Gadamer 등 현상학과 해석학의 결부를 통하여 인간의 자각적 존재현상을 밝히는 존재론(철학)으로서의 해석학, ③ Habermas · Apel 등으로 대표되는 비판의식을 통하여 해석학에서 보편성의 문제를 추구하는 비판해석학으로 나누어진다(Bleicher, 1975. 신일철, 1991: 187, 백승균 외, 1996). 해석학의 적용분야를 연대순에 따라 유형화해 보면, ①성서의 주석분야, ② 문헌학에서의 방법론분야(문헌학), ③ 모든 언어의 과학적 이해분야(Schleiermacher) ④ 정신과학의 방법론적 기초(Dilthey), ⑤ 실존과 실존론적 이해와 관련된 현상학분야(Heidegger · Gadamer). ⑥ 신화나 상징의 배후에 있는 의미에 도달하기 위한 문화적 해석학 분야(Ricoeur) 등으로 유형화할 수 있다(Palmer, 1995: 63-64) 이렇게 해석학은 광범위한 학문영역에서 활용되고 있다. 이 연구에서는 딜타이의 방법론으로서의 해석학을 사용하였다.

주류를 이루고 있다(김광웅, 1983: 34). 특히 행정학에서는 조직 내의 규범, 가치, 신념체계의 이해에 적극적으로 이용되고 있다.

3. 분석의 틀

이 연구는 삼봉에서 다산에 이르기까지 네 명의 선현들이 남긴 정신적 산물인 그들의 <문집>을 텍스트로 하여, 그 텍스트에 담겨있는 그들의 행정사상을 해석학적 접근방법에 의하여 이해하고 해석하는 것이 목적이다.

텍스트를 읽고 그 의미를 이해하고 해석하는 독서방법으로는 구체적으로 다음 세 가지의 기법이 활용된다(박이문, 1980: 17-19). 그 첫째의 방법은 그 텍스트를 만들어 낸 심리적 및 사회적 환경을 밝혀보려는 기획적(projection) 접근이다. 저자가 그러한 주장과 글을 쓸 수밖에 없었던 심리적·환경적 요인과 그 동기(motives)를 밝힘으로서 그가 살았던 시대의 인식결과로서의 그의 사상과 철학에 접근하는 방법이다. 예컨대 프로이드적 정신분석학적 해석이나 마르크스적 사회학적 비평이 여기에 해당된다. 둘째로는 독서의 가장 기본적인 기법이라 할 수 있는 주석적(commentaire) 접근으로서 텍스트의 의미를 그 텍스트 안에서 찾아보려는 해석방법이다. 텍스트를 구성하고 있는 낱말과 문장의 뜻을 풀이하고, 나아가 상징, 은유, 언어분석 등의 중층기술(thick description)을 찾아내거나 활용하여 보다 정확하게 텍스트의 의미를 이해하고 해석하는 기법이다. 이러한 방법은 프랑스 대학에서 전통적으로 철저히 적용하고 있는 일종의 작품 <풀어내기>가 이에 해당된다. 가장 대표적인 예로는 <텍스트 주해>라는 것이다.

마지막으로는 텍스트가 어떤 내재적 원칙에 의해서 구성되어 있는가를 찾아내고자 하는 시학적(poetique) 접근으로서 넓은 의미에서의 구조주의적 해석방법이다.[17] 이 독서방법은 한 텍스트를 유기적인 체계(system)로 보고 텍스트의

17) 구조주의(structuralism)는 언어와 기호에 대한 탐구를 중심으로 하는 언어학에서 출발하여 1960년대에 이르러 문학, 인류학, 철학, 정신분석학 등 모든 인문 사회학 분야에 폭넓게 확산되며 큰 영향을 끼쳤다. 구조주의는 단순히 철학의 한 유파라기보다는 하나의 세

의미생성을 가능케 하는 체계와 관계의 형식, 즉 구조에 주목하여 보다 분석적이고 과학적으로·그 작품을 이해하고 해석하려는 방법이다. 텍스트를 구조적으로 접근하는 이유는 미시적인 낱말이나 문장의 이해에만 매달리는 주석적 해석이나 작품동기에 초점을 맞추는 심리학 또는 사회학적 해석만으로는 그 텍스트의 본래적 참다운 의미를 이해하는데 충분하지 못하기 때문이다. 즉 전체적이고 유기적인 구조적 체계의 색안경을 통해서만 개별적인 의미가 밝혀지고 전체적인 이해가 가능하기 때문이다. 이 방법은 텍스트에 숨겨져 있는 본질적 내재적 의미를 부분적으로 드러내기보다는 의미생성을 가능케 하는 규칙이나 구속, 즉 텍스트의 의미가 생성되는 구조와 과정에 대한 체계적인 설명을 통하여 궁극적으로 그 텍스트의 의미를 이해하려고 한다. 예를 들면, 『노자』와 『장자』를 텍스트로 하여 그들의 사상을 이해하고자 할 때 그 텍스트를 구성하고 있는 중심개념으로 그들의 철학을 대변하고 있는 도(道), 종교적 측면을 대변하고 있는 무위(無爲), 그리고 이념적 측면을 나타내주는 소요(逍遙)라는 개념을 찾아내고, 이들의 유기적 관계해석을 통하여 노장사상을 종합적으로 이해하고자 하는 사례가 여기에 해당된다(박이문, 1980).

사상의 창조는 한 인간의 심리적 생산이요, 역사적 또는 사회적 산물이다. 따라서 본 연구에서 사용하는 해석학적 접근방법(hermeneutics approach)은 이

계관이자 그로부터 비롯된 학문적 방법론으로서의 특징을 지닌다. 구조주의는 사물의 참된 의미는 사물 자체의 속성과 기능에 있는 것이 아니라, 사물들 간의 관계에 따라 결정된다는 인식을 전제로 한다. 세계 안에서 사물은 언제나 다른 사물들과 유기적인 관계를 맺으며 존재한다. 그 관계망 안에서 사물이 지니는 위치에 따라 사물의 의미는 규정되며 변화한다. 따라서 사물의 의미는 개별적으로 인식될 수 있거나 고정되어 있는 것이 아니다. 그것을 부분으로 삼고 있는 전체 체계와 구조 안에서 사물의 의미는 비로소 인식될 수 있으며, 체계의 변화에 따라 사물의 의미도 변화한다. 따라서 구조주의는 전체 체계 안에서 사물들의 관계를 기술하고, 그 의미를 이해하려 시도한다. 그리고 개개인의 행위나 인식 등을 포괄하고 그것들의 최종적인 성격을 규정하는 구조와 체계의 원리를 밝히려 한다. 따라서 구조주의는 개인의 행위나 인식 등을 궁극적으로 규정하는 총체적인 구조와 체계에 대한 탐구를 지향한다. 이러한 구조주의는 인간 주체에 앞선 '구조'를 강조함으로써 실존주의 등의 인간중심적인 사유와 대립하며 20세기의 가장 영향력 있는 사상 가운데 하나로 자리잡았다.

러한 세 가지의 독서해석방법을 종합적으로 활용하고 있다. 다음 <그림 2>는 각 사상가들의 문집에 포함되어 있는 그들의 행정사상을 이해하고 해석하기 위한 이 연구의 분석틀이다.

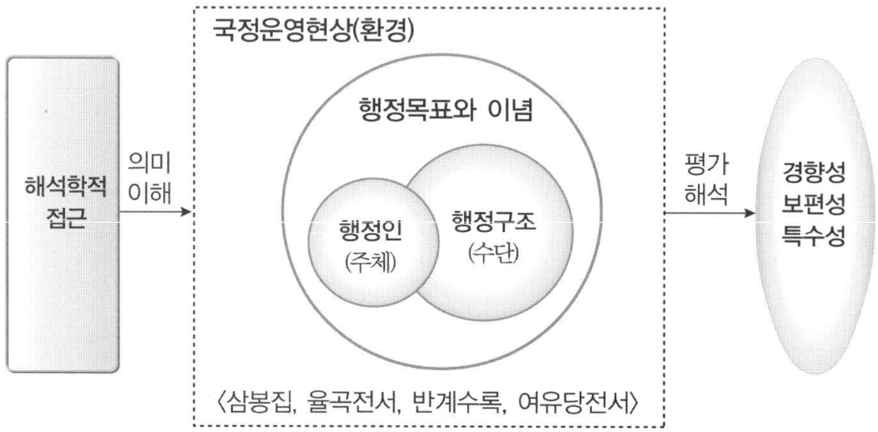

▌그림 2 본 연구의 분석 틀

<그림 2>의 분석 틀에서 <의미이해>와 <평가해석>은 해석학적 접근방법의 핵심으로, 텍스트(삼봉집, 율곡전서, 반계수록, 여유당전서)의 저술의도와 그 내용의 의미를 저자의 입장에서 이해하고 해석한다는 것을 나타낸 것이다. <평가해석>은 각 사상가들의 행정아이디어와 가치에 대한 현대행정학적 해석, 즉 행정사상의 경향성과 보편성 그리고 특수성을 밝히는데 초점을 두었다. 특히 조선시대의 통치이념이었던 민본 · 위민행정사상이 시대별로 사상가별로 어떻게 변용(variation)되고 구체화되어 왔는가를 보고자 하였다.

이 분석 틀에서 국정운영현상에 대한 반응으로 나온 그들의 정신적 산물인 저술 및 행위(행정사상이 내포된)는 환경의 자극에 대한 단순한 반응으로서의 행태가 아니라, 의도적이고 의식적인 행위로 본다. 해석학이나 현상학에서는 자극과 반응의 결과로서 나타나는 단순한 행태(behavior)의 규칙성을 관찰자의 입

장에서 설명하는 것이 아니라, 행위자의 입장에서 '의도된 행위(action)나 주장'의 의미를 이해하고 해석하는 것을 특징으로 한다. 즉 사상가(텍스트의 저자)가 '의도성을 가지고 행하는 행위나 주장'을 그 사상가(저자)의 입장에서 그 의미를 이해하고 해석하는 것을 말한다. 즉 '무슨 동기로 그러한 행위를 하였는가?' 하는 저자의 본래적 의도(intention)와 그 의미(meaning)를 밝혀내는 것이다. 따라서 해석학적 접근방법은 딜타이가 말한바와 같이 저자가 자기를 이해하는 것보다 그 저자를 더 잘 이해하는데 있다고 할 수 있는 접근방법이다.[18)]

다음으로 이 분석 틀에서 중점적으로 이해하고 해석하고자 한 행정사상의 대상과 범위는 행정행위를 결정짓는 중요변수인 <행정가치> <행정구조> <행정인>에 대한 사유체계(thought system)로 한정시켰다. 행정을 구성하는 요인은 무수히 많고 따라서 행정아이디어와 가치도 그 범위가 매우 넓다. 행정행위 또는 행정현상을 유발시키는 요인에는 연구자의 입장(perspective)과 선호(preference) 등에 따라 개인, 역할, 집단, 체제, 기능, 구조, 정보, 환경 등 여러 가지가 있으나, 일반적으로 이념(목표), 구조(수단), 인간(주체), 환경(생태)의 상호작용에 의하여 행정이 이루어진다고 볼 수 있다(박동서, 1972).[19)] 이 연구

---

18) 해석학(hermeneutics) 또는 현상학(phenomenology)에서는 인간의 삶이나 사회현상의 연구에서 가치와 사실의 분리가 불가능하다고 본다. 사회현상 속에서는 가치와 사실이 분리되어 나타나는 것이 아니고 서로 뒤엉겨 나타나기 때문에 이를 구분하기란 불가능하다는 것이다. 또한 사회현상은 그 속에서 살아가는 사람들에 의해 구성된 현상이므로 사회를 구성하는 행위자가 그의 행위에 결부시킨 주관적 의미를 해석하지 않고는 올바른 연구라 볼 수 없다는 것이다. 해석학 또는 현상학은 관찰자의 입장에서 행태(behavior)의 규칙성을 설명하는 것이 아니라 행위자의 입장에서 의도된 행위(action)를 이해하고 해석하려고 한다(Burrell and Morgan, 1982, 윤재풍(역), 1990: 268), 따라서 개인의 사상이나 사회현상에 대한 연구는 자연현상을 설명하는 자연과학적 방법론의 적용을 거부하며, 해석적 설명을 중시한다(김항규, 2010: 244). 해석학 또는 현상학에서 가정하고 있는 인간은 "사회적 세계에 수동적으로 반응하여 행동하는 객체(behaving object)가 아니고, 사회적 세계속에 능동적으로 행위하는 주체(acting subject)로 본다.

19) 행정변수란 행정행위 또는 행정현상을 유발시키는 요인을 말하며 주로 구조(structure), 사람(bureaucrat), 이념(ideology), 그리고 환경(environment)을 든다. 행정행위는 행정목표, 행정조직, 관료 이외에 행정체제를 둘러싸고 있는 정치·경제·문화 등의 환경과 상호작용과정을 거치면서 이루어지기 때문에 환경은 중요한 행정변수이다. 그러나 환경적인 변

에서는 행정행위를 결정짓는 중요한 변수인 <행정목표와 이념>과 <행정구조(수단)> 그리고 <행정인(주체)>에 대하여 삼봉·율곡·반계·다산은 어떠한 아이디어와 사고를 가지고 있었는가를 보고자했다.

<행정이념>은 행정이 추구하려고 하는 최고의 가치와 규범을 말한다. 그러므로 이 행정이념은 각 사상가들의 행정사상을 이해하고 설명하는데 가장 중요한 변수이다. 행정이념에는 행정은 무엇이며 어떤 행정이 가장 바람직한가에 대한 규범적 사상이 들어있기 때문이다. 이 개념에는 행정이 지향해야 할 바람직한 목표규범(행정목표), 행정내용과 행정과정에서 지켜야 할 바람직한 가치규범(행정가치, 행정이념), 그리고 행정업무를 수행하는 공직자들이 지켜야 할 태도와 자세와 관련된 윤리규범(공직윤리)을 모두 포함한다.

목표규범(행정목표)과 가치규범(행정가치 I, II)은 행정의 각 단계마다 행위자인 공무원들이 행정행위에 앞서 반드시 참고하거나 준수해야 할 지도적 행동원리 또는 실천에 옮겨야 할 최고의 행동규범을 말한다. 이 규범들은 공직자들이 정책실패나 행정실패의 오류에서 벗어나기 위하여 올바른 방향을 모색하고자 할 때 혹은 좋은 행정의 방법을 몰라 헤맬 때 참고할 수 있는 방향타이다.

여기서 행정가치(I)은 '정책이나 행정의 내용과 관련된 바람직한 가치'를 의미하며, 행정가치(II)는 '목표달성과 관련된 절차와 과정의 바람직함'을 나타내는 가치규범을 말한다. 행정가치(II)는 행정목표달성을 위한 업무수행과정에서 지켜야 할 가치규범으로서 일종의 수단적 행정이념이기 때문에 대변수인 행정이념과 구별하기 위하여 행정가치(II)로 표기하였다. 일반적으로 행정이념이라고 부르는 행정가치(II)는 협의의 또는 수단적 행정이념에 해당된다.[20] 이 협

수는 시대인식과정을 거치면서 그의 행정사상에 용해되었다고 생각되기 때문에 이 연구의 분석변수에서는 제외하였다.

20) 일반적으로 행정가치나 행정이념이라는 용어는 서로 혼용해서 쓰이고 있다. 본 연구에서는 행정이념을 가장 넓은 범위의 행정가치로 사용하였다. 행정이념은 행정목표, 행정가치(I), 행정가치(II), 공직윤리 등에 관해 바람직하다고 생각하는 일련의 사고 및 신념체계로 보았다. 여기서 행정가치(I)은 '정책이나 행정의 내용과 관련된 바람직한 가치'를 의미하며, 행정가치(II)는 '목표달성과 관련된 절차와 과정의 바람직함'을 나타내는 가치규범을 말한다. 행정학 교과서에 나오는 합법성, 능률성, 효과성, 민주성, 효율성은 여기서 행정

의의 또는 수단적 행정이념은 의제채택 및 정책결정과정에서 평가과정에 이르기까지 각 단계에서 중요하게 지키고 따라야 할 바람직한 행동규범을 말한다. 예컨대, 의제채택과정에서는 민주성, 정책결정과정에서는 공익과 형평성, 집행과정에서는 합법성 능률성 효과성, 그리고 평가과정에서는 공정성 등이 이에 해당할 것이다. 그러나 이 이념들은 서로 상반되거나 충돌할 수도 있는 것이기 때문에 시대에 따라 사람(행위자의 사상)에 따라 그 강조점과 우선순위가 다를 수 있다.

공직윤리는 공직자들이 공무수행과정에서 마땅히 지키고 준수해야 할 행동규범으로서, 공직자들의 직업윤리를 말한다. 공직윤리는 공직자들이 행정가치를 구현하는 방법인 동시에, 또 그들의 의사결정을 올바르게 안내하는 지침이다(Bowman, 1991: 2). 공직윤리는 행정가치를 구현해 책임행정을 도모하기 위한 공무원의 구체적인 행동지침(codes of action)으로서, 행정가치의 가외성(redundancy)과 같은 것이다(이도형, 2004: 146). 예컨대, 청심과 청렴은 능률성가치를 구현하고, 공정은 사회적 형평성과 배분적 정의를 구현하는 윤리인 것이다.

<행정구조>에서는 국정운영목표를 달성하기 위한 조직행정사상, 즉 조직의 구성과 기능, 그리고 의사전달에 대하여 각 사상가들이 가지고 있는 바람직한 아이디어와 가치는 어떠하였는가를 중점적으로 이해하고 해석하고자 하였다. <행정인>에 대해서는 관료의 충원, 활용, 평가와 관련된 인사행정사상과 세입 · 세출예산의 운영을 중심으로 한 재무행정사상을 보고자 하였다. 다음 <표 1>은 사상가들의 행정사상을 상호 비교하고, 또 시대의 흐름에 따른 행정사상의 변천경향을 분석하기 위한 사적변천모형이다.

가치(II)에 해당된다.

▌표 1 행정사상의 비교와 사적변천모형

<table>
<tr><th colspan="2">시상가 / 행정변수</th><th>삼 봉
(1342－98)</th><th>율 곡
(1536－84)</th><th>반 계
(1622－73)</th><th>다 산
(1762－1836)</th></tr>
<tr><td rowspan="4">행정
이념</td><td>행정목표</td><td></td><td></td><td></td><td></td></tr>
<tr><td>행정가치(I)</td><td></td><td></td><td></td><td></td></tr>
<tr><td>행정가치(II)</td><td></td><td></td><td></td><td></td></tr>
<tr><td>공직윤리</td><td></td><td></td><td></td><td></td></tr>
<tr><td rowspan="3">행정
구조</td><td>조직</td><td></td><td></td><td></td><td></td></tr>
<tr><td>기능</td><td></td><td></td><td></td><td></td></tr>
<tr><td>의사전달</td><td></td><td></td><td></td><td></td></tr>
<tr><td rowspan="2">행정인</td><td>인사활용</td><td></td><td></td><td></td><td></td></tr>
<tr><td>재정운용</td><td></td><td></td><td></td><td></td></tr>
<tr><td colspan="2">주요사상</td><td></td><td></td><td></td><td></td></tr>
</table>

제2장 삼봉의 민본행정사상

"삼봉을 모르고서는 한국행정의 뿌리를 논할 수 없다. 그는 조선의 건국을 주도하면서 유가적 국가정체성을 기획한 사람이자, 국정운영과 행정의 이념적 · 제도적 틀(framework of governance)을 놓은 사람이다. 국정운영목표와 행정이념의 설정에서부터 이를 달성하기 위한 법 · 제도와 정책, 그리고 조직, 인사, 예산 및 재무행정에 이르기까지 세세하게 국정운영의 청사진을 디자인하고 또 실천했다. …… 우리의 피 속에는 그의 국정운영사상이 생생하게 살아 움직이고 있다."

三峯集
三峯集
三峯集
三峯集
三峯集
三峯集

01 서 론

1. 연구의 목적과 범위

이 장에서는 조선왕조 건국의 일등공신으로서, 신왕조 국정운영의 이론적 기반과 제도적 틀을 제시하면서 국가건설을 주도했던 삼봉(三峰) 정도전(鄭道傳: 1342～1398)의 행정사상을 현대의 행정학적 관점에서 재음미하고 해석하였다. 현재 우리의 행정문화 속에는 과거 500여 년 이상 유지해 온 조선왕조의 통치제도와 철학, 그리고 국정운영사상이 그 뿌리를 이루고 있음은 부인할 수 없다. 우리의 의식과 문화를 수백 년 동안 지배해 온 조선왕조의 국정운영의 틀이 어떠한 사상과 철학에 의하여 만들어졌으며, 또 그것이 우리의 행정문화 속에 어떻게 녹아 있는가를 아는 것이야말로 한국의 행정을 보다 잘 이해하는 첩경이다.

조선의 행정사상을 보다 잘 이해하기 위해서는 삼봉 정도전을 떠나서는 불가능하다. 삼봉을 모르고서는 한국행정의 뿌리를 논할 수 없다. 그를 모르고서는 조선시대의 국정운영사상의 근저를 제대로 안다 할 수 없기 때문이다. 삼봉은 고려 말 치열한 권력투쟁을 거쳐 신왕조를 개창한 일등공신이며, 국정운영과 행정의 이념적·제도적 틀(framework of governance)을 놓은 사람이다. 그는 최고 권력자의 위치에서 자기의 구상과 시각에 따라 유가적 국가정체성(유교적 통치이념)을 바탕으로 한 조선의 국가건설을 주도했다. 국정운영목표와 행정이념의 설정에서부터 이를 달성하기 위한 법·제도와 정책, 그리고 조직, 인사, 예산 및 재무행정에 이르기까지 세세하게 국정운영의 얼개(framework)를 디자인하고 또 실천에 옮겼다. 비록 그의 역할은 신왕조의 기반이 공고해져 가는 시점인 태조 7년(1398)에 끝이 나면서 그의 이름은 역사 속에 묻혔으나, 그가 설계한 제도와 사상은 조선왕조 519년을 함께 했다.

삼봉은 치열한 권력투쟁을 주도하고 쟁취한 삶을 살아온 정치가였기 때문에 그의 권력투쟁과 관련된 정치사상에 관한 연구는 많지만 권력을 공적으로 사용하기 위한 국정운영 및 행정사상을 다룬 연구는 거의 없다. 삼봉의 행정사상을 밝혀내는 작업은 그의 업적에 고전으로서의 가치를 부여하는 작업인 동시에 한국행정의 뿌리와 정체성을 찾아가는 중요한 과정이기도 하다.

2. 삼봉에 대한 연구경향

삼봉은 조선왕조 건국의 일등공신이었음에도 불구하고, 왕자와 종친을 모해하려 했다는 역모의 누명을 쓰고 이방원에게 살해당한 이후 조선왕조 500년 역사에서 철저하게 이방인으로 남았다. 그러나 그가 그린 이념적·제도적 국정운영구상은 조선조 500년, 아니 600년이 훨씬 지난 오늘날에까지 살아 움직이는 이념으로서 맥동치고 있다.

삼봉 정도전에 대하여 관심을 가지게 된 것은 나라의 주권을 잃고 방황하던 일본제국 시대에 들어와서이다. 1935년 이상백교수가 발표한 『삼봉인물고』는 삼봉연구의 장(場)을 여는 계기를 마련하였고, 이후 현상윤(1949)에 의하여 처음으로 그의 유학사상이 소개되었다. 그러나 사학계의 개척적인 저술인 이 『한국유학사』가 너무 삼봉의 학설을 판에 박힌 주자사상의 답습으로 이해하고 독창적인 것을 찾을 수 없다고 규정하였기 때문에 한동안 삼봉에 관한 연구가 외면당했었다(배종호. 1974: 59).

1970년대에 들어와 개혁가로서 또는 정치적 사상가로서 긍정적인 평가가 내려지면서 관심이 증가되었고, 이때부터 많은 연구가 이루어졌다. 이는 삼봉에 대한 해명 없이는 여말선초의 전환기를 전체적으로 이해할 수 없다는 인식을 반영하고 있는 것이다. 그의 사상과 개혁이 지닌 애국심과 도덕성, 그리고 진보적인 사회개혁사상은 조선왕조 건국에 대한 부정적 시각을 긍정적 시각으로 바꾸는 계기가 되었다.

삼봉의 사상에 관한 연구는 대개 다음 세 가지의 연구경향으로 나눌 수 있다. 그 첫째는 조선왕조의 유교적 이념기반을 공고히 하기 위해 교육적 목적으로 저술한 『불씨잡변』에 나타난 삼봉의 사상과 철학을 종교철학적 관점에서 깊이 있게 설명하는 철학적 연구경향이다. 이종익(1971)은 삼봉이 불교비판의 근거로 사용한 주자학이 지닌 문제점을 불교입장에서 다시 비판하였고, 금장태(1972)는 삼봉의 벽불론을 체계적으로 정리하고, 벽불론이 지니는 시대적 의의를 부각시켰다. 김용옥(2004)은 삼봉의 배불론이 주자학적 불교비판이라기보다는 그러한 관점을 활용한 정도전의 독창적인 사상체계로서 인식하여야 한다고 주장한다.[1)]

둘째는, 주자학의 수용과정에 삼봉의 사상과 이념이 어떠한 영향을 미쳤는가에 관심을 갖고 주로 사학자들에 의하여 이루어진 유학사상 중심의 연구경향이다. 한영우(1973) 교수의 기념비적인 저서 『정도전 사상의 연구』가 출판된 이후 많은 연구가 이루어졌다. 대표적인 연구로는 유인희(1984), 윤사순(1986), 이병도(1992), 김용옥(2004) 등의 연구가 이에 해당된다.[2)]

그리고 마지막으로는 신왕조건설을 위한 삼봉의 권력획득과정에 초점을 맞추어 그의 경세사상과 통치철학이 무엇인가를 알아보기 위한 정치사상중심의 연구경향이다. 이 연구는 철학사와 정치사의 접점 또는 이념투쟁과 권력투쟁의 접점을 찾고자 하는 방법론으로서 주로 정치학자들에 의하여 연구되었다(최상용, 2003. 최상용·박홍규, 2007. 박홍규, 2003. 이익주, 2003. 김정기, 2007). 최근 삼봉이 개혁가, 경세가, 혁명가, 정치가로 평가를 받으면서 그의 혁명사상과 정치사상에 대한 연구가 활발히 전개되고 있다. 이렇게 삼봉에 대

---

1) 김용옥(2004)은 조선유학사의 기초적 틀이 퇴계(退溪)나 이언적(李彦迪)으로부터 시작한 것이 아니라, 이미 삼봉으로부터 본격적으로 시작된 것으로 보아야 한다고 주장하면서, 삼봉은 이미 성리학의 범주를 뛰어넘은 독창적인 사상체계를 형성한 사상가였다고 주장한다.

2) 윤사순(1986)은 성리학자로서의 정도전에 대한 지금까지의 평가는 학문 아닌 의리, 특히 '춘추대의'의 실천궁행을 가장 중요시하는 '도학적 기준'에서 내려졌다고 보고, 성리학자뿐만 아니라 경세가로서의 삼봉에 대한 평가도 종래와는 달리 내려져야 한다고 주장한다. 이병도(1992)는 "삼봉의 성리학에 대한 조예는 아직 정밀한 경계에 달하였다고는 할 수 없으나, 성리학 수입기에 이만한 저술이라도 남긴 것과, 이러한 학풍이 연면하여 후세 학계에 길이 영향을 끼쳐 주었다는 점에서 특히 그의 학적 존재를 인정하지 않을 수 없다."고 하였다.

한 사학적, 동양철학적, 그리고 정치사상사적인 연구는 많아도 행정학자의 입장에서 그의 행정사상을 깊이 들여다 본 연구는 그리 많지 않다(박승용, 2002. 장동희, 1998. 박병련, 2010).

이 연구는 『삼봉집』에 나타난 정도전의 국정운영사상을 해석학적 접근방법(hermeneutics approach)을 이용하여 현대 행정학적인 관점에서 평가하고 해석하였다. 해석학적 접근방법이란 언어나 문장으로 표현된 인간정신의 산물인 사상가의 연구(기록)물을 내면적 심리적으로 이해하고 해석하는 접근방법을 말한다. 삼봉의 행정사상을 정확히 이해하기 위해서는 그가 겪고 체험했던 그 시대의 국정운영현황을 내면적으로 추체험(nacherleben: 원체험을 재현하는 것)하면서 그 시대를 성찰하고 비판할 수 있어야 한다. 즉 내면적으로 그와 동일시 또는 일체화하는 가상적 삶을 통하여 그를 공감적으로 이해(verstehen)하고 해석해 낼 수 있어야 한다. 주된 분석대상은 『조선왕조신록』과 그의 경세사상이 주로 담겨져 있는 저서인 『조선경국전』 『경제문감』 『경제문감별집』 등이다.[3)] 아울러 삼봉에 대한 기존의 철학, 사학, 정치사상사적인 연구결과도 종합적으로 활용하였다.

---

3) 이 글의 분석대상은 삼봉의 행적을 기록한 각종 역사문서와 그가 남긴 문집과 저서를 모은 『삼봉집』이다. 『삼봉집』은 우왕 11년(1385)부터 13년 사이에 처음으로 간행되었던 듯하다. 조선 건국 이후 태조 6년(1397)에 정도전의 아들, 정진(鄭津)이 『삼봉집』 2권을 간행하였으나 전해지지 않는다. 그 후 세조 10년(1465)과 성종 18년(1487) 두 번에 걸쳐 정도전의 증손인 정문형(鄭文炯)이 『삼봉집』을 증간하였다. 그로부터 300여 년이 지난 정조 15년(1791)에 수정 보완된 것이 지금까지 전해지고 있다. 전체 14권이다. (『국역삼봉집』 II : 21-22). 이 글에서 인용하고 있는 삼봉집은 1971년 민족문화추진회가 발간한 『국역삼봉집』이다. 정조시 간행한 『삼봉집』전 14권 중에서 『조선경국전』 상, 하. 『경제문감』 상, 하. 『경제문감별집』 상, 하. 그리고 『불씨잡전』 등은 원래 별개의 책이었으므로 여기에서 인용할 때는 『삼봉집』을 표기하지 않기로 한다.

02 삼봉 정도전의 생애와 공직생활

1. 삼봉 정도전의 생애

정도전은 고려 말 충혜왕 복위 3년(1342), 홍복도감 판관으로 재직 중이던 정운경의 3남 1녀 가운데 맏아들로 태어났다. 정도전의 자(字)는 종지(宗之)이고, 호는 삼봉(三峰)이다. 경상도 봉화를 관향으로 하는 봉화정씨 출신이다. 그의 출생지는 확실하지 않지만, 정운경이 벼슬을 하던 개경이나 혹은 외가인 충청도 단양일 가능성이 높다. 유년기에는 개경 동남방의 삼봉 혹은 삼각산에 살았다고 한다. 그 소재는 정확하지 않지만 지금의 북한산 부근일 가능성이 크다. 그의 조상은 대대로 봉화지방의 향리를 지내다가, 아버지 정운경대에 이르러 과거를 통해서 중앙에 진출하였으며, 정3품의 형부상서를 거쳐 검교밀직제학(檢校密直提學)에까지 올랐다. 정운경은 지방수령으로 재직하는 동안 청렴하고 강직하게 선정을 베풀어 『고려사(高麗史)』의 양리전(良吏傳)에 오르게 되었으며, 그의 친우들이 그의 청렴함과 의로움을 기려 염의선생(廉義先生)이라는 개인적인 시호를 지어주었다고 한다.

정도전은 어려서부터 자질이 총명하고 글 읽기를 좋아하여 많은 책을 통하여 폭넓은 지식을 쌓았다. 당시의 명망이 높았던 이색(1328~1396)의 문하에서 공부하였다. 이색의 아버지 이곡과 삼봉의 아버지 정운경은 모두 향리출신으로 젊은 시절 경상도 복주(안동)에서 만나 나이를 서로 따지지 않는 막역한 친구로 지냈다. 아마 이것이 이색의 문하에서 수학한 계기가 된 것으로 보인다. 이색의 문하에는 정몽주, 이숭인, 이존오, 김구용, 김제안, 박의중, 윤소종 등이 있었으며, 이들은 당시 사회에 대한 시대인식은 조금씩 달랐지만 모두 고려왕조를 개혁하여야 한다는 공통적 이념을 가진 잠재적 신세력 또는 신진개혁세력이었다. 특히 삼봉은 도탄에 빠진 고려를 개혁하고 중흥시킬 수 있는 적격자는 정몽주라 생각하고, 그를 매우 흠모하였다.[4] 나중에 시대인식과 사회

4) 삼봉은 정몽주를 매우 따랐다. 삼봉의 눈에 정몽주는 주자의 학문을 올바로 계승한 제일

개혁의 방법론에서 의견을 달리하여 서로 목숨을 건 이념투쟁을 벌이면서 두 사람의 운명은 달라졌으나, 정도전이 신왕조의 문명의 길을 제시하는 지위에 섰을 때, 그는 정몽주의 이루지 못한 뜻을 계승하게 된다.

고려 말 이색의 문하생들이 주자학적 학문배경을 가지고 새로운 개혁세력으로 등장하게 된 계기는 1365년 공민왕이 무명의 승려 신돈(?~1371)을 발탁하여 약 6년간 진행한 교육개혁정책 때문이었다. 공민왕은 당시 국학인 성균관을 중영(重營: 중수와 활성화)할 것을 선언하고, 그에 따른 조치로서 이색을 성균관대사성에 임명하였다. 당시 이색은 명망이 높은 학자였다. 그의 지도하에 경술지사(經術之士)들이 학관에 모여들어 주자학에 대한 강론을 활발히 전개하였고(『고려사』 권132, 열전45, 신돈). 그 결과 국학에서의 교육과정이 4서 5경으로 확대되고 과거제도의 개혁도 이루어졌다.[5] 이러한 과정 속에서 주자학이 수용되어 뿌리를 내리게 되며, 신진사대부 또는 신진사류라고 불리는 잠재적 신세력 등이 등장하게 되었다. 삼봉은 이러한 잠재적 신세력의 한 사람으로 역사의 무대에 등장하였다.

인자, 즉 도통의 계승자였다. 정몽주에게 보낸 편지에 의하면, "도탄에 빠진 시국을 바룰 수 있는 사람은 학술이 바로 닦이고, 덕성과 지위가 뛰어나서 사람들이 믿고 복종할 만한 자만이 가능하다."고 하면서, "달가(達可)는 참으로 그 적격자"라고 하고 있다.(『삼봉집』 권3, 서, 상정달가서). 또 1386년 남양부사시절 정몽주의 학문을 다음과 같이 높이 평가하고 있다. "선생은 대학과 중용에서 도를 밝히고 도를 전하는 뜻을 얻었으며, 논어와 맹자에서 … 체험하고 확충하는 방법을 얻었다. 주역에서는 …, 서경에서는 …. 그리고 시경은 …, 춘추는 도의와 공리의 구별을 분변한 것임을 알았으니, 우리 동방 500년에 이 이치를 안자가 과연 몇이나 되겠는가. 여러 생도들이 각기 학업을 연수하여 사람마다 이설(異說)이 있었는데, 선생은 그 물음에 따라 명확히 분석하여 설명하되 털끝만큼도 차이가 나지 않았다." (『삼봉집』 권3, 서, 圃隱奉使藁序).

5) 고려의 전통적인 유학교육은 오경과 『주례』로 구성된 육제(六齊)였다. 그러나 이때부터 『논어』『맹자』『대학』『중용』의 사서와 『시경』『서경』『주역』『춘추』『예기』의 오경으로 구성된 구제(九齊)로 확대된다(허흥식, 1981: 48-49). 1369년에는 향시(鄕試), 회시(會試), 전시(殿試)로 구성된 원나라의 과거제도인 과거3층법(科擧三層法)이 채택된다(이성무, 1994: 59-60).

2. 삼봉 정도전의 공직생활과 자세

삼봉은 공민왕 9년(1360) 성균시에 합격하고, 이어 공민왕 11년(1362)에 진사시에 급제하여 그 이듬해 22세의 나이로 충주목의 사록(司錄)에 임명되어 처음으로 관직에 진출하였다. 그 후 전교주부(1364) 통례문지후(1365) 성균박사(1370) 태상박사(1371) 등을 거치면서 비교적 순탄한 관리의 길을 걸었다. 그러나 그 이후의 관직생활은 순탄치 못했다. 22세 출사하여 57 세로 죽을 때까지 35년 동안 거의 15~16년 동안을 유배와 유랑 그리고 휴직과 좌천의 시간을 보내야 했다.[6] 역성혁명에 성공한 이후의 영광도 그렇게 길지 않았다. 삼봉은 한국사에 등장한 많은 정치지도자 중에서 가장 드라마틱하고 치열한 삶을 산 탁월한 정치행정사상가인 동시에 정치지도자라 할 수 있다. 삼봉은 냉혹한 권력투쟁과정에서도 확고한 국정운영철학을 가지고 새로운 정치공동체 조선왕조를 건설한 큰 정치가이자 사상가였다. 그의 공직생활은 다음과 같이 4기로 나누어 볼 수 있다.

1 출사와 주자학 학습기

이 시기(1363~1375)는 충주목의 사록(司錄)으로 공직에 처음 출사한 이후, 1375년 제1차 유배생활 이전까지 약 12년 동안이다. 이 시기는 청운의 꿈을 품고 국가경영에 봉사할 대망의 꿈을 키워나갔던 기간으로 볼 수 있다. 출사 초창기 전교주부(종7품)로 부임해 있을 때 지은 『고의(古意)』라는 시는, 자신의 가치를 인정해 주는 인물과 때(시기)를 만나, 청운의 꿈을 실현하기를 대망하고 있는 젊은 관료의 모습을 보여주고 있다.

---

6) 여묘살이로 관직을 휴직한 기간 4년, 제1차 유배 9년, 지방관인 남양부사로 좌천의 시간을 보낸 2년 반, 그리고 제2차 유배 9개월을 모두 합하면 15~16년의 기간이 된다.

푸른 소나무 한길 가에 우뚝 서니
나무꾼 도끼질을 면할 길 없었네.
여선히 굳세고 곧은 바탕을 지녀
훨훨 타는 불빛을 도와주네.
어떻게 하면 아무 탈 없이 자라
곧은 줄기 하늘 찌르는 낙락장송이 되어
때가 와서 대궐을 지을 적이면
우람한 저 대들보에 충당케 할 수 있겠는가?
그 뉘라서 이 뜻을 미리 알아
가장 높은 봉우리에 저 소나무 옮겨 심어 놓겠는가.

태고의 거문고를 내 지녔으니
………………………………………………

세상의 모든 것이 때를 만나 쓰이는 법이지만
때를 만나는 것이 유독 같지 않다네
풍성의 두 자루 신기로운 칼
갑 속에서 몇 해를 묵어 있더니
그 기운 견우성과 북두성까지 뻗어 오르니
하루아침에 뇌공(雷公; 이름은 뇌환)을 만났더라오.
오늘의 백아(伯牙)는 어디 있는지
온 세상 지음은 존재하지 않는다네.7)

공직에 출사한 지 얼마 되지 않은 1366년, 부친상과 모친상을 당하여 4년 가까운 기간 동안 영주에서 여묘살이를 하였다. 이 때 두 동생과 남방학자들을 가르치면서 경서(經書)에서 제자(諸子)에 이르기까지 깊이 학문에 몰두하였다. 이 무렵 정몽주가 보내준 『맹자』를 정독하면서 그의 민본사상과 혁명사상에 대해 깊은 깨우침을 얻게 되었고, 이후 백성이 하늘이라는 맹자의 민본사상은 삼봉의 일관된 국정운영사상으로 자리잡게 된다. 1370년 개경으로 돌아온 정도전은 이색의 문하생들의 천거로 인하여 성균박사(成均博士; 정7품)에 제수되고, 그 이후 태상박사(정6품), 예의정랑(정5품), 성균사예(종4품), 예문응교

7) 『삼봉집』 권 1. 오언고시 고의. 거문고 잘 타는 백아(伯牙)는 자신의 음악을 알아주는 친구 종자기가 죽자 다시는 거문고를 타지 않았다고 한다.

(정4품) 등을 거치면서 주자학적 국가경영사상을 몸소 익혔다.

성균박사시절, 삼봉은 매일 명륜당에 앉아서 여러 생도들에게 경서를 나누어주고 수업을 시작하였으며, 강의가 끝나면 서로 더불어 토론하게 하였다. 때문에 많은 사람들이 모여들어 토론에 참가하였다. 토론과 강론의 주된 주제는 언제나 정주성리지학(程朱性理之學)과 성명도덕지설(性命道德之說)이었다(『삼봉집』 권3. 서(序), 도은문집서).

삼봉에게 있어서 이 기간은 주자학의 깊이를 더하는 시기인 동시에, 조선 건국의 주역이자 신흥유신 또는 신진사류라 불리는 잠재적 혁명세력을 사귀게 되는 계기가 되었다. 이 당시 삼봉은 이색의 문하에서 정몽주, 이숭인, 이존오, 김구용, 김제안, 박의중, 윤소종 등과 더불어 수학하면서 주자학에 대한 깊이를 더하게 된다. 성균관에서 5년 가까운 세월을 보내면서 정도전은 주자주의자로서의 자신을 수양해갔다.

이 시기 삼봉의 공직생활의 자세와 태도는 사치하지 않고 검소하였으며, 편협하지 않고 담대하였다. 출근하여 관아로 들어서는 삼봉의 신발이 한쪽은 희고 한쪽은 검은 것도 몰랐으며, 이를 지적하는 아전의 말에 왼쪽에서 보면 모두 흴 것이고 오른쪽에서 보는 모두 검을 것이니 무슨 걱정인가 하면서 전혀 신경을 쓰지 않았다는 일화에서 잘 나타난다(조기영, 2004: 23-24). 다음 오언율시는 평소 그의 벼슬생활이 어떠했는가를 엿볼 수 있다.[8)]

> 새벽에 성에 들어가 저녁에 돌아오니
> 별과 달이 가물가물 앞산에 움직이네.
> 애들이 자지 않고 멀리 나와 기다리고
> 소나무 아래 사립문은 활짝 열려있네.

2 유배와 유랑, 그리고 좌천의 시기

이 시기(1375～1388)는 9년 동안의 유배와 방랑 그리고 2년 반 동안의 지방관직으로의 좌천을 경험하면서 좌절과 울분을 경험한 시기이다. 초기의 비교

---

8) 『삼봉집』 권2. 오언율시, 도중(途中)

적 순탄했던 관리의 길에 시련이 닥치기 시작한 것은 공민왕의 시해사건(1374) 때부터였다. 환관 최만생 등이 공민왕을 살해하자 이인임은 재빨리 당시 열 살이던 우왕(禑王)을 옹립하여 실권을 장악하고 공민왕의 친명외교노선을 버리고 친원정책을 취하게 된다. 당시의 국제정세는 원이 거의 멸망하고 명이 세력을 떨치던 시대였다. 정도전은 고려가 취해야 할 외교정책은 친명노선이어야 한다고 판단하고 '공민왕의 시해사실과 명나라 사신의 피살사건(김의사건)을 명(明)에 고할 것'을 주장하여 이인임의 미움을 사게 된다.[9] 하급관리임에도 불구하고 이인임의 권력세력에 맞서 자기의 친명외교 정책노선을 명확하고 소신 있게 주장한 이 사건은 옳다고 믿는 일에 대해서는 어떠한 권력과도 타협하지 않는 그의 강직한 공직관이 나타난 첫 번째 사건이었다.

이듬해 북원(北元)의 사신이 입국할 때 정도전을 영접사로 임명하자, 정도전은 사신의 목을 베겠다고 하면서 저항한다. 이 일로 친원파 권신 이인임 등의 노여움을 사서 1375년 5월 전라도 나주 회진현에 있는 천민 부락인 거평부곡으로 귀양을 가게 된다. 이 사건이 발단이 되어 삼봉은 이인임이 죽을 때까지 미움과 견제, 그리고 핍박과 탄핵을 받게 된다. 그의 유배와 유랑, 그리고 좌천은 모두 이인임 세력과 관계가 있다. 그 후 1384년 관직에 복귀하기까지 9년 동안 기나 긴 고난의 길을 걷게 된다. 그의 유배와 유랑의 생활은 문자 그대로 궁핍과 고독과의 싸움이었다. 이 시기에 남긴 오언고시와 오언율시에는 그의 마음이 그대로 담겨있다.

정월이라 설도 이미 지나가고
입춘도 더디지 않건만
추위는 아직도 위세를 부려
으스스 살갗에 스며드누나.
이역에 묶여 있는 오랜 나그네

9) 삼봉은 이때에 이미 원이 멸망하고 명이 중국을 지배하리라는 국제정세의 흐름을 정확히 예측하고 있었다. 김의(金義) 사건이란 명나라 사신 임밀과 채빈 등이 돌아가는 도중 개주참(開州站)에서, 호송관 김의가 공민왕이 죽었다는 말을 듣고 채빈과 그의 아들을 죽인 다음 임밀을 납치하여 북원으로 도주한 사건을 말한다.

떨어진 옷에 헌 솜이 뭉쳤다네
새벽 닭이 좀처럼 울지 않으니
밤새도록 부질없이 슬퍼만 하네.[10)]

남방에 귀양 온 가엾은 나그네
마음은 고목처럼 정신이 빠졌다오.[11)]

유배시절 삼봉은 비록 누추하고 좁은 단간 셋방이지만 책을 좌우에 놓고, 갖옷과 베옷 한 벌로 겨울과 여름을 지내면서, 나물반찬으로 아침저녁 끼니를 이었다. 그는 지금에 이르기까지 자신의 행위가 한 치라도 정도(正道)를 벗어남이 없음을 확신하면서 경전을 통하여 사상을 무장하곤 하였다. 그러나 유배의 기간이 길어질수록 그 기백은 점점 사라지고 질병과 궁박함에 시달리는 모습이 나타난다. 유배에 처해진 지 2년이 지난 후 전례에 따라 유배지로부터 방면되어 영주에서 4년을 보내게 된다. 그 동안 읊은 시에는 세월의 흐름과 함께 그 기백이 줄어가는 모습이 역역하다.

이별한 지 삼 년 만에 비로소 만나니
지난 일 아득하니 멀어져 꿈만 같구나.
훼예(毁譽) 시비 속에 몸은 아직 놓여있고
비환(悲歡) 출처 달리해도 도(道)는 다시금 같다네
풍진(風塵)이 멈추질 않아 서생은 병들고
세월은 물 흐르듯 지사(志士)는 궁할밖에
어찌 차마 술상머리에서 이 가락을 노래하리
내일 아침 이별해 또 각자의 길을 가리니.[12)]

방안에 남은 물건 하나 없고
삼 년 동안 여전히 병든 몸이라네
술동이 앞에 응당 손잡고서
서로 그리워하며 눈물로 수건 적시지 마오.[13)]

---

10) 『삼봉집』 권1, 오언고시, 봉기동정(奉寄東亭)
11) 『삼봉집』 권2. 오언율시, 봉춘(逢春)
12) 『삼봉집』 권2. 칠언율시, 原城同金若齋見按廉使河公牧使偰公賦之
13) 『삼봉집』 권2. 오언율시, 寄金副令寓居忠州山寺

1380년 삼봉은 "경외의 편한 곳으로 가는 것을 허락받아" 개경 부근에 있는 삼각산 밑의 옛집으로 돌아왔다(『삼봉집』 권14, 부록, 사실). 이곳에서 삼봉재(三峰齋)를 짓고 제자들을 가르치며 생계를 꾸려갔다. 그러나 이 곳 출신의 재상(宰相)이 정도전을 미워하여 집을 헐어버렸다. 할 수 없이 제자를 이끌고 과거 동문인 부평부사 정의에게 의탁하여 부평부의 남촌에 거주하게 되었으나, 이곳에서도 왕모(王某)라는 재상이 별장을 짓는다는 핑계로 집을 헐어버렸다. 다시 김포로 이사했다. 어디 한 곳, 마음 놓고 살 땅이 없었다. 이렇게 삼각산, 부평, 김포 등을 전전하며 교육과 학문에 종사하면서도 주자주의자로서의 명목만은 유지하고 있었다. 그러나 고난은 좀처럼 시들지 아니하고 시간의 흐름과 함께 심해져 갔다. 이 시기에 읊은 시는 절망과 좌절로 세월을 보내고 있는 삼봉의 비참한 심정을 잘 표현하고 있다.

> 새들도 추위 느껴 기대어 자고
> 기러기도 젖어서 멀리 날아가누나.
> 슬퍼다 나의 도(道)는 왜 이리 적막한고
> 술에 아니 빠지고 무엇하리오.14)
>
> 원대했던 포부(壯心)는 날로만 줄어만 가고
> 미치광이 같은 모습(狂態)은 세월과 함께 영글어 지네
> 애오라지 시구를 지어
> 회포를 그대에게 풀어보노라.15)
>
> 조존(操存) 성찰(省察)두 가지에 공력을 기울여
> 책 속의 성현을 저버리지 않았노라
> 삼십년 동안 부지런히 이룬 공업(功業)이
> 송정(松亭)에서 한번 취해 허사가 되었구려.16)
>
> 가만히 꽃의 고움 더 보태주고
> 가볍게 늘어진 버들가지 스쳐가누나

---

14) 『삼봉집』 권2. 오언율시, 추림(秋霖)
15) 『삼봉집』 권2. 오언율시, 立春日次陶隱詩韻
16) 『삼봉집』 권2, 칠언절귀, 자조(自嘲)

홀로 애달프게 시 읊는 나그네
이제는 옛날의 모습이 아니로구나.[17]

삼봉은 이제 더 이상 주자학의 이념만으로는 살아갈 수 없는 궁지에 몰려있었다. 어떤 방법으로든 돌파구를 찾지 않을 수 없었다. 10년 가까운 세월동안 삼봉은 신분적 굴욕, 경제적 궁핍, 그리고 정신적 고독과 싸우면서 이상과 현실의 차이를 절감했다. 젊었을 때 품었던 이상과 포부를 실현하기 위해서는 우선 관직에 복귀하여야 했다. 관직 복귀의 희망과 정치사회의 변혁에 대한 열망을 품고, 1383년 9월 함주막으로 이성계를 찾아갔다. 이로서 두 사람은 운명적인 만남을 하게 된다. 이 만남이 혁명모의를 위한 목적이었든, 아니면 이성계의 힘을 빌려 관직복귀를 통한 활로모색이었던 이들의 만남은 문(文)과 무(武)의 만남이자, 역사의 전환을 알리는 운명의 만남이었다.[18]

평소 정도전은 자신이 문무를 갖추고 있다고 자부하면서도, 보다 낳은 정치공동체를 건설하기 위해서는 무엇보다도 그 공동체를 떠받칠 이념과 군사력의 필요성을 절감하고 있었다. 그는 그것을 글(書) 검(劍)으로 표현한 바 있다.[19] 즉 이들의 만남으로 새로운 정치공동체 건설의 필요요건을 갖추게 된 것이다.[20]

---

17) 『삼봉집』 권2. 오언율시, 춘풍(春風)

18) 이 시기에 이성계를 만나러간 정도전의 행위에 대하여 한영우(1973)는 "두말할 나위도 없이 혁명을 모의하기 위함"이라고 단정한다. 그 이유로는 첫째, 유배와 유랑이라는 극한 상황, 둘째, 용비어천가의 기록, 셋째, 왕조 창업 뒤 장자방에 관한 정도전의 취중연설 등의 세 가지를 제시한다. 그러나 최상용·박홍규(2007: 65-70)는 이에 반대한다. 그 이유는 자신을 유배시킨 이인임이나 정주(定住)를 방해한 권세가들에 대하여 큰 불만을 품었을지는 모르나, 그렇다고 해서 고려왕조에 대한 총체적 부정을 의미하는 혁명을 상정하고 있었다고는 할 수 없다는 것이다. 불만에서 혁명을 추론하는 것은 비약이 심하다는 주장이다. 또한 용비어천가의 기록이나 정도전의 장자방관련 발언은 혁명이후 지난 날 자신들의 행위를 미화, 과장, 왜곡하여 무용담처럼 이야기 하였다는 것이다. 결국 정도전이 함주막으로 이성계를 찾아간 것은 혁명에의 꿈을 실현하기 위해서라기보다는 자신의 힘만으로는 중앙정계로 돌아갈 수 없는 절박한 상황에서 이성계의 힘을 빌려 활로를 모색한 것으로 보아야 한다는 것이다.

19) 『삼봉집』 권2. 칠언절귀 자영(自詠). 『삼봉집』 권2. 오언율시, 次寧州康中正韻에서도 글(書)과 검(劍)이라는 표현을 볼 수 있다.

다음해인 1384년 봄 또다시 함주막으로 이성계를 찾아갔다. 수개월이 지난 후 전의부령(3품)이 되어 9년 만에 다시 중앙관직에 복귀하고 바로 서장관이 되어 성절사(聖節使)인 정몽주(종2품의 문화평리)를 따라 명나라에 다녀왔다. 그 이듬해 성균제주(成均祭酒) 지제교(知製敎)를 제수 받아 성균관으로 돌아왔다. 9년 만에 돌아 온 관직생활이었지만 주위 환경은 그를 반기지 않았다. 몇 달 지나지 않아 스스로 외직을 자원하여 남양부사(지금의 수원)로 좌천의 길을 걷게 된다. 그 이유는 명확하게 밝힐 수는 없으나, 아마도 이인임 집단과의 문제 때문에 그 자리를 피한 것이 아닌가 생각된다. 이 시기에 쓴 오언율시에서도 병들고 나약해진 자기의 모습과 좌천으로 인하여 실의의 나날을 보내고 있는 초라한 모습을 읊고 있음을 볼 수 있다. 삼봉은 이 12년 가까운 유배와 좌천의 생활을 통하여 현실의 냉혹함을 알게 되었을 뿐만 아니라, 이상을 실현하기 위해서는 강직함과 유연함이 모두 필요하다는 것을 알게 되었다. 또한 과거와는 다른 절실한 현실변혁에의 의지와 꿈, 다르게 말하면 고려왕조의 전면적인 부정을 의미하는 혁명의 의지를 가슴에 품는 계기가 되었다고 볼 수 있다.

3 권력투쟁기

이 시기(1388～1392)는 위화도 회군이후부터 신왕조 건국에 이르기까지 조준 등과 더불어 토지제도개혁을 주도하면서, 신왕조 건설의 주역을 담당했던 시기이다. 이 시기는 고려조의 중흥세력과 신왕조의 혁명세력이 치열하게 대립하면서 권력투쟁을 전개했던 시기이다. 이 기간에 있었던 권력재편의 계기가 된 중요한 정치적 사건을 시간별로 정리하면, ① 위화도 회군, ② 토지제도개혁, ③ 폐가입진 논리에 의한 공양왕옹립 사건, 그리고 ④ 정몽주 제거사건 등이다. 이 시기는 외형적으로는 각 정치세력들이 자기들이 선호하는 정책노선과 사회개혁 방법론을 관철시키기 위한 권력게임, 즉 이념투쟁의 모습을 띠고 있었다. 그러나 그 핵심은 "중흥을 통한 왕조의 지속이냐" 아니면 "혁명을

---

20) 훗날 권근은 명왕(明王) 이성계와 양상(良相) 정도전의 천재일우로 정치가 안정되고 대공을 이루었다고 쓰고 있다(『삼봉집』 권8. 부록 諸賢敍述, 上三峰詩).

통한 새 왕조의 건설이냐"를 사이에 두고 전개된 치열한 권력투쟁이었다(최상용·박홍규, 2007). 삼봉은 그 당시 이미 이러한 점을 꿰뚫어 보면서 주자학적 혁명의 분위기를 만들어 가고 있었다고 볼 수 있다. 삼봉의 탁월한 정치력을 읽을 수 있는 시기이다.

(1) 위화도 회군

이 시기의 국제정세는 원(元)이 멸망하고 명(明)이 세력을 떨치고 있었지만, 고려와 명나라간의 외교관계는 서로 우호적이지 못했다. 요동을 정벌하면서 원(元)의 잔당을 평정한 명(明)은 드디어 "철령(강원도와 평안도의 접경지역) 이북지역은 원래 원의 지배에 있었으므로 명에 귀속시킨다."는 이른바 철령위 설치문제를 들고 나왔다. 명나라의 요구에 대하여 군부의 최고수장인 최영은 이성계의 반대를 물리치고 우왕의 지지를 얻어 요동정벌을 단행하였다.

그러나 이 요동정벌은 이성계가 감행한 회군으로 인하여 고려의 내전이 되어버렸다. 그 내전은 최영과 이성계 사이의 무장투쟁으로 전개되었고, 그 결과 최영은 참살되고 우왕은 제거되었으며, 아홉 살의 창왕이 즉위하게 되었다. 이 시기 삼봉의 역할은 명문으로 밝혀진 바는 없으나, 회군 4개월 전 이성계의 추천에 의하여 성균대사성(成均大司成)으로 중앙관직에 복귀하여 있었고, 창왕의 즉위와 동시에 왕의 비서직인 밀직부사(密直副使)로 임명되었다는 점으로 미루어볼 때 그의 적극적 역할을 짐작할 수 있다. 이때부터 삼봉은 권력의 실세로서 주자학적 의미의 혁명의 판(design)을 만들고 있었다고 볼 수 있다.

위화도회군에 대한 해석은 다양하다. 이상백(1949: 44)은 "고려멸망의 제 일보로 보는 이가 많고, 한 걸음 더 나아가 이성계의 왕위찬탈의 야심을 들어낸 첫 사건으로 보는 사람도 있다."고 지적한다. 그러나 최상용·박홍규(2007: 76-86)는 이러한 해석은 결과론적 해석이며, 오히려 이 시점이야말로 유학적 의미에서의 혁명의 시발점이라 주장한다. 그 이유로 다음 세 가지를 든다. 첫째는 요동공벌은 외교적인 관계에서나 군사전략적인 면에서 적절하지 않고 불가능한 일임에도 불구하고 최영의 잘못된 판단에 의한 것이므로 최영을 제거하여 종사를 보전해야 한다는 교서를 미리 왕에게 올렸다는 점이다. 둘째는 회군이후 이성계는 조민수 도통사와 36원수들을 대동하고 대궐에 나아가 절하고 군사를 밖으로 돌리어 왕조를 지속시켰다는 점을 든다. 마지막으로 당시의 신흥세력이었던 신진사대부들의 지향이 '혁명'이 아닌 '중흥'이 지배적이었다는 점을 그 이유로 들고 있다. 즉 무력으로 충분히 신왕조를 건설할 수 있었음에도 불구하고 그렇게 하지 않았다는 것은, 회군이 바로 혁명을 겨냥한 것이 아니라는 것이다.

(2) 토지제도개혁

위화도 회군 이후 신진개혁세력들은 고려의 폐정을 개혁하기 위하여 토지제도의 개혁에 착수하였다. 백성들의 생활을 궁핍하게 만들고 국가재정을 파탄에 이르게 한 토지제도의 문란을 개혁하는 일이 나라의 최우선과제라 생각한 것이다.

토지제도의 개혁은 주장에서 실행에 이르기까지 조준(趙浚)이 전면에서 주도하고 삼봉은 이를 찬성하고 지원하는 모양을 취했다. 원래 정도전의 토지개혁은 경내의 모든 토지를 몰수하여 국가에 귀속시키고, 인구를 헤아려서 토지를 나누어 주는 삼대(三代)의 정전제(井田)를 모델로 하는 것이었으나,[21] 현실성을 고려하여 조준의 실천 가능한 전제개혁을 관철시켜 나갔다고 볼 수 있다. 이 점에서도 이념성과 현실성을 겸비한 노련한 정치가의 면모를 볼 수 있다. 삼봉은 이미 10여 년간의 간난의 세월을 통하여 목적을 위해서는 자기의 의견을 강하게 내세우지 않는 유연성과 융통성, 그리고 노련함을 겸비한 경세가가 되어 있었다.

과전법(科田法)으로의 토지제도의 개혁은 수조지(收租地)의 전면적인 혁파

21) 삼봉의 토지개혁은 소위 토지에 공(公) 개념을 도입하는 것이었다(『조선경국전』 부전 경리). 또한 삼봉이 정전제를 모델로 생각하고 있었음은 『경제문감별집』에서 경종(景宗)이 시작한 전시과(옛날의 정전제와 비슷한)가 시행되지 못함을 아쉬워하는 대목에서도 발견된다(『경제문감별집』 하, 고려국, 경왕). 정전제는 중국 하(夏)·은(殷)·주(周) 삼대(三代)의 유제(遺制)로서, 토지의 한 구역을 '정(井)'자로 9등분하여 8호의 농가가 각각 한 구역씩 경작하고, 가운데 있는 한 구역은 8호가 공동으로 경작하여 그 수확물을 국가에 조세로 바치는 토지제도였다.

를 도모한 것은 아니었으나, 기득 지배세력들의 강한 저항을 수반하게 되었다. 과전법은 고려 이래의 수조권에 의한 토지의 점유 및 그 관계의 부정은 아니지만, 수조지의 재분배, 재경리(再經理)라는 점에서 지배층의 세력을 재편하는 커다란 변화였다.[22] 공양왕을 옹립하는데 가담한 신진사대부 세력들도 조준의 상서가 발단이 된 전제개혁을 계기로 서로 의견을 달리하고 갈라지게 된다.

회군 이후의 전제개혁의 본질은 신흥유신세력이 권문세력의 권력기반을 빼앗아 새로운 질서를 창출하려는 것이었다. 조준의 토지개혁안에 대하여 이색은 "옛 법을 경솔히 개혁할 수 없다"고 하면서 반대하였다. 이색의 반대의견에 동조하여 권근, 이림, 우현보, 변안렬, 유백유 등 대다수의 신진유림세력들은 반대했으며, 찬성하는 자는 예문관제학 정도전과 대사성 윤소종 뿐이었다. 다만 정몽주는 둘 사이에서 명확한 의사를 밝히지 않고 있었다. 삼봉과 조준 등 토지개혁세력들은 반대세력이 많음에도 불구하고 강력하게 전제개혁을 실시해 나갔다.

(3) 폐가입진논리에 의한 공양왕옹립

회군이후 토지제도개혁이 한창 무르익을 즈음인 창왕 원년(1389), 사형에 처해진 최영의 족당 김저, 김득후 등이 이성계를 살해하고 우왕을 복위시키려는 모의가 발각되어 체포된 사건이 일어났다. 이 사건을 계기로 삼봉은 정적들에 대한 숙청과 혁명의 속도를 가속해 나갔다. 이성계를 포함한 정도전, 정몽주, 심덕부, 지용기, 설장수, 성석린, 조준, 박위 등 9명이 흥국사에 모여 소위『폐

---

22) 과전법으로의 토지개혁의 원래 취지는 전시과의 기본원칙에 환원함으로써 관료 지배체제를 확립하려는 것이었다. 과전법은 전국의 토지를 국가 수조지로 편성한 후 수조권(收租權)을 정부 각처와 양반 직역자에게 분급한 것으로 귀속 여하에 따라 사전과 공전으로 구분한다. 사전은 경기도에 한하여 직산자(職散者)의 고하에 따라(18등급) 제1과 150결에서 제18과 10결까지의 땅을 지급하되, 1대에 한하였다. 공전은 경기도를 제외한 전국의 토지로서 수조권이 국가에 소속되었고, 사전인 경우는 수조권이 개인이나 관아에 속해 있었다. 그러나 고려의 전시과와는 달리 시지(柴地)를 지급하지 않았으며, 과전법의 성립으로 전호(佃戶)가 전주(田主)에게 50%의 조(租)를 바치던 병작반수제가 금지되고, 수확의 1/10(1결당 30두)을 징수하였다.

가입진(廢假立眞)』 논리에 의하여 창왕을 폐하고 공양왕을 옹립하였다. 폐가입진이란 "가짜 왕을 폐하고 진짜 왕을 옹립한다."는 말이다. 우왕과 창왕은 중 신돈의 핏줄이니 가짜라는 것이다.[23]

"우(禑)와 창(昌)은 본래 왕씨(王氏) 성이 아니니 종사(宗祀)를 받들게 할 수 없으며, 또 중국 천자의 명도 있으니, 마땅히 가짜 왕을 폐위시키고 진짜 왕을 세워야 할 것이다. 정창군(定昌君) 요(瑤)는 신종의 7대 손으로 그 족속이 가장 가까우니, 마땅히 왕으로 세워야 할 것이다." (『고려사절요』 권34, 창왕 원년 11월조).

이 사건의 처리과정을 통해서도 우리는 삼봉의 주자주의적 혁명관을 엿볼 수 있다. 창왕을 폐하고 새로운 왕을 세우는 행위가 주자학에서 보면 군신지대의(君臣之大義)에 어긋나는 일이기 때문에, 먼저 이에 대한 방어논리와 정통성 확보가 필요했던 것이다. 공민왕 살해이후 이인임 등이 자기 권력유지를 위하여 급히 옹립한 우왕의 출생을 문제 삼아 폐가입진의 논리를 개발했던 것이다.[24] 주자주의자인 삼봉은 이때에 이미 민심과 천심에 역행하는 군주는 언제라도 갈아치울 수 있다는 맹자와 주자의 혁명사상을 실천했던 것이다.

(4) 정몽주 격살사건

공양왕 3년(1391) 과전법의 제정으로 토지개혁이 무사히 끝났다. 이를 계기로 구세력들의 반발은 더욱 거세지고, 때마침 공양왕의 『구언교서(求言教書)』가 하달되어 정국은 탄핵논쟁으로 시끄러워졌다.[25] 이 왕명을 통하여 촉발시

---

23) 신돈은 비록 중일지라도 잠시나마 고려를 부강하게 만들었다. 그러나 그는 권력에 눈이 멀어 자신의 종 반야를 공민왕의 첩으로 삼게 하였다. 공민왕이 신돈의 집에 밀행하여 낳은 아이가 우왕이다. 반야가 왕자 모니노(우왕)를 낳게 되자 더욱 권력을 휘둘렀으나, 반대파에 의해 그는 공민왕의 마음을 잃고 사형당했다. 폐가입진이란 우왕과 창왕은 공민왕의 핏줄이 아니라 신돈의 핏줄이라는 주장이다.

24) 폐가입진의 논리는 위화도회군이후 우왕을 폐하고 창왕을 옹립하려고 할 때 이미 삼봉은 조준 윤소종과 함께 주장했던 논리이다. 그 당시에는 구가세력의 반대로 무산되었다. 이색 또한 전왕의 아들로 세워야 한다고 반대했다(정병철 편저, 2009: 54).

25) 1391년 4월에 하달된 『구언교서(求言教書)』는 8개의 조목을 열거한 뒤, 곧은 말을 하는

킨 탄핵게임은 삼봉을 중심으로 한 신흥개혁세력을 제거하기 위한 구세력의 은밀한 전략이었다. 이 때 정도전은 박자량 사건에 연류되어[26] 반대파의 탄핵을 받고 평양부윤으로 좌천된 후 다시 봉화로 폄출되어 두 번째의 유배생활이 시작되었다.

구언교서로 벌어진 탄핵게임으로 인하여, 조준, 남은, 윤소종, 조박 등 주로 급진적인 개혁을 주장하는 정도전 계열의 인물들이 대부분 유배를 당하였다. 삼봉은 유배도중 정몽주 등 반대파의 또 다른 탄핵상소가 받아들여져 영주에서 체포되어 예천감옥에 투옥되고 이어 광주로 이배되었다. 이 기간 동안 나라의 권력은 모두 정몽주에게 가 있었다. 이러한 급박한 상황변화 속에서 위협을 느낀 이방원 등의 무장세력은 1392년 4월 4일 선죽교에서 정몽주를 격살하고, 그들의 세력을 모두 제거하여 권력을 잡았다.

정몽주가 격살되자, 이들 무장 세력들은 정도전과 조준, 남은 등을 다시 개경으로 불러들였다. 반대세력들이 모두 제거되자 정도전은 역성혁명의 마무리 작업에 들어간다.[27] 그로부터 3개월 후 정도전은 조준, 남은 등 52명과 함께 도평의사사의 합의로 이성계를 신왕으로 추대하고 신왕조를 개창하였다. 삼봉은 무력에 의한 왕위찬탈의 모습이 아니라, 추대와 양위에 의한 신왕조 개창의

길을 열어 왕의 총명을 막고 가리는 풍조를 없애고자 하니, 누구라도 밀봉하여 왕에게 개진할 것을 촉구하는 서한을 말한다.

26) 우현보의 아들 우홍득이 정3품의 집의(執義)가 되었을 때, 정도전 측인 종6품 규정(糾正) 박자량이 그를 맞이하지 않았던 것에 관하여, 사헌부의 수장인 대사헌 김주가 박자량을 벌하도록 왕에게 요청한 사건. 『고려사절요』 권35, 공양왕 3월 9일조.

27) 최상용 · 박홍규(2007: 107-110)는 정도전은 실제로 조선건국이라는 사건의 주도자가 아닐 가능성이 있음을 제기한다. 그 이유로 정몽주격살사건(1392년 4월 4일)에서부터 조선건국(7월 17일)사이에 정도전은 무대에서 밀려 있었다는 점을 든다. 즉 정몽주가 죽은 후 조준, 남은 등은 바로 관직에 출사하였으나, 정도전은 조선건국(7월 17일) 얼마 전인 7월 6일에 가서야 관직에 나가게 된다는 점을 든다. 따라서 이 기간 동안 배후에서 정국을 조종하고 있었다는 기존의 주장과는 달리, 본인 스스로 활동을 자제하였거나 아니면 고의적으로 배제당한 것이라는 주장을 펼치고 있다. 그러나 지금까지의 삼봉의 행적과 활동, 그리고 건국 이후의 지위, 이성계의 삼봉에 대한 예우 등을 감안할 때, 관직을 가지지 않는 상태에서 신왕조의 틀을 그리고 있었을 것으로 생각된다.

모습을 갖추게 함으로서 역성혁명으로서의 정당성을 갖추게 하였다.

이 시기는 비록 4년밖에 되지 않지만 수많은 권력투쟁이 치열하게 벌어졌던 기간이다. 개혁과 보수 사이의 이념투쟁, 중흥과 혁명 등의 개혁방법론을 둘러싼 이색 진영과 정도전 진영 간의 권력투쟁, 고려중흥을 내세우는 정몽주 진영과 혁명을 주장하는 이방원의 무장세력 간의 권력투쟁 등이 함께 어우러져 서로서로가 권력기회를 잡기 위해 생사를 걸고 치열하게 싸움을 전개하였던 기간으로 볼 수 있다. 이러한 과정에서 승리한 자는 정도전과 이방원이었다. 그러나 신왕조가 개창된 이후, 이들도 신왕조의 국정운영방법과 제도화과정을 둘러싸고 서로 의견을 달리하게 되고, 서로 치열한 권력투쟁을 벌이게 된다.

4 국가건설 주도기

이 시기(1392～1397)는 조선건국 이후 정권(政權)과 병권(兵權)을 모두 장악하고, 새로운 왕조건설의 청사진을 제시하면서 국가건설(state building)을 주도했던 기간이다. 『조선경국전』『경제문감』『경제문감별집』『불씨잡변』 등 국정운영 전반에 필요한 저작활동을 통하여 국정운영의 체제와 방향을 설계한 시기인 동시에 사병혁파와 요동공벌을 강행하면서 이방원과의 대립으로 그의 의도가 좌절되기까지의 기간이다.

이 기간은 국정운영의 기본 철학과 제도를 확립하기 위하여 노력한 시기로서 그의 국정운영이상을 법제화하고 제도화하는데 온 힘을 기울인 시기이다. 삼봉은 새로운 조선왕조의 이데올로기적 기초로서 주자학을, 경제적 토대로서는 정전제를, 그리고 권력의 제도화로서는 재상중심의 중앙집권적 관료주의를 설정하고 있었다.

조선 건국 이후 정도전이 가장 심혈을 기울여 노력한 분야가 왕조의 사상적 기초를 마련하는 일이었다. 삼봉은 제일 먼저 혁명의 정당성을 밝히는 즉위교서를 작성해야 했다. 주자주의자이면서 그의 사상과는 다르게 찬탈이라는 수단을 통하여 신왕조를 건국한 삼봉은 맹자의 민심과 천명이론을 통하여 신왕조의 정당성(legitimacy)을 확보했다. 역성혁명이 있은 지 10일 후(1392년 7월 28일), 삼봉이 작성한 즉위교서가 이성계의 입을 통하여 발표되었다.

> "왕은 이르노라. 하늘은 많은 백성을 낳고 이들의 군장(君長)을 세워, 그들로 하여금 이를 길러 서로 살게 하고, 이를 다스려 서로 편안하게 한다. 그러므로 군도(君道)에는 득실이 있고, 인심에는 복종과 배반이 있다. 천명(天命)이 떠나가고 머무름은 이에 달려 있다. 이것이 바로 변함없는 이치(理之常)이다."
> (『태조신록』 권1, 원년 7월 28일(정미))

이 선언은 주자가 『맹자집주』에서 혁명을 인정하고 있는 대목을 원용한 것이다. 즉 "한 번 다스려지고 한 번 어지러워지는 것(一治一亂)은 기화(氣化: 음양이기의 변화)의 성쇠와 인사의 득실이 반복하여 찾아오는 것이니, 이는 변함없는 이치이다(理之常)."라고 단언한 구절과 거의 동일하다. 삼봉은 맹자의 혁명이론을 이용하여 신왕조 건설을 정당화했던 것이다.

즉위교서에서의 담론적 정당화는 실질적 제도화를 위한 선언적 의미를 담고 있다. 맹자의 천명이론으로 역성혁명을 정당화한 삼봉은 즉시 국가운영의 이념적기반과 제도적 틀을 만들어 나가는데 전념했다. 이를 구상하기 위해 삼봉이 참고한 것은 주자학서적 및 『주례(周禮)』를 비롯한 중국 역대의 제도에 관한 서적들이었다. 군주제를 운영하는 기본원리들이 포함되어 있는 서적들을 참고로 하면서 조선왕조 국정운영의 틀을 마련하였다. 1394년의 『조선경국전』 1395년의 『경제문감』 그리고 1397년의 『경제문감별집』 등이 그것이다. 『조선경국전』은 군주를 정점으로 하는 중앙집권체제를 제도화한 법전으로서, 삼봉 자신의 국정운영사상이 담겨진 최초의 개인법전이다. 이 책에는 국정을 수행하기 위해 필요한 관직체제와 그 업무분장, 그리고 군주제라는 정치체제를 구성하는 법과 제도들이 개진되어 있다. 『경제문집』과 『경제문감별집』은 정통왕조의 운영을 위한 지침서로서 법과 제도를 운영할 관료와 군주에 대한 자신의 구상을 피력했던 것이다.

정권과 병권을 장악하고 있던 정도전은 1398년(태조 7년)에는 『불씨잡변』을 저술하여 교권(教權)마저 장악하게 된다. 그는 이를 통해 이단을 배척하고 정학(正學)을 세워 신왕조의 이념적 사상적 기반으로 삼고자 하였다. 삼봉이 불교를 배척하고자 하는 의지는 매우 강했다. 고려 말에 진행된 토지제도개혁을 통하여 토지를 많이 소유하고 있었던 사원(寺院)에 타격을 주었고, 출가를 제한하는 도첩제(度牒制)를 실시하여 불교에 대한 억압정책을 강화하였다. 『심기리편』의 저술은 이러한 상황을 배경으로 하고 있다. 그러나 그 당시 불교는 민간에게는 말할 것도 없고, 이성계를 비롯해 주자학에 대한 관심이 엷은 집권자들에게는 여전히 믿음의 대상이었다. 당시 최고의 척불론으로 알려져 있는 『불씨잡변』은 이성계의 면전에서는 말할 수 없었던 이단 배척의 임무를 후대의 주자학자들에게 위탁하려는 의도로 쓰인 것이었다.[28]

불씨잡변을 저술하고 난 몇 달 후, 정도전은 자신의 구상을 구현하지 못하고 이방원에게 암살된다. 불씨잡변을 저술한 후, 그는 마치 자신의 죽음을 예견이라도 한 듯, "비록 당장에는 행할 수 없으나 그래도 후세에 전할 수 있으니 내 죽어도 편안하오."라고 권근에게 말했다고 한다(『불씨잡변』, 權近序).

이방원은 정도전을 부정하고 조선왕조 제3대 태종으로 즉위하였지만, 그가 구축해 놓은 국정운영의 청사진은 부정할 수 없었다. 삼봉이 피살된 이후 조선왕조는 태종과 그의 신하들에 의하여 정통왕조로서 확립되었다. 삼봉이 지향했던 도통(道統)의 승계자로서의 임무는, 사림(士林)이 등장하면서 정몽주에게 이어졌고 반면에 삼봉은 잊혀져갔다. 정도전이 역사의 수면위로 등장한 것은 조선이 정통왕조로서의 수명이 다해가는 시점이었다. 대원군이 경복궁을 중건하면서 대왕대비의 명으로 한양의 설계자인 정도전의 훈작(勳爵)을 회복해 주고 문헌(文憲)이라는 시호를 내려주도록 전교를 내림으로서 드디어 무덤에서 나오게 되었다. 비록 조선왕조 500년 동안 우리의 뇌리에는 그를 잊고 있었지만, 그가 그린 왕조의 이념과 제도는 우리의 몸속에 살아 움직이고 있었던 것이다. 아직도 그의 정신은 우리 몸속에 살아 문화로 이어져 내려오고 있다.

---

28) 실제로 태조 이성계는 불교신봉자였기 때문에 삼봉 등이 주도한 불교탄압정책은 많은 한계가 있었다. 삼봉의 억불정책은 그가 죽은 이후인 태종대에 이르러 정착되지만 그 과정에서 태조 이성계와 많은 마찰을 빚는다.

03 삼봉 정도전의 시대인식

역사에 이름을 남긴 인물들의 사상과 행동은 어떤 행태로든 시간과 공간의 제약을 받는 그 시대 상황에 대한 인식에서부터 시작된다. 정도전의 행정사상과 행동도 고려 말의 국정운영상황에 대한 인식을 반영하고 있다. 달리 표현하면 한 인간의 행정사상은 그 시대의 환경에 대한 개인의 정치·행정사회화의 산물인 것이다. 그렇다면 삼봉은 자기가 살았던 고려 말 당시의 시대를 어떻게 인식하고 있었는가?

1. 총체적 난(亂)의 시대이다.

삼봉은 당시의 고려사회를 총체적 난의 시대라고 인식하고 있다. 즉 군주로부터 말단 백성에 이르기까지 세상의 도(道)가 모두 내려앉아 있는 총체적인 혼란의 시대라는 것이다. 그는 이러한 시대를 세도지강(世道之降)의 시대라고 표현하면서(『삼봉집』 권3. 序 送楊廣按廉庾正郎詩序), 다음과 같이 그 원인을 분석하고 있다.

그의 저서 『경제문감별집』에 의하면, 삼봉은 이러한 나라의 총체적 혼란에 대한 책임은 왕과 관료에 그 책임이 있다고 진단하고 있다. 주자학의 입장에서 볼 때, 나라의 흥망성쇠의 책임이 군주의 일신에 귀착되는 것은 당연하다고 하면서, 충렬왕에서 충정왕까지는 말할 것도 없고, 공민왕마저도 초기의 개혁의지를 관철시키지 못하여 성과를 올리기는커녕 왕조 멸망의 발단을 남긴 채 시해되고 말았다고 삼봉은 유감의 뜻을 밝히고 있다. 또 그 뒤를 이은 우왕은 황음하고 포악하여 패가망신하였다고 하면서 실로 걸주(桀紂)와 같은 폭군으로 간주하고 있다. 이렇게 왕이 왕답게 백성을 다스리지 못했기 때문에 세상은 난세가 되었다는 것이다. 주자주의자답게 그는 이러한 난세의 책임을 제일 먼저 왕에게 돌리고 있다.

삼봉은 그 다음으로 국정운영의 총체적 혼란을 야기 시킨 책임은 바로 간신들의 권력남용과 사익추구에 있다고 진단하고 있다. 군주주의국가에서의 관료들은 본래 군주를 받들면서 민(民)을 이끌어가야 하는 존재임에도 불구하고, 오히려 군주를 조종하여 민을 도탄에 빠뜨리는 사욕을 탐했기 때문에 난세가 되었다는 것이다. 삼봉은 이러한 관리들을 간신(姦臣), 권신(權臣) 등으로 표현하면서,[29] 이들이 공조(公朝)를 소홀히 하고 사실(私室)만을 생각하면서 권력을 장악했기 때문이라고 분석하고 있다. 이렇게 사(私)가 공(公)을 지배하고 있으니 군주제의 요체인 관료의 등용이 공정해질 리가 없다는 것이다. 삼봉은 이를 다음과 같이 한탄하고 있다.

> "본조(本朝: 고려왕조)의 사람 쓰는 법이 크게 무너졌습니다. 교양(教養)코자 하면 사도(師徒)가 밝지 않고, 선거(選擧)코자 하면 사(私)로 공(公)을 가리고, 전주(銓注)코자 하면 현(賢)과 우(愚)가 섞여 나오고, 고과(考課)코자 하면 청알(請謁)이 번성하고, 출척(黜陟)코자 하면 회뢰(賄賂)가 공공연히 행해집니다. 이 다섯 가지가 무너져 있으니, 어떻게 사람을 얻으리까?" (『고려사』 권 119, 열전 32, 정도전)

교육계에는 사도(師道)가 무너져 있고, 인재를 선출하여 평가하고 활용하는 인사행정에 있어서도 공정한 평가기준이 아니라 청탁을 비롯한 사적인 평가기준이 일반화되어 있다는 것이다. 이들을 척결하고 개혁하는 일조차도 뇌물과 청탁이 앞서고 있으니 어떻게 공정한 인재등용이 이루어질 수 있겠는가를 한탄하고 있다. 난세의 원인은 바로 이러한 간신들의 발호 때문이라는 것이다.

뿐만 아니라, 간웅(姦雄)들의 사심을 물리치고 나라를 경장해야 할 대간(臺諫)들까지도 입을 다물고 바른 말을 하지 않고 있다는 것이다. 그 이유는 이들의 진퇴가 권문세가들의 손아귀에 있기 때문에 권문세가와 관련이 있는 일은 어떠한 일이 있어도 문제를 삼지 않는다는 것이다. 대간이 하는 말은 모두 권

29) 『삼봉집』에는 간사한 무리를 가리키는 말로서, 간신, 간웅 외에도 권신(權臣), 권세(權勢), 권귀(權貴), 구가세족(舊家世族), 호부지가(豪富之家), 권요(權要之勢), 호강(豪强), 호족(豪族) 등이 사용되고 있다. 이 말들의 의미는 권력과 부를 가지고 인민과 군주를 소홀히 하면서 자기들의 이익만을 추구하는 존재라는 말이다.

문들이 원하는 바이고, 물러가게 되는 사람은 모두 권문세족들이 꺼리는 자들이었다(『경제문감』 하, 諫官). 언론이 견제기능을 제대로 하지 못하는 언관유착이 일반화되어 사회의 도(道)가 추락하였음을 말하고 있다.

삼봉은 다른 유학자와 마찬가지로 순환론적 역사관, 특히 맹자의 역사사상을 믿고 있었다. 맹자의 역사관은 일치일란(一治 一亂), 오백년 순환, 방벌(放伐), 왕패(王覇), 의리(義利), 천명(天命) 등의 개념을 바탕으로 하고 있다. 즉 요순 삼대의 역사는 "한번은 다스려지고 한 번은 이지러지는" 순환을 거듭하면서 전개되어왔다. 그 중에서도 삼대는 대체로 500년을 주기로 천명을 받은 왕자에 의하여 왕조교체가 이루어지는 대순환이었다. 역사는 그와 같은 치(治)와 난(亂)이 반복하는 순환과정이며, 이후로도 그 법칙대로 전개될 것이라는 믿음이다. 삼봉은 당시 자기가 살고 있는 시대가 바로 난(亂)의 시대이라고 인식하고 있었다.

2. 사(私)로 공(公)을 가리는 세상이다.

삼봉은 나라를 총체적으로 난세에 이르게 한 원인은 왕의 실정과 간웅들의 부패, 즉 정책실패와 공직부패라고 진단했다. 그러면서 주자학적 관점에서 더 구체적으로 해석하여, 왕과 신료들이 인욕을 멀리하고 천리를 따라야 하는(存天理 滅人慾) 공직자들의 윤리를 지키지 않았기 때문으로 보고, 이들의 행태를 신랄하게 비판하고 있다. 백성의 휴척(休戚: 기쁨과 근심)과 풍모(豊耗: 풍요와 빈곤)에 직접적으로 관련이 있는 현령(縣令)은 백성의 부모이면서 도리어 백성을 좀먹고 있고(『경제문감』 하, 현령), 또한 현령을 감찰해야 할 감사는 수령의 위세와 아전의 권세를 빙자하여 백성보기를 원수 대하듯 하니, 곤궁한 백성이 입는 피해는 지난날보다 훨씬 심하게 되었다(『경제문감』 하, 감사)고 하면서 지방행정 관료들의 부패를 비판하고 있다. 또한 지방의 현령이나 감사뿐만 아니라 중앙의 관료들도 외적으로는 유학자인척 행동하고 있지만, 진정한 유학자(眞儒)는 찾아낼 수 없다고 정도전은 절망감을 나타내고 있다.

"저 유자라고 호칭하는 자들은 헌 갓을 쓰고 낡은 옷을 입고는 조심조심 고개를 내밀었다 움츠렸다 하며 그저 관망만 하여, 겨우 자기 몸의 보호만 꾀할 뿐이다. …… 부끄럼이 없는 자는 말을 꾸미고 잔재주를 부리며, 요행을 바라 분주하게 행동하고, 이록(利祿)이 있으면 가로챈다. 또 평상시에는 고담준론(高談峻論)을 하며 능하지 못한 것이 없는 듯하다가, 만약 일을 맡기게 되면 아득하여 할 바를 알지 못하는 자가 대부분이다." (『삼봉집』 권3. 序 送趙生赴擧序)

가짜유학자 관료들의 형식주의와 소극성, 무능과 비전문성, 그리고 사리사욕을 비판한 것이다. 특히 대부분의 목민관들이 공적(公的)인 것에는 관심이 없고, 오로지 사리사욕만을 채우는, 즉 사적(私的)인 것만 생각하는 가짜 유학자라는 것이다. 삼봉이 가지고 있는 사물에 대한 가치판단의 기준 또는 사회를 인식하는 판단기준은 어디까지나 주자학의 추상적 원리인 이(理)였다. 이러한 이(理)의 기준에 의하여 당시의 사회를 보면, 유자의 외관을 하고서 자기의 사욕을 채우는 관료들이 세상을 지배하고 있어, 도(道)가 땅에 떨어지고 백성의 궁핍이 극에 달했다는 것이다. 당시의 사회는 사(私)가 공(公)을 지배하고, 사(私)로 공(公)을 가리는 세상이라고 인식하였던 것이다.

3. 부익부 빈익빈으로 경제파탄이 극에 달했다.

이렇게 권력을 농단하여 꺼릴 것 없이 사욕을 채우게 된 권신들은 모두 토지소유와 겸병에 몰두하여 극도로 토지제도가 문란해졌다. 권신 이인임, 임견미 등은 권력을 마음대로 이용하여, 공사(公事)에는 손해가 되게 하고 사사(私事)에는 후하게 하면서 마음껏 토지를 약탈하고 산야를 농락하였다(『조선경국전』 하, 공전, 창고). 농업중심의 전통사회에서는 토지는 생산의 원천이며, 국가재정의 기반이었다. 토지제도의 문란은 곧 백성들의 경제상황을 심각하게 만들었다. 극도로 문란해진 토지제도에 대하여 삼봉은 다음과 같이 묘사하고 있다.

"토지를 가진 가문들이 서로 토지를 겸병하였으므로 한 사람이 경작하는 토지에 그 주인이 더러는 7~8명에 이르는 경우도 있었다. 전조(田租)를 바칠 때에는 인마의 접대며, 청을 들어 강제로 사는 물건이며, 노자로 쓰이는 돈이며, 조운(漕運)에 드는 비용들이 또한 원래의 조세보다 배나 5배에 그치지 않고 그 이상이 되었다."(『조선경국전』 상, 부전, 경리)

"호구는 나날이 줄어들고 남은 사람들은 부역의 번거로움을 견디지 못하여 호부(豪富)의 집에 꺾이어 들어가기도 하고 권세가에 의탁하기도 하였다. 그 밖에 혹은 공업이나 상업을 하기도 하고 혹은 도망하여 중이 되기도 해서 전 인구의 10분의 5~6은 호적에서 이미 빠져 나갔으며, 공사의 노비나 사원의 노비가 된 사람은 또한 그 수효에 포함되지도 않았다. 다행히 호적에 올라 있다고 하는 호가도 또한 가장이 숨기거나 간사한 관리가 점유하여 한 호의 가족이 모두 호적에 올라 있는 것도 아니었다."(『조선경국전』 상, 부전, 판적)

국가의 빈부는 백성의 많고 적음에 달려 있고, 부역의 균등은 인구의 수효를 세밀히 파악하는데 있다. 나라가 부유해지고 백성이 편안하게 잘 살게 하기 위해서는 백성을 휴양·생식시켜 인구를 번창하게 하고, 백성을 위로하여 모여들게 하고, 또 편안하게 잘 살 수 있게 보호하여야 하지만 그 당시에는 그렇지 못했다는 것이다.

"토지제도가 무너지면서 호강자(豪强者)가 남의 토지를 겸병하여 부자는 밭두둑이 잇닿을 만큼 토지가 많아지고, 가난한 사람은 송곳 꽂을 땅도 없게 되었다. 그래서 가난한 사람은 부자의 토지를 차경(借耕)하여 일 년 내내 부지런하게 고생하여도 식량은 오히려 부족하였고, 부자는 편안히 앉아서 손수 농사를 짓지 않고 용전인(傭佃人)을 부려서도 그 소출의 태반을 먹었다. 국가에서는 팔짱만 끼고 구경만 하고 그 이득을 얻지 못해 백성은 더욱 곤궁해지고 나라는 더욱 가난해졌다."(『조선경국전』 상, 부전, 경리)

권문세족의 대토지소유는 여말 사회의 경제적 위기와 경제파탄을 가중시킨 주요인이었다. 전제의 문란과 수취체제의 붕괴는 '부자는 더욱 부유해지고 가난한 사람은 더욱 가난해져서(富者益富貧者益貧)' 마침내는 스스로 살아갈 길이 없어서 농토를 버리고 떠돌아다니거나, 직업을 바꾸어 말업(末業: 상공업)에 종사하기도 하였으며, 심한 경우에는 도적이 되기도 하였다. '송곳을 꽂을 땅도 없다'는 표현은 민생의 고통을 단적으로 말해 주고 있다. 이러한 상황에서 국가는 호구를 파악할 수 없었고, 따라서 나라는 더욱 가난해지고 백성은 더욱 괴로웠던 것이다.

이처럼 삼봉의 눈에 비친 고려 말의 사회는 부의 극심한 불평등으로 인한 계급간의 갈등과 대립이 첨예하여 가족·사회·국가의 기강과 질서가 무너지고, 그에 따른 도덕과 윤리체계의 붕괴를 가져와, 사회적 아노미가 극에 달한 상황이었다.

4. 불교의 폐해가 난세의 한 원인이다.

삼봉은 이렇게 천하의 도가 무너지고 사회적 아노미가 극에 달하도록 만든 근본원인으로 불교의 폐해를 지적하고 있다. 그는 이단(異端)이 날로 성하고 우리의 도(道)는 날로 쇠잔해져서 백성들을 금수와 같은 지경에 몰아넣고, 또 도탄에 빠뜨렸다고 주장하면서 이를 다음과 같이 비난하고 있다.

> "명색이 대유(大儒)라고 불리는 자까지도 도리어 찬송하고 가영(歌詠)하여 성세를 도와 고무하고 진동시킵니다. …… 그래서 선왕의 학문은 적적하고 고요하여 듣지를 못하고, 귀와 눈에 보고 듣는 것은 이단이 아님이 없습니다. 강보에 싸인 어린아이가 처음 말을 배울 적에도 이단의 말을 외며, 소꿉장난할 시절에도 문득 그 의식을 따라 합니다. 그 습관이 성품으로 성장되어 태연히 여기고 그 그릇됨을 깨닫지 못하니 …… 총명한 선비라 할지라도 그 공허하고 현묘한 말에 현혹되며, 난폭하고 패륜한 사람들은 그 화복설(禍福說)을 기뻐하기도 하고 두려워하기도 해서, 높이 받들고 따르지 않는 이가 없습니다. 그래서 윤리 기강은 무너지고 인간의 도리는 멸해져 풍속이 쇠퇴하고, 가세가 기울어 파산하여 부자가 서로 이산되었으니, 금수와 같은 생활을 하고 도탄에서 허덕이는 것에 이르지 않을 수 있겠습니까?(『삼봉집』 권3. 書, 上鄭達可書)"

삼봉은 고려 말 사회의 도덕적 부패는 건국 이래 이념적 기반이었던 불교의 타락에서 연유한다고 보았다. 삼봉은 유자도 오직 사리만을 추구하는 소인배로 타락함으로서 참된 유자의 면모를 상실하고 있지만 불교는 유교의 반도덕성보다 훨씬 더 부패하고 반도덕성이 강하다고 주장한다.

우선 현실적으로 불교행사에 쓰이는 경비가 지나치게 많아 불교의 도량이 궁궐보다 높고, 이러한 과도한 재정부담은 나라와 백성을 더욱 궁핍하게 만들었다는 것이다. 또한 불교는 원래 청정(淸淨)과 과욕(寡慾)의 종교임에도 불구하고 실제로는 호화로운 정도가 마치 군주와 같고, 토지와 노비를 대량으로 소유하여 대지주로서의 부를 독점하고 있었으며, "평민 열 집의 재산을 하루아침에 탕진"할 정도로 낭비가 심했다는 것이다. 게다가 불교는 부자, 군신, 부부, 붕우 등 중요한 인간관계를 가합(假合)이라고 하여 원리적으로 인륜을 부인한다고 보았다. 그래서 불교는 윤리와 풍속을 타락시켜 인류를 금수의 세계로 몰아가는 "인륜의 도적"이라고 비판하고 있다(『불씨잡변』 불씨걸식지변(佛氏乞食之辨)). 배불사상을 전개한 저술로는 『심문천답』『심기리편』『불씨잡변』 등이 있다.

삼봉의 불교비판은 단순히 종교적 관점이나 학술적 관점에서의 비판이 아니라 출발부터 정치적인 권력과 이념투쟁이라는 이중성을 지니고 있었다. 그는 고려의 정치이념인 불교에 대한 이데올로기 비판을 통해서 조선왕조의 정치이념으로서의 주자학의 정당성을 옹호했던 것이다.

5. 해결방법은 주자학을 바탕으로 한 실천적 개혁뿐이다.

삼봉은 평생을 도탄에 빠진 고려를 개혁하고 중흥시킬 수 있는 방법이 무엇인가를 사유하고 철학한 현실적 정치가였다. 그는 당시의 경제파탄이 극에 달하여 백성은 살길이 막막하고 빈익빈 부익부가 극에 달하여 일반 백성들은 송곳 하나 꽂을 땅이 없는데도 불구하고, 국정을 운영하는 관리들은 사리와 사욕에 눈이 멀어 나라의 도가 총체적으로 땅에 떨어졌다고 진단하고 당시의 총체적 난세(亂世)를 극복할 수 있는 길은 오직 두 가지 방법 외에는 없다고 보았다. 그 하나는 상하가 서로 이익을 다투어 힘으로 빼앗는 화란(禍亂)이 일어나 마침내는 나라가 망(亡)함에 이르도록(『조선경국전』 상, 부전, 경리) 내버려 두는 방법이고, 다른 하나는 주자학을 바탕으로 나라를 경장(更張)하고 중흥(中興)시키는 일이라고 보았다. 삼봉은 자신의 국정운영사상인 주자학적 통치이념을 실현시켜 세도지강(世道之降)의 난세를 극복하고자 한 철저한 개혁론자이자 애민 사상가였다.

고려 말 주자학적 학문배경을 가지고 관료에 진출하여 개혁세력을 형성한 신진사대부 또는 신진사류들은 대부분 중흥이나 경장을 통하여 쇠퇴하고 있는 나라를 일으켜 세우려고 하였다. 즉 혁명을 통한 문제해결보다는 중흥에 의한 문제해결을 지향했던 것이다. 삼봉도 기본적으로는 중흥과 경장을 통하여 자신의 사상을 실현시키고자 한 개혁론자였다. 처음부터 급진적인 혁명을 통하여 신왕조를 건설하려고 한 것은 아니었다고 볼 수 있다. 오랫동안의 유배와 방랑, 그리고 권력투쟁과정을 거치면서 '주자학적 이상을 실현하기 위해서는 무엇보다도 절대 권력이 필요하다'고 느낀 삼봉은 오직 자기의 이상을 위해 중흥에서 혁명으로 전략적 수정을 했다고 봐야 할 것이다(최상용 · 박홍규, 2007).

삼봉이 남긴 그의 정신적 산물인 『삼봉집』은 주자학적 국정운영사상인 천리(天理)와 인성(人性)이라는 가치판단에 의하여 나라를 다스리는 방법을 기술하고 있는 저술이다. 삼봉이 꿈꾼 이상사회는 바로 주자가 지향했던 삼대의 이상사회였다. 주자는 '사욕이 넘실되어 이익만을 추구하는 공리(功利)의 세계'가 아니라, 인욕이 빠진 역사의 실상을 넘어선 천리(天理)의 세계를 지향했다.[30] 이를 위해 주자는 절대불변의 천리의 세계의 가능성을 천(天)이 명(命)한 인성(人性)에서 찾았다. 따라서 주자는 천리와 인성을 통하여 나라를 다스리는 것이 이상사회로 가는 첩경이라고 보고 수기(修己)를 특히 강조하는 이념

---

30) 주자는 이상사회였던 삼대 이후의 중국의 역사는 왕조가 교체되면서 점점 악화되어 마침내 자신이 살고 있던 남송시대에는 최악의 상황에 빠져 있다고 인식했다. 요컨대, 역사의 세계는 '사욕이 넘실대어 이익만을 추구하는 공리(功利)의 세계'라는 것이다. 이와 같이 역사는 점점 악화된다고 보는 것을 하강사관(下降史觀)이라 한다.

의 정치를 지향했다. 삼봉도 새로운 조선을 건국하면서 주자학의 영향을 받아 삼대의 국정운영방식과 주나라의 제도를 모델로 하여 국정운영의 이념적·제도적 틀을 만들었다. 따라서 『삼봉집』은 주자주의자의 가치와 이념에 따라 그 당시의 현실을 비판하고, 또 개혁되어야 할 대상을 기록하고 있는 가치판단을 겸하고 있는 저술이다.

04 삼봉의 행정사상과 철학

1. 삼봉이 추구한 행정이념과 행정가치

삼봉의 행정사상을 보다 체계적으로 알기 위해서는 그가 조선왕조를 설계하고 운영하면서 내세웠던 국정운영목표와 행정이념을 치밀하게 분석해 보아야 한다. 행정이념이란 행정이 지향하는 최고가치 및 지도정신을 의미한다. 따라서 삼봉이 공무를 수행하면서 추구했던 행정이념과 행정가치를 먼저 정리해 보아야 이를 달성하기 위한 그의 세부적인 행정사상과 철학도 체계적으로 설명할 수 있다.

조선시대에 있어서 정치와 행정은 미분화된 상태 또는 혼합된 상태였다고 할 수 있다. 정치를 권력획득과정이 아니라 대의적 정책결정과정이라고 본다면 그 당시에는 정치보다는 정부의 정책결정만이 있었다고 할 수 있다. 따라서 조선시대의 정(政) 또는 위정(爲政)은 정치보다는 현대적 의미의 행정에 보다 더 가깝다고 볼 수 있다(박승용, 2002: 78). 이 글에서는 행정이념은 정치행정이념이나 국정운영이념과 동일한 의미로 사용하였으나, 문맥에 따라 혼용하여 사용하였다.

1 민본과 애민

삼봉의 국정운영사상 또는 행정사상을 떠받치고 있는 가장 기본적인 가치는 바로 맹자의 민본과 애민이다. 즉 민본과 애민은 삼봉이 국정운영 또는 행정활동에서 추구하고자 했던 가장 최고의 통치이념이다. 원래 민본이라는 말은 『서경(書經)』의 민유방본(民惟邦本)에서 유래했다. 즉 "백성이야말로 나라의 근본이니 근본이 굳어야 나라가 편안하다(民惟邦本 本固邦寧)"라는 말 중에서 민유방본을 줄여서 일컫는 말이다. 이 민유방본을 맹자는 국정운영에 있어서 백성이 가장 귀하고(民爲貴), 사직은 그 다음이며(社稷次之), 군주는 가장 가벼운 것(君爲輕)이므로 민의(民意)야말로 국정운영의 궁극적인 판단기준이 되어야 한다고 주장했다. 사직과 군주는 민심을 그르칠 경우 언제든지 갈아치울 수 있으나 백성은 갈아치울 수 없는 절대적인 존재라는 것이다. 따라서 민심은 천심이고, 또 천지의 생물지심(生物之心)과 같은 것임으로 조작의 대상이 될 수 없으며 인(仁)의 궁극적 존재론적 근거라는 것이다. 따라서 인정(仁政)을 통해서만이 민심을 얻고 나라를 유지할 수 있다고 본 것이다. 삼봉은 『조선경국전』과 『경제문감』 곳곳에서 민본과 애민을 강조하고 있다.

> "대개 임금은 나라에 의존하고 나라는 백성에 의존하게 되는 것이니, 백성이란 나라의 근본이며 임금의 하늘인 것이다. …… 인군이 된 사람이 이러한 뜻을 안다면, 백성을 사랑함이 지극하지 아니할 수 없을 것이다. …… 그러므로 신은 이 판적편을 지으면서 백성 사랑하는 것을 아울러 논하는 바이다."(「조선경국전」 (상) 부전 판적)

> "백성은 나라의 근본이요, 군수·현령은 백성이 근본이다. ……… 백성이 가벼이 여겨지면 천하 국가가 가벼이 여겨질 것이니 … 관청을 설치하고 관리를 두는 것은 본래 백성을 위함이다".(「경제문감」 (하) 현령).

삼봉은 백성은 나라의 근본이며, 임금의 하늘이라고 보았다. 임금의 하늘이란 임금이 하늘처럼 떠받들어야 하는 존재라는 뜻이다. 모든 정부의 관직과 운영체제도 모두 백성을 위하여 존재하는 것이며, 군주나 관료 모두가 백성을 위한 봉사자라는 주장이다. 삼봉의 국가관은 왕권와 국가권력은 기본적으로 하늘로부터 부여받은 것이라는 동양의 천명사상에 근거하고 있다.[31] 따라서 삼봉의 민본행정사상은 국가는 천명을 대행하는 봉사조직이라는 전제에서 나온 것이다. 또한 삼봉의 민본정신은 단순히 성리학의 이념에 따른 단순한 이론적 수사가 아니라 15년 동안의 유배와 유랑 그리고 좌천의 시간을 보내면서 직접 백성의 고통과 환란을 몸소 체득한 이념이기도 하다.

2 인정주의

삼봉은 나라의 근본인 백성을 사랑하고 민심을 얻기 위해서는 인정을 베풀어야 한다고 보았다. 삼봉의 국정운영사상의 중심에는 언제나 주자주의자로서의 이상과 철학이 들어 있다. 혁명에 의하여 신왕조를 세운 삼봉은 맹자와 주자의 역성혁명론에서 강조하고 있는 '천명'과 '민심'의 향배를 근거로 신왕조 창업의 정당성을 논증한 뒤,[32] 새로운 국가의 국정운영이념을 삼대(三代; 夏, 殷, 周)의 이상사회를 꿈꾸면서 주자학에서 찾고자 하였다. 그가 쓴 『조선경국전』 <정보위>에는 그의 행정사상이 구체적으로 잘 나타나 있다. 즉 인(仁)에 의한 행정, 즉 인정주의(仁政主義)가 신왕조가 추구해야 할 국정운영이념이자 행정이념임을 선언한 것이다. 삼봉은 민본주의를 위민과 애민으로 구체화시키

---

31) 왕권 또는 국가권력은 어디에서 나오는가에 대한 사상은 다음 4가지로 나눌 수 있다. 첫째는 왕권과 국가권력은 하늘(天)로부터 부여받은 것이라고 보는 동양(유교)의 천명사상, 둘째는 왕권과 국가권력은 신(神)으로부터 부여받았다고 보는 서양의 왕권신수사상, 셋째로는 계약에 의하여 아래로부터 주어진다고 보는 토마스 홉스(Thomas Hobbs)를 대표로 하는 국가계약설, 넷째는 선거에 의하여 주어진다는 국민대표설 등이다. 앞의 세 가지 설은 군주주의국가시대의 절대왕권을 옹호하는 이론이고, 마지막 선거설은 민주주의 국가시대의 근대정치사상이다.

32) 역성혁명론은 중국 고대의 가장 이상적인 정치형태로 사모하고 있는 3대(夏殷周)의 정치적 현실에서 정립된 이론으로서 군주의 덕(德)이 치민(治民)의 본래적 의무를 다하지 못할 때 민심은 이탈되는데 이러한 상황에서 새로운 덕(德)있는 인물이 백성을 구제하기 위하여 부덕(不德)한 전왕을 방벌(放伐)하고 새로운 치자로 군림할 수 있다는 이론이다.

고, 거기서 한걸음 더 나아가 이것을 현실적으로 구체화시킨 것이 인정이다. 인정주의란 '어진마음으로 사랑을 베푸는 행정'을 하여야 한다는 개념으로, 덕(德)과 예(禮)에 의하여 행정은 이루어져야 한다는 사상이다.[33] 인정을 통하여 위민과 애민 나아가 민본을 달성할 수 있다는 주장이다.

삼봉은 <정보위>에서 군왕의 자리(寶位)의 지존성과 그 자리를 유지하는 원리를 천명했다. 즉 "성인의 큰 보배는 위(位)요, 천지의 큰 덕은 생(生)이니, 무엇으로 위(位)를 지킬 것인가? 바로 인(仁)이다."라고 하는 주역의 내용을 인용하면서, 인(仁)으로서 위(位)를 지키는 것이야말로 군왕이 해야 할 일임을 선언하고 있다. 여기서 위(位)란 군주의 자리, 즉 정치적 권위(poliitical authority)를 말하며 인(仁)이란 민중의 도덕성(Confucian civic virtue)을 말한다. 삼봉은 이 양자야말로 건국의 기둥이라고 본 것이다. 삼봉은 이 인정(仁政)에 대하여 다음과 같이 말하고 있다.

> "만민의 마음을 얻으면 복종하게 되고, 그들의 마음을 얻지 못하면 배반하게 된다. 그들이 배반하고 따르는 간격은 털끝만큼의 차이도 되지 않는다. 그러나 그들의 마음을 얻는다는 것은 사사로운 뜻을 품고서 구차스럽게 얻는 것이 아니요, 도(道)를 어기어 명예를 구하는 방법으로 얻는 것도 아니다. 그 얻는 방법 역시 인(仁)일 뿐이다.
>
> 인군(人君)은 천지가 만물을 생육시키는 그 마음을 자기의 마음으로 삼아서 불인인지정(不忍人之政)을 행하여, 천하 사방사람으로 하여금 모두 기뻐해서 인군을 마치 자기 부모처럼 우러러 볼 수 있게 한다면, 오래토록 안부·존영의 즐거움을 누릴 수 있게 될 것이요, 위망(危亡)·복추(覆墜)의 근심을 끝내 갖지 않게 될 것이다. 인으로써 자리를 지킴이 어찌 마땅한 일이 아니겠는가?"(「조선경국전」 상, 정보위(正寶位)).

---

33) 『조선경국전』 <정보위>는 한 나라의 최상위규범이라 할 수 있는 국정운영의 최고 기본 철학이 담겨져 있기 때문에, 우리나라 최초의 성문화된 헌법이라 할 수 있다(김용옥, 2004: 29).

임금이 왕위를 지키기 위한 가장 좋은 방법은 민심을 얻는 것인데, 민심을 획득하는 방법은 인의 마음을 가지고 불인인지정(不忍人之政)을 행하는 것이라 보았다. 여기서 불인인지정(不忍人之政)이란 차마 남에게 잔인하게 하지 못하는 마음, 또는 차마 남을 그냥 보지 못하는 동정심, 즉 측은지심을 가지고 정치행정을 베푸는 것을 말한다. 삼봉은 인정이 행해지지 않을 경우 군왕의 지위도 위태로울 것이라고 경고하면서 조선의 태조 이성계는 이러한 인정주의를 실현하는데 합당한 인물임을 선언하고 있다.

> "주상전하는 천리와 인심에 순응하여 보위를 신속히 바루었으니, 인(仁)은 심덕의 온전한 것이 되고, 사랑(愛)은 바로 인(仁)의 드러남임을 알았다. 그래서 자신의 마음을 바루어서 인을 체득하고, 사랑을 미루어서 인민에게 미쳤으니, 인의 체(體)가 서고, 인의 용(用)이 행해진 것이다. 아아, 위(位)를 보유하여 천만세에 길이 전하여질 것을 누가 믿지 않으랴."(「조선경국전」 상, 정보위(正寶位))

삼봉은 새 왕조가 '순천응인(順天應人)'하여 보위를 정한 것이 곧 인(仁)의 체가 되고 인(仁)의 용이 행해진 것이라 하였다. 여기서 순천이란 심덕이 되는 인을 체득한 것, 곧 인의 본체가 선 것을 의미하고, 응인이란 체득한 인이 밖으로 발한 것으로서의 사랑(愛)이 다른 사람에게 미친 것, 곧 인(仁)의 용이 행해진 것을 의미한다. 삼봉은 이 '순천응인(順天應人)'을 행하였기 때문에 조선조의 창업이 정당하다고 주장했던 것이다. 뿐만 아니라, 전대의 잔악함을 제거하고 구폐를 혁파하여 새 세상을 열수 있었던 것도 인정을 베풀었기 때문이라 주장했다. 여기서 순천응인은 곧 민본, 애민을 뜻하는 인정주의를 의미한다.

3 민생안정

인정이라는 행정방식을 통하여 삼봉이 달성하고자 한 것이 바로 민생안정이었다. 이 민생안정은 삼봉이 지향한 국정운영목표인 동시에 인정을 통하여 달성하고자 한 보다 현실적이고 궁극적인 행정가치이다.

"나라는 백성을 근본으로 삼고, 백성은 먹을 것을 하늘로 삼는다. 그러므로 요역과 부세를 가볍게 하여 백성들의 식생활을 풍족하게 해주어야 한다."(「조선경국전」 (상), 부전, 견면).

"항산이 없으면 항심이 없고, 기한이 절박하면 예의를 돌볼 겨를이 없다. … 백성을 다스리는 자는 인정을 베풀어서 백성들이 자기의 생업에 안정될 수 있게 해야 한다. …… 위로는 부모를 섬기고 아래로는 처자식을 부양하기에 풍족하면, 백성들은 예의를 알고 염치를 숭상하게 될 것이므로 도적은 … 저절로 없어질 것이다."(「조선경국전」 (하), 헌전, 도적).

"『서경』에 이르기를 "민(民)은 나라의 근본이니, 근본이 튼튼해야 나라가 편안하다."고 하였다. 그러므로 국가를 가진 자는 반드시 먼저 민생을 보호하는 일로 급무를 삼아야 한다."(「조선경국전」 (하), 헌전, 호역)

여기서 민생안정은 경제안정을 의미한다. 항산을 마련하여 민생을 안정시키고 사회질서를 유지하는 것은 통치자나 관리가 해야 할 기본임무이다. 민생안정은 민본, 애민, 인정의 바람직한 최종 결과이자 목표라고 할 수 있다. 구체적으로 조준과 함께 실시한 전제개혁은 민생의 안정을 위하여 인정을 행한 대표적인 사례이다.

4 부국강병

민생안정과 함께 삼봉이 추구한 국정운영목표이자 행정목표는 부국강병이었다. 삼봉은 상무주의자이자 국수주의자였다. 문인이면서 직접 진법을 만들고 군사를 훈련시켰을 뿐만 아니라,[34] 고구려 고토를 회복하겠다는 원대한 포부를 가지고 요동정벌계획을 세우고 실행하려 했다. 당시 조선은 정권의 안정

34) 삼봉은 조선을 건국한 그해 겨울에 「오행진출기도」와 「강무도」를 지어 올렸고, 이듬해 8월에는 병서인 「사시수수도(四時蒐狩圖)」를 찬진하였으며, 군사훈련은 자기가 지은 「진법」과 「진도」에 의하여 군사를 훈련시켰다.

과 경제적 문화적 이익을 획득하기 위하여 명에 대하여 사대외교를 펴고 있었다. 삼봉은 분명히 소중화(小中華)를 지향하는 사소(事小), 사대(事大)론자였다.[35] 그러나 이러한 시대의 현실감각에서 나온 사대는 결코 자주의식의 포기를 의미하는 것은 아니었다. 다만 국제적 고립을 피하기 위하여 중국적 세계질서에 참여하는 것일 뿐이었다. 삼봉이 추구한 부국강병 정책은 굳건한 자주의식의 토대위에서 중국과의 관계를 정립하려는 자주와 주체사상의 발로였다.

중국에 대한 삼봉의 국가관은 어디까지나 조선과의 관계상의 중국일 뿐이었다. 그는 무조건적인 복종과 주권의 침해를 인정하지 않았다. 국경을 맞대고 있는 힘 있는 나라이지만, 어떤 때에는 우호적인 관계를 유지하고, 어떤 때에는 전쟁도 불사하는 적(敵)으로서 존재하는 두 개의 자주적인 국가를 전제로 하고 있었다(최상용·박홍규, 2008: 193). 따라서 삼봉은 부국강병이야말로 민생안정과 사직안정을 위하여 가장 필요한 행정목표라고 생각했다. 강력한 정치권력을 바탕으로 조선왕조의 이념적 제도적 틀을 만든 후, 부유하고 강성한 나라를 만들려고 했던 삼봉은 이방원을 중심으로 한 정변세력에 의하여 제거되고, 결국 그 뜻을 이루지 못했다. 정변이후 이방원세력에 의하여 기록되어 있는 삼봉 제거이유를 요약하면, ① 삼봉은 표전문제로[36] 곤경에 처한 자신을 구하기 위하여 무모하게 요동정벌이라는 군사적 모험을 강행하려 했고, ② 어린 서자(방석)를 왕으로 세우고자 반역을 도모하였으며, ③ 사직이 누란의 위기에 처했으니 사직의 안정이 필요했다는 것이었다. 즉 사직안정을 위해서 제1차 왕자의 난인 무신정변을 일으켰다는 것이다. 사직안정을 위해서도 부국강병이 필요하다는 삼봉의 국정운영목표와는 상반된 논리이다.

---

35) 사소와 사대를 국가 간의 상호간의 원리로 제시한 사람은 맹자이다. 즉 '대국이 소국을 돌보고 소국이 대국을 섬기는 것은 모두 이의 당연함이다.'라고 하여, 예의 상하질서를 국가 간의 천리로 단정하고 있다. 여기서 삼봉은 맹자의 외교관을 신봉하여 대국과 소국 간의 관계를 상호성과 쌍무관계로 설정하고 있으며, 소국의 사대는 대국의 사소를 전제로 하여 성립한다는 원리에 입각하여 대명관계를 설정하고자 하였다.

36) 표전이란 외교문서를 말한다. 즉 건국 초에 조선이 명에 보낸 표전 중에 경박(輕薄)스럽고 무례한 곳이 있으며, 명조를 업신여겼다는 이유를 들어 조선을 힐책하고, 그 작성자인 정도전을 명국에 소환한 외교문제를 말한다.

최근 연구에 의하면, 부국강병을 달성하기 위하여 구사한 삼봉의 요동정벌계획은 실제로는 사병혁파의 명분을 얻기 위한 것이었으며, 「진도(陣圖)」를 통한 군사훈련은 요동을 공격하기 위한 공격용이 아니라, 조선을 지키기 위한 방어용 전술(bluffing)이었다고 보아야 한다고 주장한다(정두희, 1983: 28-30. 박홍규, 2003). 즉 삼봉의 공요는 내우·외환 양 측면을 포괄하는 전술·전략으로서 파악하여야 한다는 주장이다. 요동정벌계획의 진실이 전술적 차원의 블러핑(bluffing)이었는지, 아니면 중국의 왕조교체의 혼란기를 틈탄 치밀하고 리얼한 계산에서 나온 국토회복계획이었는지는 확실히 알 수는 없다. 다만 삼봉의 생애 전반을 통틀어 볼 때, 확실한 것은 힘의 뒷받침이 없는 사대는 상대에게 자신의 운명을 내 맡기는 외에 그 어떤 것도 아니라는 그의 국정운영사상이다. 삼봉은 표면적으로는 사대에 전력하면서, 동시에 이면에서는 군사훈련과 무력증강을 통하여 사직안정을 추구했다. 명조의 압력이 강하면 강할수록 그 강도를 더해 갔다. 삼봉은 부국강병이야말로 민생안정을 위한 최후보루임과 동시에 사대도 가능케 하는 최선의 방법이라 보았던 것이다. 이러한 상무정신과 부국강병사상은 훗날 율곡에게로 그 맥이 이어진다.

5 공정성과 합법성

삼봉은 나라의 경영은 경제적 기반이 우선되어야 한다고 보았다. '나라는 백성을 근본으로 삼고 백성은 먹는 걸로 하늘을 삼는다(『조선경국전』 상, 부전, 견면).'는 공자의 족식(足食) 사상과 '항산이 없으면 항심이 없다'는 맹자의 행정적 사유에 영향을 받은(『조선경국전』 하, 헌전, 도적) 삼봉은 조선을 건국하면서 국가행정이 지향해야 할 최고의 지도정신은 바로 공정성과 합법성이 되어야 한다고 보았다.

먼저 공정성은 조세행정 분야, 특히 그의 토지제도개혁과 조세제도개혁에 잘 반영되어 있다.

삼봉은 백성과 나라의 경제적 기반이 오직 농업에 의존하기 때문에 토지의 공정분배(fair distribution)와 생산물에 대한 공정한 조세(fair tax)가 이루어지지 않으면 나라의 안정은 달성할 수 없다고 보았다. 그는 토지의 재분배체계와 공정한 부세를 바탕으로 안정적인 재정운영을 이룩하고자 하였다. 그가 표방하고 있는 행정목표인 민생안정은 공정한 토지분배와 공정한 조세행정을 통하여 달성할 수 있다고 보았다. 이렇게 공정성을 중시하게 된 이유는 고려의 멸망원인이 공정하지 못한 제도와 공정하지 못한 행정으로 인한 경제파탄에 있다고 진단했기 때문이다.

삼봉의 눈에 비친 고려 말의 시대상황은 천하의 도(道)가 총체적으로 땅에 떨어진 난세 그대로였다. 경제파탄은 극에 달하여 백성은 살길이 막막하고 빈익빈 부익부는 극심하여 일반 백성들은 송곳 하나 꽂을 땅이 없는데, 국정을 운영하는 관리들은 사리와 사욕에 눈이 멀어 있다는 것이다. 삼봉은 이러한 당시의 총체적 난세(亂世)의 근본원인은 바로 공정하지 못한 행정에서 기인하는 것으로 보았다. 따라서 사(私)로 공(公)을 가리는 세상을 공도(公道)가 살아 있는 세상으로 만드는 것이 가장 시급한 개혁과제라 보고, 이를 위해서 공직윤리를 강조하는 주자학적 통치이념을 도입하였던 것이다.

다음으로 삼봉이 중시한 행정이념은 합법적인 행정(합법성)이었다. 원래 삼봉은 조선왕조의 이데올로기적 기초를 유학(주자학)에서 찾았기 때문에 법치보다는 덕치를 더 이상적인 국정운영수단이라고 생각했다. 그러면서도 덕치라는 규범적인 기준은 자의적인 정치행정으로 전락할 가능성이 있다고 보았다. 구체적으로 덕치가 현실에 근거하지 못하고 추상화되었을 때, 그 통치권은 남용될 가능성을 배제하지 못한다는 것이다. 따라서 삼봉은 덕치의 보완수단으로서 법과 규칙에 의한 국정운영을 매우 중요시했다. 이는 삼봉이 덕치(德治)를 가볍게 본 것이 아니라, 끊임없이 변화하는 구체적인 현실 속에서 법제의 정비를 통한 민생의 안정이 보다 더 필요했기 때문으로 보아야 할 것이다. 삼봉이 지향하는 합법성 또는 법치주의는 전대지법(前代之法)과 금일지의(今日之宜)를 참작하여 시대에 따라 변통하는 의미에서의 법을 말하고 있다. 따라서 삼봉은 법과 제도를 통하여 백성의 삶을 철저히 관리하여야 한다는 『주례』의 행정사상과 보이지 않는 사회의 도덕적 질서와 규범을 통하여 인간의 삶을 통제해야 한다는 유교의 행정사상을 동시에 가지고 있었다. 『조선경국전』은 그런 의미에서 유가와 법가의 철학을 창조적으로 결합한 것으로 볼 수 있다(김용옥, 2004: 35).

삼봉은 공정하고 타당한 법제의 마련과 집행을 통하여 각 부분을 다스리고자 하였다. 『조선경국전』은 삼봉 자신의 국정운영사상이 담겨진 법체계이다. 삼봉은 법제의 입안과 심의를 담당하는 기관인 검상조례사(檢詳條例司)의 검상(檢詳)으로써 도평의사사에 참여하여 조준과 함께 직접 법전을 심의하고 『경제육전』을 편찬하기도 하였다. 또한 삼봉은 법령이 지켜지지 않으면 그 나라는 나라답지 못하고 기강이 무너진다고 보고, 형벌과 징계를 통하여 그 법이 제대로 집행되도록 유도했다. 행정의 합법성은 곧 나라의 기강과 일치되는 것으로 보았다.

6 공직윤리: 공(公), 염(廉), 근(勤), 근(謹)

행정목표달성을 위한 공무수행과정에서 공직자들이 마땅히 지키고 준수해야 할 행동규범, 즉 공직윤리에 대해서 삼봉은 어떠한 사상과 철학을 가지고 있었을까? 삼봉이 추구한 공직윤리는 태조 즉위 당시에 교시한 고과법(考課法)에 잘 나타나 있다. 그는 목사, 감사, 수령, 현령 등 관료들의 근무성적(고과)은 그들의 행동규범(도덕성)과 업무능력(업적)에 의하여 평가해야 한다고 주장하고 있다. 여기서 행동규범평가란 공무수행과정에서 관리들의 행동과 태도가 얼마나 선했으며 도덕적이었는가에 대한 평가를 말하며, 업적평가는 관리들이 수행해야 할 각 행정영역별 업무를 얼마나 잘 달성하였는가에 대한 평가를 말한다. 관료들의 행동규범평가의 기준이 되는 공직윤리는 관료들의 행정의사결정을 올바르게 안내하는 지침이다. 그는 공직윤리가 바로서야 행정목표가 달성되고 행정가치가 실현된다고 보았다. 삼봉은 『경제문감』(하)에서 관리들의 행동규범에 대한 평가는 <선·악의 법>으로, 그리고 행정업무능력은 <전·최의 법>으로 평가할 것을 구체적으로 명시하고 있다(「경제문감」 하, 『국역삼봉집』 2: 97-98).

관료들의 행동규범을 평가하기 위해 만든 <선·악의 법>에는 선한 행동으로 평가하는 덕목과 악한 행동으로 평가하는 덕목이 각각 4가지로 예시되어 있다.

관료들의 행동과 태도가 올바른 것을 선이라 평가하고 올바르지 못한 것을 악이라 평가하면서, 선의 평가기준은 공(公), 염(廉), 근(勤), 근(謹)이며 악의 평가기준은 탐(貪), 포(暴), 태(怠), 열(劣)로 나열하고 있다. 즉 공직자는 업무를 수행함에 있어 공정(公正)하고 청렴(淸廉)하며 근면(勤勉)하고 몸가짐을 신중하고 바르게 하여야 하며(謹愼), 재물을 탐(貪)하고 백성을 포악(暴)하게 대하거나, 행정업무를 수행하는데 나태(怠)하고 수준이 낮은 행동(劣)을 해서는 안 된다는 것을 명문으로 규정하고 있다.

다음으로 관료들의 구체적인 행정업무 수행능력을 평가하기 위해 만든 <전·최의 법>에는 업무수행능력이 우수한 최(冣)의 평가기준과 업무능력이 나쁜 전(殿)의 평가기준을 각각 4가지로 나누어 제시하고 있다. 즉 최(冣)는 농토와 토지를 넓히고(田野闢), 호구를 증대시키며(戶口增), 부역을 균등하게 시키고(賦役均), 학교를 일으키며(學校興), 사송을 간결하게(詞訟簡) 행한 경우에 해당되고, 전(殿)은 최(冣)와는 반대로 전야를 황폐하게 만들고, 호구가 줄어들며, 부역이 번다하고, 학교가 피폐해지고, 사송이 밀려 원성이 많을 경우에 해당된다. 삼봉이 제시하고 있는 이 업적평가기준은 교화와 정덕, 그리고 산재를 강조한 주자학적 통치이념에 기반을 두고 있으면서 객관적으로 측정 가능한 기준을 제시하고 있다는 것이 특징이다. 이렇게 삼봉은 관료들의 업무태도와 실적을 종합적으로 평가하여 선과 최로 나누어서 기록·보관하고, 그 결과를 인사행정에 활용했다. 예컨대, "아무 수령은 어떠어떠한 일에는 선이고, 어떠어떠한 일에는 최이다."라고 기록했으며, 그 평가의 정도에 따라 상, 중, 하로 등급을 매겼다. 높은 평가를 받은 관료는 승진을, 그리고 선과 최가 하나도 없는 관료는 퇴출시켰다. 또한 점수의 분포(가중치)는 선을 더 높게 하고 최를 낮게 하였는데,[37] 이는 선(善)은 덕(德)이요 최(最)는 재(才)이니 덕을 우선으로

37) 구체적으로 공, 명, 염, 근을 각각 5분, 5분, 4분, 4분으로 평점을 매겼다. 공평하고 밝으면 능히 청렴하고 부지런할 수 있으므로 염과 근을 공과 명보다 한 등급 감하였다. 또한 업무수행능력평가에는 전야를 넓히는 것, 호구를 늘리는 것, 학교를 일으키는 것, 예속을 이룬 것은 모두 3분 5리를, 옥송을 고르게 하고, 도적이 없는 것에는 각각 2분을, 부역을 균등히 하고, 부세행정을 절도 있게 행한 것에는 각각 1분을 주었다.

하고 재를 뒤에 둔 유교의 사상과 통치이념에 따른 것으로 볼 수 있다. 여기서도 삼봉은 <전 · 최의 법>보다는 <선 · 악의 법>, 즉 인정과 덕치를 보다 강조하고 있음을 볼 수 있다.

이와 같이 삼봉은 행정을 담당하는 관료들은 무엇보다도 공정하고 청렴해야 하며 또한 몸가짐이 바르고 부지런하여야 함을 강조했다. 이러한 공(公), 염(廉), 근(勤), 근(謹)의 공직윤리(선 · 악의 법)는 관료이면 누구나 반드시 지켜야 할 조종의 공직윤리로 조선왕조가 지속되는 동안 계속하여 강조되어 왔으며 오늘날의 공직윤리로 그 맥을 이어오고 있다. 또한 업무수행능력을 강조하는 행정윤리인 <전 · 최의 법>도 업무내용이 전문화되고 다양해진 오늘날의 평가기준으로는 미흡하지만, 애민에 바탕을 둔 업무수행능력을 평가하고 있다는 점에서 오늘날의 업무성적평가가 지닌 의미와 다를 바 없다.

2. 경제안정주의

삼봉은 나라의 경영은 경제적 기반 없이는 존재할 수 없다고 보았다. 그가 지향하고 있는 인(仁)과 덕(德)에 의한 도덕정치를 실현하기 위해서는 민생안정을 위한 경제적 기반이 무엇보다도 필요하다고 보았다. 백성은 경제를 하늘로 생각하고 있고, 지속적이고 안정된 생산과 공정한 분배 없이는 인간은 바른 마음을 유지할 수 없다고 보았다. 그는 공정한 조세(fair tax)와 건전하고 효율적인 재정운영(effective financial administration)이 없이는 덕치국가의 실현이 불가능하다고 보았다. 이러한 문제의식으로 그가 최우선적으로 추진한 것이 바로 토지제도개혁이었다.

> "사람들은 누구나 부끄러워하는 마음을 가지고 있다. 도적이 되는 것이 어찌 인간의 본성이겠는가? 항산(恒産)이 없는 사람은 항심(恒心)이 없다. (『조선경국전』, 하, 헌전, 도적). 나라는 백성을 근본으로 삼고 백성은 먹는 걸로 하늘을 삼는다."(『조선경국전』 상, 부전, 견면)

삼봉의 전제개혁의 목적은 토지제도의 문란을 치유하여 백성들이 고르게 토지를 경작할 수 있고 수확에 비례하여 공정하게 세금을 내는 사회를 만들어 경제적 안정을 가져오게 하는 것이었다. 뿐만 아니라, 여말 권문세족들이 가진 정치권력 자체를 혁파하고 새로운 정치공동체의 경제적 기반을 튼튼히 하려는 목적도 있었다. 삼봉의 경제관 또는 토지제도관은 토지의 사적소유를 반대하고 토지의 국유를 찬성하는, 소위 토지의 공(公)개념을 중요시하는 정전론자(井田論者)였다. 그의 이러한 토지관은 자기가 중소 지주로서의 계급적 특성 때문에 형성된 산물이 아니라, 정전제는 백성들의 경제적 안정과 국가의 부유한 재정운영을 모두 만족시킬 수 있는 이상적인 토지제도라는 확고한 신념이 있었기 때문이다. 게다가 새로운 정치권력을 형성하겠다는 구상을 실현시키기 위해서는 국가권력의 지배가 미치는 토지제도, 즉 정전제가 가장 적합했기 때문이다.

> "옛날에는 관(官)이 토지를 소유하여 이것을 민(民)에게 지급하였으니 민의 경지는 모두 지급된 토지요 천하의 민은 모두 국가의 토지를 경작하는 자였다. 그럼으로 빈부의 격차는 그다지 심하지 않았고 그 토지의 소출인 조(租)는 모두 국가로 들어와 국가도 또한 부(富)하였다."(『조선경국전』 상, 부전, 경리)

삼봉이 토지제도의 개혁을 위하여 겨냥한 대상은 대토지를 소유하여 부의 불평등을 심화시킨 기득권층과 재정낭비와 권력부패의 온상이 되어온 사원과 승려들이었다. 그는 사원과 승려는 거대한 토지와 노비를 관리하면서 직접 생산과는 아무런 관련이 없는 토지경영을 하면서 비생산적이고 낭비적인 생활을 한다고 비판했다.

한 나라의 자원배분은 가족관계나 공동체 질서에 의한 호혜(mutual benefits), 시장이라는 가격기구에 의한 교환(exchange), 그리고 국가의 개입과 통제에 의한 재분배체제(redistribution)가 서로 통합되어 이루어진다. 생산수단이 발달되어 있지 않고 항상 기근과 적대적 외부세력의 위협에 시달리는 전통적인 농업사회에서는 생존과 안정이 최우선과제였다. 따라서 전통사회의 경제활동은 가족관계나 공동체질서 그리고 국가의 지배구조라는 사회제도에 강하게 포섭될 수 밖에 없어 윤리적 성격이 강하며, 따라서 경제관리적인 측면을 중시하는 도덕적 경제구조(moral economy)의 성격을 띤다. 삼봉은 당시 자원배분의 불평등과 조세의 불공정을 국가가 적극적으로 개입하여 자원배분의 형평성을 달성하고자 했던 것이다.

『조선경국전』「부전(賦典)」에 나타난 그의 경제행정사상을 정리하면 다음과 같다. 첫째는 국가경제의 운영은 농업을 중심으로 이루어져야 한다는 농본주의 또는 중농주의 경제사상이다. 삼봉은 백성과 나라의 경제적 기반이 오직 농업에 의존하기 때문에 토지의 공정분배(fair distribution)와 생산물에 대한 공정한 조세(fair tax)가 이루어지지 않으면 나라의 안정은 달성할 수 없다고 보았다. 그는 토지의 재분배체계와 공정한 부세를 바탕으로 안정적인 재정운영을 이룩하고자 하였다. 그는 부(賦)를 정의하기를 "부(賦)란 나라의 수요를 총칭하는 말로서, 나라에서 부를 쓸 때는 전곡(錢穀)이라 하고, 백성으로부터 수취하는 것으로 쓸 때는 부(賦)라 한다."고 하면서, 부(賦)와 관련된 세목을 모두 정리하였다.

둘째는 국가재정의 운영은 절약과 능률을 바탕으로 건전하게 운영하여야 한다는 재정보수주의 예산행정사상이다. 삼봉은 국가재정의 건전성을 확보하기 위해서 양입제출(量入提出)의 재정원칙을 법제화하였다. 즉 수입을 헤아려 지출함(量入爲出)을 재정운영의 최고원칙으로 정하여, 세입의 범위 내에서 계획적이고 건전한 재정운영을 하도록 하였다. 이렇게 수입과 지출항목을 획정하고 각 항목에 따른 운영원칙을 제시한 것은 수입과 지출을 연계시켜 재생산적 경제순환이 가능하도록 한 것이었다. 이러한 양입제출의 예산원칙은 최근 재정건전성을 강조하는 현대국가에서도 강조되는 예산원칙이다.

셋째는 재정운영관료들의 도덕성 중시사상이다. 삼봉은 전통왕조에 있어서 국가중심의 재분배체제의 성공적 정착여부는 이를 운영하는 관리자의 윤리도덕에 달려 있다고 주장하면서, 재정운영의 윤리성과 재정운영 관리자의 덕성(德性)을 특히 강조하고 있다. 일반적으로 근대 이전의 경제사상은 지나치게 경제주체들의 윤리도덕을 중시하였기 때문에 그들의 경제동기가 억제되어 시장경제의 발전이 늦게 이루어졌다는 것이 현대의 경제이론이다. 마찬가지로 삼봉도 유교적 경제사상에 입각하여 윤리도덕을 강조하는 보수적 경제운영을 중시하였고, 또 이를 통하여 경제안정을 달성하고자 했다.

> "토지가 있고 인민이 있은 뒤에 부를 얻을 수 있고, 덕이 있은 뒤에 그 부를 보존할 수 있는 것이다. …… 신은 덕으로서 부전(賦典)의 근본을 삼는다."(『조선경국전』 상, 부전, 총서)

> "그러나 올바른 관리를 얻지 못하여 일을 처리하는 과정에 조금이라도 마땅함을 잃게 된다면 폐해가 생기게 되니, 유의하지 않을 수 없다."(『조선경국전』 상, 부전, 조운)

> "훌륭한 관리를 얻지 못한 까닭으로 …… 이러한 폐단은 사람에게 있는 것이지, 법 자체에 있는 것은 아니다."(『조선경국전』 하, 정전, 둔전)

삼봉이 쓴 『경제문감(經濟文鑑)』은 바로 '경세제민을 추구하는 자에게 문장으로 귀감을 제시한다.'는 의미이다.[38] 그는 국정운영을 담당하는 군주와 관료들이 지켜야 할 직분과 재정운영원리를 제시하면서, 윤리도덕에 입각한 보수적 재정관리를 강조했다. 여기서 강조한 윤리도덕은 치자(治者)에게는 청렴과 효율에 의한 재정운영을, 피치자(被治者)인 백성들에게는 경제적 동기의 억제 즉 절약과 절제를 강조하는 개념이다. 재정운영 담담자의 윤리를 강조한 이유는 그들의 행정이 나라의 경제안정과 직결되었기 때문이다. 삼봉이 우수한 신하, 즉 도덕적이고 윤리적인 인재의 등용을 중시한 이유는 바로 건전한 재정운영을 위한 것이었다.

3. 중앙집권적 관료주의

삼봉은 민생을 안정시키고 나라의 기강을 확립하기 위해서는 무엇보다도 강력한 중앙집권적 관료체제가 필요하다고 생각했다. 그는 고려사회도 기본적으

38) 『경제문감』은 재상이하의 대관, 간관, 위병, 감사, 주목, 군태수, 현령 등의 신하들을 다루고, 『경제문감별집』은 군주만을 다루고 있다.

로는 군현제도에 기초한 중앙집권적 관료제국가였지만, 지방의 실질적 지배자인 토착 향리세력들이 강대하여 나라의 수직적 기강을 와해시켰으며, 이로 인해 고려는 결국 멸망에 이르렀다고 분석하고 있다. 실제로 이들 지방토착세력들은 토지겸병과 농장 확대를 통하여 국가의 재정기반을 파탄시켰고, 향촌사회에 대한 지배를 강화시켜 중앙정부의 통치력을 약화시켰던 것이다.

고려 사회가 몰락된 배경에는 권문귀족들의 도덕적 해이와 전횡도 큰 몫을 차지했지만, 국가의 공적 통치 질서를 와해시킨 이들 지방향리들도 못지않게 큰 역할을 담담했다. 이와 같은 문제점을 치유하기 위하여 삼봉은 중앙집권체제의 강화를 강력하게 주장하고 관철시켰던 것이다. 중앙집권체제는 한사람의 절대적 권력자를 구심점으로 하여 수직적으로 의사전달이 이루어지면서 국정운영이 이루어지는 국정운영체제를 말한다. 그 구심점에 있는 사람이 바로 군주이다.

삼봉이 신왕조의 국정운영체제를 마련하기 위하여 쓴『조선경국전』은 그의 중앙집권적 관료주의의 이상을 담은 통치법전이다. 과거 고려왕조가 여러 법규와 관례를 제정하면서도 그것을 종합하여 통치의 기본이 될 수 있는 법전을 마련하지 않았다는 것을 감안하면, 조선왕조는 그 출발점에서부터 법치국가를 지향하였다고 볼 수 있다.[39)]『조선경국전』에 담겨있는「육전」의 기본원리는『주례』의 정신을 계승한 것으로, 그 명칭만 약간 변경한 것이다. 중앙집권과 부국강병을 위하여『주례』와 역대 중국제도에서 참고한 제도는 관료제도, 군현제도, 군사제도, 부세제도 등이라 할 수 있다.

삼봉은 군주를 정점으로 하는 중앙집권적 관료체제를 강조하기 위하여, 법전의 체제를「군주」와「육전」으로 분리하여 이원적으로 구성하였다. 국정운영의 중심에서 정책을 결정하고 명령을 발하는 군주와 그 정책을 집행하고 실

---

39) 조선의 통치법전은『조선경국전』『경제문감』『경제육전』을 모태로 하여, 성종 16년『경국대전』에 이르러 완성된다. 특히 삼봉이 태종말년(1397) 조준과 함께 위화도회군 이후 태조 6년까지 합당히 행한 조례와 앞으로 엄격히 지켜야 할 법령을 수집 분류하여 육전의 형식을 갖추어 만든『경제육전』은 조선왕조 전 기간을 통하여 부동의 조종(祖宗)의 입법원칙이 된다. 경국대전도 이에 근거하여 만들어졌다.

현하여 행정책임을 지는 행정조직으로 나눈 것이다. 『주례』와 원나라의 『경세대전』 등 기존의 것을 바탕으로 현실의 실정에 비추어 나름의 체제를 만들어 갔던 것이다. 주자주의자답게 『논어』의 '손익과 가감의 원리'를 적용했다. 이렇게 하여 삼봉은 『조선경국전』에 군주와 관련된 부분, 즉 <정보위> <국호> <정국본> <세계> <교서>를 포함시켜 자연스럽게 찬탈권력의 정당성을 확보했던 것이다.

특히 삼봉은 국정운영에서 집행부분을 강조하였다. 즉 이, 호, 예, 병, 형, 공으로 국정운영을 분담하여 집행하고 있는 6부의 중요성을 강조했다. 그는 비록 임금과 재상이 아무리 부지런하게 정치를 하여도 집행기관인 6부가 어지러우면 그 성과를 기대하기 어렵다고 보았다. 6부는 백관의 근본이며 정사(政事)가 나오는 곳으로 본 것이다. 관료조직의 6분법은 원래 『주례』에서 관직을 천, 지, 춘, 하, 추, 동의 육관으로 분류한 것에서 유래된 것이다. 『주례』의 육관제(六官制)는 주, 진, 한 시대를 걸쳐서 어느 유학자가 고대의 관제와 정치상의 이념을 종합하여 만든 이상적인 정부조직 안(案)으로[40] 유교의 이념이 미치는 국가에서 광범위하게 활용하였다. 중앙정부의 관료편제는 물론이고 지방관아의 부서편제까지 육방제(六房制)를 널리 사용하였다. 고려도 이 제도를 채택하였으나, 고려 말에 이르러 거의 유명무실하게 되어 국가의 기강이 무너졌다. 따라서 삼봉이 구상한 중앙집권적 관료체제는 중앙행정조직은 재상(영의정)을 정점으로 그 밑에 6조를 두고, 다시 각조 소속하에 많은 관청을 두어서 행정의 조직체계를 확립하는 안이었다. 또 지방의 행정조직은 군현제도를 확립하고, 관찰사와 수령간의 지휘감독체계를 유지하는 한편, 중앙정부, 관찰사, 수령간

---

40) 『주례』는 중국의 경서 <의례> <예기>와 함께 삼례(三禮)의 일서로서, 원명은 『주관(周官)』이었다. 『주관』이란 주나라의 관료제도를 의미한다. 그러나 여기서 주나라라는 것은 특정한 구체적 대상이 없기 때문에, 실제적으로는 이상적인 관료체제(ideal bureaucracy)라는 말이다. 주공(周公: BC 12세기)이 찬(撰)한 것이라고 하는데, 이는 주공이 예(禮)를 제정했다는 설에 갖다 맞춘 것이라 하여, 옛날부터 그 진위(眞僞)는 논쟁의 대상이었다. 주례의 저자는 정설이 없다. 신(新)나라를 개창한 왕망(王莽, BC 45-AD 23)이 지은 혁명구상도라는 주장도 있다(김용옥, 2009: 30-31). 삼봉은 『주례』에서 실현가능한 구조와 의미만을 취하였다.

의 수직적 지휘감독체제를 확립하는 것이었다. 조선왕조 500년간 조직의 명칭은 다소 변화가 있었지만 그의 사상은 그대로 이어졌다.

삼봉의 중앙집권적 관료주의사상에 따라 편성된 조선조의 지방행정조직은 2단계 조직이었다. 상급행정구역은 관찰사(觀察使)가 있는 도(道)이며, 도 밑에는 하급행정구역으로 수령(守令)이 있는 부·대도호부·목·도호부·군·현 등이었다(『경국대전』, 권1 이전, 외관직). 이들 구역은 그 명칭은 다르나 어느 것이나 도가 분할되어 생긴 행정구역이다. 그 수령은 품계에 따른 계급상의 서열은 있었으나 조직상으로는 모두 병렬적으로 관찰사의 지휘감독을 받았다. 그리고 군·현 밑에는 면(面)이 있고, 면 밑에는 리(里)가 있었다. 여기에는 국가로부터 파견되는 관리는 없으며, 일종의 자치단체적인 성격을 띠고 있었다. 오늘날의 특별시·직할시·도－시·군－읍·면·리의 지방행정체계는 삼봉의 중앙집권적 관료주의 사상이 반영되어 있는 것으로 볼 수 있다(내무부, 1966: 112)

삼봉은 이상사회로의 목표실현을 위하여 백성을 효율적으로 통제하려면 추상적이고 막연한 도덕적 규범이 아니라 구체적인 제도, 즉 관의 질서를 통하여 달성하여야 한다는 것을 『주례』의 제도를 통하여 간파하고 수용했던 것이다. 삼봉은 군주에서 일선관리에 이르기까지 종적·횡적 업무분장과 권력배분을 명시한 관료제(bureaucracy)를 통하여 국정운영의 기강을 확립하는 것이 이상사회의 실현하는 중요한 수단으로 보았던 것이다.

4. 법치주의와 개혁변법주의

삼봉은 주자학으로 무장된 철저한 현실 정치가였다. 주자주의자이면서도 주자학적인 이상과 규범만을 고집하지 않고, 현실의 여건에 적합하게 수단을 선택하는 매우 합리적이고 현실적인 관료였다. 삼봉은 도덕적 왕도정치를 이상으로 여기면서도 법치주의를 적극적으로 수용하는 현실지향적인 측면을 지니고 있었다. 그는 법제를 확립하여 민생이 안정되는 사회를 만들고자 하였다. 그렇다고 삼봉이 법가사상을 직접적으로 채용하였다는 것은 아니며, 어디까지나 덕치와 예치의 보조적 수단으로서 형과 법을 적극적으로 인정하고 있다.

원래 삼봉은 조선왕조의 이데올로기적 기초를 유학(주자학)에서 찾았기 때문에 법치보다는 덕치가 더 기본적이고 우선적인 국정운영수단이 되어야 한다고 생각했다. 그러나 그는 덕치라는 규범적인 기준은 자의적인 정치행정으로 전락할 가능성이 있을 뿐 아니라, 덕치가 현실에 근거하지 못하고 추상화되었을 때, 그 통치권은 남용될 가능성을 배제하지 못한다고 보았다. 따라서 삼봉은 이를 보완하기 위하여 법과 규칙을 통하여 국정운영을 하고자 했다. 이는 삼봉이 덕치(德治)를 가볍게 본 것이 아니라, 끊임없이 변화하는 구체적인 현실 속에서 법제의 정비를 통한 민생의 안정이 현실적으로 더 필요하다고 보았기 때문이다.

삼봉이 지향하는 법치주의는 전대지법(前代之法)과 금일지의(今日之宜)를 참작하여 시대에 따라 변통하는 의미에서의 법을 말하고 있다. 즉 과거의 법과 오늘의 사정을 참작하여 현실에 적합한 규칙을 만들어 정치행정의 기준으로 삼아야 한다는 것이다. 그에게 성문법(成法)이란 항상 현실에 마땅한 것을 참작한 다음 개혁되어야 할 법이다. 삼봉은 『조선경국전』 「부전」에서 그러한 성법의 사례로 「과전법」을 들고 있다. 토지개혁을 추진하면서 처음에는 삼대의 이상적인 토지제도인 정전제를 염두에 두었으나 현실의 실현가능성 등을 고려하여 오늘의 현실에 마땅한 과전법을 만들었다는 것이다.

> "전하는 잠저에 있을 때 친히 그 폐단을 보고 개탄스럽게 여기어 사전(私田)을 혁파하는 일을 소임으로 정하였다. 그것은 대개 경내의 토지를 모두 몰수하여 국가에 귀속시키고 인구를 헤아려서 토지를 나누어 주어서 옛날의 올바른 토지제도를 회복시키려고 한 것이었는데, 당시의 구가세족들이 자기들에게 불편한 까닭으로 입을 모아 비방하고 원망하면서 여러 가지로 방해하여, 이 백성들로 하여금 지극한 정치의 혜택을 입지 못하게 하였으니, 어찌 한탄스러운 일이 아니겠는가? 그러나 뜻을 같이한 두세 명의[41] 대신들과 더불어 전대의 법을 강구하고 오늘의 현실에 알맞은 것을 참작한 다음, 경내의 토지

41) 여기서 두세 명이란, 자기를 포함하여 전제개혁을 전면에서 주도한 조준과 대사성 윤소종을 이른다.

를 측량하여 파악된 토지를 결수로 계산하여 그 중 얼마를 상공전, 국용전, 군자전, 문무역과전으로 나누어 주었다."(『조선경국전』 상, 부전: 252-253)

법치주의의 성공은 현실에 마땅하게 만들어진 법제가 지켜지고 행해져야 한다. 법령이 지켜지지 않으면 그 나라는 나라답지 못하고 기강이 무너진다. 기강은 몸의 혈맥과 같은 것이다. 혈맥이 없으면 기가 통하지 않으며, 나라에 기강이 없으면 법령이 있어도 행하여지지 않는다. 법은 현실적으로 실행하기 위해 존재한다. 따라서 법제는 엄격하고 견고하게 운영하여야 한다. 삼봉과 함께 토지개혁을 추진한 조준도 법치를 통한 기강의 확립과 엄격한 법집행을 강조하고 있다.

> "오래되고 낡은 것은 비로소 바뀌었으나 신법은 행해지지 않아 원성이 바야흐로 일어나고 기강이 문란하여 병이 혈맥으로부터 골수에 들어간 것과 같아 비록 편작이 있어도 마침내 치료하기 어렵습니다. 바라건대, 지금부터는 판정한 것을 법제에 부치고 판에 새겨 시행하기를 금석과 같이 견고하게 하고, 사시(四時)와 같이 믿게 하여서 감히 범법하거나 금한 것을 범한 자가 있으면 일체 헌사(憲司)에 맡겨 다스리도록 하십시오."(『송당집』 권4, 진시무제3소(陳時務第三疏)).

삼봉은 신왕조의 중앙집권적 국가운영체제를 확립하기 위하여 법체계를 수립하려고 했다. 그 최초의 법전이 『조선경국전』이다. 이것은 군주의 통치행위를 여섯 분야로 분류하여 법제화한 육전체제로 이루어져 있다. 즉 치전(治典), 부전(賦典), 예전(禮典), 정전(政典), 헌전(憲典), 공전(工典)으로 구성되어 있는데, 유독 「헌전(憲典)」만큼은 맨 나중에 후서를 달아, 그것이 왜 중요한가를 거듭 설명하고 있다. 여기서 헌전(憲典)은 국정운영 여러 분야에 적용할 형과 율을 제정한 법전이다. 형법을 만드는 것은 형에만 의지하여 정치행정을 하려는 것이 아니라 오직 형으로써 정치행정을 보좌하기 위한 것임을 분명히 밝히고 있다. 그는 형과 율을 제정하여 형벌로 다스리되 형벌이 없어지기를 바라고 있고, 또 어질고 밝은 덕으로써 형을 적용할 것을 주장하고 있다(『조선경국전』

하, 헌전).『조선경국전』후서에서 그는 비록「헌전」이 육전 중의 하나에 불과하지만, 나머지 오전(五典)은 모두 이「헌전」에 힘입어서 이루어지는 것이라도 하면서, 다음과 같이 그 중요성을 강조하고 있다.

>"「이전」에서의 출척(黜陟)도 이「헌전」이 아니고서는 그 선택을 공정하게 할 수 없고,「호전」에서의 징렴도 이 헌전이 아니고서는 그 법을 고르게 할 수 없으며,「예전」에서의 절도도 그 거동을 엄숙하게 할 수 없고,「정전」에서의 호령(號令)도 그 대중을 위엄으로 할 수 없으며,「공전」에서의 토목공사도 이 헌전이 아니고서는 그 힘을 절약하여 도(度)에 합당하게 할 수 없다.(『조선경국전』 하, 헌전).

삼봉은 공정하고 타당한 법제의 마련과 집행을 통하여 각 부분을 다스리고자 하였다. 동시에 형벌과 징계를 통하여 그 법이 제대로 집행되도록 유도했다. 또한 그 법제가 현실적합성을 잃어버리면 다양한 변통과 변법을 통하여 인정주의 통치이념을 달성하여야 한다고 보았다.

조선왕조는 표면상으로는 이성계의 역성혁명에 의하여 건국된 나라이다. 그러나 이 혁명은 정도전을 비롯한 신진사류 출신의 중신들에 의하여 수행된 것으로서 태조는 그 추대에 의하여 왕위에 즉위한데 불과했다. 즉 조선의 건국은 도평의사사의 결의에 의하여 이성계가 추대되고, 나라를 다스리는 법규와 조례는 모두 도평의사사의 합의를 거쳐 왕명으로 집행되었다.[42] 이른바 신진사류인 중신과 국왕의 합의가 바로 건국정신이라 할 수 있다. 따라서 이 당시의 결의된 법규와 예규 등은 건국의 기초가 되었을 뿐 아니라, 조선 500년을 통하여 바꿀 수 없는 조종의 성헌원칙으로 지켜졌던 것이다.[43] 정도전과 조준은

---

42) 태조 즉위 당시의 도평의사사의 주체는 문하부, 삼사, 중추원의 2품 이상의 중신들과 군사와 부속아문의 중신들이 모여 모든 국정을 심의하고 의결하는 합의체의 의정기관이다. 총 33명으로 구성되었다. 정치부문을 대표하는 의원 13명, 군사행정부문 16명, 도평의사사 부속아문에서 4명으로 구성되었다.『태조실록』권1, 태조원년 7월 정미.

43) 유교적 정치문화의 보수성 내지 정체성으로 인하여 현실적 변화에 민감하게 반응하지 못하였기 때문에 조종의 법을 개혁한다는 것은 매우 어려웠다.

법제의 입안과 심의를 담당하는 기관인 검상조례사(檢詳條例司)의 검상(檢詳)으로써 도평의사사에 참여하여 법전을 심의하고『경제육전』을 편찬하였다. 결국 이들의 손에 의하여 법치주의가 확립되고 도평의사사의 권한이 점점 강화되었다.[44] 반면에 왕권은 더욱 축소되지 않을 수 없었다.

법과 제도에 의하여 국정운영이 규격화되고 재상중심의 국정운영이 점점 정착되어가자, 이를 왕권에 대한 위협으로 받아들인 이방원 등은 무인정변을 일으켜 정도전 등 개혁세력을 제거한다. 이후 왕권을 강화하기 위한 관제개혁이 전개되지만, 삼봉과 조준이 만들어 놓은 법체제와 국정운영이념은 조종의 원칙으로 왕조 내내 이어지게 된다.

5. 분권과 현인주의(賢人主義)

삼봉의 국정운영사상 중에서 가장 특징적인 것은 현인(賢人)인 재상(宰相)이 군주와 서로 권력을 분담하면서 국정운영의 중심이 되어야 한다는 분권을 중시하는 현인정치사상이다. 삼봉은 신왕조를 건설하면서 군주주의국가에 가장 바람직한 통치체제와 권력구조는 어떤 유형이어야 되는가에 대하여 깊이 사유했다.[45] 그 결과가 바로 선왕지제(先王之制)라 불리는 재상중심의 국정운영체

---

44) 이 시대는 삼봉이 주장하는 재상중심의 국정운영이 어느 정도 실현되었다고 볼 수 있다. 모든 정무는 도평의사사의 논의를 통하여 의결하고 왕명으로 행하여졌다. 국왕은 병권만 실질적으로 가지고 거의 실권이 없었다. 군주의 독단전횡을 막고, 재상과의 협의에 의한 국정운영이 이루어졌던 시기이다.

45) 조선왕조의 건국에 참여한 관학파 유학자들은, “어떤 유형의 통치구조와 국정운영방식이 신왕조에 가장 적합할 것인가?”에 대하여 나름대로 의견을 가지고 있었다. 이들의 견해를 요약하면 대개 다음 세 유형으로 분류할 수 있다. 즉 ① 국왕은 천명의 대행자로서 관념적인 통치권만을 갖고 실질적인 국정운영은 재상이 가져야 한다는 삼봉 등의 견해. 이는 선왕지제(先王之制)라 불리는 재상중심의 국정운영방식이다. ② 이에 반하여 재상의 권한은 줄이고 실제 행정업무를 담당하는 부서의 권한을 강화시켜야 한다는 조준의 견해(장득진, 1984)로서 행정담당부서중심의 국정운영방식이다. ③ 강력한 왕권을 중심으로 국정이 운영되어야 한다는 이방원 하륜 변계량 등의 견해(문형만, 1990)로서, 이를 시왕지제(時王之制)라고도 하며 군주중심의 국정운영방식이다. 개국초기에는 삼봉의 재상중

제이다. 삼봉은 민본(民本)과 인정(仁政)이라는 국정운영이념을 실현하기 위해서는 재(才)와 덕(德)을 갖춘 현인이 국정운영을 총괄하여야 한다고 보았다. 따라서 국가권력을 통치권과 행정권을 분리하여 통치권은 군주가, 그리고 행정권은 재상이 담당하여 상호 부족한 부분을 보완해야 한다고 생각했다.

군주제에서의 군주는 종묘와 사직의 의귀(依歸)하는 바로서 한 나라를 대표하며 국정운영의 최종 책임을 진다. 삼봉은 군주중심의 중앙집권적인 행정체제를 지향하면서도 군주 한 사람에 의한 권력독점과 전횡에 의한 전제정치는 막아야 된다고 생각했다. 군주의 권한은 어디까지나 상징적인 것이지 실제로 절대권을 가진 전제자가 되어서는 안 된다는 생각을 가지고 있었다. 그는 군주가 행사하는 실제적인 권한은 두 가지인데, 하나는 재상(宰相)을 선택하는 권한이요, 또 하나는 재상과 정사(政事)를 협의하는 권한이라고 보았다. 군주의 자질이 성인다우면 가장 바람직한 것이지만, 그렇지 못하고 자질이 중간 정도인 경우에도 재상만 훌륭하고 현인이면 정사는 잘 다스려 질 수 있고, 재상으로 훌륭한 이를 얻지 못하면 정사가 어지러워진다고 보았다.

삼봉의 현인주의 국정운영사상, 즉 현인인 재상이 국정을 총괄하여 운영하여야 한다는 사상은 『주례』의 총관제도를 그 모델로 하고 있다. 삼봉의 모든 국정운영철학은 다음에서 인용하고 있는 『주례』의 첫머리에 모두 구현되어 있다. 실제로 삼봉은 조선을 건국하면서 주례의 첫 구절에 따라 방위를 변별하고 궁실의 위치를 잡았으며(백악을 주산으로 하여 남면), 좌묘우사(左廟右社)를 세우고 한양의 도성을 만들어 나라의 외형적 골격을 만들었다. 그리고 직책과 업무를 분담하여 질서의 체계를 확립하였는데, 그 핵심은 왕권을 제약하는 제상중심제도였다. 실제로 나라를 장악하고 다스리는 것은 재상의 몫이며, 재상과 왕은 서로 나라운영을 분담하여야 한다는 것이다. 삼봉은 철저하게 『주례』의 통치체제와 국정운영방식을 따르고자 하였다.

심론이 우세했으나, 태종이 즉위하여 육조직계제(六曹直啓制)를 도입하면서 군주중심의 권력구조로 전환된다. 삼봉은 『조선경국전』 『경제문감』 등에서 강력하게 재상중심의 국정운영체제를 주장하고 있다.

"대저 왕이 나라를 세움에, 그 방향을 변별하고 모든 위치를 바르게 하여야 한다. 그 나라의 국토를 체화하여 성내와 교외의 경역을 잘 분획해야 한다. 그리고 관료를 설치하고 그 직책을 효율적으로 분담시켜 민극(民極)을 확립해야 한다. 이에 천관총재를 세워 모든 관료를 그에 속하게 하여 통솔케 하고, 나라의 다스림을 관장케 한다. 그리하여 왕을 보좌케 하고 나라를 균등하게 한다."(『주례』 천관총재 제1. 김용옥, 2004: 32에서 재인용)

재상은 천관의 수장인 천관총재(天官冢宰)를 말하며, 재상은 위로는 군주를 받들고, 아래로는 백관을 통솔하며 만민을 다스리는 사람이다. 삼봉은 재상에 대하여 재(宰)와 상(相)으로 나누어 다음과 같이 설명하고 있다.

"군주의 재질은 혼명강약(昏明强弱)이 한결같지 않으니, 그 아름다운 것은 따르고 나쁜 것은 바로 잡으며, 옳은 일은 받들고 옳지 않은 것은 막아서 군주로 하여금 대중의 지경에 들게 해야 한다. 그러므로 상(相)이라 하니 보상(輔相)한다는 의미이다. 백관은 직책이 다르고 만민의 업이 다르니, 재상은 공평하게 해서 그들로 하여금 그 마땅함을 잃지 않도록 하고, 고르게 해서 각각 처할 바를 얻게 해야 한다. 그러므로 재(宰)라 하니 재제(宰制)한다는 의미이다."(『조선경국전』 상, 치전총서)

재상의 재(宰)는 재제한다는 의미이며, 상(相)은 보상한다는 의미이다. 즉 군주와 총재가 서로 서로 모자라는 부분을 채워주고 지나친 것을 재제하여 서로 보완한다는 의미이다. 그렇다면 이러한 의미를 지닌 재상은 어떤 사람이 되어야 하며, 또 어떠한 권한을 가져야 한다고 보았을까? 삼봉은 그 예로 삼대 이래로 재상의 업무를 능히 감당할 수 있었던 사람은 이윤(伊尹), 부열(傅說), 주공(周公)을 들고, 오직 이들만이 그렇게 할 수 있었다고 보았다. 이윤의 일덕(一德)과 부열의 다문(多聞), 그리고 주공의 원성(原聖)이 그 군주를 바르게 한 법칙이었다는 것이다.[46]

---

46) 이윤은 중국 은나라의 전설상의 인물. 이름난 재상으로 탕왕을 도와 하나라의 걸왕을 멸망시키고 선정을 베풀었다. 부열은 중국 은(殷)나라 고종(高宗) 때의 재상. 주공은 주왕조

군주와 재상과의 관계는 서로의 직분을 지키면서 정정당당하게 정사에 대하여 토론하고 가부를 물어야 함을 강조하고 있다. 군주는 재상을 논함으로써 그 직분으로 삼고, 재상은 군주를 바르게 하는 것을 그 직분으로 삼아, 각각의 직분을 다할 때 천하의 다스림이 한곳에서 나온다고 하였다. 만약 군주가 재상을 논함에 제 뜻에 맞추는 것만을 구하고, 자기를 바르게 하는 것을 구하지 않고 사랑스러운 것만을 취한다면 군주는 그 직분을 잃은 것이다. 또 군주를 바르게 해야 할 재상이 옳은 것을 드려 그른 것을 바꾸는 일을 하지 않고, 군주의 뜻대로 좇아 영합하고 순종하는 것만을 능사로 삼으며, 세상을 경륜하고 만물을 주재하는 일로 마음을 삼지 않고 일신의 은총을 구하는 일만으로 술수를 삼는다면 재상은 그 직분을 잃은 것이다. 군주와 재상이 서로 그 직분을 잃으면 체통이 바르지 못하고 기강이 서지 못하며, 정체(政體)는 날로 어지러워지고 국세는 날로 쇠퇴해질 것이라고 보았다.(『경제문감』 하, 상업)

"천자가 그르다고 말해도 재상은 옳다고 말하고, 천자가 옳다고 말해도 재상은 그르다고 말할 수 있어야 한다."(『경제문감』 하, 간관)

삼봉이 전제정치를 비판하고 재상중심의 국정운영체제를 강력하게 주장한 이유는, 바로 현인에 의한 국정운영만이 인정과 민본이라는 행정가치를 지속적으로 실현할 수 있다고 보았기 때문이다. 원래 현인정치는 유교정치의 기본사상이었다. 삼봉은 세습군주의 전제정치를 막고, 왕도정치를 실현하기 위해서는 유능하고 능력 있는 현인이 재상이 되어 백성의 이익을 위해 정사를 담당하여야 한다는 신념을 가지고 있었다. 삼봉은 개인의 권력을 위해서가 아니라, 자기의 철학을 실현하기 위하여 노력한 탁월한 정치가였다.

삼봉의 현인주의는 국본(國本)을 정하는 기준에서 이미 잘 나타나 있다. 삼봉은 세자책봉의 기준은 어디까지나 장자(以年)이거나 현인(以賢)이어야 한다

를 세운 문왕(文王)의 아들이며 무왕(武王)의 동생. 무왕과 무왕의 아들 성왕(成王)을 도와 주왕조의 기초를 확립하였다. 중국 고대의 정치·사상·문화 등 다방면에 공헌하여 유교학자에 의해 성인으로 존숭되고 있다.

고 보았다. 그러나 이방원은 공적(以功)이었다. 자기와 같이 공(功)을 세운 사람이 보위를 이어야 한다는 것이었다. 이러한 세지 책봉에 관한 의견의 차이가 나중에 이방원이 삼봉을 제거한 이유 중 가장 큰 것이었다.

> "세자는 천하 국가의 기본이다. 옛날의 선왕이 세자를 세울 때 반드시 장자(長子)로서 한 것은 왕위다툼을 막기 위한 것이고, 반드시 현자(賢者)로서 한 것은 덕을 존중하기 위한 것이었으니 천하 국가를 공적(公的)으로 생각하는 마음이 아님이 없었다." (『조선경국전』 상, 정국본)

본래 삼봉은 군주에게는 그다지 기대를 하지 않았다. 공(功)을 탐하는 군주보다 중상의 군주(中常之君) 쪽이 낫다고 생각하고 있었다. 삼봉은 비록 장자를 선정하지 않음으로 해서 분쟁을 초래할 지라도 공리(功利)를 내세우는 이방원과 같은 자를 세자로 세울 생각은 없었다. 그는 방석에 대해서, "뛰어난 자질과 온화한 성품으로 일찍 일어나고 늦게 자면서 부지런히 서연에[47] 참석하여 강론을 게을리 하지 않으니 앞으로 일취월장하여 반드시 그 학문이 광명한 경지에 이르게 될 것이 기대된다." (『조선경국전』 상, 정국본(定國本))고 하였다.

삼봉은 일관되게 국정을 담당하는 자는 모두가 현인이어야 함을 강조했다. 군주와 재상 뿐 아니라, 말단 공직자에 이르기까지 재주와 덕성과 윤리를 갖춘 인재의 선발을 강조했다. 그가 죽은 후에도 세자를 정하는(定國本) 기준은 법으로 이어졌고, 또 그가 꿈꾼 재상중심의 국정운영사상도 비록 도당과 같은 대규모의 합의기관은 아니지만, 의정부의 삼정승 합의제로 이어졌다.[48] 삼봉의 재상중심의 국정운영사상은 오늘날의 입헌군주제의 원류라 할 수 있다.[49] 군

---

47) 중국에서 유교가 발달함에 따라 황제를 교육하는 경연(經筵)과 황태자를 교육하는 서연(書筵)이 발달하였는데, 대략 북송(北宋) 때에 완성되었다. 한국에는 고려 중엽에 경연과 함께 도입되었다

48) 삼봉이 죽은 이후, 재상이 주관하는 도평의사사와 같은 다수의 합의제 의정기관은 없어지고, 의정부로 이어진다. 의정부는 3정승으로 구성되는 회의체로서 모든 안건은 세 정승의 합의에 의하여 이루어진다.

49) 입헌주의(constitutionalism)란 역사적으로 왕권의 제약과 관련된 개념으로, 모든 정치과

주는 존재하지만 상징적 권한행사만 하고, 실권은 내각에서 이루어지는 오늘날의 입헌군주제와 외형에는 별 차이가 없다. 예컨대, 영국, 일본이 여기에 해당된다. 재상의 선정방법이 백성에 의한 직접선출이 아니라는 것만 다를 뿐이다. 만약 재상을 선출하는 과정을 보다 개방적으로 제도화했더라면 당대의 세계사에서 가장 앞서는 입헌군주제(constitutional monarchy)가 되었을 것이다. 또한 현재 우리가 채택하고 있는 국무총리제도도 삼봉의 재상중심의 국정운영제도의 전통과 외형을 따르고 있다고 볼 수 있다. 다만 그 기능면에서 국무총리의 권한을 형식화하고 오히려 대통령의 권한을 강화하고 있다는 점이 다를 뿐이다. 그러나 국무회의가 나라의 최고정책심의기관으로서 주요정책을 심의의결하고 대통령의 결재를 득한 후 행정부를 통하여 집행한다는 시스템은 동일하다. 삼봉의 정치행정사상은 오늘에 이르기까지 우리의 정치행정문화 속에 깊이 살아 숨 쉬고 있다 할 것이다.

6. 정책과정의 개방주의

삼봉은 백성이 잘 살고 나라가 부유한 이상사회를 건설하기 위해서는 군주의 권력독점과 독단적인 정책결정을 막을 수 있는 장치가 필요하다고 생각했다. 재상중심의 국정운영을 강조하는 현인주의도 군주의 독재와 독단을 견제하기 위한 제도였다. 삼봉은 현인정치에서 한걸음 더 나아가 언론의 활성화와 제도화를 통하여 권력을 견제하려 했다. 그래서 간관(諫官)의 기능을 특히 강조했다. 그는 국가의 중요한 정책결정과정을 다양한 언로를 통하여 개방하고, 공론을 통하여 결정에 이르도록 함으로서 군주나 재상의 폐쇄적이고 독단적인 결정으로 인한 정책오류와 정책실패를 극소화하고자 하였다. 『경제문감』에서

정과 정부의 권력을 제약하고 통제하는 것을 말한다. 삼봉은 왕권을 제약하는 여러 가지 통제장치를 고안했다. 삼봉이 설계한 조선의 사상적 기초인 유교적 윤리는 바로 입헌주의 질서의 한 전형으로 볼 수 있다. 또한 예(禮)도 피지배층의 윤리의식과 지배층의 윤리의식 모두를 동질적으로 지배하는 규제의 원리로 볼 수 있다. (Chaihark Hahm, 2000, 김용옥, 2004: 12).

언로개방의 실상을 자세히 소개하면서 언로의 개방과 소통의 활성화를 통한 개방적 국정운영을 강조하고 있다. 즉 정치행정과정의 개방주의를 중시하고 이를 제도화하고자 했다.

> "삼대(三代)의 관사(官師)들은 백공들이 그가 맡은 일을 하면서도 간(諫)하는 것을 일상적인 규칙으로 삼도록 가르쳤다. 위로는 백관으로부터 아래로는 백공에 이르기까지 간하지 않는 자가 없었고, 만약 간하지 않는 자가 있으면 그에 따른 형벌이 있었다. 진나라 사람들은 천하가 자기를 의론하는 것을 싫어하여, 비방하고 요사스러운 말을 내는 것을 금지하는 법을 만들었다. 조고(趙高)가[50] 말하는 자가 있지 못하게 가로막고 감추어서, 마침내 망하기에 이르렀다. 한나라는 언로를 가로막고 감추는 환란(患亂)을 징벌하고 간하는 대부를 두어, 의론하는 일만을 전적으로 관장케 함으로써 천하의 강개한 선비들이 감히 말할 수 있는 기풍을 만들었다. 언로의 통함이 이로부터 비롯되었으나, 동시에 언로가 좁아진 것도 또한 이로부터 비롯되었다." (『경제문감』 하, 간관)

삼봉은 언로가 막히고 의론이 활성화되지 못하면 나라가 망한다고 하면서 간관제의 역사를 일변하였다. 언로가 차단되어 종적 · 횡적 의사전달이 자유롭게 이루어지지 못하면, 폭넓은 협의와 조정이 불가능하고 또 비판적 대안에 대한 검토가 이루어지지 않기 때문에 독단적이고 비합리적인 국정운영이 된다는 것을 삼봉은 이미 잘 알고 있었다. 언로를 제도적으로 활성화하기 위한 간관제가 생긴 것은 한나라 이후부터라고 파악한다. 한나라에 이르러 진나라 때에 가로막혀 있던 언로를 터주기 위하여 간관제도를 도입하였다는 것이다.

삼봉은 간관제의 도입은 한편으로는 언로를 활성화시켜 주었지만, 또 한편으로는 언로가 오히려 좁아지는 면도 있었다고 분석하고 있다. 왜냐하면 간쟁

---

50) 중국 진(秦)나라의 환관. 시황제를 따라 여행하던 중 시황제가 병사하자, 승상 이사와 짜고 조서를 거짓 꾸며, 시황제의 맏아들 부소와 장군 몽염을 자결하게 만들었다. 또 시황제의 우둔한 막내아들 호해를 2세 황제로 삼아 마음대로 조종했다. 언로를 막아 나라를 망하게 하였다.

하는 직위가 제도적으로 도입된 후에는 간관 직위에 있어야만 천하의 일을 의론할 수 있고, 간하는 직분이 아니면 간쟁의 길이 원천적으로 봉쇄되기 때문이라는 것이다. 옳고 좋은 의견은 어디에 있던 간하고 논해야 하는데, 일부 직위에만 제한적으로 간쟁이 이루어진다는 것이다. 그래서 삼봉은 간관제의 골격을 유지하되, 그 기능을 대폭 강화할 것을 강조하고 있다.

> "천하의 득실, 생민의 이해, 사직과 관련된 큰 계획 등과 같이, 보고 듣는 것이 직무와 관계없는 일은 오직 재상만이 행할 수 있으며, 간관만이 말 할 수 있을 뿐이다. 간관은 비록 지위가 낮지만 재상과 동등한 것이다. 천자가 <안 된다>고 말해도 재상은 <됩니다>할 수 있으며, 천자가 <그렇다>고 말해도 재상은 <그렇지 않습니다>라고 말 할 수 있다. 묘당 위에 앉아 천자와 더불어 가부를 상의할 수 있는 자가 재상이다. 천자가 <옳다>고 말해도 간관은 <옳지 않습니다>라고 말하고, 천자가 <반드시 행해야 한다>고 말해도 간관은 <반드시 행할 수 없습니다>라고 말할 수 있다. 궁중에 올라가는 계단 앞에 서서 천자와 더불어 시비를 다툴 수 있는 사람이 간관이다." (『경제문감』 하, 간관)

간관의 지위는 비록 재상보다 낮지만 간관의 말할 권리는 재상과 동등하다. 간관은 어떠한 일에 대해서도 지위고하를 막론하고 자유롭게 논지를 전개할 수 있어야 한다. 간관은 재상과 마찬가지로 천자와 더불어 어떠한 문제에 대해서도 당당하게 시시비비를 논할 수 있어야 하며, 그것이 간관의 소임이라 보았다.

삼봉은 군주제 아래에서 군주의 일방적인 권력독점도 바람직하지 않지만, 재상의 권력독점도 바람직하지 않다고 보았다. 권력은 서로 분산되어 균점하여야 일방이 전횡하지 못하고, 또 썩지 않는다는 것이다. 따라서 군주 또는 재상의 권력독점으로 인한 전횡과 정책실패를 막기 위해서는 제도적 언론인 간관제도를 활성화하여 그들의 독단적 결정을 견제할 수 있어야 한다고 본 것이다. 삼봉은 나라의 중요한 정책결정이 공정하고 합리적이기 위해서는 무엇보다도 정책과정에 참여하는 공직자들 간의 소통(communication)이 자유로워야 하고, 이를 제도적으로 뒷받침하여 그 실효성을 강화해야 된다고 보았다.[51)]

삼봉은 고려 말 대간제도의 폐단을 실제로 지켜 본 사람이다. 고려의 대간은 재상의 통솔 하에 있어서 재상을 탄핵하거나 견제하지 못하였을 뿐 아니라 오히려 귀족정치를 옹호하는 방향으로 운영되어 많은 폐단이 있었다. 삼봉은 이를 신랄하게 비판하면서 새로운 대간제도를 모색했다. 그리고는 새로운 신왕조에 적합한 대간제도, 그리고 군주와 재상을 동시에 자유롭게 견제할 수 있는 언론제도, 권력분산을 통한 안정적인 국정운영시스템을 만들고자 노력하였다.52)

삼봉의 권련분산과 권력견제사상, 그리고 언로의 활성화와 제도화를 통한 국정운영사상은 삼봉의 사후에도 그대로 이어져 조선을 500년 이상 지탱하게 한 중요한 국정운영의 틀이 되었다. 조선왕조 500여 년의 역사상 말기 60여 년 정도의 세도정치를 제외하고는 권력이 일방에 독점되지 않았다. 잠시 권력독점이 출현했다가도 곧 축출 당했다. 그것이 가능할 수 있었던 것은 바로 간관이 존재했기 때문이었다. 조선왕조의 멸망은 당쟁과 세도정치로 인하여 언론이 권력에 종속되면서, 간관의 언론 및 견제기능이 무너지면서 나타난 것이다.

7. 능력주의와 실적주의

삼봉은 수많은 역사서의 탐구를 통하여, 창업기가 지나간 세습군주국가에서는 '출중한 군주가 계속하여 나올 것으로 기대하기는 어렵다.'는 것을 잘 알고 있었다. 따라서 그러한 상황에서 국가를 지속적으로 유지경영하기 위해서는 평

---

51) 여기서 말하는 정치과정에의 소통과 정책과정의 개방주의는 지배계급인 관료와 사림에 한정되는 개념이다. 조선왕조는 기본적으로 신분적 계급제도를 전제로 하였기 때문에 피지배계급인 민중의 정치참여는 배제되었다. 민중은 치자의 선과 윤리적 의무에 의하여 보호받는 소극적 객체로서 정치과정에 간접적으로 연계될 뿐이었다. 따라서 조선왕조는 관인지배체제의 성격을 띤다(김운태, 1970: 181-183).

52) 삼봉의 권련균형사상과 제도언론의 활성화 사상은 삼봉이 죽은 뒤에도 그대로 받아들여, 태종 원년(1401)에는 사간원을 독립기관으로 하고, 사헌부의 위상을 강화하였다. 이후부터 사간원의 간쟁 기능과 사헌부의 탄핵기능은 조선시대의 대표적인 제도적 언론으로 자리매김한다.

범한 군주를 보좌하여 국가를 운영해 갈 우수한 관료가 무엇보다도 중요하다고 보았다. 건국 이후 그가 쓴 『조선경국전』은 조선왕조의 법과 제도를, 그리고 『경제문감』에서는 그 법과 제도를 운영할 관료에 대한 자신의 구상을 피력했던 것이다. 삼봉은 법과 제도만 갖추어지면 모든 것이 이루어진다고 생각하지 않았다. 그 법과 제도를 운영하는 관료(인재)의 중요성을 무엇보다 강조했다.

"법 자체만으로는 좋아지는 것이 아니고 오직 그것을 운용하는 사람을 제대로 얻는데 달려 있다. ……. 반드시 조심스럽게 구휼하는 인자스러움과 밝고 신중한 덕을 갖춘 다음에라야 그 좋은 법을 시행할 수 있을 것이다."(『조선경국전』 하, 헌전, 포망단옥(捕亡斷獄))

삼봉은 『경제문감』 후서에서 임금이 원수(元首)라면 재상은 임금을 위해 가부를 논하는 것이니 임금의 복심(腹心)이요, 대간·감사는 임금을 위해 규찰하는 것이니 임금의 이목(耳目)이며, 부위(府衛)를 방어하고 행정을 집행하는 수령 등은 임금의 조아(爪牙)나 수족(手足)이라 하였다. 사람이 사체(四體)가 없으면 사람이 아니듯이 나라도 그 관직 중 하나만 없어도 나라가 될 수 없다고 보았다. 그러나 관직보다도 더 중요한 것이 인사제도의 운영과 관료들의 자질이라고 보면서, 고려망국의 한 원인이 바로 인사행정의 문란으로 파악하고 있다.

"재산이 많은 사람은 뇌물을 끼고 가서 관작을 구하고, 자녀를 거느린 자는 혼인을 가탁해서 관직을 얻으니 어찌 인재를 선택함이 있겠으며, 관리로 들어가는 길이 어찌 넓지 않겠는가? 재주 없는 자들이 혼잡하게 나아가고 염치없이 관작을 구하여 이리저리 내달으며 날마다 승급하기를 구한다. 임금이나 재상은 여러 사람들이 다투어 나아가려는 마음을 이기지 못하여, 저 사람의 관직을 빼앗아 이 사람에게 주고, 아침에 임명했다가 저녁에 파직시키면서 헛되이 고식책(姑息策)만을 추구하는데 급급하니, 관직에 머무는 기간이 길고 짧은 것은 미처 생각할 겨를이 없었다. 비록 현명하고 지혜로운 선비가 있다하더라도 어찌 자기의 재주를 다 펴서 일의 공적을 이룰 수가 있겠는가? 비교하건대, 만 길의 둑이라도 날마다 물이 스며드는 것을 다 받아들이지 못하면 마침내 재방을 무너뜨리고 범람하듯이 나라가 드디어 멸망하고 말았으니 어찌 한심하다고 말하지 않을 수 있겠는가?" (『조선경국전』 상, 치전, 입관)

고려 말의 인사행정의 문란은 극도로 심했다. 재력가는 뇌물을 바쳐 관직을 구하고, 자녀를 의도적으로 고위층에 혼인시키는 거래행위를 통하여 관직을 얻기도 하였다. 인재등용이 정밀하게 이루어지지 못하고 인재의 평가와 활용이 문란해져 관직은 능력 없는 자들로 채워졌다. 그리고 관직에 머무는 기간이 너무 짧아 비록 지혜로운 자가 있다 하더라도 자기의 재능을 발휘하기가 어려웠다. 인사이동과 전보가 잦으니 행정의 전문성은 점점 없어지고, 공직부패는 심화되어 멸망의 길로 들어섰다는 것이다. 삼봉은 그의 『경제문감』에서 공직의 부패상을 자세히 기록하고 있다. 지방의 현령과 감사는 공적인 것에는 관심이 없고 사익을 채우는 데만 혈안이 되어 백성을 좀먹고 있고, 중앙에는 유자의 외관을 하고 사욕을 채우는 관료들이 지배하고 있어 도(道)가 땅에 떨어지고 궁핍은 극에 달했다고 주장하고 있다(『경제문감』, 하, 현령, 감사).

삼봉의 인재등용은 주나라의 선관제도(選官制度) 정신을 계승하고 있다. 삼봉은 인사제도를 개혁하면서 중점적으로 고려한 것은 인재양성과 등용, 그리고 활용이었다. 직위를 담당하는 관료들의 직분과 자질에 적합한 인재의 선택을 정밀하게 하고, 그 활용을 길게 하여 행정의 전문성을 제고할 것을 제안하고 있다(『조선경국전』상, 치전, 입관). 이러한 그의 인사행정의 사상은 실제로 과거제도의 개혁으로 이어졌고, 이 제도는 왕조 내내 조종의 원칙이 되었다.

"주나라에는 대사도(大司徒)가 있어 육덕(六德), 육행(六行), 육예(六藝)로 만민을 가르치고, 그 중에서 현능한 자를 선발하여[53] 이를 선사(選士)라 하였다. 학교에 올라가면 이를 준사(俊士)라 하였고, 사마에 오르면 이를 진사(進士)라 하였다. 논이 정해진 후에 관과 작과 녹을 지급하였다. 따라서 주나라의 인재육성과 정치의 아름다움은 후세가 미칠 수 없었다."(『조선경국전』 상, 예전, 공거)

53) 이를 빈흥(賓興)제도라 하였다. 이후 빈흥제는 과거제라는 개념으로 사용되었다.

"전하께서는 즉위한 후 즉시 과거법을 손익한 다음, 성균관에 명하여 사서오경으로써 시험을 보게 하니, 이것은 대개 옛날 명경과의 의의인 것이며, …… 일거에 수대의 제도가 모두 갖추어진 셈이다. 앞으로는 사문(私門)이 막히고 공도(公道)가 열리며, 부화자(浮華者)가 배척되고 진유(眞儒)가 배출되어 정치의 융성함이 한당을 능가하고 성주(成周)시대를 뒤쫓아 갈 것을 볼 것이니, 아, 거룩한 일이다."(『조선경국전』 상, 예전, 공거)

삼봉은 국가의 통치이념을 실현시키기 위한 정책은 집행되지 않으면 아무런 의미가 없다고 보았다. 따라서 법집행의 엄격성과 일선집행기관의 중요성을 강조했다. 특히 집행 관료들의 선발, 평가, 활용을 매우 중시했다. 삼봉은 고려의 인사행정의 문란상을 거울삼아 인재를 철저하게 교양(양성)하고 정밀하게 선발하며 신중하게 등용할 것을 제시하면서 능력중심의 인사행정을 주장하였다. 또한 재임기간의 장기화를 통하여 행정을 전문화할 것을 주장하고 있다. 인력양성, 인재등용, 인재평가, 인력활용의 연계를 통하여 능력 있는 자들을 임용해야 나라의 이념을 달성할 수 있다고 본 것이다. 현인정치사상과 더불어 능력과 실적을 중시하는 그의 인사행정사상을 엿볼 수 있는 대목이다.

8. 급진적 개혁주의

삼봉은 주자학적 사상을 가진 철저한 현실주의자(realist)이자 법과 제도를 통하여 인간의 행태와 문화를 바꿀 수 있다고 믿는 제도주의자였다. 유학에서의 개혁사상은 인간의 주체적 도덕성을 바탕으로 현실의 문제를 해결하려는 입장을 취한다. 삼봉도 이러한 원리적 주장은 다르지 않았지만, 제도개혁의 문제에 많은 관심을 둠으로써 현실지향적인 사유방식을 견지한 인물이었다. 즉 삼봉은 주자주의자이면서 제도개혁의 결과에 더 많은 관심과 중점을 둔 정치가이자 경세가였다.

여말선초의 전환기에 신진사류들이 취한 사회개혁의 청사진은 대동소이하였지만 그 접근방법에는 차이가 있었다. 포은을 비롯한 대부분의 신진사류들은 보수적이고 도덕론적인 입장, 즉 강상의리(綱常義理) 사상을 지켜 고려왕조를 유지하면서 사회개혁과 중흥을 이루자는 보수적이고 점진주의적인 접근방법(conservative incremental approach)을 선호했다. 반면에 삼봉은 국가체제의 변혁을 통하여 사회개혁을 완수하자는 진보적이고 급진적인 접근방법(progressive radical approach)을 취하였다. 혁명을 통해서라도 곪아터진 사회문제를 근본적으로 해결하고, 자기의 이상을 실현하고자 했던 것이다. 개혁의 속도와 범위가 빠르고 넓었으며 그 영향의 범위가 광범위하여 여파가 컸다.

삼봉이 진단한 당시의 현실적 환경은 고려조의 명맥을 다시 붙들어 일으킬 수 없을 정도로 매우 악화되어 근본적 처방이 아니면 그 사회구조적 모순을 척결할 수 없다고 보았다. 그의 급진주의 개혁사상을 나타내는 정책과 내용을 요약하면 다음과 같다.

첫째, 삼봉은 개혁과정에서 개혁목표 의식이 매우 강했다. 따라서 자신의 노선과 입장을 달리하는 인사에 대해서는 스승이건 벗이건 관계없이 철저하게 축출했다는 점이다. 뿐만 아니라 공민왕 살해사건 이후 친명외교정책과 관련하여 이인임에게 보인 그의 강직하고 소신 있는 태도는 그의 전 인생에서 나타난다. 그는 정치, 사회, 경제, 군사, 조직, 사상 등 모든 분야에서 수많은 제도개혁을 단행했다. 당시의 대부분의 개혁정책은 모두 삼봉의 손을 거쳤다. 이에 대하여 신숙주는 다음과 같이 기록하고 있다.

> "개국 초기에 당하여 무릇 큰 정책에 있어서는 다 선생이 찬정(贊定)한 것이었다. 당시 영웅·호걸이 일시에 일어나 구름이 용을 따르듯 하였으나 선생과 견줄 자가 없었다. 비록 종말의 차질은 있었다 할지라도 공에 견주어 허물이 족히 덮일 수 있겠지만 역시 운수소관으로서 옛날 호걸들이 벗어나지 못한 것과 같은 이치이다."(『삼봉집』 1면, 후서)

둘째는, 신왕조의 이념적 기반을 유교로 바꾸기 위한 억불숭유정책은 그의 급진적 개혁의지가 가장 뚜렷하게 나타난다고 볼 수 있다. 삼봉은 당시의 고려왕조를 좀먹고 있었던 불교문화를 비판하면서,[54] 유교의 윤리규범을 제도화하기를 주장했다. 수백 년간 백성들의 의식과 문화를 지배해온 불교를 배척하고 유교를 숭상하는 유교입국을 제도적으로 만들겠다는 계획은 나라의 사상적 틀을 바꾸겠다는 거시적이고 급진적인 개혁이었다. 삼봉의 불교비판은 자신의 논리가 어떠한 결과를 가져올 것이라는 것을 명백히 의식하고 행한 일종의 사회이념론이었으며, 이데올로기 변혁을 의식적으로 시도한 것이었다.

셋째, 군주제하에서 군주의 권한을 제도적으로 제한하려는 입헌주의 사상도 그 당시로서는 매우 급진적인 것이었다. 군주의 절대적인 권한을 인정하는 군주제도하에서, 재상중심으로 국정을 운영한다거나 언론의 활성화와 그 제도화를 통하여 정책과정을 개방하겠다는 것은 기존 통치구조에 대한 제약과 급격한 변화를 추구하는 것이라 할 수 있다.

넷째, 토지개혁을 둘러싼 논쟁에서도 삼봉의 급진주의 개혁성향을 엿볼 수 있다. 원래 삼봉이 구상한 토지제도개혁은 경내의 토지를 모두 몰수하여 국가에 귀속시키고, 인구를 헤아려서 토지를 나누어 주는 삼대의 정전제를 모델로 하는 것이었다. 이러한 토지에 공(公)개념을 도입하는 이상적이고 급진적인 개혁안은 현실상황을 고려하여 제안한 조준의 과전법에 밀리어 채택되지는 못하였다. 나중에 조준이 제안하고 시행한 과전법이 토지를 균등하게 배분하지 못하였다는 비난과 비판을 오히려 삼봉이 받게 된다.

> "사전개혁의 의론은 신이 처음에 생각하기를 모두 공(公)가에 속하게 하면 국용을 후하게 하고 병식(兵食)을 족하게 하며 사대부들에게 녹(祿)을 주고 군역에 공급함으로써 상하로 하여금 궤핍(匱乏)의 근심이 없게 하는 것이 신의 뜻이었습니다. 그런데 뜻을 결국 이룰 수 없었고, 이어 전하에게 청하여 제조관(提調官)을 면한 지 오래인데 분전(分田)이 균등하지 못하다는 원망이 신에게 돌아왔습니다."(『고려사』 권119, 열전32, 정도전).

---

54) 삼봉이 지은 『불씨잡변』에서 비판하고 있는 불교는 종교로서의 불교라기보다는 당시 고려왕조를 좀먹고 있는 불교, 즉 반드시 척결되어야 할 정치적 이념으로서 불교이다.

마지막으로 신왕조 개창이후 추진한 사병혁파와 요동공벌계획의 급진성을 들 수 있다. 사병의 혁파와 요동공벌계획은 한 묶음의 정책으로 파악하여야 한다. 여러 호족들로부터 몰수한 사병(私兵)들을 새로 신설한 의홍삼군부에 병합한 뒤 대대적인 군사훈련을 실시했다. 요동정벌을 위한 대대적인 군사훈련과 압박은 개국공신인 조준 등의 반발을 불러일으켰고, 끝내 이방원에 의하여 참살 당하게 되는 원인이 되었다. 그러나 요동정벌은 무산되었으나 사병혁파는 조선왕조의 중앙집권적 체제를 보다 든든히 하는 계기가 되었다. 최근에 삼봉의 요동공벌계획이 사병혁파를 위한 전략적 거짓계획(bluffing)이라는 주장이 제기되어 설득력을 얻고 있다.[55)]

이와 같이 삼봉은 『조선경국전』의 편찬을 주도하여 새로운 법제도의 기틀을 마련한데 이어, 사병혁파와 과전법을 실시하는 등 기득권의 세력을 봉쇄해 나갔다. 그러나 지나치게 진보적이고 이상적이며 주체적인 개혁은 오히려 사직을 혼란시킨다는 비판을 받게 되었고, 이후 사직안정론이 등장하게 되는 계기를 주었다고 볼 수 있다. 그러나 이 사직안정론은 이방원이 삼봉을 제거하고 권력을 잡기 위한 명분에 불과했다.

---

55) 요동공벌에 대한 삼봉의 진위는 파악하기가 쉽지 않다. 태조도 회의적이고, 또 조준도 반대하는 일을 지모가 뛰어난 정도전이 왜 그렇게 열정을 가지고 추진하려 했을까? 정두희(1983: 28-30)는 건국이후 추진해온 군제개혁이 지지부진한 가운데 터진 표전문제로 명조와의 관계가 어긋나자, 명조와의 긴장관계를 이용하여 사병혁파와 군 지휘체제의 일원화를 달성하려는 고도의 정치적 저의가 깔린 전술이 아닌지를 지적했다. 박홍규(2003: 55-82)는 새로운 사료해석의 방법론을 견지하면서 정두희의 견해에 동조하고 있다. 삼봉의 요동정벌은 실제적인 것이라기보다는 사병혁파를 위한 전술적 차원의 블러핑(bluffing)이라고 주장한다. 이에 대하여 김용옥(2004: 20-21)은 삼봉의 생애를 관통하고 있는 그의 상무정신과 왕조교체의 허점이 많은 전환점이라는 관점에서 볼 때, 실제로 리얼한 계산에서 나온 계획이었을 수도 있다고 주장한다.

05 삼봉 행정사상의 현대적 의미

이 글은 삼봉의 행정사상에 초점을 맞춘 것이다. 정치학이란 권력과 그 권력을 획득하는 과정에 관한 연구이고, 행정학은 국정운영을 위한 방법에 관한 연구이다. 결국 특정인의 행정사상에 관한 연구는 "권력을 공적인 가치로 쓰기 위하여 어떠한 사고체계(thought system)를 가지고 있었는가?", 즉 "국가가 달성하고자 하는 목표와 가치는 무엇으로 보고 있으며, 그것을 달성하기 위하여 어떠한 정책을 어떠한 방법으로 실현시키고자 하였는가?"에 대한 종합적인 가치를 연구하는 것이라 할 수 있다.

삼봉은 여말 선초를 살다 간 불세출의 정치가이자 사상가이자 경세가였다. 조선왕조 519년을 지속하게 만든 국정운영의 틀을 만든 사람이고, 오늘의 정치행정문화 속에 그의 사상과 정신이 배어있게 만든 사람이다. 삼봉이 조선왕조를 개창하면서 내건 통치이념은 바로 '인(仁)에 의한 국정운영', 즉 '어진마음으로 사랑을 베푸는 정치행정'이었다. 삼봉은 우리나라에서 처음으로 유교의 민본사상, 즉 애민, 위민, 안민, 중민, 목민, 보민 등의 이념을 국정운영이념으로 제시한 사람이다. 또한 이러한 통치이념을 달성하기 위하여 제일 먼저 제도화한 것이 권력에 대한 견제와 균형의 장치였다. 군주의 독단과 전횡을 방지할 수 있도록 하는 다양한 장치를 제도화하여 입헌군주제의 틀을 놓았다. 그는 치열한 혁명의 과정을 살아왔기에 누구보다도 권력의 속성을 잘 알고 있었다. 권력의 획득도 중요하지만, 어떻게 하면 그 권력을 공적인 가치로 잘 쓰게 할 수 있을까에 대해 깊이 있게 연구하고 실천한 사람이다. 조선시대를 통틀어 보면, 그의 국정운영사상이 무너지고 흩어질 때마다 나라의 위기와 쇠퇴기를 맞이하였다. 그럴 때마다 개국초기의 원칙으로 되돌아가 중흥을 되찾자는 대학자들이 나오게 된다. 율곡과 반계, 그리고 다산의 행정사상도 모두 삼봉의 국정운영사상에 영향을 받은 바 크다. 삼봉의 사상은 조선의 국정운영의 기본이자 기준이 되었음을 알 수 있다.

재상 중심의 국정운영을 강조한 현인정치사상, 그리고 언로의 개방과 간관의 기능을 제도적으로 강화한 소통중심의 행정사상은 군주 일인 또는 특정 고위정책결정자가 권력을 독점하여 정책결정을 전횡하지 못하도록 하여, 정책결정의 오류와 정책실패를 최소화하고자 했다는 점에서 오늘날 민주주의 국가에서의 행정이론과 다름이 없다할 것이다. 또한 변법주의에 의한 법치주의 사상, 재정건전성확보를 중시하는 경제안정주의, 실적과 능력중심의 인사행정을 통한 행정의 전문화사상 등은 오늘의 민주화된 국정운영의 이론과 그 근본에 있어서는 한 치도 다르지 않다. 나라를 잘 경영하기 위해서는 먼저 국정운영목표가 분명해야 하고, 조직(組織)과 예산(財務)과 사람(人事)을 적절히 운용하고 활용해야 한다는 그의 사상은 오늘날의 현대행정이론과 그 맥을 같이 하고 있다. 특히 민의(民意)가 국정운영의 궁극적 판단기준이어야 한다는 민주사상과 군주나 지도자의 도덕성을 강조한 윤리정부사상은 오늘날 우리의 발전된 민주체제에서도 유효하고 본받아야 할 영원한 주제이다. 삼봉의 정치행정사상은 수백 년의 시차를 넘어, 그리고 현대의 복잡한 산업국가에서도 시의(時宜)에 맞게 다듬어진다면 훌륭한 이론과 정책으로 활용가능하다 할 것이다.

근대화과정에서 서구의 민주주의가 이식되면서 서구의 것은 옳은 것이고 우리의 것은 전근대적이고 고쳐야 할 대상으로 교육받아 왔다. 국정운영에 관한 연구를 하는 정치행정학자들도 서구의 이론과 사상은 정통해도 우리의 것은 연구의 대상으로 삼지도 않았다. 어느 철학자가 권력과 국정운영을 연구하는 정치행정학자들이 삼봉과 같은 위대한 정치가이자 관료를 연구하지 않는다는 것은 학자들의 태만이라고 경고한 말을 가슴깊이 새겨야 할 때이다.

오늘을 있게 한 우리 선현들의 사상과 철학을 깊이 이해하고, 이를 바탕으로 서구의 좋은 사상과 이념을 접목시켜야 우리토양에 적합한 새로운 행정문화가 만들어진다. 서구일변도의 이론과 사상만을 따르기 전에 우리의 좋은 점을 발견하여 발전시키려는 주체성 있는 연구가 이루어져야 할 시점이다. 외국 학자만 들먹이며 지식을 뽐내던 시대는 이미 지나갔다. 글로벌시대일수록 우리를 먼저 알고 알리는 일부터 출발해야 한다. 삼봉을 모르면 조선왕조를 알 수 없고, 조선왕조를 모르면 오늘의 우리를 바르게 안다 할 수 없을 것이다.

제3장 율곡의 시무행정사상

"오늘날의 사태가 이러하니, 10년을 지나지 않아서 반드시 화란(禍亂)이 닥칠 것입니다. …… 전하께서는 신의 계책을 쓰시되 …… 3년 동안을 이와 같이 하여도 나라가 진흥하지 아니하고 … 군병이 정예하지 않으면, 임금을 속인 죄로 신을 다스리시어 … 요사한 말을 하는 자의 경계로 삼으시옵소서."(「만언봉사」『전서(Ⅰ)』: 109).

신사임당

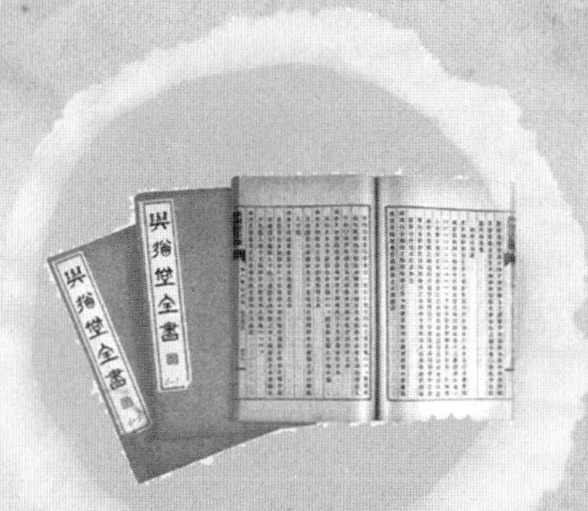
與猶堂全書
與猶堂全書

01 서 론

이 장에서는 16세기 조선 중기의 으뜸가는 한 학자이자 관료였던 율곡 이이(1536~1584)의 국정운영 및 행정사상을 현대의 행정학적 관점에서 재음미하고 해석하는 것을 목적으로 하였다.

율곡은 퇴계와 함께 주자학을 조선의 성리학으로 완성시킨 조선 최고의 사상가로서 철학, 정치, 경제, 교육, 문학, 국방 등 미치지 않은 곳이 없었고, 당시 피폐한 민중의 생활을 개선하기 위한 다양한 개혁안을 끊임없이 제시하고 실천한 경세가로서 특히 실천을 위한 이론과 학문을 중시하였다. 율곡은 평생을 보국과 안민을 위하여 국정운영에 참여한 관료이자, 한국에서 경국제민(經國濟民)의 사상을 처음으로 싹틔운 학자이기도 하다.[1)] 이러한 경세와 실천면에서 내세운 이론이 바로 그의 행정사상의 근간을 이루고 있다.

조선왕조시대는 정치와 행정이 분화되지 못하고 밀착되어 있었다. 따라서 이 글에서의 행정사상은 곧 국정운영사상을 의미한다. 즉 여기서 「율곡의 행정사상」이란 「율곡이 당시의 국정운영과 정치행정현상에 대하여 품고 있었던 일련의 체계적인 생각 또는 의식의 내용」을 의미한다. 따라서 이 연구는 현대 행정학적 시각에서 율곡의 국정운영사상을 이해하고 해석하고자 하였다. 율곡은 이상을 추구하되 그 이상은 반드시 현실을 토대로 하여야 실현가능성이 있다고 보았으며, 따라서 국정운영과 행정은 시대적 변화와 상황의 변화에 적절하게 적응하여야 하고, 실천과 효과를 염두에 두고 집행하여야 한다고 믿는 철저하게 시무사상과 무실사상으로 무장된 학자였다. 이러한 제도혁신을 통하여 민폐를 덜고 국리민복을 실천해야 한다는 실천중시의 행정사상은 후대 실학파에 지대한 영향을 미쳐서 율곡을 전기실학파를 연 학자로 분류하기도 한다.(김

---

1) 여러 가지 학설이 있으나, 성호(星湖)가 그의 저서 『곽우록』에서 "우리나라에서 시무를 아는 사람은 오직 율곡과 반계뿐이다"라고 하고 있는 것을 보면, 율곡부터 경국제민의 사상이 싹트기 시작했다고 볼 수 있다. 그러나 율곡은 부분적 경장을 통하여 경국제민하고자 한 반면, 반계는 국정전반에 걸쳐서 체제를 혁신하고자 하였다.

용덕, 1977: 541-616).

율곡의 사상과 학문에 대한 연구는 일일이 열거할 수 없을 정도로 무수히 많다. 1920년대부터 그의 성리학과 경세론에 대한 연구가 시작되었고 본격적인 연구가 시작된 것은 1976년 <율곡사상연구원>이 설립되면서부터이다. 1988년 『율곡학』이라는 창간호가 나오면서부터 율곡에 대한 학문적 고찰을 종합적으로 <율곡학>이라고 부르기도 한다. 율곡에 관한 선행연구를 유형화해 보면 이기론을 중심으로 한 그의 철학에 관한 연구, 윤리도덕관에 관한 연구, 그리고 그의 교육관에 관한 연구가 가장 많으며, 그 다음으로는 정치, 교육, 문학, 국방, 경제 등에 관한 각 영역별 사상에 관한 연구들이 대부분이다. 그러나 율곡의 행정사상을 독자적으로 체계화한 연구는 거의 보이지 않는다(백완기, 1982. 김재철, 1992. 강광식, 2005).

이 연구의 주된 접근방법은 율곡이 남긴 저서와 기록물을 <텍스트>로 한 해석학적 접근방법(hermeneutics approach)이다. 이 연구에서 사용한 텍스트는 1971년 성균관대학교 부설 대동문화연구원에서 상, 하 두 권으로 간행한 『율곡전서』와 1996년 한국정신문화연구원에서 발간한 『국역율곡전서』이다.[2] 그 외에 율곡의 사회개혁사상에 대한 기존 연구물과 번역물 등을 이용하였다.

02 율곡의 생애와 공직생활

1. 율곡의 생애

율곡(1536～1584)은 중종 31년 강원도 강릉 죽헌리의 외가에서 태어나 인

2) 율곡의 글을 모은 『율곡집』은 그가 떠난 후 27년이 되던 광해군 3년(1611)에 간행되었고, 영조 18년(1742)에 『율곡전서』가 나왔다. 이 연구에서는 『율곡전서』를 인용할 때는 『전서』로, 『국역율곡전서』를 인용할 때는 『국역전서』로 줄여 표기한다.

종, 명종을 거쳐 선조 17년까지 48년간의 짧은 인생을 살았다. 강평공 명신(明晨)의 5대손이며, 좌찬성 원수(元秀)의 아들이다. 자는 숙헌(叔獻), 호는 율곡(栗谷), 석담(石潭)이며, 시호는 문성(文成)이다. 율곡은 태어나면서부터 신이하고 총명하며 지혜가 숙성해 일곱 살에 이미 경서를 통달하고 글을 잘 지었다고 전한다. 12세 때(1548년 명종 3) 진사시에 합격하고, 19세에 금강산에 들어가 불교에 심취하다가, 다음해 하산하여 성리학에 전념하였다.[3] 22세에 성주목사 노경린(盧慶麟)의 딸과 혼인하고, 다음해 예안의 도산(陶山)으로 이황(李滉)을 방문하였다. 2박 3일 동안의 짧은 기간이었지만 스승 퇴계를 만난 이후부터 학문과 현실에 눈을 뜨게 된다. 그해 별시에서 <천도책(天道策)>을 지어 장원하고, 이때부터 29세에 응시한 문과 전시(殿試)에 이르기까지 아홉 차례의 과거에 모두 장원하여 '구도장원공(九度壯元公)'이라 일컬어졌다.

율곡은 퇴계와 달리 적극적으로 현실정치에 참여하여 사회를 개혁하고자 한 인물이다. 29세에 호조좌랑을 시작으로 두루 청요직을 거친 후, 해박한 정치적 식견과 왕의 두터운 신임을 바탕으로 40대에 대사간을 비롯하여 호조, 이조, 형조, 병조판서를 지내면서 정국을 주도했다.

평소 주장한 개혁안들을 실현하기 위하여 중립적인 입장에서 동인과 서인의 갈등을 중재하기 위해 노력하였으나 오히려 그 노력이 화가 되어 동인의 탄핵을 받게 되었다. 48세에 모든 공직을 버리고 율곡으로 돌아왔으며 이듬해 서거하였다. 그는 죽는 마지막 순간까지도 국가의 안위(憂國)와 나라를 구하는 일

---

3) 율곡이 16살 때 하늘과도 같은 스승이자 삶의 귀감이었던 어미니 사임당 신씨를 여위자 세상의 허무를 통탄하며 눈물로 삼년상을 마치고, 명종 9년(1554) 금강산으로 들어가 불교에 심취했던 것은 삶에 대한 회의를 풀고자 했던 젊은 시절의 방황이었다. 그러나 이러한 방황으로 인하여 율곡은 유교밖에 있으면서도 유교 안에 있는 삶을 살 수 있었고, 일생을 보상을 바라서 또는 <잇속>을 위해서 사는 삶이 아니라 <올바름>을 위해서 <자기를 버리는 삶>을 살았다고 할 수 있다. 이문영(2006) 교수는 율곡이야말로 협력하는 통치의 조건을 갖춘 사상가라고 주장하고 있다. 율곡은 「동문을 나서면서」라는 시에서 조롱박과 같은 신세가 되어 쓸쓸하게 한곳에만 머물러있지 않겠다고 하였고, 금강산을 하산하면서 쓴 시에도 <도를 배우니 곧 집착이 없구나.>라고 썼다. 그는 평생을 내면적 긍지에 보람을 느끼며 공(公)을 위해 산 사람이었다.

을 걱정했다. 너무나 청빈하여 그가 죽은 곳은 남의 집 셋방이었으며, 수의조차 남의 것을 빌릴 수밖에 없었다. 대부분의 조선의 선비들은 학자로서 대성하거나, 관료로서 탁월한 업적을 남기거나, 아니면 제자를 양성하는 일 중에서 한 가지를 이루는 것을 성공으로 삼았다. 율곡은 이 세 가지를 모두 이룬 발군의 거인이었다.

그가 남긴 저술(율곡전서에 담겨있는)은 크게 세 영역으로 대별된다. 첫째 영역은 참 선비가 되기 위한 수도의 지침서로서, 「자경문」「격몽요결」「학교교범」「성학집요」 등이며, 둘째 영역은 성리학자로서의 깊이를 헤아리게 하는 것으로서 「인심도심도설(人心道心圖說)」로 정점을 이룬 이기론(理氣論)을 밝힌 글들이며, 셋째 영역은 실사구시의 실천적 방책을 담은 것으로서, 「동호문답」「만언봉사」「시무6조계」 등을 비롯한 허다한 소장과 주계들이다. 이글의 주된 분석대상은 세 번째 영역의 자료들이다.

2. 율곡의 공직생활

율곡은 29세에 출사하여 49세에 졸했다. 율곡이 호조좌랑으로 첫 출사하기 전 20년간의 당시의 국내정치상항은 권력투쟁과 내우외환이 겹쳐 민막이 극에 달하고 국운이 서서히 무너져가는 시기였다. 율곡의 나이 9세(1545) 때 임금의 외척들 간의 세력다툼으로 일어난 을사사화를 겪었고, 19세(1555) 때 에는 을묘왜란이 일어나 왜구들이 60여척의 배를 이끌고 침략해 왔으며, 23세(1559) 때에는 임꺽정(林巨正)의 난이 일어나 문자 그대로 내우외환이 극심할 때였다. 공직에 출사한 후 20년 동안 그가 역임한 중요관직의 수는 죽기 전 마지막 관직인 판돈녕부사를 포함하여 무려 20개에 이른다. 율곡은 한 관직에 오래 있지 아니하고 중도에 사직한 일이 많았다. 『율곡전서』에는 다수의 사직상소문이 남아 있다. 그 이유는 율곡이 벼슬을 한낱 개인 영달의 도구로 생각하여 자리 굳히기에나 급급한 것이 아니고, 어느 부서 어느 자리에 가든지 빛나는 통찰력과 날카로운 비판력을 발휘하여 그곳의 모순점을 찾아내고, 그래서 거기에 합당한 해결책과 개선방안을 강구하여 그것이 받아들여지지 않을 경우에는 자리에 연연하지 아니하고 과감히 물러났던 데에 기인한 것으로 볼 수 있다(심상섭, 1987: 8). 율곡의 공직관은 다음과 같이 정리할 수 있다.

첫째, 율곡은 적극적으로 공직에 참여하여 사회문제를 해결하려고 하는 적극적이고 진취적인 공직관을 가지고 있었다. 학문을 익히는 것은 이를 쓰기 위함이며, 학문을 실천하는 길은 관리가 되어 어진 정치와 행정을 펴는 것이라고 생각했다. 동시에 관리의 말이 채택되지 않고 도(道)가 행해지지 않으면 부득이 물러나야 한다는 공직관을 가지고 있었다, 공직에의 진(進)과 퇴(退)가 분명했다. 따라서 율곡은 공직생활은 이 두 방향의 움직임, 즉 진과 퇴, 기대와 실망의 연속이었다. 그러나 그는 끊임없이 공직에의 참여를 통하여 현실의 모순과 위기를 해결하려 했다. 이러한 점에서 정치 및 사회적인 모순과 불합리한 현실을 외면하고 관직을 멀리 한 퇴계의 공직관과는 차이가 있다. 퇴계의 자세를 통렬히 지적하고 있는 다음의 글에서 그의 공직관을 엿볼 수 있다.

> "나와 같이 미약하고 말단에 있는 사람도 각성하고 치유책을 강구하려 하는데, 3조에 걸쳐 벼슬을 한 은혜를 입었고 육경(六卿)의 자리를 거친 퇴계(退溪)선생께서 어찌 한가롭게 물러나 안이하게 지내기만을 고집할 수 있겠습니까."(「상퇴계선생서」『전서(Ⅰ)』: 178).

둘째, 율곡은 공적영역과 사적영역을 명확히 구분하여야 한다는 공직관을 가지고 있었다. 나라의 기강이 서지 않은 이유는 공(公)이 사(私)를 이기지 못하고 정(正)이 사(邪)를 이기지 못하기 때문이라고 주장하면서, 임금부터 서리에 이르기까지 공직에 종사하는 모든 사람들의 공평지심(公平之心)을 강조하고 있다. 특히 임금부터 이를 실천하여야 한다고 강력히 주장하면서, 편사(偏私)함을 버리고 지공무사(至公無私)한 마음을 가질 것과 사사로운 이익을 추구하지 않을 것을 요구했다. 그 또한 평생 청렴했을 뿐 아니라 정치행정에 사(私)를 개입시키지 않았다.

셋째, 율곡은 왕도정치의 실현을 위해서, 또 나라와 백성을 위해서 필요한 일에는 뜻을 굽히지 아니하고 직언해야 한다는 신념을 가지고 있었다. 공직자로서 율곡은 국정운영을 개혁해 왕도정치를 실현하지 않고는 백성들을 고통에서 구할 수 없다고 생각하고, 사회개혁을 적극 주장했다. 그는 왕도정치의 실현이 가능하다고 믿고 또 그것을 실현하려한 원칙주의자였다. 이치에 합당하지 않으면 왕 앞에서도 자신의 의견을 굽히지 않았다.

> "혹 임금이 정당함을 잃는 일이 있으면 반드시 정색하고 직언하여 임금의 마음을 돌이키려 하였으며, 아무리 천둥번개(雷霆)와 같은 위엄으로 눌러도 바른 것을 지키고 굴하지 않았다." (「행장(行狀)」『전서(Ⅱ)』: 365).

율곡은 국가의 모든 사업을 요순시대의 이상에 맞추려 했고, 입시(入侍)해서 진달(陳達)하는 바가 워낙 많아 선조는 율곡이 쓸 만한 사람이기는 하지만 그 말의 격(激)함이 지나치다고 하였고, 때로는 우활(迂闊)하다고 표현하기도 하였다. 그러나 후일 선조는 나라를 걱정하고 공(公)을 중시하는 율곡의 우국정신과 공도정신을 높이 평가하여 그의 개혁의지를 인정해 주고 더욱 신임하였다. 말년에 병조판서의 직을 면해 달라고 청했을 때, 선조는 "경은 늘 폐정을 경장하는데 노력했으니, 이는 경의 평소의 뜻이다. 이제 경은 진실로 기이한 계책을 내어 유폐(流弊)를 모두 개혁하고 양병의 규칙을 만든다면 국가로서는 매우 다행한 일일 것이니, 경은 노력할지어다."라고 허락하지 않고 있다(「시장(諡狀)」『전서(Ⅱ)』: 378). 죽은 후 그의 시장(諡狀)에 의하면, "임금이 용단을 내려 돌봄이 융숭해지자 선생은 이미 병들었다. 향년이 반백에 못 미치고 지위는 정승에 이르지 못하여 마침내 그 뜻을 이루지 못하였도다. 하늘의 주고 빼앗아 감은 그 무슨 뜻인가."라 한데서도 들어난다(「시장(諡狀)」『전서(Ⅱ)』: 384). 결국 그의 중요한 개혁안들은 행함을 얻지는 못하였다.[4)]

4) 율곡의 많은 개혁안들이 순조롭게 행해지지 못한 이유는, 첫째로, 국왕이 그의 개혁안을 실행할 강력한 의지가 없었고, 둘째로는 다수의 대신들이 개혁에 부정적이거나 소극적이었으며, 심지어 율곡의 후임자들조차도 율곡이 개혁한 일을 뒤집었으며, 셋째로 관리들이 적극적으로 개혁에 동참하지 않았기 때문이다.

넷째, 공직자는 자기를 잊고 나라를 근심할 수 있는 자이어야 하며, 관직은 명리를 위한 것이 아니라, 그 소명을 다하기 위하여 존재하는 것으로 보았다. 임금을 포함하여 모든 관리들은 각각 그 직분을 다해야 한다는 진기직(盡基職) 사상이 곧 그의 공직관이었다. 어느 날 율곡의 개혁안을 중신회의에 붙였으나, 좌의정 노수신(盧守愼)이 불참하여 회의자체가 무산되었다. 이에 대해 다음과 같은 논평을 남기고 있다.

"대신은 나라의 두터운 은의를 받았으니, 자기를 잊고 나라를 위해야 할 터인데, 노수신은 …… 나라를 구할 정책안(救時之策) 하나도 없이 나날이 술만 마시고 하는 일이 없다가 …… 병을 핑계하고 국사가 위급하고 위해가 당도해도 머리카락만큼도 근심하는 바가 없으니 이는 참으로 짐을 질 사람이 수레를 탄 격이라 하겠다."(「경연일기(3)」『전서(Ⅱ)』: 214).

03 율곡의 시대인식

한 개인의 사상은 선험적으로 주어지는 것이 아니라, 그 개인을 둘러싼 상황에 대한 경험적 인지(perception)로부터 비롯하는 것이라 할 수 있다. "인지란 외부의 여러 자극들을 분별해서 수용하는 과정"(Morgan and King, 1966: 341)이라 한다면, 동일한 현상이라 하더라도 그 현상에 대한 인지에는 차이가 있다. 사람에 따라 사상에 차이가 나는 것은 결국 인지의 차이에서 발단하는 것으로 볼 수 있다. 그러므로 개인의 사상을 고찰하기에 앞서 그의 인지의 특징을 파악하는 것이 중요하다.

율곡의 행정사상을 이해하기 위해서는 먼저 율곡이 당시의 국정운영현상에 대하여 품고 있었던 의식의 내용, 즉 당시의 정치행정현상에 대하여 어떻게 인지하고 있었고, 정치, 경제, 사회, 국방, 교육 등 다방면의 국정운영에 대하여 어떠한 문제의식을 가지고 있었는가를 파악하여야 한다. 또한 공직자로서 그러한 문제를 해결하기 위하여 어떠한 정책을 제시했으며, 이를 실현시키기 위하여 어떠한 노력을 경주하였는가를 그의 입장에서 공감하여야 한다.

율곡이 남긴 모든 기록이 담겨져 있는 『율곡전서』의 내용분석을 통하여, 율곡이 품고 있었던 그 시대에 대한 인식, 즉 현실관은 어떠하였는가를 정리해 보면 다음과 같다.

1. 나라의 국운이 쇠퇴기에 접어들었다.

율곡은 "삼라만상은 항상 변한다."는 순환론적 역사관을 가지고 있었다. 즉, "역사에는 흥망성쇠가 있기 마련이며, 어지러움이 있으면 다스려짐이 있고, 성함이 있으면 쇠함이 있는 것이 불변이 이치"라 보았다(「책문」『전서(I)』: 303). 율곡은 당시의 조선사회를 건국 후 200여년이 경과해 기존의 법은 현실에 맞지 아니하고 국정운영을 담당하는 자는 안일에 젖어 긴장감이 풀려있는 시기, 즉 건국 초기의 왕성했던 국가의 기(氣)가 쇠하고 있는 이른바 중쇠기(中衰期)에 접어들었다고 인식하고 있다.

> "예로부터 나라를 다스려 중엽에 이르면 반드시 안일에 젖어 점차 쇠하는 것인데, …… 우리나라도 이제 200여 년을 전하여 이미 중쇠기이니, 정말로 천명을 맞이하여 이어갈 시점에 와 있다." (「경연일기(3)」『전서(II)』: 216).

> "자고로 나라를 세운지 오래되면 법제가 점차 피폐하고 인심이 해이해지는 것이니, 반드시 어진 임금이 나타나 피폐한 것을 고치고 정치를 바로 잡은 연후에야 국세가 다시 떨쳐 국운이 새로워진다. …… 나라를 세운지 거의 200년이니 이는 중쇠지일(中衰之日)이다. …… 이때에 분발 진작하면 동방 억만년의 무한한 복이 되겠지만 그렇지 않으면 장차 궤패(潰敗) · 시진(澌盡)함에 이르러 구할 길이 없을 것이다." (「경연일기(3)」『전서(II)』: 225).

2. 국운의 모습이 '무너져가는 집'과 같다.

율곡이 생각하고 있는 당시의 현실은 집으로 치면 오랫동안 수리하지 않아 썩어 무너져가고 있는 집과 같고, 사람으로 치면 병들어 원기가 다해 곧 생을 다해가는 병자와 같다고 진단하고 있다. 당시의 나라를 무너져가는 집에 비유한 기록은「경연일기」「만언봉사」「진시폐소」「옥당시폐소」등 여러 곳에서 보인다.

"만간의 큰 가옥을 오랫동안 수리하지 않아서 …… 기둥이며…… 서까래가 썩지 않은 것이 없는데…… 그대로 두고 수리하지 않는다면 날로 더욱 썩어 장차 전복하기에 이를 것이다."(「만언봉사 」『전서(I)』1: 101)

"비유하자면 마치 천년 된 큰 집의 쓰러지는 곳을 고이고 새는 곳을 막아 근근이 하루하루를 보내는 것과 같아서, 만약 비바람이 몰려오면 도저히 보전할 길이 없을 것이니 마땅히 재목을 모으고 여러 공인(工人)을 모아 바꾸어 새롭게 하여야 할 것이다."(「경연일기」『전서(II)』: 115)

이렇게 무너지고 있는 나라에 사는 백성들의 삶의 현실을 율곡은 매우 어둡게 기록하고 있다.

"백성들이 의지할 바를 잃고 굶주림과 추위가 몸에 절실하여 예(禮)와 의(義)를 거들떠볼 새도 없이 부역을 도피하기에만 급급하다. …… 강상의 변괴가 잇달아 일어나, 약자는 죽어서 골짜기를 메우고 강자는 일어나 도적이 되니 읍리(邑里)는 적막해 지고 사람 살던 곳은 졸지에 황폐해져 있다. 군대는 빈 장부만 가지고 있고 양식은 창고에 남아있는 것이 없다. …… 밖으로는 나라를 지키고 침략을 막아내는 일을 의지할 데가 없고 안으로는 절개를 지키고 의(義)를 위해 죽으려는 기풍이 없으니, 흙이 무너지고 기와가 깨지는 형세가 눈앞에 훤히 보인다."(「옥당진계차」『전서(I)』: 93-94)

3. 국운쇠퇴의 원인은 공직부패와 행정실패에 있다.

그러면 율곡은 나라가 이렇게 토붕와해의 위기에 처하게 된 원인과 이유는 어디에 있다고 보았을까? 율곡은 당시의 사회적 폐단과 농민의 참상의 원인을 양반의 수탈과 공직부패, 그리고 불합리한 제도에서 찾고 있다. 요즈음의 용어로 표현하면 공직부패와 총체적인 행정실패가 그 원인이라는 것이다. 율곡은 「동호문답」 '논안민지술'에서 다섯 가지의 민환(民患)을 그 사례로 들고 있다. 즉 "지금 백성이 곤란을 당하는 큰 폐단을 요약하면 과도한 수탈로 인한 일족절린(一族切隣)의 폐단이 그 첫째이요, 진상번중(進上煩重)이 그 두 번째 폐단이며, 공물방납(貢物防納)의 폐단이 셋째이고, 부역의 불공평의 폐해가 넷째이며, 서리의 가렴주구(苛斂誅求)의 폐해가 다섯째이다."라고 하면서 사회개혁의 불가피성을 지적하고 있다.

> "무릇 백성들이 고향을 떠나 친족을 버리고 갈 곳 없이 유랑하게 되는 것은, 모두 핍박과 수탈에 견디다 못하여 할 수 없이 그런 것이니, 그들이 아무리 교활 간사할지라도 만일 생업이 있어서 생활할 수만 있다면 어찌 스스로 고향을 떠나 떠돌이하는 고통을 택하겠는가?"(「동호문답」, 윤사순·유정동(역), 1988: 426).

율곡은 국운이 쇠퇴하고 백성이 피폐하게 된 것은 양반의 수탈과 공직부패에 그 원인이 있다고 진단하고 있다. 여기서 일족절린이란 세금이나 부역을 피해 도망간 사람이 있을 때 이를 친척과 이웃에 부담시키고, 이들도 이를 부담하지 못하면 그 친척의 친척, 이웃의 이웃에 부담시키는 제도이다. 진상번중이란 임금께 바치는 진상목록과 수량이 자질구레한 것까지 지나치게 많아 백성의 고혈을 짜내고 있는 제도이며, 공물방납이란 백성이 직접 공물을 관가에 바치는 것을 이속들이 중간에서 막고 자기들이 먼저 관에 공물을 바치고 나중에 백성에게 몇 배의 값을 요구하는 관행으로서 그 폐단이 심했다. 여기에 더하여 부역의 불공평과 서리들의 가렴주구까지 겹치니 백성들의 피폐는 어떠하였겠는가? 율곡은 이러한 제도와 폐단을 개혁하지 않는다면 나라의 근본이 허물어져서 더 이상 국가를 유지할 수 없을 것이라는 확고한 신념을 가지고 있었다.

이러한 불합리한 제도의 지속과 백성들의 피폐상 뒤에는, 백성들로부터 수탈한 재물을 가지고 사치와 낭비만을 일삼고 있는 지배계층과 비리와 무능 및 무사안일주의에 물들어 있는 관료사회가 있었다. 율곡은 이러한 관료사회의 병리현상과 권익추구의 작태를 강력하게 비판하고 있다.

> "더욱이 귀족의 사치한 풍속은 오늘날보다 더 심한 적이 없어서, 음식은 배를 채우기 위한 것이 아니라 식탁을 메워 서로 자랑하는데 있으며, 의복은 몸을 가리는 것이 아니라 서로 화려함을 경쟁하는데 있다. …… 귀족의 한상의 음식물비용은 굶주린 백성 수개월 식량이 될 수 있고, …… 귀족의 한 벌의 옷은 추위에 떠는 백성 10명분의 의복이 될 정도이다. …… 이와 같은 불합리한 상황에서 백성들이 어찌 굶주리고 추위에 떨지 않을 수 있겠는가?"(「소차(3)」『국역전서(V)』).

율곡은 민생의 여위고 쇠약함이 오늘날보다 더한 때가 없다고 하면서, 현실을 직시하여 백성의 경제적 수요를 충족시킬 양민(養民)을 먼저 이룩하고 차별질서(差別秩序)를 바로 세우기 위한 교민(敎民)을 뒤로 할 개혁을 주장하였다.

4. 문제해결은 경장(개혁) 외에는 다른 방법이 없다.

율곡은 국정운영에 있어서 가장 우선시해야 할 것은 그 국가가 처한 시대적 과제, 즉 당세의 급한 일이 무엇인가(시무)를 인식하고 파악하는 것이라고 보았다. 율곡은 당시의 '시대적 요청', 즉 시무(時務)를 파악하기 위해서 창업－수성－경장이라는 개념적 틀(conceptual framework)을 사용하여, 당시의 시대적 요청이 바로 경장(更張)이라고 인식했다. 그는 당대를 '경장의 시대'로 보고, 그 경장을 위하여 일생을 바친 관료이라 할 수 있다. 경장이란 나라의 융성기 다음에 오는 자연적인 폐해와 고루한 인습을 개혁하여 제2의 창업을 한다는 의미로

체제 내에서의 개혁을 의미한다. 율곡은 당시의 현실을 국운이 쇠퇴하여 마치 무너져가는 집과 같다고 인식하면서도, 절망하고 포기할 때가 아니라 오히려 무너져 가는 집을 다시 일으켜 세울 수 있는 절호의 기회라 생각했다. 조금만 더 늦으면 때를 놓쳐 어쩔 수 없을 것이라고 하면서, 때(時)와 기회도 인간이 만드는 것이라는 적극적 역사관을 제시하고 있다(「만언봉사」『전서(I)』: 102).

> "소위 경장이라는 것은, (나라가) 극성한 가운데 미약해지고, 법도가 오래되어 폐해가 생기고, 마음이 안일에 젖어 고루한 인습이 되고, 백가지 제도가 해이해지며, 나날이 어긋나서 나라를 다스릴 수 없을 때, 여기에는 반드시 현명한 군주와 현철한 신하가 있어서 개연히 일어나 근본을 붙들고, 혼탁한 것을 개혁하며, 선왕의 뜻을 잘이어서 일대의 규모를 새롭게 한 뒤에, 그 업적이 선열을 빛내고 후손에게 미치도록 하는 것이다. .... 경장은 훌륭한 의견과 영재가 있지 않으면 할 수 없으므로 어려운 것이다."(「성학집요」『국역전서(V)』: 334)

율곡은 이러한 시대인식과 역사관을 바탕으로, 국가의 토붕와해를 막을 수 있는 유일한 길은 경장(更張), 즉 개혁 밖에 없다고 보았다. 율곡은 어찌 이 나라가 이렇게 어지럽고 쇠망의 길로 가는가에 관해 밤낮없이 골똘히 생각한 끝에 하나의 답을 얻는다. 그것은 "마땅히 경장하여야 하는데도 경장하지 못한 것이 그 원인이며 잘못이다."라는 결론이었다(「의진시폐소」『전서(I)』: 75). 마땅히 경장을 해야 하는데 하지 않는 것이야말로 나라를 망하게 하는 과오라고 본 것이다. 오늘과 같이 경장을 해야 할 때 경장을 하지 아니함은 병이 걸렸는데 약을 버리고 죽기를 기다리는 것과 같다고 하면서 전반적인 사회개혁의 당위성을 주장하고 있다. 그는『만언봉사』『성학집요』『옥당시폐소』등 각종 소(疏)를 통하여 백성은 궁핍하고 나라는 피폐해지는데 변통의 계책이 없으면 마침내 흙이 무너지는 형세가 될 것이라고 주장하면서 경장을 강조하고 있다. 경장하지 않으면 이 나라는 반드시 망하게 되어 있으니, 앉아서 망하기를 기다리는 것보다는 경장을 하는 것이 훨씬 낫다는 주장이다. 경장의 결과가 좋다면 사직의 복이라 할 것이고, 설령 그 결과가 나쁘다 하더라도 경장하지 않는 것보다 더 빨리 망하지는 않을 것이니, 경장만이 나라를 구할 수 있는 유일한 길이라고 인식하고 있다. 퇴계선생에게 보낸 편지글 속에 나라를 걱정하는 그의 충성심과 경장사상이 잘 나타나 있다.

> "나라가 질고에 빠진 지 20여 년이 지났으나, 상하가 모두 인습에 따를 뿐 추호도 고치는 것이 없습니다. 이제 민력이 다하고, 나라의 재정이 이미 바닥이 났으니, 만약 경장하지 않는다면 나라가 더 이상 나라가 아닐 것이니, 조정의 선비가 장막위의 제비와 무엇이 다르겠습니까? 한 밤중에 이 생각을 하면 나도 모르게 일어나 앉게 됩니다."(「상퇴계선생서」 『전서(I)』: 178).

> "백성이 죽는 것을 앉아서 보고 구하지 않는다면 몇 년 안가서 민심이 흩어져 국세가 와해될 것이니, 가히 통곡하고 눈물을 흘리며 장탄식할 일입니다."(「옥당진시폐소」 『전서(I)』: 63).

> "마땅히 수성(守成)해야 할 때인데 경화(更化)에 힘쓴다면 이는 병이 없는데 약을 먹는 것과 같아 오히려 병을 만들어 낼 것이요, 마땅히 개혁해야 할 때인데 준수(遵守)에 힘쓴다면 이는 병에 걸렸을 때 약을 물리치고 누워서 죽음을 기다리는 격이다." (「성학집요」 『국역전서(Ⅴ)』: 334).

04 율곡의 행정사상과 철학

1. 율곡이 추구한 행정이념과 행정가치

율곡은 적극적인 공직참여론자였다. 율곡은 학문을 익히는 것은 쓰기 위한 것이며, 그 학문을 실천하는 길은 공직에 나아가 나라와 백성을 위하여 어진 정치와 행정을 펴는 일이라 생각했다. 그는 평생을 공직에 참여하면서 현실의 모순과 위기를 해결하려 했다. 『율곡전서』 전체를 통괄해 볼 때, 행정현실을 이상적인 상태로 이끌어나가기 위하여 율곡이 제시하고 있는 행정이념, 즉 행정이 추구해야 할 최고의 가치와 규범은 ① 민본주의, ② 부국과 안민, ③ 시무와 무실, ④ 사회적 형평, ⑤ 능률성 및 융통성과 합리성의 조화 ⑥ 공직기강 등으로 요약할 수 있다.

1 민본주의

민본주의는 혁명에 의하여 조선을 건국한 삼봉이 내세운 국가통치이념이다. 원래 민본이란 '백성이야말로 나라의 근본이니 근본이 굳어야 나라가 편안하다'라는 「서경(書經)」의 민유방본(民惟邦本)에서 유래한 것으로 고대로부터 유교 경세사상의 핵심을 이루어 왔다. 맹자는 이를 다시 백성이 가장 귀하고(民爲貴), 사직은 그 다음이며(社稷次之), 군주는 가장 가벼운 것(君爲輕)이므로 민의(民意)야말로 국정운영의 궁극적인 판단기준이 되어야 한다는 사상으로 발전시켰다.

율곡은 국정운영에서 이 민본의 이념을 특히 강조하고 있다. 율곡은 왕에게 상소하는 각종 소(疏)에서 "백성은 나라의 근본이고 나라는 백성에 의존하니. 백성이 없으면 나라가 존재할 수 없다"고 주장하면서 백성을 하늘같이 받들어야 할 것을 주장하고 있다.[5] 율곡은 「서경」의 민유방본을 민위방본(民爲邦本) 또는 백성자 유방지근본(百姓者 有邦之根本)이라는 말로 바꾸어 표현하고 있다.[6]

율곡은 유교의 민본주의를 철저하게 지킬 것을 주장했다. 행정은 군주나 지배계급의 이익이나 권력욕을 충족시키기 위해 존재하는 것이 아니라, 백성을 편안하게 하고 그들의 이익을 위해서 있는 것으로 보았다. 율곡은 "방책을 마련하고 폐단을 교정함은 백성을 이롭게 하는 것 (「만언봉사」 『전서(I)』: 101)."이며, "혁폐경장은 … 그 요체가 백성을 편하게 해 줌에 있으며(「답성고

5) 율곡이 민본을 강조하는 글은 「성학집요」 「진시폐소」 「의진시폐소」 「논윤형원소」 「옥당진계차」 등의 곳곳에서 발견할 수 있다.

6) 民爲邦本 本固邦寧은 「진시폐소」에서 그리고 百姓者 有邦之根本은 「옥당진계차」에서 사용하고 있다.

원」『전서(Ⅰ)』: 220)," "모름지기 나라에 편익을 주고 백성에 이익이 되는 일은 모두 가히 할 만한 일이며, 나라를 편하게 하지 못하고 백성을 보호하지 못하는 일은 모두 해서는 안 되는 일이다(「시폐7조책」『전서(II)』: 560)."라고 주장하면서 민본행정의 규범성과 당위성을 강력히 내세우고 있다.

율곡이 지향하고 있는 행정개혁의 목표는 백성을 위하는 국정운영, 곧 왕도정치의 실현이었다. 여기서 왕도란 패도에 반대되는 말로써, 왕이 몸소 인의지도(仁義之道)를 행하고 불인인지정(不忍仁之政)을 베풀어 천리의 올바름을 극진히 하는 것, 달리 말하면 왕이 자신의 사욕을 떠나 의롭게 백성을 사랑하는 것을 말한다. 결국 왕도의 구체적인 개념은 애민 내지 인정을 말한다. 율곡은 나라를 다스리는 데는 백성을 사랑하는 것이 무엇보다 먼저라고 말하고 있다, 결국 경세가로서의 율곡의 국정운영목표는 인과 의를 기초로 하는 왕도정치(politics of kingship)의 구현이었다. 원래 왕도정치는 「맹자」의 "산 사람을 먹이고 죽은 사람을 장사지내는데 유감이 없게 하는 것(『맹자』 양혜왕상(梁惠王上) 3)"에서 시작되었다. 율곡에 의하면 "왕도정치는 백성을 가르치고 먹고 살 수 있게 해주는 정치이며, 합당하게 일을 처리하고 사람의 마음을 거스르지 않는(順) 정치이다. 기강이 서고, 선비의 행습이 바르고, 재상이 나라를 잘 경영하고, 여러 관리들이 성실히 자기 직분을 잘 이행하며, 백성이 편안하고 안정된 생활을 할 수 있으면 이는 왕도정치에 가깝다."고 하였다(「성학집요(7)」『전서(II)』: 59-60).

민본주의는 율곡사상의 결정체라 할 수 있다. 율곡의 민본주의는 한마디로 말하면 정치와 행정의 세계에서 백성보다 위에 있는 것이 없다는 사상이다. 즉 군주도 사직도, 어떠한 법과 제도도 모두 백성을 위해 존재하는 것이기 때문에 백성에 종속성을 띠고 있다는 것이다. 따라서 어떠한 법과 제도도 백성들의 이익에 해가 되거나 또는 백성을 괴롭히거나 불편하게 하면 당연히 개선 또는 폐지되어야 한다는 것이다.

그렇다면 국가나 행정에 대한 율곡의 인식은 어떠했을까? 율곡은 국가는 하늘의 명을 받아 백성들에게 봉사하는 일종의 봉사조직으로 보았으며 행정이란 백성을 위해 시혜를 베푸는 국정활동, 즉 왕도정치를 실현하는 행위로 보았다. 율곡은 천-왕-민으로 이어지는 천명사상에 근거하여 왕과 관료가 중심이 되어 '하향적으로 도덕을 베푸는 행정'인 인정(仁政: politics of virtue)이 가장 바람직한 행정이라고 보았다. 율곡의 민본은 위에서 아래로 시혜와 덕을 베푸는 하향적 민본을 의미했다. 이러한 율곡의 민본주의와 왕도정치는 다음과 같은 세부사상을 통하여 달성된다고 보았다.

(1) 진기직(盡基職)사상

왕도정치를 구현하기 위해서 율곡이 특히 강조한 것은 임금과 관리가 각각 그 직분을 다해야 한다는 진기직(盡基職)사상이다. 이 사상은 공자의 정명(正名)사상에서 나온 것으로 임금은 임금다워야 하고(임금 역할을 바르게 수행해야 하고), 신하(관리)는 신하다워야 한다(신하의 역할을 바르게 수행해야 한다)는 것이다. 이 사상은 임금과 관리 모두 자기의 역할을 충실히 이행하고 그 책임감을 다해야 한다는 사상으로서 유가의 역할개념의 연장선상에 있다. 이 정명사상은 유가윤리의 가장 기본이 되는 것으로써, 각자 자기의 신분, 지위, 직업, 처지에 걸맞게 행동하고 책임을 져야 한다는 사상이다.[7] 『논어』 안연(顔淵) 편에서는 이 정명사상을 다음과 같이 표현하고 있다.

> "제(齊)나라 경공(景公)이 공자에게 정치를 물었다. 공자가 답하기를, 임금은 임금다워야 하고, 신하는 신하다워야 하며, 아버지는 아버지다워야 하고, 자

---

7) 정명사상은 공자의 정치행정사상의 요체이다. 정명(正名)이라는 용어는 『논어』 「자로」 편에서 자로가 "위나라 임금이 선생님을 기다려서 정치를 하게 하시면 선생님께서는 장차 무엇을 먼저 하시겠습니까?"라고 한 물음에 대하여, "반드시 이름을 바로 잡겠다(正名)."라고 한 대답에서 유래했다. 공자는 정명이 이루어지지 않으면 위정도 결코 이루어지지 않는다고 생각했다. 맹자는 이 정명사상을 근거로 하여, 만약 자신의 역할을 제대로 수행하지 않는 임금은 이미 임금이 아니니 갈아야 한다는 방벌론, 즉 혁명론을 제시하고 있다. 상(商)의 마지막 왕 주(紂)가 신하에게 살해된 것에 대하여, 주(紂)는 인(仁)과 의(義)를 해(害)하였기 때문에 더 이상 임금이 아니라 한 지아비(一夫)에 불과하며, 따라서 그를 죽인 것은 한 지아비를 주(誅)한 것이지 왕을 시(弑)한 것이 아니라고 평하고 있다(『맹자』 양해왕하 8).

> 식은 자식다워야 하는 것입니다(君君臣臣 父父子子). 이에 공이 말했다. 좋은 말입니다. 진실로 임금이 임금답지 아니하고, 신하가 신하답지 아니하며, 아버지가 아버지답지 아니하고, 아들이 아들답지 아니하면, 비록 오곡이 창고에 가득 찬들 어찌 그것을 먹을 수 있으리오."(『논어』 안연 11).

율곡은 임금이 임금다워야 나라가 바로 선다는 사상이 철저했다. 절대군주국가 아래에서 군왕이 자기의 직분인 왕도에 충실하지 않는다면 어떠한 경장도 실효가 없다고 보았다. 임금이 자기 직분에 충실하기 위해서는 먼저 백성의 부모가 된 마음으로 백성을 사랑(父母斯民)하여야 하며(「성학집요(7)」『전서(II)』: 51), 둘째로 인재를 알아보고 잘 임용(知賢善任)하여야 하며(「행장」『전서(II)』: 348), 그리고 마지막으로 사심을 갖지 않고(去偏私) 불편부당의 공평심을 갖는 것이라고 하였다(「만언봉사」『전서(I)』: 103-104). 백성을 사랑하고 사심을 버리는 것도 중요하지만, 임금은 무엇보다도 현명한 신하를 택해서 나라를 함께 다스리는 일이 가장 으뜸가는 일이라고 하면서, 임금의 수양과 학문은 바로 사람을 알아보고 잘 기용하는 능력을 계발하기 위한 것으로 보고 있다.

> "예로부터 현철한 군주는 나라를 혼자서 다스릴 수 있었던 것이 아니니 반드시 현자를 얻어 나라를 함께 했다."(「진시폐소」『전서(I)』: 146). "현(賢)과 사(邪)를 분별하는 것은 군심의 명암에 달려 있다." (「사간원걸변통폐법차『전서(I)』: 139).

임금이 어떤 사람을 적합한 인물로 판단하여 기용했으면 그를 신임하고 의심하지 말아야 하며, 임금은 자신의 뜻을 관철시키려 하지 말고, 자신을 버리고 남을 좇는 태도(捨己從人)를 보여야 한다. 율곡은 임용을 하면서 그의 말을 채택하지 않는 것은 어진 이를 존경하는 행동이 아니라고 하고 있다. 즉 사람됨을 알고 능력에 맞추어 임용하되, 정성껏 신뢰하면서 천직(나라를 다스리는 직)을 함께 하는 정치적 파트너로 삼고 함께 나라를 다스려야 한다는 것을 강조하고 있다.

다음으로, 관직을 주로 담당했던 신분층인 선비들은 나라와 백성을 위하여 자신이 공부한 바를 폄으로써 사회적 책임을 다하려고 노력해야 한다고 보았다. 즉 공직에의 진퇴(進退)를 분명히 하고, 임금에 대해서는 임금의 마음을 바로잡아(格君心) 바른 정치를 하도록 해야 하는 책임이 있다는 것이다.[8] 또 백성들에 대해서는 백성을 사랑하고 백성이 잘 살 수 있도록 진력할 책임이 있고, 이서(吏胥) 등 부하에 대해서는 자신의 업무를 철저하고 정확하게 파악하여 그들의 농간이나 부패를 방지해야 할 책임이 있음을 강조하고 있다.

(2) 성군 또는 왕도사상

율곡은 민본정치 또는 위민행정을 실현하기 위해서는 먼저 군주의 마음이 바로서야 한다는 것, 즉 왕도를 강조하였다. 이 사상은 공자의 정명론을 군왕에게 초점을 맞추어 부각시킨 사상이다. 임금의 마음이 바로서지 못하고 어질지 못하면 위민정치의 실현은 불가능하다고 보았던 것이다. 율곡이 이러한 철인군주를 강조하게 된 배경에는 연산군이라는 폭군을 의식해서이기도 하지만, 왕정시대에 있어서 선치(善治)의 기본요인이 군왕의 바른 마음이라는 것을 간파한데서 비롯된 것으로 볼 수 있다. 군왕이 바르고 도덕적이며 현명해야만 백성을 강력하게 이끌고 다스릴 수 있다는 것이다.

율곡은 기회가 있을 때마다, 「만언봉사」「동호문답」 기타 상소(上疏)를 통하여 철인군주론(성군론)을 내세웠다. 율곡이 주장하고 있는 철인군주로서의 군주도(君主道)를 직접 인용해 보자.

> "성현의 뜻이 아니면 감히 마음에 두지 마시고 성현의 글이 아니면 감히 보지 마시며 예기(禮記)에 말한 구용(九容)을 상세히 실천하시며 한 생각이 발할 때에는 그 천리와 인욕의 기틀을 살펴서 인욕이라면 아직 나타나기 전에 잘라 버리고 천리라면 잘 믿어 널리 채우시며 방심(放心)은 반드시 수습하고 사정

---

8) 율곡은 정자(程子)의 말을 빌어, "치도는 근본부터 말할 수도 있고, 일을 가지고 말할 수도 있는데, 이를 근본부터 말한다면 그것은 임금의 마음의 잘못된 바를 바로잡아(格君心之非) 그 마음을 바르게 함으로써 조정(朝廷)을 바르게 하고, 조정을 바르게 함으로써 백관을 바르게 하는 것."이라 지적하고 있다.(「의진시폐소」『전서(I)』: 75)

(私情)은 반드시 극복하고 의관은 반드시 바르게 하고 바라보기는 반드시 높게 하고 희로(喜怒)는 반드시 삼가고 말씨는 반드시 순하게 하시어 성의(誠意) 정심(正心)의 공을 다하옵소서."(성낙훈 역(1972): 83에서 재인용)

율곡의 성군론은 치자로서의 군왕의 현명성과 지혜성을 강조하고 있다. 그러나 그보다도 도덕성과 윤리성을 더 강조하고 있는 것이 특징이다. 즉 치자요 군왕이기 때문에 일반백성보다 지혜로워야 하고 또 더욱 윤리적이어야 한다는 주장이다. 만약 왕이 현명하지 못하고 우둔하다면 어질고 현명한 신하를 써서 보충할 수 있으나, 왕이 부도덕하고 비윤리적이라면 이를 보충할 길이 없다는 것이다. 왕을 중심으로 한 지배계층일수록, 국정운영을 담당하고 있는 고위공직자일수록 백성들에게 모범이 되게끔 솔선수범하여야 한다는 것이다.

이 성군사상은 유교의 진기직사상 또는 정명사상에서 나온 것으로 특히 군주가 먼저 솔선수범하여야 한다는 것을 강조하는 사상이다. 율곡은 왕도정치를 실현하기 위해서는 먼저 임금이 그 직분을 다하는 것(盡基職)이 매우 중요함을 역설하고 있다. 율곡은 임금의 직을 다음과 같이 논했다.

"임금의 직은 그 도를 얻으면 몸이 편안하고 나라가 다스려지고, 그 도를 잃으면 몸은 수고롭고 정치는 어렵게 된다. 무엇을 임금의 직책이라 할까? 군자를 신임하고, 소인을 퇴척하며 공정하게 정사에 임하고 너그러이 대중을 포용하고, 직간을 수용하되 그 미치지 못한 것을 보충하고, 폐법을 개혁해서 민생을 구제하고, 일의 큰 매듭을 힘써 파악하되 작은 일들은 친히 하지 않는 것 등, 이와 같을 뿐이다."(「사응교겸진소회소(辭應敎兼陳所懷疏)」『전서(I)』: 82).

율곡에 의하면 임금에는 두 가지 유형이 있으니, 곧 왕도를 행하는 임금과 패도를 행하는 임금이 그것이다. 왕도는 인의(仁義)의 정치를 행하는 것이고, 패도는 인의의 이름을 빌려서 실제로는 권모(權謀)의 정치를 행하는 것이다. 모름지기 왕도정치를 실현시키기 위해서는 임금이 먼저 성군이 되어야 한다는 것을 강조하고 있다.

율곡의 성군사상은 고대 그리스의 플라톤(BC 427~BC 347)의 철인군주사상과 서로 통한다. 플라톤은 철인군주가 다스리는 나라가 가장 이상적인 국가라고 하면서, 철인(philosopher)이란 정의와 선이 무엇인지를 아는 자, 지식을 사랑하고 선과 진리를 자신의 현명한 삶에 결집시킬 수 있는 자를 이른다고 했다. 율곡의 성군과 플라톤의 철인은 다 같이 이상적인 통치지도자 상이다. 어떠한 사회국가를 조직하고 어떻게 민중을 영도하느냐는 문제는 지도자가 '무엇이 옳은 사회이고 무엇이 옳은 국가인가'에 대한 앎(지식과 지혜)을 전제로 한다는 사상이다. 나라의 통치자는 현명하고 지혜로워야 하며, 나아가 도덕성을 가진 자이어야 한다는 점에서 맹자의 왕도정치사상이나 율곡의 성군사상, 그리고 플라톤의 철인군주사상은 그 맥을 같이 한다.

2 부국(富國)과 안민(安民)

민본(民本)은 매우 모호하고 관념적인 개념이다. 율곡은 민본이라는 국정운영이념을 달성하기 위해서는 그 민본의 개념을 보다 구체적인 다른 개념으로 조작화할 필요가 있다고 보았다. 그는 백성을 편안하게 하고(安民) 나라를 부유하게 하는 것(富國)이 바로 민본이고 위민이라고 보았다. 따라서 율곡이 추구하고 지향한 국정운영목표이자 행정목표는 바로 이 부국과 안민이라 할 수 있다. 부국(富國)이란 정부의 지출축소와 수입증대를 통하여 나라를 부유하게 하고 국가의 재정 상태를 개선하는 것을 말하며, 안민(安民)이란 백성의 부담을 덜어주어 백성을 부유하게 하고 그들을 편안하게 하는 것을 의미한다.

율곡은 왕도정치와 위민행정(민본주의)의 실현을 통하여 나라를 부유하게 하고 나아가 국민이 편안하게 살 수 있도록 하고자 했다. 국정운영 또는 행정목표의 계층적 구조라는 관점에서 볼 때, 율곡은 위민행정과 왕도정치를 통하여 부국과 안민을 달성하고자 했다. 즉 부국과 안민은 국정운영을 통하여 달성하고자 하는 목표가치였다. 율곡은 스스로 "안민이라는 것은 이(利)를 일으키고(興利), 해(害)를 없이하여(除害) 그 삶을 즐겁게 해주는 것"으로 정의하고 있다(「성학집요」『국역전서(Ⅴ)』: 381).

율곡은 나라의 부강의 근원은 백성이 잘사는데 있다고 보았다. 그러기 위해서는 백성을 교화하고 잘 길러 잘살게 하여야 한다는 것이다. 군주주의시대에는 「짐이 곧 국가다」라는 철학에 입각하여 군주와 국가를 동일시함으로써 백성은 헐벗어도 군주 하나만 잘살면 국가도 부강하다는 논리가 나올 법도 하였다. 그러나 율곡은 백성이 흩어지고 편안하지 않으면 국력이 나올 수가 없다고 보았다. 따라서 아무리 강한 군사를 가지고 있다 하더라도 백성을 보양하지 않으면 나라가 망한다고 보았다. 따라서 나라가 부강하기 위해서는 먼저 백성이 편안하게 잘사는 안민(安民)과 양민(養民)이 우선되어야 한다는 주장이다.

율곡은 부국과 안민이라는 국정운영목표를 달성하기 위하여 신분제도, 조세제도, 군사제도, 교육제도, 정치제도 등 국정운영전반에 대하여 광범위하게 경장(개혁)할 것을 제안했다. 구체적으로 율곡은「 만언봉사」에서 부국안민을 위한 다섯 가지의 개혁방향을 제시하고 있다. 즉 ① 백성으로부터 지지를 획득할 수 있고(得群下之情) 그들에게 믿음을 주는 개혁이어야 하며, ② 공안의 폭렴지해(暴斂之害)를 제거하는 개혁이어야 하고, ③ 근검절약하고 사치풍조를 근절하는 건전한 사회로의 개혁이어야 하며, ④ 인간존중의 차원에서 공천(公賤)의 고통과 불평등을 해결하여야 하며, ⑤ 군정과 군사제도를 개혁하여 국방을 튼튼히 하여야 한다는 것이다. 행정은 백성들이 잘 살 수 있도록 조세행정(공안)을 공정하게 하여야 하고, 국방을 튼튼히 하여야 하며, 모든 구성원들이 평등하게 대우받을 수 있도록 제도를 개혁하여 백성들이 국가에 대하여 믿음을 가질 수 있도록 하는 것이라고 주장한 것이다. 이러한 율곡의 민본·위민행정사상은 공자의 족식(足食), 족병(足兵), 민신(民信) 사상을 구체적인 정책 및 행정영역으로 확대 적용한 것으로 볼 수 있다. 비록 그의 제안이 받아들여지지 않아 행함은 얻지 못했지만, 그의 개혁사상은 오늘의 현실을 설명하고 처방하는데도 많은 시사점을 준다.

3 시무(時務)와 무실(務實)

율곡의 행정사싱 중에서 가상 대표적인 것이 그의 시무사상과 무실사상이다. 즉 국정운영과 행정은 시대적 변화와 상황의 변화에 적절하게 적응하여야 하고 또 효과를 염두에 두고 집행하여야 한다는 사상이다. 시무와 무실은 오늘날의 현대행정학에서 강조하고 있는 사회적 적실성(social relevance)과 효과성(effectiveness)이라는 행정이념과 그 맥을 같이 하고 있다.

여기서 시무(時務)는 시급한 일 또는 당세의 일을 말한다. 이 시무의 파악은 시대의 변화와 요청에 따라 다르므로 시대와 상황을 파악하는 상황인식을 전제로 한다. 율곡은 이 시대적 요청을 파악하는 기본적인 틀(basic frame)로 창업－수성－경장의 개념을 들고 있다.

> "마땅히 수성하여야 할 때인데도 경장에 힘쓴다면, 이것은 병도 없는데 약을 먹는 것과 같아서 도리어 병을 얻게 될 것이오, 마땅히 경장하여야 할 때인데도 수성에 힘쓴다면, 이것은 어린아이가 병에 걸렸는데도 약을 물리치는 것과 같아서 누워서 죽음을 기다리는 격이다."(「성학집요」『국역전서(Ⅴ)』: 334-5)

시무사상의 골자는 아무리 좋은 법과 제도라 하더라도 시간이 흐름에 따라 시의에 맞지 않으면 그 때를 놓치지 말고 고쳐야 한다는 사상이다. 법과 제도는 백성을 위하여 존재하는 것이기 때문에 백성을 괴롭히거나 해가 되는 법은 시기를 논하지 않고 개정하거나 폐지하여야 한다는 개혁변법주의를 말한다. 이 시무사상 또는 변법주의는 실천을 강조하는 무실사상과 함께 율곡사상의 핵심중의 하나이다.

율곡의 시무에 따른 개혁사상은 때(時)의 중요성과 만물의 끊임없는 변화를 강조하는 주역(周易)의 사상과 일치한다. 율곡은 「만언봉사」에서 정치를 하려면 먼저 때를 알아야 한다고 했다. 즉 "정치에는 때를 아는 것(知時)이 귀하고, 일에는 무실(務實)이 긴요하다. 정치를 하면서 시의를 알지 못하고 일에 당해서 무실에 힘쓰지 않는다면, 설령 성현을 만나더라도 치효를 거둘 수 없다."는 것이다.

여기서 그가 말한 시의(時宜)란 "때에 따라 변통하여 법을 제정하여 백성을 구제하는 것(「만언봉사」『전서(I)』: 96)"이다. 제도와 법률은 한때 매우 합당한 것이라 하더라도 세월이 흐르고 실정이 바뀌게 되면 현실과 모순이 있게 된다. 법이 오래되면 폐단이 생기는 것은 고금의 공통된 걱정거리이다. 그런데도 이를 고치지 아니하면 그 피해가 백성에게 돌아간다. 그러므로 위정자는 시대와 실정에 맞게 법을 제정 또는 개정하여 백성에게 피해가 돌아가지 않도록 하는 것이 안민이요 위민이라 보았다. 율곡은 자신이 시의에 적절하게 변법과 개혁을 주장하는 이유는 그 개혁을 좋아해서가 아니라 때에 따를 수밖에 없기 때문이며, 오직 백성의 어려움을 덜어주기 위해서라고 밝히고 있다(「만언봉사」『전서(I)』: 96. 「경연일기(2)」『전서(II)』: 144).[9)]

무실사상은 실천과 실효를 중시하는 율곡의 행정사상이다. 이 사상은 행정을 행함에 있어서 실심(實心)을 가지고 실공(實功)을 통해 실효(實效)를 거둘 수 있도록 하여야 한다는 사상으로 후일 조선 후기 실학사상, 즉 경세치용과 이용후생 등의 개념에 크게 영향을 미쳤다.[10)] 율곡은 공리공론뿐인 당시의 행정풍토를 비판했다. 그는 당시의 빈 소리뿐인 경장이나 형식적인 행정개혁이 아니라 실질적이고 효과적인 개혁을 통하여 실리를 추구하고자 하였다. 율곡의 무실은 현대의 문서주의(red tape), 형식주의(formalism)와는 반대되는 개념으로 실효성 또는 효과성과 통하는 개념이다. 행정은 무엇보다도 실천성과 효과성을 전제로 하여야 함을 강조하고 이다. 이 사상과 이념은 실천위주의 행동중심주의에서 상세히 설명한다.

---

9) 율곡은 단순히 변법만을 주장했을 뿐이고, 변도(變道)를 주장하지는 않았다. 율곡은 법제는 변할 수 있지만, 왕도(王道), 인정(仁政), 강상(綱常)은 변할 수 없다고 보았다. 변해야 할 것이 변하지 않거나 혹은 변해서는 안 될 것이 변한다면 혼란이 야기할 것으로 보았다.

10) 율곡 이이의 사상은 그를 사모하여 자신의 호를 후률(後栗)이라고까지 한 제자 중봉 조헌에게 이어졌고, 그 후 반계 유형원, 성호 이익, 초정 박제가 그리고 다산 정약용으로 이어졌다. 「반계수록」은 이이와 조헌의 주장을 인용하는 빈도가 각각 26회 15회로 가장 높고, 성호 이익은 "아조(조선) 건국 이래 수백 년간 시무를 아는 자는 율곡과 반계뿐이다"라고 하여 두 사람을 사숙하고 있다. (조휘각, 2004: 78-79)

4 사회적 형평성(Social Equity)

율곡은 공동체내 구성원들 간의 공물이나 국역의 부담이 지나치게 한쪽으로 치우치거나, 불공평해서는 안 된다는 신념을 가지고 있었다. 행정을 통하여 그 부담을 공평하게 해 주거나, 더 나아가 통치계급의 부를 들어 백성들의 이익에 보탬이 되도록 하는 것이야말로 행정이 해야 할 일이라고 생각했다. 율곡은 백성에게 혜택을 베푸는 위민행정이 되기 위해서는 무엇보다 백성들에게 합당한 몫을 분배하고 합당한 대우를 제공하는 것이어야 한다고 보았다. 그의 이러한 행정이념은 오늘날의 사회적 형평성(social equity)과 그 맥을 같이 하고 있다. 사회적 형평이란 1960년대 후반 미국의 신행정학에서 중요한 행정이념으로 등장한 개념이다(Frederickson, 1971). 즉 공직자들은 사회적 불평등을 제거해야 할 의무가 있으므로, 부유층이나 권력집단 대신에 정치·경제·사회적으로 불리한 입장에 있는 계층의 이익을 대변하여 그들에게 보다 나은 행정서비스를 많이 제공하여야 한다는 개념이다. 즉 행정의 개입과 도움에 대한 욕구(needs)가 강한 집단에게 더 많은 서비스를 제공하여야 한다는 이론이다. 사회적 형평을 강조하고 있는 율곡의 주장을 요약하면 다음과 같다.

(1) 손상익하(損上益下)

재정경제적인 측면에서의 사회적 형평은 손상익하(損上益下)의 개념으로 나타난다. 손상익하란 통치자나 통치계급의 부를 덜어(줄여) 피폐한 백성들에게 이익이 되도록 함으로서 부의 사회적 형평을 이루고자 하는 것이다, 오늘날의 수직적 형평(vertical equity)의 개념과 그 맥을 같이 하고 있다. 오늘날의 수직적 형평성의 내용은 약자에게는 그가 받아 마땅한 몫보다 훨씬 더 많은 해택을 주고, 강자에게는 그가 부담해야 할 몫보다 더 많이 부담시킴으로써 일종의 사회적 균형을 찾자는 것이다. 율곡은 위로는 절검하고 아래로는 백성의 부담을 덜어주는 행정을 통하여 사회적 형평을 이루자고 주장했다.

> "위를 덜어 아래를 이롭게 하는 것이 오늘날 서둘러야 할 일입니다. 신은 청컨대, 전하의 식사와 옷으로부터 모든 진공하는 물건들과 대궐 안에서 일상적으로 쓰는 물건들을 모두 3부의 1로 감하십시오, 이러한 방식으로 헤아려서 모든 팔도에서 진상하는 공물들도 모두 3분의 1로 감하십시오. 이렇게 하신다면 곧 은택이 아래로 미치어 백성들이 실질적인 혜택을 받게 될 것입니다."(「의진시폐소」『국역전서(II)』: 91)

율곡의 손상익하(損上益下)의 이념은 기본적으로 분배의 공정을 통한 애민과 인정에서 나온 것이며, 궁극적으로는 민본주의의 이념을 반영한 것이다. 당시 백성들의 궁핍에도 불구하고 상류층의 사치와 허례는 극에 달하여, "한 상의 음식을 차리는 비용은 굶주리는 백성들에게는 몇 달의 식량이 될 수 있었고, 옷 한 벌의 비용은 헐벗은 사람들로서는 열 명의 옷을 장만할 정도인 상태"에서(「만언봉사」『국역전서(II)』: 183-4) 손상익하는 백성을 위하여 필연적으로 요청되는 것이었다.

(2) 공물과 국역의 공평

율곡은 당시 백성들이 부담하는 공물이나 국역이 공정한 분배기준에 의하여 이루어지지 않아 지역 간의 부담이 공평하지 못하다고 지적하면서 그 시정을 촉구하고 있다. 이는 사람이 어느 지역에 살든 동등한 사람은 동등하게 대우하는 것(equals should be treated equally)이 합당한 평등이라는 오늘날의 수평적 형평성(horizontal equity)과 같은 개념이다. 당시의 공물이나 국역은 각 고을의 토지와 백성의 수에 의하지 아니하고 군읍의 등급에 의하여 이루어졌기 때문에, 그 차별이 매우 심했다. 율곡은 "모든 역에 응하는 사람들을 오랜 당번으로 세워 놓기도 하고, 혹은 2번으로 나누어 세우기도 하고, 혹은 3번으로부터 6~7번으로 나누어 세움으로써 어떤 자는 그 침포(侵暴)를 견디다 못해 도망쳐 버리기도 하고, 어떤 자는 그런대로 생업이 안정되어 자신을 보전하고 있으니, 다 같은 백성인데 어찌 피차의 차별을 두어 그들로 하여금 괴로움과 즐거움을 다르게 하는가"(「동호문답」『국역전서(IV)』: 109-10)라고 하면서 그러한 역을 균등하게 하고 공정하게 할 것을 주장하고 있다.

(3) 사로허통(仕路許通)과 종량(從良)

시회제도의 개혁에 있어서 사회적 형평이 반영된 곳은 서언과 천인에 대한 인재등용정책과 공사천(公私賤)의 천인신분을 면해 주자는 종량정책에서 볼 수 있다. 율곡은 신분제도개혁을 통하여 서얼과 천인에 대해서는 벼슬길을 열어주고(仕路許通), 공적이고 사적인 천인들에게는 천인신분을 면하게(從良) 해주어 사회적 불평등을 제거해 줌과 동시에, 당시 가장 시급했던 국방문제를 해결하려 했다.

율곡은 「만언봉사」와 「진시사소」에서 군사와 식량을 조달하기 위한 방책의 일환으로 사로허통과 종량을 주장했다. 율곡은 왕도를 행하는 사람은 현자를 씀에 사람을 차별하지 않으며 인재를 버리지 않는다고 주장하면서 서얼에게 벼슬길을 열어주기를 바랬다. 뿐만 아니라 천인신분을 면해주어 그들의 인력을 국방에 활용하기를 주장했다. 사로허통과 종량을 통하여 그들로 하여금 국가방위를 담당하게 하고, 만약 무재(武才)가 없어 방어에 도움이 되지 못하는 자에게는 군량미를 바치게 하여 식량문제를 동시에 해결하고자 하였다. 율곡의 이러한 정책은 철저한 그의 평등사상과 시무사상에서 나온 상황적 판단에 근거한 것이었다. 그러나 안타깝게도 당시의 국왕과 조정은 이러한 제안을 받아들일 만큼 유연하지도 않았고, 상황적 시대인식도 없었다. 이러한 제안이 현실화되었더라면 임진왜란이라는 국란도 미연에 방지할 수 있었을 것이다.

"서얼과 공사천 가운데에서 무재(武才)가 있는 자를 모집하여 스스로 식량을 준비하여 남도와 북도에 가서 방수(防守)하도록 하되, 북도는 일 년을 기한으로 하고 남도는 스무 달을 기한으로 삼고, 그 응모자가 많도록 해서 병조에서 재능을 시험 본 뒤에 보낸다. 서얼은 사로(仕路)를 허통하고 천예(賤隷)는 면천(免賤)해서 양인이 되게 하는데 사천(私賤)의 경우에는 반드시 그 주인이 병조에 단자를 보낸 뒤에 시험 볼 것을 허락하여, 주인을 배반하는 종이 없도록 한다. 무재가 없는 자의 경우에도 남·북도에 곡식을 바치도록 하되 원근으로 다과(多寡)의 수를 정하여 허통 종량하기를 무사의 경우와 같이 하면 병식은 조금은 방어에 대비할 수 있을 것이다. 전에 이시애의 난에 천인으로서 군기를 나른 자는 모두 종량되었고, 서얼로서 종군한 자는 모두 과거를 볼 수 있게 되었으니 이는 세조대왕 때 권도로서 이미 시행한 적이 있는 규례이다."(「진시사소」『국역전서(II)』: 312)

5 능률성 및 융통성과 합리성의 조화

율곡의 행정사상을 연구하면서 빼어 놓을 수 없는 부분이 사회개혁정책의 실현을 뒷받침하고 있는 관료조직 및 행정의 개혁부분이다. 율곡은 왕도정치 또는 위민정치를 실현하는데 있어 관료조직이나 관료행정의 중요성을 누구보다도 잘 알고 있었다. 율곡은 타고난 행정가였다. 어디에 근무하든 탁월한 분석능력과 행정진단능력을 발휘하여 문제점을 발견하고 개혁안을 개진했다. 부국과 안민을 달성하기 위해 그가 추구한 개혁전략은 적극적인 생산증대를 통하여 수입을 극대화 하겠다는 적극적 생산전략이 아니라, 소비를 줄이면서 천천히 점진적으로 국가재정 상태를 개선하려는 절약과 능률전략이었다. 그는 부국과 안민이라는 행정목표를 달성하기 위해서는 먼저 정부지출을 축소하고 적절하고 공정한 조세행정을 통하여 국고수입을 증대시킬 것을 주장했다. 즉 절약과 능률행정만이 이를 달성할 수 있다고 보았다. 율곡의 행정개혁안은 모두 행정의 능률성에 기반을 둔 것이었다.

능률성 다음으로 율곡이 추구한 행정이념은 융통성과 합리성의 조화이다. 율곡은 「시폐7조책」에서 정책을 결정하고 집행함에 있어서 기준으로 삼아야 할 가치로서 때(상황)에 따라 적절하게 대응하는 융통성과 도리와 이치(reason)에 맞게 처리하는 합리성을 강조하고 있다. 행정은 융통성과 합리성이 서로 조화를 이루어야 바람직하다는 것이다. 이를 권이론(權義論)이라 하는데, 율곡은 권(權)과 의(義)에 대하여 다음과 같이 정의하고 있다.

"내가 듣건대, 때에 따라(업무수행과정에) 중도(中道)를 얻는 것을 권(權)이라 하고, 일을 처리함에 있어서 이치와 도리에 맞게 하는 것을 의(義)라고 한다. 변화하는 상황에서는 권(權)으로 대응하고, 일상의 일처리는 의(義)로써 한다면, 나라를 다스림에 무슨 걱정이 있겠는가?"(「시폐7조책」『국역전서』 4: 415).

권(權)이란 '때와 환경의 변화에 적응하여 적절하게 대응하는 융통성'을 말하며 현대행정학적 관점에서 보면 상황적·과정적·절차적 합리성(procedural rationality)에 해당되며, 의(義)란 이치와 도리에 맞게끔 행정업무를 처리하는 것으로 오늘날의 실질적 합리성 또는 내용적 합리성(substantive rationality)에 해당된다.[11] 그러면서 율곡은 권(權)과 의(義)의 궁극적 판단기준은 바로 "국가를 편하게 하고 백성을 이롭게 하는 것(便於國利於民)"에 두어야 한다고 주장하고 있다. 즉 융통성과 합리성은 모두 백성을 위한 위민행정의 지침이라는 것이다. 율곡은 행정의 가치기준으로서 합리성을 다음과 같이 강조하고 있다.

> "도(道)에는 시와 비가 양립할 수 없고, 일에는 이와 해가 함께 할 수 없다. 오직 이해만 따지고 시비의 소재를 돌아보지 않으면 일 처리의 원리인 의(義)에 어긋나고, 오직 시비만을 따져 이해의 소재를 궁구하지 않는다면 변화에 대응하는 원리인 권(權)에 어긋난다. 그러나 권에 정해진 규칙이 없으니 중도(中道)를 얻는 것이 중요하고, 의에 일정한 규제가 없으니 이치에 맞게 함이 중요하다."(「시폐7조책」『국역전서(Ⅴ)』: 416)

율곡은 행정의 옳고 그름을 따지는 도(道)에는 그 불변의 이치인 시비(올바름)를 추구해야 하고, 일처리에서는 현실적인 이해, 즉 실리를 추구해야 하는데 시비나 실리 어느 한쪽만을 지나치게 생각해서는 '나라를 편하게 하고 백성에게 이익을 주는' 행정이 될 수 없다고 주장하고 있다. 즉 행정은 가치분석과 편익분석의 조화 또는 융통성과 합리성의 조화가 있어야 함을 강조하고 있다.

율곡의 행정사상 중에서 가장 돋보이는 것은 처음부터 끝까지 왕이나 지배계급의 위치를 강화하는 이론은 하나도 없고 철저하게 백성만을 위한 행정을

---

11) 여기서 합리성이란 어떤 행위가 궁극적 목표달성의 최적 수단이 되느냐의 여부를 가리는 개념으로 사용되고 있다. 사이몬(H. Simon)은 합리성의 개념을 실질적 합리성(substantive rationality)과 절차적 합리성(procedural rationality)으로 나누어, 실질적 합리성은 목표에 비추어 적합한 행동이 선택되는 정도를 의미하고, 절차적 합리성은 결정과정이 이성적인 사유(reasoning)에 따라 이루어졌을 때 존재한다고 말한다. 여기서 권(權)은 절차적 합리성을, 그리고 의(義)는 실질적 합리성을 말한다.

내세웠다. 예컨대, 율곡은 왕실의 재정을 강화하는 문제나 왕의 효율적인 지배 또는 통제를 구축하는 문제 등에 대해서는 전혀 언급한 바가 없다. 그는 왕권이라는 것도 백성을 위하는 정치를 통하여 확립·강화된다고 보았기 때문에 위민행정 또는 봉사행정에 더 관심을 기울였던 것이다. 그 당시의 시대상으로 보아 지배계급위주의 행정도 나올 법하였지만 여기에 대해서는 한 마디도 하지 않았다는 것이 특이한 점이 아닐 수 없다. 이러한 점에서 율곡의 행정이론은 오늘의 행정이론과 모순되거나 위배되는 것은 하나도 없다(백완기1982: 436-437). 오히려 경제사(經濟司)와 같은 전문적인 매트릭스 위원회조직을 설치하여 여론을 수렴하고 전문적인 정책을 자문하도록 하자는 주장은 1970년대에 나온 최신의 행정이론과 하나도 다를 바가 없다. 율곡은 인사행정, 조직행정, 정부의 세입세출행정, 그리고 관료부패와 행정문화 등 모든 방면에서 행정의 능률과 합리성을 강조하고 있다. 능률과 합리성을 강조한 율곡의 행정사상이 구체적으로 나타나 있는 개혁안은 다음 각 사상에서 다룬다.

6 공직기강: 공(公), 근(勤), 행(行)

정책집행과정에서 공직자들이 지켜야 할 바람직한 행동규범과 태도에 대해서 율곡은 어떠한 견해를 가지고 있었을까? 율곡이 주장한 공직윤리의 구체적인 항목이 무엇인가를 알기 위해서는 그의 기강론(紀綱論)을 분석해 보아야 한다. 율곡은 왕도정치를 실현하는데 최대의 장애요인으로 기강해이를 들고 있다. 율곡은 “국가가 유지되는 까닭은 기강이 있기 때문”이라고 하면서, “기강은 국가의 명맥이며 국가의 원기”라고 주장한다. 그는 기강이야말로 국가에 있어서 가장 중요한 핵심 내지 원동력이라고 보고 “위정(爲政)은 기강을 세우는 것부터 먼저 해야 한다”고 역설하고 있다.[12)]

---

12) 기강을 강조하는 글은 「성학집요」 「옥당진시폐소」 「진미재오책차」 「경연일기」 등 『율곡전서』 곳곳에서 볼 수 있다.

"기강이 땅에 떨어져 여러 관리들이 직무에 태만히 하고, 공익보다 자기 개인의 사익을 앞세우며, 아침에 벼슬자리에서 쫓겨났다가 저녁에 다시 벼슬자리를 제수받곤 하면서 오로지 먹고 마시는 일에만 힘쓰고, 직분상 하여야 할 일은 도외시하고 있다."(「옥당진계차」 『국역전서(II)』: 144)

율곡은 당시 법이 지켜지지 아니하고, 치적이 이루어지지 않는 것은 기강이 서지 않았기 때문이라고 생각했다. 위의 글에서 우리는 율곡 당시의 기강해이 상태를 다음과 같이 요약할 수 있다. 즉 ① 관료들의 직무태만(百僚怠官), ② 공익보다 사익를 앞세우는 행위(先私後公) 그리고 ③ 법령과 명령에의 불이행(號令不行) 등 세 가지이다. 따라서 기강이란 관료들이 직무를 성실히 수행하고(勤), 개인적인 사익을 버리고 공익을 추구하며(公), 법령과 명령을 충실하게 이행하는 것(行)을 말한다고 볼 수 있다.

율곡은 국정운영에서 가장 중요한 일이자 원동력인 기강을 세우기 위해서는 "위세로써 위협하고 법령으로 몰아세우는 데 달려있는 것이 아니라, 관리의 임면을 합당하게 하고, 상과 벌을 반드시 신실(信實)하게 하여야 하며, 통치자가 사심이 없어야 한다."고 주장한다. 율곡은 공직자들이 행정과정에서 지켜야 할 태도와 윤리는 ① 사심 없이 공평하고 정대한 마음을 가지고 관리의 임면을 합당하게 하는 것이며(공평), ② 행정결과에 대한 상벌을 공정하게 행하는 것이며(공정), ③ 법령이나 규정을 성실하게 지키는 일(順行)이며, ④ 근면하고 성실하게 업무를 수행하는 일(勤)이라는 것이다. 율곡의 공직윤리는 삼봉이 공직자들의 근무평가를 위하여 제시한 공직윤리인 공(公), 염(廉), 근(勤), 근(謹)과 매우 유사하다.

2. 경제안정(양민)주의

율곡의 행정사상 중에 특징적인 것은 백성의 경제적 안정을 매우 중시하였다는 점이다. 그는 아무리 높은 도덕적 가치도, 또 부국이나 안민이라는 행정가치도 경제적 안정 없이는 불가능하다고 보았다. 율곡은 나라는 백성에 의존하고, 백성은 먹는 것에 의존하므로 백성들의 먹는 문제가 해결되어야 백성의 교화문제도 생각할 수 있다고 하였다. 또한 군대를 키워 국방을 튼튼히 하는 부국도 경제적 부가 없이는 불가능하다고 보았다. 율곡의 경제적 부에 대한 중요성의 인식은 국방의 중요성에 대한 그의 인식과 더불어 그의 뛰어난 현실 감각을 보여준다.

> "임금은 나라에 의존하고 나라는 백성에 의존한다. 임금은 백성으로써 하늘을 삼고 백성은 식(食)으로써 하늘을 삼는 것이니, 백성이 하늘로 삼는 바를 잃으면 나라가 의지하는 바를 잃는 것은 바뀌지 않는 이치이다."(「성학집요(7)」『전서(II)』: 50. 「간원진시사소」『전서(II)』: 53).

율곡은 "백성이 먹을 것이 없다면 백성이 없는 것이고, 백성이 없다면 나라가 없는 것(「의진시폐소」『전서(I)』: 74)."이라고 하면서, 왕도정치는 "백성의 부모가 되고자 하는 마음가짐으로써, 백성의 힘을 편안하게 하여 주고, 백성의 재산을 두텁게 해 주어, 그들이 하늘 삼는 것에 여유가 있도록 하여 그들의 본연의 착한 마음을 보존할 수 있게 해 주는 것일 뿐(「성학집요」『전서(II)』: 50)."이라고 주장하고 있다. 경제는 풍속과 도덕과도 밀접한 관련이 있으니, 고정된 수입이 없는 사람은 그 본연의 마음을 잊게 된다. "오늘날의 풍속이 박악(薄惡)하고, 의리(義理)를 잃어가는 것은 진실로 배고픔과 추위가 몸에 절실하여 염치를 돌보지 않게 되었기 때문(「사간원걸변통폐법차」『전서』1: 138)"이라고 진단하면서 물질을 생산해서 백성을 살리는 일은 교육 등 다른 문제를 해결하는 일보다 더 시급하다고 주장하고 있다.

원래 율곡의 경제사상은 기본적으로는 유가의 전통적인 경제사상에 기초하고 있다. 즉 『논어』와 『대학』에서 국정운영의 근본은 "백성을 부유하게 하는 것"이며(『대학』 전 제10장), 정치를 잘하는 것은 "백성들에게 먹을 것을 충분하게 해주고, 방위력을 튼튼하게 해주어야 하며, 마지막으로 백성으로 하여금 정부를 신뢰하게 하여야 한다." 라고 하여 경제적 안정을 강조하고 있다(『논어』 안연 7).

그러나 율곡의 경제안정주의 또는 경제기저주의는 당시의 선비사회에서는 매우 용기 있고 소신에 찬 주장이었다고 할 수 있다. 당시의 지배계급은 유형적인 가치인 물질이나 산업보다는 무형적 가치인 윤리나 도덕만을 앞세웠고 이러한 윤리나 도덕만으로써 정치질서를 이끌려고 하였다. 즉 윤리와 도덕을 강조하면 정치와 국정운영이 잘되리라 믿어 유형적인 경제활동이나 산업에는 전혀 신경을 쓰지 않았다. 율곡은 당시 사회의 퇴폐상과 도덕의 문란상을 개탄하면서 여기에 대한 대책으로써 도덕의 재건을 내세운 것이 아니라 우선 경제의 발흥, 즉 양민정책을 내세웠던 것이다.

물론 율곡의 경우에도 왕도정치의 실현을 위한 인의예지를 강조했다. 즉 그의 궁극적 가치는 도덕적 가치였다. 그러나 아무것도 없는 상태에서 도덕적 가치만 추구한다고 해서 도덕이 실현되지 않는다는 것이다. 그는 도덕적 가치의 실현을 위해서도 우선 그 바탕이 되는 경제적 가치부터 다지고 키워야 한다는 것이다. 아무리 높은 도덕적 가치라도 경제적 가치를 뒷받침하지 않고서는 실현될 수 없다는 입장을 취하고 있다. 인간은 기본적으로 생존적 욕구가 충족되지 않고는 그 상위욕구인 도덕적 욕구가 실현되지 않는다는 현대 마슬로우(A. H. Maslow)의 욕구이론을 그 당시 이미 간파하고 있었음을 말해 준다. 율곡은 이처럼 현실적 문제해결을 전제로 이상을 추구하고자 한 매우 현실적인 사상가였다.

율곡은 이러한 경제적 기반을 공고히 하기 위해서, 그리고 피폐한 백성들의 양민을 위해서 다양한 대책을 제시하고 있다. 율곡의 경제개혁의 목표는 부국(富國)과 안민(安民) 두 가지로 요약된다. 그는 정부의 지출축소와 수입증대를 통하여 나라를 부유하게 하고 국가의 재정 상태를 개선하는 것(富國)과, 백성의 부담을 덜어주어 백성을 부유하게 하고 그들을 편안하게 하는 것(安民)을 목표로 하였다. 부국과 안민 중 그가 우선시 하고 있는 것은 백성을 편안하게 하기 위한 안민정책이었다. 나라는 백성에 의존하는 것이고 부국의 뿌리는 안민이므로 율곡의 경제개혁은 백성을 편안히 하고 부유하게 하기 위한 논의가 주를 이룬다.

그는 부국을 위한 구체적인 세부정책으로 국가의 지출을 줄이는 정책과 조세수입의 상실을 막고 세수를 증대시키는 정책으로 나누어 매우 세부적으로 제안하고 있다. 전자의 방법으로는 궁중의 소비절약, 제사의 간소화, 정부기구의 축소통폐합 등을 통하여 정부지출을 축소하고,[13] 후자의 방법으로는 적절한 수준의 세금을 거두어들이고 백성과 국가사이에서 관리들이 백성을 착취하는 일을 막아 국고수입을 증대시키는 방안을 제시하고 있다. 이 과정에서 율곡은 부국과 안민을 달성하고자 했다. 오늘날의 예산정책과 다를 바가 없다.

율곡은 민생향상이 없이는 조세증대도, 국부증대도 불가능하다고 보았다. 즉 민부(民富)는 국부(國富)의 원천이라는 것이다. 안민과 부민을 위한 구체적인 개선안으로 율곡은 백성들의 부담을 들어주는 정책, 즉 진상의 감축, 공물의 간소화, 일족절린 등 조세징수방법의 개선과 선상제도(選上: 그 값을 받고 역을 대신하게 하는 것)의 폐지 내지 축소, 착취의 근절, 천민(賤民)과 궁민(窮民)에 대한 대책마련과 전제(田制)개혁을 주장하고 있다.

율곡의 경제개혁사상은 국가의 경비를 절약하고 백성의 부담을 줄임으로써 백성의 복지를 신장하고자 하는 것이지 생산 확대를 통하여 적극적으로 부국을 꾀하자는 것은 아니었다. 이러한 소극적 부국책은 유가의 전통적인 경제사상이기도 하다.[14] 당시로서는 생산의 근원이 농토이었기 때문에 농업위주의

---

13) "때를 구하는 방법은 오직 절용에 있고 절용의 방책은 오직 검약을 숭상하는 길 뿐이다(「옥당진시폐소」『전서(I)』: 62)." "임금의 소용을 줄여 민력을 펴게 하는 것이 생재활민(生財活民)의 일책이니 …… 제사의 법도를 바로잡고, 오히려 제사를 자주 지냄으로써 더럽히는 일(煩瀆))을 고쳐야 하며 …… 국가경비에서 제수가 절반을 차지하니 이는 백성의 고혈을 말려서 예에 어긋나는 제사를 받드는 것이다. ……오직 여섯 명절에만 제를 올리고 …… 부정한 제사를 일체 혁파하면 …… 경비가 반감되고 공(公)과 사(私)가 풍요로울 것이다." "관사를 줄이고 쓸데없는 인원을 없애야 한다. …… 군읍이 너무 많아 간혹 수령은 앉아 있되 백성은 없는 곳도 있다. …… 여러 관청 가운데 합할 수 있는 것은 합하고, …… 오직 직무가 있는 자리만 남겨두고 급하지 않은 인원은 모두 없애면 …… 백성들은 여력이 생길 것이다 ……(「의진시폐소」『전서(I)』: 75-76)."

14) 유교는 적극적인 산업개발이나 흥리사업으로 국부를 증강하려는 목적이 아니라, 백성의 적당한 정도의 생활을 보장하여 서로 '안분수업(安分守業)', 즉 자기분수를 지켜 생업에 종사하게 하려는 것이 목적이다(이상은, 1981: 295).

생산 장려정책과 백성의 부담을 줄여 안민할 수 있도록 하는 정책개선에 그 중점을 두었던 것이다. 비록 농업생산위주의 소극적인 경제정책이었으나, 율곡의 시무사상과 무실사상, 그리고 그의 경제개혁사상은 반계와 성호를 거쳐 조선 후기 실학자들에게 큰 영향을 미쳤다.15)

율곡은 안민정책을 통해 민부를 성취하고, 나아가 국부를 이룩하려 했다. 특히 사회의 상층부의 이익을 들어서 기층민을 보태주려는 정책, 즉 사회적 형평성을 달성하기 위한 손상익하(損上益下)의 경제정책을 제시하고 있음이 가장 큰 특징이라 할 수 있다. 진상의 감축, 공물의 간소화, 일족절린의 폐해의 근절, 착취의 근절, 전세(田稅)의 개정과 양전(量田)의 실시 등의 정책은 아래를 보태주기 위한 양민정책이었다면, 궁중에서의 소비절약, 제사의 간소화, 정부기구의 통폐합과 축소 등의 정책은 지배계층, 즉 상층부의 혜택을 들기(줄이기) 위한 정책이었다. 이러한 개혁안으로부터 우리는 왕도정치의 이념을 경제활동의 영역에서 구현하려는 율곡의 의지를 찾아볼 수 있다.

이러한 율곡의 경제안정주의 또는 양민사상은 오늘날 선진국들이 밟았던 철학이었을 뿐 아니라, 오늘의 후진국들이 근대화를 위해 추진하고 있는 가장 중요한 철학이자 사상이다.

3. 안보(국방)우선주의

율곡의 행정사상 중 가장 율곡다운 것이 바로 안보우선주의, 즉 무(武)를 중시하는 사상이다. 율곡의 국방사상과 병제개혁론은 그의 시무사상과 무실사상의 핵심으로 볼 수 있다. 율곡은 문인이면서도 무의 중요성을 강조한 사람이다. 원래 국방 또는 보국의 문제는 공자가 생각하기에도 매우 중요한 것이어서, 그의 제자 자공(子貢)이 그에게 정치를 물었을 때, 그는 "정치란 무엇보다

15) 율곡의 생산장려정책은 주로 농업위주의 정책이었기 때문에 농업 이외의 임업, 어업, 상업, 염업, 광업 및 면업 등에 대해서는 언급한 바가 없다. 그의 경제안정주의는 조선 후기 실학자들에게서 보이는 적극적인 생산 증가 정책이나 기술도입을 통한 부국정책은 결여되어 있다(이병도, 1973: 156. 이동인, 2002: 128).

도 식량을 충분히 하고, 방위력을 확고하게 하고, 백성을 신뢰하게 하는 것"이라고 가르쳤다.[16] 그러나 이 현실적이고 중요한 가르침을 후대 유학자들은 망각했고, 무신이 세운 조선에서도 역대 임금과 신하들의 국방에 대한 자각과 의지는 크게 부족했다. 당시는 문치주의가 지배하고 있어서 문(文)을 높이고 무(武)를 깔보는 풍조가 강하였다. 그러나 율곡만은 국방에 지대한 관심을 가지고 있었고, 당시의 방위능력에 대한 우려와 방위력증강을 위한 방안을 곳곳에서 제시하였던 것이다. 선조 14년(47세 때) 스스로 자원하여 병조판서로 임명을 받아 국가방위의 실무를 기안하고 집행하였을 뿐 아니라, 율곡이 49세라는 안타까운 나이로 세상을 떠나면서도 순무사(巡撫使)가 된 서익(徐益)에게 국토방위 방략 6조를 구술해 아우 우(瑀)로 하여금 받아 적게 했다. 율곡은 죽기 직전에도 국가방위를 생각하고 있었다.

율곡은 이처럼 군(軍)을 키우고 무(武)를 배양하는데 적극성을 띠고 있었다. 율곡의 이러한 철저한 안보의식과 국방사상은 그의 시무사상과 무실사상에서 연유한 것이었다. 그는 「만언봉사」를 비롯하여 많은 상소와 경연에서 무의 중요성을 역설했고, 나라의 토붕와해의 변을 방지할 수 있는 전략과 대책을 끊임없이 주장했던 것이다.[17]

율곡은 국가의 안위를 책임지는 병조판서로서 10년 이내에 반드시 환란이 닥칠 것이라는 확고한 시대인식을 가지고 있었다. 이러한 시대인식과 상황판단에 근거하여 율곡은 공직에 근무하고 있는 기간 내내 이를 극복하기 위한 제도개혁과 행정개혁을 건의하고 시행했다. 그가 쓴 유명한 상소문인 『만언봉사』에는, 10년이 채 못가서 반드시 화란(禍亂)이 닥칠 것이라고 예언하면서, 먼저 각종 시폐의 개혁을 주장하고 있다.

---

16) 子貢問政 子曰 足食 足兵 民信之矣, (『논어』 顔淵 7).

17) 율곡이 무(武)의 중요성을 강조한 이유에는 물론 국방상의 이유가 가장 크겠지만, 율곡에게는 무(武)는 문약(文弱)을 보완하는 중요한 가치와 의미가 있음을 알고 있었다고 볼 수 있다. 즉 무는 백성을 씩씩하게 만들어 사회를 보다 활성화시키며 산업을 진흥시키고 기술발달을 촉진시킨다는 무의 가치성을 인식하고 있었다고 볼 수 있다(백완기, 1982: 419-444),

"오늘날의 사태가 이러하니, 10년을 지나지 않아서 반드시 화란(禍亂)이 닥칠 것입니다. …… 전하께서는 신의 계책을 쓰시되 …… 3년 동안을 이와 같이 하여도 나라가 진흥하지 아니하고 … 군병이 정예하지 않으면, 임금을 속인 죄로 신을 다스리시어 … 요사한 말을 하는 자의 경계로 삼으시옵소서." (「만언봉사」『전서(I)』: 109).

율곡은 정확하게 시의와 시무를 알았다. 그는 폐정이 개혁되지 아니하면, 10년이 못되어 큰 화란이 생길 것으로 예측했으며,[18] 몇 년이 못가 반드시 백성이 생선처럼 문드러지고 흙처럼 무너지는 환란이 닥칠 것을 염려하여(「동호문답」『전서(I)』: 326), 마침내 한 나라의 국방을 책임지는 병조판서로서 10만의 병사를 기르기를 촉구하기에 이른다. 율곡의 십만양병설은 시무를 정확히 앎으로써 앞일을 예측하고, 그 예측된 위기를 효과적으로 대비하려는 지적활동의 소산이었다. 시무를 알고 무실을 추구하는 율곡의 학문과 사상을 엿볼 수 있는 대목이다.

"선생이 경연에서(선조 16년 4월) 아뢰기를 '국세(國勢)의 부진함이 심하니 10년이 못되어 토붕(土崩)의 화를 당할 것이다. …… 미리 10만의 병사를 양성하여 도성에 2만을 두고 각 도에 1만을 두어 그들의 호세를 면세해주고 훈련시켜 6개월씩 나누어 도성을 지키게 하였다가 변란이 있으면 십만 군사를 합해서 파수(把守)하게 함으로서 위급한 상황에 대처해야 할 것입니다. 이와 같이 하지 않으면 일조에 변란이 생겼을 때 저자거리의 백성을 몰아서 싸우게 될 터이니 이쯤 되면 일은 이미 끝나 버릴 것입니다'라고 하니, 유성룡 공이 불가하다면서, '무사한 때에 군사를 기르는 것은 화를 기르는 것입니다'라고 말했다. 경연의 신하들도 모두 선생의 말을 지나친 염려라고 여겨 행하지 않았다."(「연보」(하)『전서(2II)』: 322).

18) 율곡이 10년이 채 못가서 위기가 닥칠 것이라고 예언한 대목은 「만언봉사」 이외에도 김장생의 「율곡행장」 「선조수정실록」 송시열의 「율곡연보」 등 곳곳에서 보인다.

율곡은 당시 조선을 둘러싼 여진과 일본의 군사동향이나 정국의 흐름을 정확히 꿰뚫어보고 있었다. 당시 북의 여진은 세력을 규합해 힘을 키우면서 수시로 국경을 침입하고 있었고, 남에서는 풍신수길(豊臣秀吉)이 일본을 통일하고 조선을 침입할 준비를 하고 있었다. 이러한 때 율곡은 멀지 않은 장래에 위기가 올 것을 예견하고 호국의 방책을 제시했던 것이다. 그러나 조선의 국왕과 조정은 이 제안을 심각하게 받아들이지 않았다. 율곡이 나라의 안정을 걱정하던 끝에 내놓은 호국의 계책을 중신들은 그저 '아무 일도 없는데 군대를 기르는 것은 화를 기르는 것' 이라고 하면서 물리쳤다. 만약 율곡의 이 제안이 받아들여져 시행되었다면 임진왜란이라는 국토황패를 미연에 방지함으로써 조선의 역사를 크게 바꾸어 놓았을 것이다.

최근 율곡의 <십만양병론>이 거짓이고 허위라는 주장이 일부 재야사학자와 소설가들에 의하여 제기되고 있어 그 논쟁의 진위를 파악해 볼 필요가 있다.[19] 그 논쟁의 진위를 가리면서 우리는 그의 국정운영사상과 행정사상의 진실에 보다 더 가깝게 접근할 수 있기 때문이다. 그들이 율곡의 십만양병설이 허위이고 조작이라고 주장하는 근거는 대체로 다음과 같이 요약할 수 있다. 첫째 논거로는, 율곡이 10년 이내 닥칠 환란을 극복하기 위하여 십만의 군사를 양병하여야 한다고 주장한 기록이 『선조실록』과 『율곡전서』 그 어디에도 없다는 것이다. 십만 양병의 기록이 남아있는 김장생의 「율곡행장」 『선조수정실록』 그

19) 이 논쟁은 역사평론가인 이덕일이 한겨레신문에 '노론사관 이이 십만양병설은 허구'라고 주장하면서 시작되었다. 이후 유성룡을 연구하는 소설가들에 의하여 확대되었다. 소설가 신봉승(2010)은 최근 발간한 그의 저서 <문묘 18현>에서, 율곡은 애당초 십만양병설을 주장한 일이 없으며, 심지어 박정희 정권시절 정권을 연장하는 수단으로서 십만양병설을 사실인 것으로 믿게 하였다고 주장하고 있다. 즉, 근거 없는 십만양병설을 박정희정부가 <유비무환>으로 변질시켜 정권을 연장하는 수단으로 악용하였다고 주장하면서, 정치 지도층이나 학자들까지도 이 허상을 입에 담지 않은 채, 실상으로 믿고 아는 척하고 나댔다는 것이다. 또 송복(2007) 교수의 저서 <위대한 만남, 서애 유성룡>에서도 율곡의 십만양병설이 허상이라고 주장하고 있다. 이러한 주장은 서지학적 판본 무지에서 오는 편견이라는 역사학자의 반론에 의하여 일단 수면 밑으로 가라앉았다(한겨레신문 2009-07-08일부터 2009-08-05일까지의 논쟁 참고).

리고 송시열이 쓴 「율곡연보」는 믿을 수 없다는 것이다. 둘째로는, 율곡이 십만 양병을 주장했다는 내용이 담겨있는 김장생의 「율곡행장」은 그의 스승을 높이려는 당파심으로 반대당의 유성룡을 악의적으로 폄하하기 위하여 창작했다는 주장이다. 그 증거로 유성룡이 말한 '지금 보니 이문성은 참으로 성인이다.'라는 문장을 든다. 문성(文成)은 율곡의 시호이고 그 시호는 유성룡이 죽은 17년 후에 받은 것이기 때문에 유성룡이 생전에 그 시호를 사용할 수 없다는 것이다. 이것이 거짓과 허위의 결정적인 증거라고 주장한다. 셋째, 『선조실록』에 의하면 선조 16년 2월 경연에서 양민을 간했다고 기록되어 있는데, 어떻게 느닷없이 2개월 후인 선조 16년 4월에 십만 양병을 주장(율곡연보)할 수 있겠는가라는 것이다. 또한 『선조수정실록』에는 이보다 훨씬 앞서 선조 15년 9월 1일자에 율곡의 경장봉사 내용을 소개하면서 사관의 논평으로 율곡의 십만 양병의 주장을 기록하고 있다는 것 때문이다. 그러니 십만양병설은 김장생이 그의 스승을 높이고자 조작한 「율곡행장」을 훨씬 나중에 『선조수정실록』과 「율곡연보」에 아무런 검증 없이 개제하였다는 주장이다. 이러한 주장들이 얼마나 타당성이 있는지를 알아보기 위하여 먼저 「율곡행장」의 내용부터 살펴보자.

> "일찍이 경연에서 청하기를 '10만의 군병을 미리 길러 위급한 사태에 대비하여야 할 것입니다. 그렇지 않으면 10년이 지나지 않아서 장차 토붕와해의 화가 있을 것입니다.'라고 하자 정승 유성룡이 '사변이 없는데도 군병을 기르는 것은 화근을 기르는 것입니다'라고 말했다. 그때 오랫동안 태평이 계속되어 모두가 편안에 젖어 있으므로 경연에서 주대하는 신하들이 모두 선생의 말을 지나친 염려라 여겼다. 선생이 밖에 나와 성룡에게 이르기를 '나라의 형세가 누란의 위기에 처했는데 속유(俗儒)들은 시무에 통달하지 못하니 다른 사람에게는 기대할 것이 없지만, 그대 어찌 이런 말을 하는가?' 라고 하였다. 임진란을 맞은 후에 유 정승이 다른 사람에게 말하기를 '지금 보니 이 문성(율곡의 시호)은 참으로 성인이다. 만약 그의 말을 채용하였더라면 국가가 어찌 이 지경에 이르렀겠는가? ……'라고 하였다."(김장생, 『율곡행장』).

율곡의 십만양병설이 거짓이고 허상이라는 주장이 사실일까? 역사는 끊임없이 재해석되어진다. 그러나 그 해석은 기존의 해석을 뒤집을만한 새롭고 명백한 사료에 의하여 논증되어야 생명력이 있다. 율곡의 십만양병설이 허위이고 거짓이라는 주장에 대하여 정통사학자들은 한마디로 편견과 무지의 소산이라고 일축하고 있다. 이러한 근거 없는 주장은 『율곡전서』의 판본 무지에서 비롯된 것이며, 관련 사료를 종합적으로 철저하게 분석하지 않고, 선정적인 주장으로 인기를 끌려는 인기주의의 산물이라는 것이다. 이들의 주장을 요약하면 다음과 같다.

첫째, 십만양병설이 거짓이라고 주장하는 사람들이 결정적 증거로 삼고 있는 것은, 김장생이 지은 「율곡행장」에서 서애 유성룡이 '지금 보니 이문성은 참으로 성인이다.'라고 말한 기록이다. 문성(文成)은 율곡의 시호이고 그 시호는 유성룡이 죽은 17년 후에 받은 것이기 때문에 유성룡이 생전에 그 시호를 사용할 수 없다는 논리이다. 분명히 맞는 논리이다. 그것이 사실이라면 조선 예학의 고수인 김장생이 스승을 높이기 위해 창작했다는 오해를 받을 만하다. 그러나 그들이 근거로 하고 있는 이 「율곡행장」은 순조 14년(1814)에 간행된 『율곡전서』이며, 현재 한국고전번역원에서 웹서비스로 제공하고 있는 판본이다. 「율곡행장」이 허위이고 거짓이라고 주장하는 사람들은 이 판본만을 보고 용감하게 거짓이고 허위라고 주장했다. 만약 현존하는 기록이 이것 하나뿐이라면 김장생의 기록이 허위이고 창작되었다는 주장에 대하여 반론할 근거가 없다. 그러나 그 순조판본의 기록이 잘못되었다면 사정이 달라진다. 그들은 「율곡행장」이 허위라고 주장하기 이전에 자신들이 근거로 삼고 있는 이 순조판본이 다른 판본이나 김장생 자신의 문집의 내용과 일치하는지를 먼저 검증했어야 했다. 그러나 그들은 이 판본 이전의 기록이나 제1차적 사료를 참고하지 못한 오류를 범했다. 이 판본보다 훨씬 전인 영조 25년(1749)에 간행된 『율곡전서』의 「율곡행장」에는 '지금 보니 이문정은 참으로 성인이다.'라고 표기되어 있다. 즉 이문성이 아니라 이문정(李文靖)이라고 되어 있다. 또한 김장생 자신의 문집인 『사계집』에서도 이문정(李文靖)으로 되어 있으며, 또 율곡의 시장(諡狀)을 지은 이정구(李

廷龜)도 십만양병설의 일화를 소개하면서 '지금 보니 이문정(李文靖)은 참으로 성인이다.'라고 하고 있다.[20] 뿐만 아니라, 이항복이 쓴 이이의 신도비문(神道碑文)에도 이문성이 아니라 이문정으로 기록하고 있다. 이항복 역시 율곡이 시호를 받기 6년 전에 세상을 뜬 사람이다. 이를 모두 종합해 보면, 결국 순조판본이 잘못 기록되어 있음을 알 수 있다. 즉 문성(文成)이 아니라 문정(文靖)이 정확한 기록이며, 율곡은 문성이라는 시호를 받기 이전부터 문정이라는 별칭을 얻고 있었다고 해석할 수 있다.

그렇다면 문정이란 누구인가? 그리고 율곡이 문성이란 시호를 받기 이전에 어떻게 문정이란 별칭을 얻고 있었는가를 먼저 해석해 내어야 한다. 문정은 송나라 진종(眞宗) 때 선견지명을 지닌 명신 이항(李沆)을 말한다.[21] 그는 송나라가 거란(요)과 평화조약(전연지맹)을[22] 맺은 뒤 '지나친 나라의 편안함이 미래에 화근이 될 것을 우려'하여 국정운영을 긴장하게 만들었으나 아무도 말을 듣지 아니 하였다. 진종은 그의 말을 듣지 않고 궁궐을 짓고 간신을 등용하여 국정을 극도로 혼란하고 어지럽게 만들었다. 이항이 죽은 뒤 그의 옛 동료였던 왕단(王旦)이 그의 선견지명을 찬양하면서 '이문정은 참으로 성인이다.' 라고 하였다. 그 후 이 말은 선견지명이 있는 현인을 지칭하는 상투어가 되어 널리 유행했다. 결국 유성룡은 이 고사를 생각하여 '이이는 참으로 이항 같은 선견지명이 있는 성인이다.'라고 말한 것이다. 그러면 원본에는 문정인 것이 순조판본에는 어떻게 문성으로 표기되어 있는가? 그 이유는 순조 14년 판『율곡전

---

20) 시장(諡狀)은 죽은 자의 생전행적에 대하여 임금이 내려주는 칭호인 시호의 내력을 기록한 것이다. 따라서 시장의 본문에 당사자의 시호를 기록하는 것은 있을 수가 없다. 결국 당시 이이는 '이문정과 같은 선견지명이 있는 사람'으로 즐겨 불렸음을 의미한다.

21) 중국 송나라 때의 명상. 자는 태초(太初), 시호는 문정(文靖). 왕단(王旦)과 함께 국정을 맡은 이래로 조정의 대론이 안정만을 주장하여 왕안석의 신법을 반대하는 분위기였다. 이에 대하여 국정의 긴장을 늦추지 않도록 왕(진종)을 인도하였다.

22) 문치주의를 택하여 군사력이 약했던 송(宋: 960~1279)은 대군을 이끌고 남침한 거란(요)의 성종에 굴복하여 전주에서 강화조약을 체결했다(1004). 해마다 막대한 양의 은과 비단을 바친다는 조건으로 평화조약을 체결하였다. 이 조약을 전주의 아명(雅名)을 따서 전연지맹이라 한다.

서』의 교정자가 이러한 고사를 잘 모르고, 이이의 시호인 문성이 문정으로 잘못 표기된 것으로 알고 문성으로 고친 것으로 볼 수 있다. 따라서 이 판본에 문성으로 표현된 것만을 보고 「율곡행장」의 기록이 허위요 거짓이라 단정하는 것은 결국 판본무지의 소산에 불과하다(오항녕, 2009).

둘째, 『선조신록』에 십만 양병에 관한 기록이 없다고 해서 양병에 관한 기록이 담겨져 있는 「율곡행장」「율곡년보」『선조수정신록』의 내용이 허위이고 조작이라고 단정적으로 주장하는 것은 율곡의 정책사상이나 정책과정의 흐름을 잘 모르거나 당시 『선조신록』 작성 당시의 사정을 잘 모르고 하는 소리이다. 『선조신록』은 역대 신록 가운데 가장 질이 떨어진다. 임진왜란으로 인하여 임란 이전의 ≪춘추관일기≫·≪승정원일기≫·≪각사등록≫ 등 국가 기록이 전화로 불타 없어졌기 때문이다. 이에 1595(선조 28) 2월 15일, 경연관(經筵官) 정경세(鄭經世)의 건의로 춘추관에서 임진왜란 이전의 사관(史官)으로 하여금 기억을 기록해 제출하게 하였다. 또한 임진왜란 이전의 조보(朝報) · 정목(政目)과 개인의 일기 및 야사(野史) 등을 춘추관에 납입케 하여 이를 토대로 신록을 작성하였다. 그런 관계로 임진왜란 전의 기사는 기사가 없는 달이 상당히 많이 보인다. 또 당월(當月)에 기재했어야 할 기사를 전월에 계속 기재하고 그 달을 표시하지 않은 것도 더러 있다.[23] 『선조수정신록』은 사대부 집에 보관하고 있는 조보의 단간(斷簡)과 사대부 집에 전하는 문집(文集) 중에 들어 있는 소(疏)·차(箚) · 비명(碑銘)을 수집하여 참고하였다. 따라서 『선조신록』이나 『선조수정신록』의 임진왜란 이전의 기록은 그 분량이 매우 적을 뿐 아니라 그 신뢰도가 떨어진다. 이러한 상황에서 율곡이 경연에서 한 양병기록이 『선조신록』에 없

23) 『선조실록』은 광해군 시대에 북인에 속했던 기자헌·이이첨 등이 중심이 되어 편찬한 것이다. 따라서 당파 관계로 공정한 입장을 견지하지 못한 것이 많았다. 특히 서인(西人)으로 지목된 이이 · 성혼 · 박순 · 정철 및 남인 유성룡 등에 대해 없는 사실을 꾸며서 비방했는가 하면, 이산해 · 이이첨 등 북인 일파에 대해서는 성인군자처럼 칭찬해 시비·선악이 많이 전도되었다. 그러므로 인조반정으로 북인이 물러가고 서인이 정권을 잡게 되자 곧 수정하자는 의견이 나오게 되었다. 인조 19년(1641)부터 효종 8년(1657)까지 우여곡절 끝에 작성한 이 『선조수정신록』은 수정이라기보다는 거의 다시 쓴 실록이라 할 수 있다.

다고 하여 심정적 해석만으로 율곡의 십만 양병주장이 조작이라 단정적으로 주장할 수 없다. 『선조실록』과 『선조수정실록』의 임진왜란 이전의 기록은 많은 부분이 기억으로 되살린 내용이기 때문이다.

셋째, 평소 양민양성만을 주장하던 율곡이 느닷없이 양병을 간했다는 그 자체가 허위라고 주장하는 것은 율곡의 병제개혁사상을 전혀 모르고 하는 소리이다. 율곡은 10년 이내 토붕와해의 위기가 올 것이라는 확고한 시대인식을 가지고 있었고, 이를 극복하기 위한 대책으로 일찍이 「만언봉사」 「육조계」 「동호문답」 「진시사소」 등에서 ① 실제 가용병력만을 병적에 올려 병적활용을 내실화하는 방법, ② 병사의 확보와 훈련방법,[24] ③ 장비의 마련과 기병(騎兵)의 확충 방법 등에 관하여 세밀하게 제안하고 있다. 실천과 실효를 항상 강조하고 있는 율곡이 위기극복의 최적수단이 양병이란 사실을 어찌 모르고 있었겠는가?

국란극복을 위한 양병(養兵)은 양민(養民)을 전제로 한다. 분명히 율곡도 훈련방법이나 양병은 양민부터 먼저 하고나서 논의할 일이라고 주장하고 있다. 그러면서 이미 율곡은 양병을 위한 병력수의 증가에 대하여 다양한 방법을 제시하고 있음을 볼 수 있다. 정책은 의제채택에서부터 실천까지는 많은 시간이 소요된다. 양민에 먼저 힘쓰다가 앞으로는 양병을 해야 한다는 것은 당연한 순서일 것이다. 그리고 화란을 방지하고 나라를 지키기(보국) 위해서는 양민과 양병은 필수적인 정책과제일 것이다. 뿐만 아니라 양민양성은 곧 양병의 일환이다. 정책방향을 설정하는 일은 미래의 실천을 전제로 한 시대인식에 근거한다. 따라서 한 나라의 국방장관으로서 10년 이내에 환란이 일어날 것이라는 확신이 있었다면, 양민과 양병의 시차를 줄일 수 밖에 없지 않았겠는가?[25]

---

24) 율곡의 십만양병론의 근거가 되는 항목이다. 그는 병력자원을 확보할 수 있는 방안을 다각적으로 모색했다. ① 병적에 누락된 장정을 찾아내는 방법(刷閒丁), ② 군읍의 유생가운데 가르칠 수 없는 자를 입대시키는 방법, ③ 조예, 나장 등 역에 종사하는 자를 보병에 편입시키는 방법, ④ 천민과 서얼을 혹은 면천시키고 혹은 허통하여 이들을 병력자원으로 활용하는 방법 등을 제안했다(「동호문답」 『전서』 1: 324.-328. 「만언봉사」 『전서』 1: 109. 「진시사소 」 『전서』 1: 154-155).

25) 이덕일(2009)은 선조 16년 율곡은 양민양성을 주장했지 양병은 주장하지 않았다고 항변한다. 분명 선조실록 2월 13일자에는 양병보다는 양민에 주력해야 한다고 주장하면서,

넷째, 김장생이 「율곡행장」을 쓰면서, 자기의 스승인 율곡의 십만 양병 주장에 서애 유성룡이 반대한 내용을 문답형식으로 상세하게 기록함으로서 반대당, 특히 유성룡을 폄하하려는 의도가 있었다는 주장은 지나친 억척이고 자의적인 해석이다. 정책결정에 대한 견해는 상황과 시기에 따라 얼마든지 달리 할 수 있다. 실제로 당시의 국방정책에 대한 견해를 보면, 동인에 속하는 유성룡은 외란의 가능성이 없다고 보는 반면, 율곡이 속한 서인계열은 국방에 대한 위기위식을 가지고 있었다. 특히 율곡은 10년 이내에 반드시 화란이 있을 것이라고 확신했다. 임란이 일어나기 2년 전(율곡이 죽은지 6년 후) 일본의 침략의도를 염탐하러 갔던 사신단이 돌아와 올린 상소에서, 동인계열의 김성일(1538~1593)은 '왜구의 침입은 없을 것'이라고 하였고, 서인계열의 황윤길(1536~?)은 '반드시 왜구의 침입이 있을 것'이라는 엇갈린 상소를 올린다. 분명히 율곡과 유성룡의 시대인식은 달랐다. 율곡과 서애는 각각 서인과 동인으로 소속된 당파는 달랐어도, 국정운영을 위한 이념과 철학이 비슷하여 서로 당파를 초월하여 정책협의를 하는 아주 가까운 사이였다. 임란 전이지만 율곡과 서애는 불우한 이순신을 등용하기 위하여 서로 상의하였을 뿐만 아니라, 서애는 율곡이 죽은 후 임진왜란을 겪으면서 율곡의 정책안을 모두 실천한 사람이다. 김장생은 율곡과 서애의 이러한 관계를 누구보다도 잘 알고 있었다. 당쟁이 극심하고, 서인과 노론이 집권한 시대에 반대당을 폄하한 역사적 기록이 많이 있을 것으로 생각되지만, 스승의 평소의 주장까지도 창작하였다는 주장은 지나친 가설이다.

이상에서 우리는 율곡의 십만양병설의 진위논쟁에 대한 양쪽의 주장들을 살펴보았다. 붕당으로 권력이 한곳으로 독점되면 그들에 의하여 기록된 역사마저도 편향되는 것은 사실이다. 다산은 『목민심서』에서 「우암연보」를 살펴보

"훈련방법에서는 우선 양민부터 하고나서 논의할 일입니다." 라고 주장하고 있다. 그러나 말년에 병조판서의 직을 면해 달라고 청했을 때, 선조는 "경은 늘 폐정을 경장하는데 노력했으니, 이는 경의 평소의 뜻이다. 이제 경은 진실로 기이한 계책을 내어 유폐(流弊)를 모두 개혁하고 양병의 규칙을 만든다면 국가로서는 매우 다행한 일일 것이니, 경은 노력할지어다."라고 허락하지 않고 있다(「시장(諡狀)」『전서(II)』: 378). 평소의 소신대로 양병의 규칙을 만들어 달라고 하는 선조의 말에서도 그의 양병주장이 증명된다.

고는 "붕당으로 갈라진 이래로 기록의 대부분을 완전히 믿을 수 없는 것이 이런 부분에서도 보인다."고 술회하고 있다. 붕당으로 권력독점이 극심했던 당시 조선역사의 많은 기록은 변조가 많다는 것을 이해하면서,[26] 역사적 사실을 새롭게 읽어야 할 것이지만, 십만양병설의 진위논쟁과 같이 완전한 증거가 없이 이루어지는 논쟁은 그냥 인기를 얻기 위한 가설적 논쟁일 따름이다. 역사적 기록에 대한 해석은 자유롭게 이루어져야 하지만, 지나치게 편향된 시각으로 역사적 기록을 허구나 거짓으로 단정하여 다른 역사학자들의 해석을 인신공격하는 소모적 논쟁은 지양되어야 한다. 역사는 승리한 자들의 기록이기 때문에 그 승리한 자들이 기록한 역사는 모두 왜곡되어 있다는 시각도 잘못이다. 이러한 시각 자체가 또 다른 파당이요 노론사관이다. 수기(修己)와 정심(正心)으로 무장된 우리 선비들의 기록이 모두 허위요 거짓된 기록으로 몰아가는 현실도 바람직하지 못하다. 율곡의 십만양병설과 관련된 이러한 파퓰리즘적 논쟁이 율곡의 탁월한 안보사상과 상황통찰력까지도 폄하하는 방향으로 흘러가고 있는 현실이 매우 안타깝다.

율곡은 그 어느 누구도 나라의 위기를 감지하지 못했던 시대에 예리한 통찰력으로 화란(禍亂)의 위기를 예측하고 대비했던 사람이다. 백번 양보해 율곡이 스스로 십만을 입에 올리지 않았다 하더라도, 율곡은 십만양병설이라는 용어가 있게 만든 장본인이다. 율곡은 죽는 날까지도 줄기차게 미래 닥쳐올 전쟁위기를 극복하기 위하여 양민과 병력증강을 주장했다. 예컨대, 그는 「동호문답」에서 비록 조정에 의하여 받아들여지지는 않았지만, 십만양병설의 근거가 되는 다양한 병력증가방법을 제시했다. 방위력을 증가하기 위해서는 우선 군사의 숫자부터 확보해야 되지 않겠는가? 십만이라는 숫자에 집착할 것이 아니라 그의 사상을 종합적으로 들여다보는 지혜를 가져야 한다. 그의 일관된 시무사

26) 당쟁이 일어나기 이전의 실록은 비교적 직필(直筆)로 공정하게 편찬되었다. 그러나 당론(黨論)이 발생한 이후의 실록은 당시의 정권을 잡고 있던 당파에 유리하고 반대당에 불리하게 기록되어 있어 반대당이 정권을 잡게 되면 이를 수정해 다른 실록을 편찬하는 예가 종종 있게 되었다. 『선조수정실록』 외에 『현종개수실록』 『경종수정실록』 등이 나타나게 된 것도 그러한 이유에서이다.

상과 무실사상, 그리고 『전서』에 나타나 있는 정책과 주장들을 종합해보면, 병제개혁을 통한 양병과 방위력 증강의 주장은 명확한 사실이다. 율곡의 양민정책과 양병정책은 정치를 하려면 먼저 때를 알아야 하고, 행정은 무실에 힘써야 한다는 그의 정치행정관의 발로라 할 것이다.

4. 실천위주의 행동중심주의

율곡은 많은 사상과 이론을 개진하고 있지만 가장 대표적인 정치행정사상은 시무(時務)사상과 무실(務實)사상이다. 그 중에서 무실사상은 율곡 경세론의 철학적 기초가 되는 기본사상이다. 율곡의 사상이나 이론치고 어느 것 하나 실천성을 띠지 않는 것이 없다. 그의 실천위주의 행동중심주의사상은 학문에 대한 태도, 선비에 대한 태도 그리고 정책에 대한 태도 등에서 여실히 나타나 있다. 학문의 궁극적인 목표도 실천성과 실용성에 있으며, 선비의 기본자세도 학문을 통한 경세에 있다고 보았으며, 아무리 훌륭한 정책이라도 실천을 통하여 실효를 거두지 못하면 아무런 의미가 없다고 보았다. 따라서 그의 정치행정사상은 다분히 실용주의 성격을 띠고 있으며, 실천과 행동을 강조하는 행동주의 철학을 지니고 있다. 특히 그에게는 말 중심의 인간이나 사회보다는 행동중심의 인간이나 사회가 훨씬 의미가 있고 바람직스러운 것으로 보고 있다.

율곡의 실천주의 또는 행동중심주의의 밑바탕에는 인간만이 혁신과 개혁을 달성할 수 있다는 인간의 의지(意志)를 강조하고 있는 것이 그 특징이다. 즉, 인간의 잘 살고 못사는 것은 인간의 운명이나 남의 탓이 아니라, 오직 사람의 문제라고 보면서 인간의 책임성과 인간의 적극성을 중시하고 있다. 그의 사상에 따르면 모든 경장이나 혁신은 인간만이 할 수 있다는 인간결정론, 인간주체론 또는 인간책임론을 제창하고 있다. 율곡은 『동호문답』에서 사람만이 모든 개혁이나 발전에 있어서 독립변수 역할을 한다고 강조하면서 다음과 같이 설명하고 있다.

> "대체로 왕도가 실행되지 못함은 임금과 재상의 자격이 없는데 기인하는 것이지, 세월이 지나서 그런 것이 아닙니다. …… 정자(程子)의 말에 '사람이 없는 것이지 때가 없는 것은 아니다. 그 일을 하면 반드시 그 공이 있는 법이니, 그 일을 하고서 그 공이 없다는 것은 고금에 본 일이 없다.' 고 하였습니다. …… 잘 다스려지고 어지러워지는 것은 오직 사람에게 달려 있는 것이고, 때와는 관계가 없는 것입니다. 때라는 것은 윗자리에 있는 사람이 만드는 것입니다."(「시정을 논함－동호문답」, 윤사순·유정동 역(1988): 415-418).

이와 같은 인간주체론은 궁극적으로 좋은 정치와 좋은 행정은 바른 사람을 얻느냐 여부에 달려있다고 주장하는 인사행정에서 잘 나타난다. 율곡은 '인사가 만사'라는 생각을 가지고 있었다. 좋은 정치도 좋은 법도 바른 사람이 나온 뒤에야 실현되는 것이니, 법만 있고 그것을 실행하는 사람이 없는 것은 헛된 법, 즉 도법(徒法)이라고 하였으며, 법이 잘못되면 사람이 그것을 고칠 수 있지만 사람이 없으면 법이 저절로 행해질 수 없으니, 가장 절실한 시무는 사람을 얻는 것이라 주장하고 있다.

> "오늘날의 일 가운데 사람을 얻는 것처럼 절실한 것이 없다. 대저 법으로 다스리고 사람으로 법을 행하는 것이니, 법만 있고 사람이 없으면 법이 저절로 행해질 리 없지만, 사람이 있되 법이 없으면 사람이 법을 만들 수 있다. 이 때문에 법이 아름답지 못함을 걱정할 일이 아니오, 사람이 훌륭하지 못함을 걱정할 일이다."(「군정책」 『전서(II)』: 546).

율곡에 있어서 실(實)의 개념은 매우 다양한 의미를 가지고 있다. 무실(務實)사상을 간략히 정의하면, 정치와 행정을 행함에 있어 「실심(實心)을 가지고 실공(實功)을 통해 실효(實效)를 추구해야 한다.」는 사상이다. 여기서 실심은 곧 진실하고 거짓이 없는 진실성을 의미하며, 실공이란 실질적인 노력이요 실천성을 의미한다. 즉 실공은 말뿐이 아닌 행동이요 이론만이 아닌 실천을 의미한다. 적어도 율곡은 당시대의 모순을 경장함에 있어서 이 실천성의 미흡, 공리공론의 폐단을 통감했던 것으로 보인다. 마지막으로 실효란 실용성을 말한다.

실심(진실성)을 주체로 하여 실공(실천성)을 통해 얻고자 하는 궁극적인 가치는 즉 실리 내지 실효성의 확보라는 것이다. 율곡은 당시 빈소리뿐인 경장이나 형식적인 개혁이 아니라 실질적인 개혁을 통하여 실리를 추구하고자 하였다.

그는 전쟁이나 재앙에 대처하는 정책이나, 백성의 교화에 있어서나, 인재등용에 있어서나 형식과 겉치레에 치우쳐 실질적인 효과를 거두지 못하고 있음을 비판하고 있다. 이와 같이 율곡이 실용성과 실효성을 무실사상의 궁극적 가치로 삼는 것은 매우 중요한 의의를 갖는다. 그런데 실용성이나 실효성은 근본적으로 도덕적인 의미로서의 진실이 전제되지 않고서는 불가능하고, 또한 실천성이 갖추어지지 않고서는 기대할 수 없는 것이다. 이렇게 볼 때, 율곡의 무실사상에서 그 내용이 되는 진실성, 실천성, 실효성은 상호 연계되는 것이고, 어느 하나가 결여되어서는 엄밀한 의미에서 무실은 구현될 수 없는 것이다.

이와 같이 실(實)이란 다름 아닌 내용과 형식의 일치요, 이름과 실상의 부합이요, 이론과 실천의 합일이다. 따라서 율곡이 평소 주장한 이기지묘(理氣之妙 ; 이기일원론) 본래의 정신이 이(理)와 기(氣)가 서로 보완하면서 상함(相涵)하는 가운데 이(理)와 기(氣)의 본래성이 완전하게 조화 일치 되는데 있다면, 내용을 지닌 형식, 이름에 부합하는 실상, 이론의 실천화야말로 이기지묘의 가치적 함의와 상통하는 것이다. 이렇게 볼 때, 율곡의 무실사상은 곧 이기지묘의 실현을 적극적으로 표현한 것으로 볼 수 있다.

율곡의 무실사상이 가장 잘 반영되어 있는 영역은 정책집행, 즉 행정부분이다. 한 나라의 정책과 계획은 국정운영의 입지에 해당하는 매우 중요한 의사결정이지만, 실천되지 않고 집행되지 않는 정책이나 계획은 아예 처음부터 없는 것만 못하다는 것이다. 계획이나 정책은 반드시 그 실천을 전제로 하여야 함을 강조하고 있다. 이러한 주장은 오늘의 행정을 논하는데도 시사하는 점이 많다. 고도로 발전된 오늘날의 행정이론에 있어서도, 정책집행에 관한 연구와 이론은 거의 사각지대로, 놓쳐진 부분이었다(Smith, 1973: 197-198).[27]

---

27) 정책집행에 관한 관심과 연구가 본격적으로 시작된 것은 1970년대이다. 미국 죤슨(Johnson) 행정부의 위대한 사회(The Great Society) 건설을 위한 많은 사회정책들이 실패

최근에 이르기까지, 대부분의 학자들은 정책수립과정에만 관심을 가지고 집행문제에는 별로 관심을 기울이지 않았었다. 즉 정책수립과 계획은 중시하면서도 그 집행에는 별로 관심을 기울이지 않아 계획과 효과 사이의 집행현상을 분석하거나 설명하고 있는 문헌이나 이론은 거의 없다고 할 수 있다. 다시 말하면, 정책과 그 결과를 연결하는 집행부분은 사회정책연구에서 빠져버린 연계부분(missing link)이었다(Hargrove, 1975).

20세기 미국의 행정연구에서 행정현상을 설명하는데 사용되는 가장 중심적인 모형은 과학적 관리의 원칙이 지배하는 고전모형이었다. 이러한 고전적 행정패러다임의 특징은 첫째, 중앙집권적이고 계층제적 피라미드 조직에 의해 행정은 이루어지며, 둘째, 정치와 행정은 분리되는 것이며, 셋째 행정은 비정치적인 활동으로서 능률적이어야 한다는 것을 강조하고 있다. 이러한 인식하에서의 정책은 결정만 되면 아무런 불응 없이 관료집단에 의하여 신속하고 성실하게 집행된다는 것을 전제로 하고 있다(Thompson, 1961). 이 이론에서의 정책가정은 일단 정책이 결정되면, 그 정책은 집행될 것이고 그 정책집행의 결과는 애당초 정책결정자가 기대한 것과 유사할 것이라는 것이다. 즉 세워진 계획은 자동적으로 집행되며, 목표도 저절로 달성되는 줄 알았다. 그러나 계획만으로는 그 실현이 보장되지 않는다. 실천되지 않아 계획자체로 끝나는 무지개계획(rainbow plan)이 너무나 많고, 또 실천에 옮겨졌다 하더라도 의도한 결과를 달성하지 못하는 것도 태반이다. 특히 선거를 통하여 집권하고 선거를 통하여 인사가 충원되는 민주사회가 될수록, '말 중심'의 계획과 정책만이 난무하는 경향이 더 강하다.

율곡은 그 당시에 이미 국정운영의 실패가 그 내용보다는 집행의 실패에서 더 연유한다는 확고한 믿음을 가지고 있었다고 볼 수 있다. 율곡이 주장한 실천중심의 사회, 실천위주의 국정운영사상은 오늘날에도 많은 교훈과 의미를

하면서, 정책은 왜 실패하는가? 정책목표와 실제 전달된 정책효과(서비스) 사이의 불일치 현상은 왜 일어나는가? 에 대한 의문에 답하기 위하여 시작되었다. 정책집행문제는 정책결정과정에서 충분한 의견수렴과정을 거치지 못하는 후진국이나 개발도상국에서 더 심각한 문제로 제기된다.

주고 있다. 이러한 실천과 실효를 강조한 무실(務實)사상은 조선 후기 실학사상의 형성에 많은 영향을 미쳤다.28)

5. 실적과 능력중심주의

율곡이 인사행정에서 가장 중요시하고 강조한 이념과 가치는 능력주의 또는 성취주의였다. 그는 국정운영이나 개혁은 법이나 제도보다는 사람에 의하여 좌우된다는 것을 알고 있었기 때문에, 유달리 인재발굴과 활용에 관심을 기울였다. 모든 개혁안을 만들고 실현시키는 것은 오직 인간이기 때문에 행정에 있어서도 '인사가 만사'라는 믿음을 확고하게 가지고 있었다. 그래서 문무를 막론하고 인사의 충원에서부터 승진, 전보에 이르기까지 철저하게 능력과 성취 및 적성위주로 하는 것이 가장 공정한 인사행정이라 보았다. 능력주의와 성취주의는 율곡이 일관되게 주장하는 인사행정의 원칙이었다.

1 능력에 따른 임용

율곡에게 인사행정에 있어서 가장 중요한 것은 인재의 등용이었다. 당시에는 과거제도를 통하여 인사를 충원하였지만, 문벌주의가 성행하여 다 같이 등

---

28) 조선시대의 실학은 유형원으로부터 시작된다는 것이 통설이다. 그러나 실학에 율곡을 포함시킬 것을 강력히 주장하는 학자도 있다. 김용덕(1977: 541-616)은 율곡을 '전기실학파'로 분류할 것을 제안하면서, 그의 학설을 실학사상의 경세치용론을 구성하는 중요부분으로 보았다. 그는 새로운 학풍으로서의 실학은 이미 반계와 성호 이전에 발생했다고 보고, 율곡, 중봉(조헌), 토정(이지함), 지봉(이중환), 반계 등 16세기에서 17세기 말엽까지 150년간의 실학자들을 전기실학파로 분류할 것을 제안하고 있다. 실제로 율곡의 사상은 훗날 반계와 성호에게 많은 영향을 미쳤다. 천관우(1979)의 조사에 의하면 『반계수록』은 고려사지(高麗史志)나 경국대전(經國大典) 등을 제외하면 율곡 26, 중봉 15, 한백겸 4, 조광조 4, 이수광 2 등의 인용빈도를 보이고 있다고 주장하면서 반계에게 영향을 준 학자로는 율곡과 중봉의 비중이 압도적이었다고 평가하고 있다. 성호도 율곡과 반계를 평해 "국조 이래로 시무를 안 사람은 오직 율곡과 반계가 있을 뿐이다."라고 하고 있다(『성호사설』 권3. 하. 치도문(治道門) 1).

과를 하여도 권문세가들의 자제들만 크게 등용되는 폐단이 있었다. 특히 관리의 전형은 청탁이나 정실로 많이 이루어져 능력위주의 인사행정이 이루어지지 못했다. 율곡은 인사를 평가할 때, 그 사람의 능력, 실적, 식견, 명절만 보면 되지 그 외의 것은 볼 것이 없다고 하였다. 그가 어디에 소속하고 출신성분이 어떠하든 능력위주로 일을 맡기고(任之專), 그 일을 전문적으로 하도록 해야(持之久) 소기의 성과를 거둘 수 있다는 것이 그의 소신이었다.

> "…… 각각 그 재주를 가지고 그 직을 맡는 것이니, 만약 그 쓰이는 곳이 그 재주와 어긋나고 분분히 바꾸어 한 가지 일에 전일하게 하지 못하면 반드시 낭패를 당하게 된다. 나라를 다스리는 일이 이것과 무엇이 다르랴. …… 신구를 논하지 말고 문벌을 묻지 말고 단지 그 인기상칭자(人器相稱者: 능력과 자리가 걸맞은 자)를 택할 것이며, …… 대소내외관(大小內外之官)을 모두 적임자를 택하여 전일하게 맡게 하고(任之專), 오랫동안 그 직을 지니게 하여(持之久) 실적을 이룰 것을 기약하게 하되, 몇 날 몇 달로 그 기한을 한정하지 말아야 할 것이다. 능력과 자리가 일치하는 사람은 종신토록 하나의 직에 있는 것이 가(可)하다."(「응지논사소」『전서(I)』: 124-125).

2 업적평가에 따른 승진

관직은 나라의 공기이며, 민생의 행불행이 달려있는 천직이다. 율곡은 연공에 따른 승진제도를 반대했다. 관직을 충원할 때는 각각의 자리에 어울리는 사람을 충원해야 하며, 승진의 경우는 오직 업적과 능력만을 고려할 것을 강조했다. 경력의 다양함과 재직의 오래됨에 따라 승진시키는 제도와 임명한 지 얼마 되지 아니 되어서 그 직을 바꾸는 관행은 반드시 고쳐져야 한다는 것이다.

> "그 녹을 먹고자 하는 자는 남에게 해를 끼치는 자라도, 그 오래된 순서에 따라 마침내 대관에 이른다."(「진시폐소」『전서(I)』: 145).

인사원칙으로 율곡이 특히 강조한 것은 능력 있는 사람을 순서에 구애받지 않고 써야한다는 것과, 임용·승진·좌천이 나이와 서열에 따라서가 아니라 오직 능력과 업적에 따라 이루어져야 한다는 것이다.

3 장기임용을 통한 행정의 전문화

율곡은 관직은 전문화되어야 한다는 생각이 철저했다. 적어도 직책과 직무가 있으면, 그 일을 익히고 업무를 통솔하기 위한 최소한의 기간이 필요하다는 것이다. 원래 『경국대전』에 의하면 모든 관직에는 임기가 정해져 있었다. 6품 이상은 900일(2년 반), 7품 이하는 450일(1년 3개월), 그리고 무녹관(無祿官)은 360일(1년)로 규정되어 있었다(『경국대전』 권1, 吏典 京官職). 이 임기제는 조선 중기로 넘어오면서 점차 문란해져 거의 지켜지지 않았다. 『증보문헌비고』에 의하면, 중앙의 요직에 임용된 자가 그 직에 불만이 있으면 칭병, 기피 등으로 사양하는 경우가 많았으며, 특히 대간이 심하였고, 따라서 관직의 인사이동이 빈번하여 조배모천(朝拜暮遷)이라는 말까지 생겼다고 적고 있다(『증보문헌비고』 권 229, 職定考 16).[29)]

율곡은 이러한 빈번한 인사이동은 그 직책을 병들게 하는 원인이라고 지적하면서 되도록이면 한 직책에 오래 근무하게 하여 행정을 전문화하여야 한다고 주장하고 있다. 특히 지방관인 감사의 임기는 1년으로 하지 말고 3년으로 한정하되 가족을 거느리고 임지에 가서 살게 하여야 전문적 업무통제가 가능하다고 주장하고 있다. 심지어 능력과 자리가 일치하는 사람은 종신토록 하나의 직에 근무하는 것도 가(可)하다고 보았다. 그래야 성과가 있고 업적평가가 가능하여 능력에 의한 인사관리가 가능하다는 것이다. 각 직위와 직책에 적합한 인물을 오랫동안 그 직에 근무하게 하여 전문화하여야 한다는 그의 주장은

29) 『증보문헌비고(增補文獻備考)』는 영조 46년(1770)에 편찬한 『동국문헌비고』의 증보판이다. 1903년부터 1908년 사이에 칙명(勅命)으로 편찬, 간행된 『증보문헌비고』는 총 250권의 방대한 분류서로 상고시대부터 조선시대까지 한국의 모든 제도와 문물을 16개 분야로 나누어 연대순으로 정리한 백과사전이자, 국가를 다스리는 데 필수적인 기초 문헌이었다.

당시 계급제(rank system) 인사제도의 단점과 직위분류제(position classification system)의 장점을 간파하고 있었음을 말해 준다. 율곡은 지나친 인사이동은 그 직책을 병들게 한다고 보았다.

"옛날에는 관직을 위하여 사람을 택하여 오랫동안 맡겨서 그 실적을 평가하였는데, 오늘날에는 사람을 위하여 관직을 택하므로 재(才)가 마땅한지는 따지지도 않고 오직 청관요직(淸官要職)을 많이 거친 것을 영광으로 삼는다. 이 때문에 아침에 바뀌고 저녁에 옮겨서 한 사람이 각사(各司)를 두루 거친 것을 영예로 삼으니, 이렇게 하고도 그 직책을 병들게 하지 않을 자가 없다."(「경연일기(3)」『전서(II)』: 205. 「행장」『전서(II)』: 352-353).

"감사는 임기가 1년이고 가족이 함께 가지 않는 까닭에 사람마다 싫어하고 괴로움으로 여겨 임명받는 날부터 칭병하고 사퇴할 생각을 하고 몇 달이 지나도록 부임할 뜻이 없다가 마침내 병을 핑계하여 그 직을 면하고 마니, 이 때문에 도(道)는 늘 주인이 없는 것과 같고 정치는 의지할 바가 없고 백성은 교화를 입지 못한다."(「진시폐소」『전서(I)』: 148).

4 추천제의 도입

율곡은 당시의 관리충원방법이었던 과거제도가 훌륭한 지도자나 관리를 선발하기 위한 제도가 아니라고 보았다. 과거제도의 시험과목이 시부(詩賦)로 사람을 뽑기 때문에, 사장(詞章)만을 일삼고 성리의 학문을 소홀히 하며 오직 벼슬길에 나가는 일에만 전념하는 사람이 등용된다는 것이다. 과거시험 준비에만 급급한 사람은 제대로 학문을 한 사람이라기보다는 명리에만 밝은 사람일 가능성이 많다는 것이다.

율곡은 과거제도에 의한 인사충원이 불완전하고 미비한 것임을 지적하면서 과거를 거치지 않은 선비(未出身人)에게도 개방하여 그 능력을 발휘할 기회를 주어야 한다고 주장한다. 이 불완전한 인사충원제도를 보충하기 위해 제안한 것이 추천제도였다. 추천은 교육기관이나 문무인사담당기관인 전조(銓曹: 이

조나 병조)를 통하여 이루어지도록 하였다. 교육기관을 통한 추천으로는 전국에서 자질 있는 사람을 뽑아 태학(太學)과 사학(四學)에서 가르치고 그 중 경륜과 덕성이 뛰어난 사람을 골라 조정에 추천하여 이들로 하여금 즉시 대간(臺諫)이나 시종(侍從)의 열에 나가게 하는 방식이다(「만언봉사」『전서(I)』: 327). 전조를 통한 추천방식은 전조로 하여금 인재를 추천하게 하여 적합한 인물이 있으면 정해진 단계를 뛰어넘어 채용하여 중요한 직위를 맡기는 방식을 말한다(「옥당진시폐소」『전서(I)』: 63). 율곡은 불완전한 과거시험에만 의존하여 공직을 충원할 것이 아니라 추천제를 통하여 보다 광범위하게 인재를 발굴할 것을 주장하고 있다.

5 서얼의 등용

율곡의 인사행정 개혁안에서 특기할 만한 것은 필요하다면 서얼들로부터 인재를 발탁하여 써야 한다는 주장이다. 율곡은 "왕도를 행하는 사람은 현자를 씀에 사람을 차별하지 않으며, 인재를 버려서는 안 된다."고 주장하고, 매양 서얼에게 벼슬길(仕路)을 열어주기를 바랬다(「율곡행장」『전서(II)』: 360). 서얼 등용안을 구체적으로 언급한 것은 병사와 양식을 조달하고 방비를 굳건히 하기 위한 방안의 일환이었다. 그는 「진시사소」에서 서얼이 곡식을 바치면 벼슬길을 열어줄 것과 천인이 곡식을 바치면 면천시킬 것을 주장하였다.

율곡이 제시한 인사제도의 개혁은 능력에 따라 인사관리를 하여야 할 것을 강조하고 있는 것이 특징이다. 즉 능력에 따라 임용, 승진, 좌천 등을 행하되, 적재적소에 배치하여야 하고, 또 추천제를 도입하여 충원을 다양화하고 서얼에게도 벼슬길을 열어 인재를 광범위하게 발굴할 것을 강조하고 있다. 이러한 율곡의 인사행정관은 오늘날의 발전된 인사행정이론과 거의 맥을 같이 하고 있다.

6 녹봉(보수)제도의 개선

율곡은 수령이나 감사 등 외관(外官)을 특별히 중시했다. 민생의 행불행이 바로 그들 목민관에게 달려있고 그들을 감독할 책임이 감사에게 있기 때문이다. 그럼에도 불구하고 외관들에게는 원칙적으로 보수가 없었다. 감사(관찰사), 병사(병마절도사), 수사(수구절도사)의 경우, 가족을 동반치 아니할 경우에 한하여 녹을 지급하였고, 수령, 첨사, 만호는 가족을 동반하지 않는 경우 극히 일부에만 녹이 있고, 도사(都事), 양계(평안도와 영안도)의 우후(虞侯), 평사(評事)에게만 보수를 지급하였다(『경국대전(II)』 호전 祿科).[30] 외방(外方)의 이서(吏胥)나 복례(僕隷)에 대해서는 아무런 보수가 없었다. 그러므로 그들은 지방관청의 늠전(廩田)이나 관둔전(官屯田)의 수입 중에서 또는 백성들에게서 수탈하는 길밖에 없었다.[31] 이렇게 관의 공적 수입을 사적으로 이용하게 되니 공과 사의 구별이 모호해지고, 기강이 해이해져 속료 또는 백성들에 대한 착취가 더욱 심하게 되었다.

율곡은 수령이나 이서 등에게 보수가 없는 것이 백성을 착취하게 되는 중요한 원인이라고 보고 그들에게도 보수를 지급할 것을 건의했다. 그는 옛날에는 그들에게 일정한 보수가 있었는데 오늘날에는 없으니, 그들이 도적질을 할 수 밖에 없다는 것이다. 율곡은 국가재정을 축내지 않고도 그들이 쓰는 것으로 관례화된 모곡(耗穀)을 보수의 재원으로 삼고, 그 밖의 잡부금을 근절할 것을 주장하고 있다(「송조여식설(送趙汝式說)」 『전서(I)』: 282).

---

30) 도사(都事)는 관찰사의 주요한 보좌역으로서 지방관의 감찰을 담당한다. 우후(虞侯)는 병마와 수군절도사 밑에 있는 부직(副職)이며, 평사(評事)는 병마절도사 밑에서 군기에 참여하는 정6품의 문관직이다(정시채, 986; 213-256),

31) 늠전(廩田)이란 공수전(公須田), 아록전(衙祿田), 학위전(學位田), 역위전(驛位田) 따위를 통용하여 이르는 용어이다.

6. 정부조직운영의 효율주의

율곡은 정부 관료조직을 효율적으로 운영하지 않고서는 폐정개혁을 이룰 수 없다고 생각했다. 정부조직은 자체의 생명력을 얻어 영구히 존속하는 경향이 있고, 그 결과 불필요한 조직이 계속 남아 있는 것이 그 속성이다. 율곡은 이러한 관료제적 타성과 모순을 극복하지 않고서는 효율적인 조직관리가 불가능하다는 것을 알고 있었다.

이러한 효율적인 조직관리를 위하여, 율곡은 중앙관직의 통폐합과 지방행정관서의 축소를 주장하고, 조직 내의 다양한 의견을 효율적으로 결집하기 위하여 소통(communication)을 강화할 것과 당시의 관료제에서 나타나고 있는 특징인 무질서와 혼란을 방지하기 위하여 계층적 질서 확립을 주장했던 것이다. 그의 다방면의 정치개혁과 사회개혁은 효율적인 정부운영을 지향한 것이었다. 율곡이 제안한 정부조직의 형태와 운영방식은 오늘날 행정학자들이 제시하는 효율적인 관료제 모습과 매우 흡사하다. 관료조직의 효율적 운영과 관련하여 율곡이 주장하고 있는 개혁안을 몇 가지로 나누어 고찰해 본다.

1 정치행정과정의 언로개방

율곡은 정치행정과정에서 언로(communication network)의 중요성을 매우 강조했다. 그는 왕도정치를 실현하려면 반드시 언로를 개방하고 활성화해야 한다고 생각했다. 언로의 활성화는 국정을 정확하게 파악할 수 있게 하고, 정책결정의 객관성과 정당성을 확보할 수 있게 한다고 보았다.

율곡은 모든 사람이 마음속으로 공감하는 '공론'을 통하여 나라를 다스리는 것이 왕도정치를 실현하는 길이라 생각했다. 공론이 조정에 받아들여지면 나라는 다스려지겠지만, 그것이 골목에만 머물면 나라는 어지러울 것이며, 위아래 어디에도 공론이 없으면 나라는 망한다고(「대백참찬소」 『전서(I)』: 137) 하면서, 공론(公論)과 합치되면 나무하는 사람의 말과 김매는 사람의 말도 가볍게 여길 수 없지만, 사의(私意)에서 나온 말이라면 제왕의 말이라도 고쳐야 한다고 했다(「경연일기(2)」『전서(II)』: 155). 이처럼 율곡은 국정운영과정에서 개방적이고 공개적인 의사전달을 강조했다.

언로를 개방하고 활성화하는 이유는 나라의 실정을 정확히 알고자 함이다. 임금은 구중심처에 거하고 있기 때문에 나라의 실정과 폐단을 알기가 쉽지 않다. 임금은 여러 사람의 귀를 자신의 귀로 삼고, 중인(衆人)의 눈을 자신의 눈으로 삼아야 한다(「응지논사소」『전서(I)』: 124). 그러나 의사전달의 길만 열어 놓는다고 해서 정치의 개방성이 확보되는 것은 아니다. 율곡의 입장은 군왕이 너무 총명해서 남의 말을 믿지 않거나 무시해도 정치행정의 개방주의는 일어나지 않고, 또 군왕이 우둔해서 간신 등에 휩싸여 있어도 국정운영의 개방성(openness)이 차단된다고 보았다. 그래서 율곡은 정치행정의 개방성을 확보하기 위해서는 우선 군왕이 현신과 간신을 구별할 수 있는 능력이 있어야 하고, 공식적 자리뿐만 아니라 비공식적 자리에서도 신하와 자유로이 접촉하여야 한다고 강조하고 있다. 또 임금에게 의견을 제시할 수 있는 사람도 관직에 있는 벼슬아치나 선비계급에만 국한하지 말고 상민에서 천민에 이르기까지 의견제시권이 열려 있어야 한다고 보았다.

이렇게 언로를 활짝 열어놓되, 혹 그 말이 주제넘고 하찮아서 볼 만한 것이 없고 법에 저촉되는 듯해도 그대로 두고 불문에 부쳐야 하고(置而不問), 또 대간의 발언내용의 근원을 캐고 그에 대해 책임을 묻지 않아야(不問言根) 언론이 활성화된다고 보았다.(「간원진시사소」『전서(I)』: 53).[32)]

율곡이 주장했던 정치행정과정의 개방주의 또는 언론의 활성화는 여러 가지 의미가 있다. 첫째로는 정책개발이나 정치과정에 보다 많은 의견을 반영시켜 정책의 질(quality of policies)을 제고할 뿐 아니라, 둘째는 보다 많은 사람들을 정책결정에 참여시킴으로써 정책의 객관성(objectivity of policy)과 신뢰성을 을 높이며, 셋째로는 권력의 정당성(legitimacy of power)을 높여주는 역할을 하였다고 볼 수 있다. 군주국가에서 군주의 명령에 정당성을 따지지는 않았지

---

32) 치이불문(置而不問)과 불문언근(不問言根)이라는 관행을 확보하였기 때문에 언론이 활성화될 수 있었다.

만, '백성을 위한 정치인지 아닌지'의 여부에 따라 권력의 정당성문제는 항상 논의될 수 있었다. 따라서 언론을 활성화하고 정책과정을 개방하여 민의를 수렴하였다는 것은 권력의 정당성을 강화하는데 기여하였다고 볼 수 있다.

2 계층제 질서의 확립

율곡은 개혁이 성공하기 위해서는 먼저 정부조직 내 상하간의 위계질서의 확립을 통하여 효율적인 행정이 이루어져야 한다고 생각했다. 그러나 당시의 관료제는 오늘의 관료제처럼 상하간의 계층적 질서가 확립되어 있지 않았다. 다시 말하면, 상명하복을 중심으로 한~계층적 구조라기보다는 상하간의 합의관계를 더욱 강조하는 위원회적 성격이 강했다. 물론 형식적으로는 품계에 의한 계층적 조직구조를 갖추고 있었으나, 실질적으로는 명령복종을 강조할 수도 없었고, 하급자도 상급자에게 이의를 제기하거나 잘못을 들어 시정을 촉구할 수도 있었다.

특히 대간의 직에 오르면 미관말직이라도 삼공육경(三公六卿)을 얼마든지 탄핵할 수 있었다. 따라서 상하간의 질서가 문란하고 의견이 백출되어 조정(coordination) 및 갈등관리(conflict management)가 쉽지 않아 행정이 매우 비효율적이었다. 이 당시는 정책의 결정도 어려웠지만 집행도 관료조직의 혼란과 무질서, 그리고 무사안일주의적인 행정행태로 인화여 효율적이지 못했다. 율곡은 관료조직내의 행정의 무질서와 혼란, 그리고 기강의 해이를 지적하면서 행정의 통일성과 체계성, 그리고 효율성을 위해서도 계층적 질서(hierarchical order)의 확립을 촉구하고 있다.

> "예로부터 나라를 다스림에는 반드시 삼공이 육경을 통솔하고, 육경이 여러 관서를 맡아, 높은 지위에서 낮은 지위를 거느리고 아래에서 위를 받들어 높고 낮음에 차서가 있어야만 기강이 확립되는 것 이온데 지금은 그렇지 않아 조정의 논의가 여러 갈래이어서 아침저녁으로 고치고 바꾸니 옳고 그른 것의 기준이 정해지지 못하고, 상하 대소가 서로 체계가 서지 않고 조정 벼슬아치가 천백이면 그 생각도 천백입니다."(성낙훈 역(1972): 134에서 재인용)

3 법과 규칙에 의한 업무집행

국가는 기강(紀綱)이 있으므로 유지된다. 기강은 나라의 원기(元氣)이며, 나라의 의지하는 바이고, 기강이 서지 않으면 만 가지 일이 퇴락한다. 율곡은 관료조직 뿐만 아니라 국가 전체의 기강도 해이해져 있음을 지적하면서, 당시 법이 지켜지지 아니하고, 치적이 이루어지지 않는 것은 기강이 서지 않았기 때문이라고 생각했다(「성학집요(7)」『전서(II)』: 41). 즉 기강이 떨어졌기에 관리들이 태만하고, 공(公)보다 사(私)를 앞세우고, 자기 이익을 챙기기에 급급할 뿐, 자기의 직분은 치지도외(置之度外)하고 있다는 것이다. 따라서 법과 규칙에 따른 업무집행을 통하여 기강을 확립할 것을 주장하였다. 기강과 법치는 동전의 앞뒤와 같다. "기강이 정숙함은 수법(守法)에 달려있고, 기강이 서지 않으면 법이 행해지지 않는다."는 것이다. 율곡은 법치가 실현되지 않으면 기강은 반드시 문란해진다고 주장하면서 법에 의한 행정과 계층제적 질서의 확립을 통하여 기강을 바로잡고 효율적인 행정을 할 것을 주장하고 있음을 볼 수 있다.

> "반드시 공명정대한 마음으로 정사를 베풀어, 오늘 한 가지 선정을 하고 내일 한 가지 선정을 하여 곧은 자를 반드시 쓰고, 곧지 않은 자를 반드시 버리고, 공있는 자는 반드시 상(賞)주고, 죄있는 자는 반드시 벌(罰)주면 기강이 설 것이다."(「경연일기(2)」『전서(II)』: 147)

> "나라를 유지할 수 있는 것은 기강이 있기 때문이며, 기강이 정숙(整肅)해지는 것은 수법(守法)에 달려 있으니, 법은 있되 그것이 행해지지 않으면 기강은 반드시 문란해진다."(「진미재오책차(陳弭災五策箚)」『전서(I)』: 63).

4 중앙 정부조직의 축소개편

율곡은 정부조직의 효율적 운영을 위하여 관직을 통폐합하여 정부기구를 축소할 것을 제안하고 있다. 율곡은 관청의 수가 너무 많고 관직이 너무 번다함을 지적하고 가능하면 관사를 줄이고 꼭 필요하지 않은 인원은 감축할 것을 제안하고 있다. 예컨대, 내수사(內需司)를 호조에 편입시켜 운영비를 줄이고 나아가 궁중경비를 좀 더 공식화할 것과 다양한 임시직을 폐지하여 예산낭비를 줄일 것을 주장하고 있다. 요즈음의 정부조직 개편의 논리와 동일하다.

> "관사를 줄이고, 쓸데없는 인원은 없애야 한다. …… 중국에 비하면 하나의 도에도 미치지 못하는데 …… 우리나라의 관사가 너무 번잡함을 알 수 있다. 8도에 이르면 군읍이 너무 많아 간혹 수령은 앉아 있되 백성은 없는 곳도 있다. 생산하는 자는 적고 소비하는 자는 많으니 어찌 곤궁치 않겠는가? …… 안으로는 여러 관청 가운데서 합할 수 있는 것을 합하고, 밖으로는 여러 읍중 합해도 될 것을 합하며, 오직 직무가 있는 자리만 남겨두고 급하지 않은 인원은 모두 없애면 조정에 요행으로 얻은 벼슬자리가 없어지고 백성들은 여력이 생길 것이며, 원망하는 자는 드물어지고 기뻐하는 자는 많아질 것이다." (「의진시폐소」『전서(I)』: 76).

5 지방행정조직의 개편과 혁신

율곡은 무(武)의 중요성을 강조하는 만큼 지방관들을 특별히 중시했다. 그 이유는 지방관직은 경직의 울타리로 지방이 튼튼해야 경사(京師)도 의지할 바가 있다는 것이고, 민생의 행불행이 수령의 손에 달려 있고, 그 수령을 감독할 책임은 감사에게 있다는 것이다. 즉 백성 사랑을 다할 책임은 수령보다 더 절실한 이가 없다.

율곡은 지방행정의 혁신방안으로, ① 지방 관리의 선임을 엄격하게 하고, ② 수령에게 일정한 봉급을 주어 토색질 할 요인을 원천적으로 없애고, ③ 감사를 엄선하되 그 임기를 늘려 전문화하고, ④ 불필요한 지방관서를 축소할 것을 제시했다.

백성들의 삶에 수령의 책임이 막중함에도 불구하고, 지방관리라는 이유로 가볍게 취급해 왔음을 지적하고, 율곡은 젊은 엘리트 관리를 수령으로 임명할 것을 제안하고 있다. 그 방법은 문관으로서 처음 육품(六品)을 받은 자는 으레 외직인 수령으로 발령하여 그 치적으로 보이도록 하고, 대간(臺諫)으로서 시종

(侍從)의 열(列)에 있는 사람은 번갈아 외직을 맡게 하여 그 실적을 평가하고 현부를 판단하여 내직을 제수하자는 것이다. 외지에서 평가를 받은 자를 경직으로 임용하는 「지방순환 전보제도」를 활용하자는 안이다.

또한 감사는 특별히 강명인후(剛明仁厚)한 자를 선발하여 그 직을 맡겨야 하고, 그 임기를 1년으로 한하지 말고 3년으로 장기화하되, 가족을 거느리고 임지에서 살게 하여, 제대로 감사업무를 수행하도록 하자는 주장이다. 이러한 「순환보직제도」와 「전문직제도」를 도입하면서, 그 실효를 거두기 위하여 수령과 서리에게도 일정한 봉급을 지급하여 착취를 근절하여야 한다고 제안하고 있다.

> "이른바 감사의 임기를 늘리자는 이유는 다음과 같은 이유에서이다. 감사는 한 도(道)의 주인이니, 오랫동안 그 직에 있어 백성과 신뢰가 형성되어야 교화가 베풀어지고 영(令)이 행해진다. …… 오늘의 실정은 이와 달라 감사는 그 임기가 1년이고 가족이 함께 가지 않는 까닭에 사람마다 싫어하고 괴로움으로 여겨, 임명받는 날부터 병을 칭하고 사퇴할 생각을 하고 몇 달이 지나도록 부임할 뜻이 없다가, 마침내 병을 핑계하여 그 직을 면(免)하고 마니 이 때문에 도(道)는 주인이 없는 것과 같고 정치는 의지할 바가 없고 백성은 교화를 입지 못한다"(「진시폐소」 『전서(I)』: 148).

6 혁신위원회(經濟司)의 설치

율곡은 폐정혁신을 주도할 전문기관으로 한시적인 특별위원회조직인 경제사(經濟司)를 설치할 것을 제안했다. 경제사는 시무(時務)가 밝은 사람들이 한 곳에 모여 서로 의논해서 시폐를 개혁하기 위한 기관으로, 시폐의 개혁이 완성될 때까지만 두는 한시적 조직이다(「경연일기(3)」 『전서(Ⅱ)』: 226).[33] 율곡은 폐정혁신과제를 종합적이고 유동적(dynamic)으로 처리하기 위해서는 다양한

---

33) 경제사를 설치하자는 건의에 대하여 왕의 반응은 "경제사를 설치한 후에는 반드시 큰 일이 일어날 것이다. 모든 일을 6조가 분장함은 분명히 뜻이 있는 것이다(「경연일기(3)」 『전서(Ⅱ)』: 226)."라고 하면서 받아들이지 않았다(선조 14년).

영역의 전문가들로 구성된 수평적이고 유기체적인 조직이 필요하다고 보았다. 율곡이 개혁업무를 수행하기 위하여 설치하기를 주장한 이 경제사는 오늘날의 애드호크라시의 개념과 거의 흡사하다. 일반적으로 애드호크라시는 다양한 전문적 기술을 가진 이질적 전문가들로 구성된다.

애드호크라시(adhocracy)는 고정된 계층구조가 없고, 영구적인 부서도 없고, 공식화된 규칙도 없고, 일상적인 문제를 처리하기 위한 표준화된 절차도 없는 탈관료화(debureaucratization)된 조직구조이지만, 융통성, 적응성, 순발성 및 쇄신성을 특징으로 한다. 율곡이 주장한 경제사는 이 애드호크라시의 일종으로 최근 가장 많이 사용되는 과업집단(task force)과 가장 유사하다. 율곡은 시폐개혁은 한 부처 이상에 걸쳐 처리하여야 할 국가의 중요사항이 대부분이기 때문에 여러 부서에 소속되어 있으면서 시무에 밝은 사람들이 모여 보다 종합적인 관점에서 다루는 것이 훨씬 능률적이고 실효성이 있다고 판단하여 이러한 특수조직의 설치를 제안한 것으로 보인다. 수 백 년 전에 이미 율곡은 관료제 조직의 수직적 수평적 분화에서 일어나는 결함과 그 조정의 중요성을 잘 알고 있었던 것으로 보인다.

7. 예산의 절약과 능률주의

율곡의 재정운영사상, 즉 예산과 재무행정사상은 절약과 능률주의이다. 율곡은 무엇보다도 국가차원에서 소비절약을 실천할 것을 강조했다. 우선 궁중에서부터 소비하는 물자를 줄여야 한다고 주장하면서, 내탕의 물자는 사용(私用)되는 경향이 많으므로 내탕과 내수사를 호조에 통합하여 나라의 공비(公費)로 삼을 것을 주장했다. 또한 제사를 간소화하고 정부기구의 축소와 통폐합(re-organizing)을 통하여 쓸데없는 관료의 수를 줄여 경비를 절약하고 행정을 능률화할 것을 강조했다.

율곡의 경제제도의 개혁 또는 재정운영의 개혁은 온건하고 점진적인 성격이 강하다. 적극적인 생산 확대위주의 정책이라기보다는 조세징수의 합리화와 공안개정 등에 머무는 소극적인 성격을 띠고 있다. 생산을 많이 빨리 하여 수입을 극대화하는 전략이 아니라, 소비를 줄이면서 천천히 점진적으로 재정 상태를 개선하는 것에 초점을 맞추고 있다. 따라서 그의 재정운영과 관련된 사상은 기존제도의 낭비요인을 제거하고 절약을 강조하는 능률주의에 그 초점을 두고 있는 것이 특징이다.

1 정부지출의 축소

율곡의 국가재정운영은 주로 정부의 지출축소와 수입증대를 통하여 나라를 부유하게 하고 국가의 재정상태를 개선하는 것에 초점을 두고 있다. 율곡은 나라를 부유하게 하기 위해서는 먼저 녹을 먹는 자를 줄여(食之者寡) 지출을 줄이고, 나라의 세출을 세입에 맞추어야 하며(用之者舒), 적정수준의 세금징수를 실현함으로써 국가수입을 늘려야 한다고 주장하고 있다.

율곡은 무엇보다도 국가차원에서 소비절약을 실천할 것을 강조했다. 때를 구하는 방법은 절용(節用)에 있고 절용의 방책은 오직 검약(儉約)을 숭상하는 길뿐이니(「옥당진시폐소」『전서(I)』: 62), 그러기 위해서는 불요불급한 경비지출은 줄여야 한다는 것이다. 지출을 축소하기 위한 방법으로는, 궁중의 소비를 절약하고 제사를 간소화하여 예산지출을 줄이고, 정부기구의 통폐합을 통하여 헛되이 나가는 비용을 줄일 것을 제안하였다.

(1) 궁중의 소비절약

율곡은 우선 궁중에서 소비하는 물자(御用, 內帑)부터 줄여야 한다고 주장했다. 임금은 옷도 검소하게 입고 음식의 가짓수도 줄임으로써 몸소 검약의 덕으로 신민을 이끌어야 한다. 내탕의 물자는 사물화(私物化)되고 사용(私用)되는 경향이 있으므로 내탕과 내수사를 호조로 통합하여, 나라의 공적 경비로 삼고, 사재로 삼지 말아야 한다. 임금은 모름지기 부에 대한 사사로운 욕망으로부터 자유로워야 한다는 것이다.

(2) 제사의 간소화

당시 제사의 경비가 국가경비의 거의 반을 차지했다. 율곡은 제사의 정신은 정성스럽고 깨끗한데 있으며, 옛날 성왕도 제사가 너무 빈번하지 않는 것을 귀하게 여겼다고 하면서 제사를 줄여 정부지출을 줄일 것을 주장하였다.

(3) 정부기구 통폐합에 의한 예산절약

지출이 수입을 초과하는 적자재정운영은 결국 백성의 피해로 돌아간다. 율곡은 적자재정운영이 지속되어 점점 재정이 고갈되어 가는 현상을 바로잡기 위해서는 먼저 불요불급한 관직을 혁파하여 정부지출을 줄여야 한다고 보았다. 중앙정부나 지방행정기구 모두 이상(異常) 비대(肥大)하여, 심지어 지방수령은 있되 백성이 없을 정도이니, 이를 줄여 헛되이 나가는 경비를 줄여야 한다는 것이다.

> "조종조(祖宗朝)에는 세입이 심히 많고 비용이 많지 않아 한 해에 반드시 여분이 생겼으니, 이처럼 세월이 지나면 곡식이 썩을 정도로 많아질 것이 확고한 형세였다. 오늘날에는 한 해의 수입이 한 해의 지출을 지탱하지 못하는데다가 임시로 설치한 관직은 날로 불어나고 쓸데없는 관직이 너무 많아 매양 묵은 비축곡으로 경비를 제공하니 2백년 쌓아온 나라에 단 한 해의 비축이 없는 것은 참으로 마음 아픈 일이다. …… "(「육조계」 『전서(I)』: 170).

2 양입제출원칙에 의한 예산운영

율곡은 나라의 재정운영의 무계획성을 비판하고 있다. 해마다 흉년이 들어 세입이 크게 줄었는데도, 세입의 예측을 높여 정하고, 경비는 오히려 과거 관례와 규정에 따르니 어찌 부족하지 않겠는가라고 하면서, 양입제출의 예산원칙을 철저히 지켜 세입의 범위 내에서 예산을 지출할 것을 주장하고 있다.

> "수입을 헤아려 지출을 하고, 급하지 않는 관직과 무익한 비용을 모두 혁파하여,…… 도둑맞지 않게 된 후에야 거의 재정고갈을 면할 것이다."(「육조계」 『전서(I)』: 170).

3 국고수입의 확대

율곡은 당시 국가재정이 탕갈되고 나라가 가난하게 된 것은 조세행정의 무원칙과 문란, 그리고 중간관리자들의 착취로 인한 세수상실 등이라고 보고, 조세징수의 합리화와 공안개정을 통하여 세수를 증대할 것을 주장하고 있다. 따라서 국고수입의 확대를 위해서는 적절한 수준의 세금을 거두어들이고, 백성과 국가사이에서 관리들이 백성을 착취하는 일을 막아야 함을 강조하고 있다. 과세의 기준과 원칙이 필요하다는 것이다.

(1) 공정하고 공평한 조세행정

율곡이 적정한 수준으로 간주한 세율은 10분지 1세다. 당시는 재해를 보상하기 위하여 세금을 감면해 주는 제도를 악용하여 멀쩡한 토지의 세금까지도 20분의 1, 또는 30분의 1로 낮추어 내는 일이 종종 있었다. 율곡은 이러한 불공정한 감면은 당연히 10분의 1로 고쳐야 하고, 반대로 적절한 수준을 넘어 과도하게 조세가 부과되는 농지에 대해서는 그 세를 낮추거나 탕감해 주어야 한다고 주장하고 있다. 오래 묵은 밭도 그 세를 탕감하지 않고, 비록 경작하지 않아 풀이 우거진 밭에 대해서도 그 이웃과 친척에 과세하는 일이 있으니, 이런 일은 반드시 시정하여야 함을 강조하고 있다(「간원진시사소」『전서(I)』: 53-54). 조세부과의 형평성을 강조한 것이다.

(2) 공물의 간소화

율곡은 공정하고 공평한 세입행정을 확립하는 것도 중요하지만, 그보다 앞서 공안을 고치고 전역(田役)을 탕감해 줄 필요가 있다고 보았다. 당시의 공납제도는 연산군 시대에 변경된 것으로 백성에 대한 부담이 과중해 개선이 시급한 실정이었다. 이 공납제도의 문제점은 농사의 흉풍이나 민호의 증감 등 백성들의 경제적 능력을 고려하지 않고, 단지 군읍(郡邑)의 등급의 높고 낮음에 따라 일률적으로 정해졌다는 점이다. 율곡은 연산군이 올려놓은 공물을 없애고, 조종(朝宗)의 옛 법을 회복하고, 각 지역의 물산의 유무와 전결(田結)의 다소와 민호의 증감을 고려해 백성의 부담이 평준화되도록 공안을 조정할 것을 주장하고 있다.

당시 공납품목에는 해당지역 토산물이 아닌 타 지역 산물이 포함되어 있어 백성들이 이를 비싼 값에 사서 바쳐야 했고, 이서(吏胥)들은 이틈을 타서 자신들이 공납물을 대신 내주고, 백성들로부터 더 많은 금액을 받아가 백성들의 민생고는 심각했다. 이를 해결하기 위해 율곡은 공납을 오직 토산물로 한정하고, 공납처를 2~3개 관청으로 한정할 것을 제안하고 있다.

> "공안을 개정하되 ……민호와 전결을 헤아려 균등하게 정하고, 반드시 토산을 내게 하면 백성은 쌓인 고통을 풀 수 있을 것이다."(「경연일기(3)」『전서(II)』: 214.

(3) 착취의 근절과 일족절린의 폐단 제거

율곡은 백성의 부담이 많은데도 불구하고 국고수입이 줄어드는 이유는 중간관리자들의 착취로 인하여 백성들이 낸 세금이 일선관리자들의 개인 주머니 속으로 들어가기 때문이라고 보았다. 따라서 세금의 착취와 방납을 철저히 근절하고 일족절린의 폐단을 제거해 주어야 백성들의 담세능력이 높아져 세수증대가 가능하다고 보았던 것이다.[34] 이울러 생산을 높이기 위하여 개간한 토지에 대해서는 세금을 감면해 주는 유인정책(incentive policy)을 제안하고 있다.

율곡은 부국과 안민을 달성할 수 있는 민본·위민행정이 되기 위해서는 왕으로부터 국가권력을 부여받아 이를 행사하는 수령이나 아전 등 중간 및 일선집행관료들(street-level bureaucrats)의 권력남용과 횡포를 차단하지 않고는 불가능하다고 보았다. 율곡의 행정개혁은 대부분 일선관료집단의 권력농단과 착취 그리고 횡포를 방지하여 부국과 안민을 달성하려는 것들이다. 율곡의 재정운

---

34) 착취를 근절하는 방안으로서 그는 (1) 수령과 감사를 엄선하여 오랫동안 임명할 것, (2) 수령과 여타 관리들은 서리를 철저히 감독할 것, 그리고 (3) 공안을 개선하고 방납을 철폐할 것을 주장했다. 특이한 것은 수령과 서리에게 봉급을 주어 이들이 부정을 저지를 소지를 막아야 한다고 주장하면서, 국용(예산)을 축내지 않고 이들에게 봉급을 지급할 방안을 제시하고 있다. (「송조여식설」『전서(I)』: 282. 「진시폐소」『전서(I)』: 148. 「육조계」『전서(I)』: 171).

영방법의 개선책도 세입행정과정에서 중간 및 일선관료들이 그들의 권력을 남용하여 백성들의 조세를 착취하여 사적으로 유출되는 세수상실을 차단하여 국고수입을 증대하기 위한 장치들이다.

8. 점진적 개혁주의

율곡의 개혁사상은 점진적 성격이 강하다. 율곡의 점진적 개혁사상은 기묘사화를 거울삼아 스스로 경계한 것이라 할 수 있다. 그러나 점진주의는 율곡의 경장사상에 있어서 간과할 수 없는 안전판의 작용을 하는 주요한 계기가 되었다고 볼 수 있다. 율곡 스스로 개혁의 추진은 점진적으로 하는 것이 보다 효과적임을 밝히고 있다.

> "예로부터 사람들의 의견이 달라, 우활(迂闊)한 선비는 요순의 정치를 하루아침에 이룰 수 있다고 하고, 범속한 사람(流俗)은 고도(古道)는 결코 오늘날 행할 수 없다고 하는데, 이는 모두 틀린 말이다. 정치는 모름지기 당우(唐虞)를 기약할 것이나, 일을 추진하는 것은 모름지기 점진적이어야 한다. …… 신(臣)의 뜻 또한 갑작스레 효과를 보려 함이 아니오, 단지 오늘 한 가지 일을 하고 내일 또 한 가지 일을 해서 점차 더 나은 경지에 도달하고자 함이라." (「경연일기(2)」『전서(Ⅰ)』: 137. 「옥당진시폐소」『전서(Ⅰ)』: 60).

율곡의 개혁사상이 점진적이라고 보는 이유는 다음과 같다.

첫째, 율곡은 언제나 그의 시무사상과 무실사상에 근거하여, 즉시 실행이 가능하고 시의(時宜)에 맞는 개혁안만을 제시하였다는 점이다. 그는 급진적이고 과격한 개혁은 그만큼 부작용과 반대가 많아 실천가능성이 감소된다고 보고, 부작용이 크다고 생각되면 아무리 좋은 개혁안이라도 시의에 맞지 않는 것으로 보아 주장하지 않았다.

율곡은 아무리 현실적으로 절실한 개혁안을 낸다 하더라도 임금과 조정이 이를 받아들이지 않는다면 실현가능성이 없다는 것과, 경향에 두루 포진하고 있는 부패한 관리와 서리들이 조금 더 급진적인 개혁에 응해 줄 리 없다는 사실을 알고 있었다. 그의 경제개혁론이 세수합리화와 공안개정에 머물고, 균전실시 등 더욱 본질적인 문제에 접근하지 못한 것은 이러한 벽과 현실을 의식했기 때문으로 보인다. 그의 개혁논의는 언제나 기발한 생각으로 세상을 놀라게 하기 보다는 당장에 실천 가능한 개선책을 내서 임금과 조신들을 설득하는데 무게를 두었다.

그의 점진적 개혁성향은 향약의 전국적 실시여부와 관련하여 일어난 정책논쟁에서도 잘 나타난다. 그는 백성을 교화하고 풍속을 순화하기 위해서는 향약을 진흥시켜야 한다고 찬성하면서도 전면적인 시행은 반대했다. 향약의 목표는 백성들에게 유가(儒家)의 가르침을 널리 퍼뜨려 예의와 협동정신을 기르게 해서 살기 좋은 공동체를 만드는 것이다. 율곡은 일찍이 파주향약(명종 15년), 서원향약(선조 4년), 해주향약(선조 10년)을 만들어 주도적으로 실시한 바 있다. 그러나 그는 당시의 형편에서 향약의 갑작스러운 전면적 실시는 백성의 괴로움만 더 커질 것이라고 주장하면서 실시 가능한 지역부터 부분적으로 실시할 것을 주장했다. 그 논거로 백성의 고통을 들어 주지 않고 폐정을 개혁함이 없이 향약만을 즉시 시행하려고 하는 것은 일의 선후가 틀린 것이며, 정부가 해야 할 일은 하지 않은 채 번거로운 일을 백성에게 전가하는 격이 되어 민폐가 오히려 가중되어 실패할 것이라고 주장하고 있다. 여건이 갖추어지지 않은 상태에서의 전면적인 정책실시는 오히려 백성들을 어렵게 한다는 것이다. 오늘날의 정책분석(policy analysis)뿐만 아니라 집행가능성분석(implemetability analysis)까지 하고 있음을 볼 수 있다.

> "오늘날 이 말세에 백성이 도탄에 빠지고 그 항심을 잃어버려 부모와 지식이 보전하지 못하고 형제와 처자가 헤어지는 마당에 갑작스럽게 유자(孺者)의 행실로 구속하려 하니, 이는 결승지치(結繩之治)로 어지러운 진(秦)을 이을 수 있다는 말과 같고, 간척지무(干戚之舞)로 평성(平城)의 포위를 풀 수 있다는 말과 같다. 하물며 약정(회장)·직월(월당번)도 적임자를 얻기 어려운 형편이 아닌가? 반드시 지방의 토호들이 향약을 구실로 소민(小民)에게 괴로움을

끼칠 것이니 누가 이를 단속할 것인가? .... 단지 옛것을 앙모할 줄만 알고 시의를 헤아리지 않아 치도(治道)에 본말완급(本末緩急)이 있음을 알지 못하고 향약으로 말속(末俗)을 만회(挽回)하여 태평을 이루려 하니 이 또한 잘못이 아닌가."(「경연일기(2)」 『전서(II)』: 146)

둘째, 율곡은 다른 유학자들과 마찬가지로 조선사회의 발전방향과 목표를 중국 고대의 이상사회, 즉 고도(古道)를 회복하는데 두었다. 그러나 율곡은 단순히 고대질서의 회복을 구한 것이 아니라, 조선사회의 개혁을 위한 모델을 고대질서에서 구했던 것이다.(최홍기, 1984: 889).[35] 율곡은 고도를 회복하는데 혁명적이고 급진적인 방법이 필요하다고는 생각하지 않았다. 그는 점진적인 방법으로도 삼대(三代)의 정치행정은 반드시 회복될 수 있다고 보았다(「성학집요(7)」 『전서(II)』: 35).

셋째, 조광조의 급진적 개혁의 실패는 율곡의 점진적 개혁사상에 영향을 미쳤을 것이다. 율곡은 조광조의 과격성을 매우 안타까워했다. 조광조의 개혁을 작사무점(作事無漸)이라고 평가하면서, 이 작사무점, 즉 급진적 개혁이라도 아무 것도 아니하는 것보다는 낫다고 하였다.(「행장」 『전서(II)』: 347). 그러나 율곡 자신은 급진적인 개혁보다는 점진적 개혁을 지향하였다.

율곡에게 있어서의 개혁은 "오늘 한 가지 일을 하고 내일 또 한 가지 일을 해서 점차 더 나은 경지에 도달하는 것"으로 일상적인 행정과정속에서 지속적으로 이루어져야 함을 강조하고 있다. 진실로 새로운 삶을 살려면 나날이 새롭게 하고, 또 날로 새롭게 해야 한다(苟日新 日日新 又日新)는 『대학』의 가르침과 같이 나라의 개혁 또한 하루하루 점진적으로 중단 없이 이루어져야 실효가 있다는 것이다. 이러한 율곡의 점진적 개혁사상은 오늘날 정권이 바뀔 때마다 혁신위원회, 쇄신위원회, 개혁위원회 등의 위원회를 만들어 떠들썩하게 혁신

---

35) 공자와 유가의 사상가들은 이상사회를 요순(堯舜)의 '대동사회(大同社會)'에서 찾으려 했다. 이러한 유토피아론은 유교에서뿐만 아니라, 동서양의 여러 사상가들에 의하여 제시되어 왔다. 단지 이상사회를 고대에서 찾느냐 아니면 미래사회에서 찾느냐의 차이가 있을 뿐이다.

하겠다고 주장하는 우리들의 개혁운영현실과는 그 접근이 다르다. 개혁과 혁신은 정치적 수사만으로는 이루어지지 않는다. 율곡의 점진적 개혁주의는 상징성이나 형식보다는 실효성을 중시하는 율곡의 시무사상과 무실사상에서 연유한 것으로 볼 수 있다.

05 율곡 행정사상의 현대적 의미

지금까지 율곡의 정치행정사상과 그의 행정개혁 내용을 현대적 의미에서 정리해 보았다. 결론부터 말하면, 비록 16세기를 살았던 율곡의 사상이 성리학적 봉건적 바탕과 틀을 극복하지 못하는 전근대적 민주의식을 가졌다 하더라도, 평생을 부국·안민을 위해 노력한 그의 치열한 애국·애민정신과 공도사상, 파당을 초월하여 시무와 무실이라는 행정이념으로 국정운영 전반을 개혁하고자 한 그의 현실주의적 시대인식 그리고 공직자로서 보여준 탁월한 상황분석능력과 대안제시능력은 오늘을 살아가는 우리들에게 귀감이 되지 않을 수 없다. 그의 사상과 개혁내용이 제대로 실현되지 못하고 조선이 몰락의 길로 간 것은 아쉬움으로 남는다할지라도, 그의 행정사상과 개혁정신은 거의 450여년이 흐른 오늘에 있어서도 본받아야 할 점이 많아 그야말로 고전의 가치성을 발휘하고 있다.

행정학이 독립분과학문으로 그리고 전문직으로 태어난 지 한 세기가 훨씬 지났다. 그동안 치밀한 이론구성을 전제로 새 정부가 출범할 때마다 행정개혁과 정부혁신을 부르짖어 왔지만, 16세기 왕조시대에 살았던 한 학자이자 관료였던 율곡의 사상과 정신을 뛰어 넘을 수 없음을 볼 때, 그의 사상과 주장은 사회발전의 시차를 넘어서서 우리의 전범(典範)이 아닐 수 없다.

율곡은 비록 왕조시대에 살았지만, 왕권을 위한 사상보다는 전적으로 백성을 위한 위민사상과 민본주의의 실현에 심혈을 기울인 관료이자 학자였다. 그는 이상을 추구하되 철저하게 현실을 바탕으로 실현가능한 개혁을 추진했다.

급진주의에 흐르지 아니하고 점진적인 접근방법(incremental approach)을 통하여 목표를 달성하고자 했으며, 경제안정을 바탕으로 윤리와 도덕을 추구하면서 건전하고 공정한 사회(fair and sane society)의 건설을 위해 노력했다.

그는 무엇보다 내용이 없는 형식을 거부했고, 실천이 없는 개혁을 거부했다. 절약과 능률을 강조하고 정책집행의 효과성과 실효성을 강조했다. 인력의 충원과 활용에 있어서는 철저한 평가를 통하여, 그 능력과 실적에 따라 적재적소에 배치할 것을 주장하였고, 또 행정의 전문성을 강조하였다. 정책결정과정에 있어서는 철저한 공개와 개방을 통하여 결정의 권위성과 객관성을 추구하였다.

절약(경제성)과 능률성, 실천성과 효과성, 결정과정의 공개성과 개방성, 그리고 손상익하의 원칙을 강조한 사회적 형평평 등은 오늘의 행정이념과 거의 다름이 없다. 뿐만 아니라, 정부조직의 효율적 운영을 위하여 관직을 통폐합하여 정부기구를 축소하고, 폐정혁신을 주도할 전문기관으로 한시적인 특별위원회조직인 경제사(經濟司)를 설치할 것을 제안했다는 것은, 이미 율곡은 관료제 조직의 수평적 분화에서 일어나는 결함과 그 구조조정의 중요성을 분명히 알고 있었음을 말해 준다. 이러한 그의 사상과 주장은 오늘의 행정현실을 설명하고 처방하는 데에도 적실성(relevance)을 가진다 할 것이다.

율곡의 문제는 그 시대로 종결된 것이 아니라 여전히 우리의 문제로 남아 있다는 점에서 오늘날 우리 사회를 연구하는데도 중요한 시사를 얻을 수 있다. 그동안 서구일변도의 행정이론의 소개와 교육으로 인하여, 우리 선조들의 행정이론과 사상들을 등한시해온 점에 대하여 반성이 있어야 할 것이다.

제4장 반계의 실리행정사상

"천지의 이(理)는 만물에서 나타나니, 사물이 없으면 이(理)가 나타날 곳이 없고, 성인의 도(道)는 만사에서 행해지니, 일이 없으면 도(道)가 행해질 곳이 없다." (『반계수록』 권26, 서수록후)

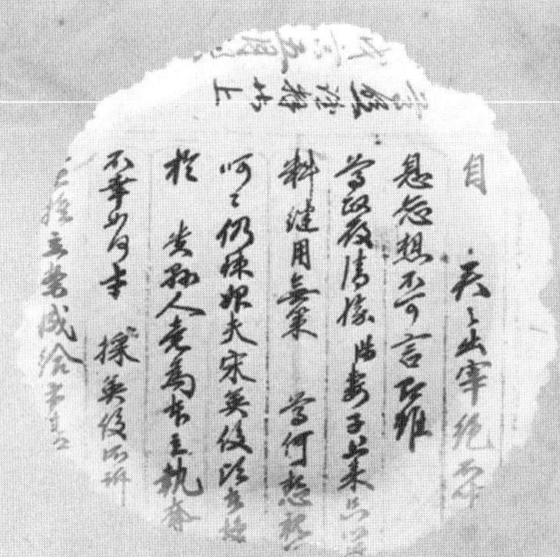

01 연구의 범위와 접근방법

이 장(chapter)에서는 실학의 창시자요, 조선왕조의 국정운영의 틀을 제도주의 접근방법을 통해 전면적으로 개조하고자 했던 반계 유형원(1622~1673)의 행정사상을 다루었다. 실학은 17세기부터 19세기에 걸쳐 조선후기 사회를 규율해 온 이데올로기로서, 주자학의 틀을 극복하고 실질적이고 실용가치 있는 이용후생을 목표로 학문도하고 정치도 하자는 신학풍의 경향을 말한다. 반계는 「제도(institution)」를 중심개념으로 하여 정치행정현상을 바라본 실학자였으며, 그의 사상은 이후 많은 실학자와 사상가들에 의하여 계승 발전되었다. 따라서 반계의 행정사상에 관한 연구는 실학행정의 근원을 찾는 중요한 작업이기도 하지만, 조선시대 통치이념인 민본·위민사상이 어떻게 해석되어지고 변용되어 왔는가를 통시적으로 밝히는데 필요한 기초연구이기도 하다.

반계 유형원의 개혁사상에 관한 선행연구는 매우 많다. 비록 연구의 범위(scope)나 초점(focus)은 각각 다르지만 거의 모든 연구가 『반계수록』에 나타난 개혁정책의 실학적 성격을 규명하는 것이었다. 반계의 국가개조론이 주로 사회현상 전반을 대상으로 한 치인(治人)과 통치(統治)에 관한 연구이었기 때문에 그의 사상을 연구한 학자들의 학문적 배경도 매우 다양하다.

사학자나 철학자들은 1950년대 야기된 실학개념의 논쟁과 관련하여 그의 국가개혁론을 뒷받침하고 있는 사상의 철학적 배경이 어디에서 연원하고 있는가를 중심으로 한 연구, 즉 반계의 실학사상의 역사적 입장과 그 본질을 규명하는데 노력하였고(천관우, 1978. 금장태, 1987. 신용하, 1981. 유정동, 1980. 추제협, 2011), 그리고 정치, 경제, 사회현상을 연구하는 사회과학자들은 각각의 전공영역에서 반계의 정치·경제·사회개혁사상을 연구해 왔다(박충석, 1982. 송복, 1982. 정구복, 1970. 송주영, 1979, 이헌창, 1999). 그러나 행정사상에 관한 연구는 행정개혁내용을 소개하는 정도의 서설적 연구들이 대부분이다(최창집, 1993. 김권집, 1987).

이 연구는 『반계수록』에 담겨져 있는 그의 행정개혁의 내용을 소개하는 것이 목적이 아니라, 사회 각 분야별 정책개혁안 속에 공통적으로 흐르고 있는 그의 행정사상을 현대행정의 3대 변수별(행정목표와 이념, 행정수단, 행정주체)로 해석 정리한 것이다. 반계의 행정사상이란 반계가 당시의 행정행위나 행정체제에 대하여 품고 있었던 일련의 생각 또는 의식의 내용(thought system)을 말한다. 따라서 이 글은 반계가 추구한 국정운영목표와 가치는 무엇이었으며, 또 그 목표와 가치를 달성하기 위하여 행정조직과 관료, 그리고 예산은 어떻게 운용하는 것이 바람직하다고 생각하였는가를 밝힌 것이다.

반계의 행정사상을 밝히기 위하여 사용한 접근방법은 그가 남긴 유일한 정신적 산물인 『반계수록』을 텍스트로 하여 그 텍스트의 의미를 밝히는 해석학적 접근방법을 사용하였다. 따라서 구조주의 문학 비평가들이 사용하고 있는 독서접근방법을 사용하여 반계의 행정사상을 밝히려고 하였다. 구체적으로 말하면, 『반계수록』을 쓰게 된 그의 심리적 동기와 사회적 환경을 밝히는 일, 텍스트의 내용을 현대행정학적 의미로 풀어서 주석과 해석을 병행하여 현대행정학적 의미와 비교해보는 일, 그리고 텍스트에 숨어있는 반계의 행정사상의 구조를 밝혀내는 일을 병행하였다.

해석학적 접근방법이란 언어나 문장으로 표현된 인간정신의 산물인 사상가의 연구물(학문, 예술, 풍속 등 문화라 칭할 수 있는 것들)을 텍스트로 하여 그 속에 담겨있는 사상가의 정신세계를 내면적 심리적으로 이해하고 해석하는 접근방법을 말한다. 해석학(hermeneutics)이란 고대 문서를 정리하고 이해하는 문헌학의 한 방법으로서 인간정신의 소산인 문헌을 정확하게 이해하는 기술론을 말한다. 독일의 관념론자이자 생철학자인 빌헬름 딜타이(W. Dilthey: 1833~1911)는 해석학의 궁극적인 목적은 '저자가 자기를 이해하는 것보다 그 저자를 더 잘 이해하는데 있다'고 했다.

반계의 행정사상과 철학을 보다 잘 이해하기 위해서는, 그가 산 17세기의 조선 중기로 되돌아가 그가 겪고 체험한 그 시대의 국정운영현황을 내면적으로 추체험(nacherleben: 원체험을 재현하는 것)하면서 그 시대를 성찰하고 비판할 수 있어야 한다.[1)] 즉 내면적으로 그와 동일시 또는 일체화하는 가상적 삶을 통하여 그를 이해하여야 한다. 이 논문은 이러한 해석학적 접근방법(hermeneutics approach)을 활용하여 반계의 생활과 삶, 그 시대의 사회경제환경을 점검하고, 그의 국가개조론의 내용분석(주석과 해석)을 통하여 그의 행정사상과 철학을 이해하고 해석하고자 하였다.

02 반계 유형원의 생애와 시대적 배경

1. 반계의 생애와 학문

반계 유형원(1622～1673)은 임진왜란이 끝난 지 24년이 되던 해인 광해 14년(1622)에 서울에서 출생하여 현종 14년(1673)에 사망하였으니 광해군, 인조, 효종, 현종 시대의 52년을 살았다. 그의 본래 연고지는 남한강 유역으로, 이 지역은 후에 그의 학풍을 잇는 이익, 정약용 등 이른바 근기 남인의 근거지이다. 유형원의 자는 덕부(德夫), 호는 반계(磻溪)이다. 황해도 문화(文化)를 관향으로 하는 문화 유씨 출신이다.

반계의 가족력을 보면, 세종 때 우의정을 지낸 청백리 유관(柳寬)이 그의 9대조이고, 그의 증조부는 현령, 조부는 정랑, 부친은 28세의 젊은 나이로 별세할 때 예문관 검열의 요직에 있었다. 그리고 외조부는 여주 이씨로 우참찬이었다.

반계는 어릴 때(2세 되던 해) 부친을 여의고 조부의 사랑 속에 자랐다. 그의 스승은 이원진과 김세렴이었다. 그의 외숙인 이원진은 감사를 지낸 사람으로 하멜 표류사건 당시 제주목사이었고, 그의 고모부인 김세렴은 후에 호조판서를 지낸 사람으로 일본에 사신으로 왕래한 일이 있고 청나라와의 국교(國交)에

1) 해석학은 생(life)을 이해하는 방법이자 이론으로서 정신과학, 역사학의 기초적 방법이 되었다. 이 해석학의 생각은 하이데거의 실존주의에 도입되어 해석학적 현상학으로서 그의 철학적 주장이 되었다.

밝은 사람이었다. 외숙과 고모부로부터 교육을 받은 반계는 7세에 서경을, 9세에는 『주역(周易)』을 읽었으며, 10세에는 경사학(經史學)뿐만 아니라 제자백가(諸子百家)에 이르기까지 그의 눈을 거치지 아니한 서적이 없을 정도였다고 하니 그의 재질의 특출함을 짐작할 수 있다(송주영, 1979: 8). 반계의 학풍을 이어받은 이익(1681～1763)은 그의 『성호사설』에서 반계의 학문은 태허선생 이원진의 영향을 가장 많이 받았다고 주장하고 있다.

이와 같이 사대부가문 출신으로 유학과 제자백가의 학문을 두루 갖추었음에도 불구하고 반계는 한 번도 관직에 진출하지 않았다. 가족들의 강권에 못 이겨 중년(부안에 정착한 이듬해, 33세)에 한번 과거에 응시하여 진사(進士)가 되었을 뿐, 평생을 농촌에 묻혀서 농촌사회의 현실을 스스로 체험해가면서 학문연구에 몰두하였다. 이렇게 관직을 멀리하면서 현실정치와 역사에 대한 근본적인 회의를 가지고 학문에만 몰두하게 된 계기는 조부로부터 전해들은 부친의 죽음과 중국을 포함한 국내·외의 세계질서가 완전히 거꾸로 되어버린 병자호란(1636)의 충격 때문이었던 것으로 이해된다. 그의 부친은 문과를 거쳐 예문관 검열이라는 청요직에 있을 때, 소위 '유몽인(柳夢寅: 1559~1623)의 역옥(逆獄)'이라는 누명을 쓰고 희생되었다. 후일 무고로 밝혀져 관직이 회복되고 유몽인은 의정(義貞)이라는 시호까지 받았으나(『정조실록』 정조 18년 5월 무술), 이 사건은 반계로 하여금 '가정은 무엇이고 국가는 무엇이며 천하는 무엇인가'에 대한 근본적인 회의를 하게 만들었다고 볼 수 있다(김태영, 2011: 25-27). 게다가 15세 때 겪은 병자호란은 반계로 하여금 잘못된 역사적 현 실태를 근본적으로 성찰하게 했으며, 이를 극복할 '삼대 왕정'의 원리란 어떤 것인가를 심각하게 탐구하는 계기가 되었다고 볼 수 있다.

반계가 생존하던 그 당시의 우리나라는 임진왜란과 병자호란의 상처가 채 아물지 않아서 농촌사회는 극도로 피폐(疲廢)해 있었고, 또 사회는 어수선하고 불안하여 서울의 명사들이 관직에 뜻을 잃고 시골 각처로 은거하는 사람들이 적지 않았다. 일각에서는 전쟁의 상처를 씻고 농촌을 부흥시키려는 의욕적인 부흥운동이 일어나고 있었던 때이기도 하였으며, 나아가서 각종 제도 전반에 걸친 개혁이 절실히 요청되는 시기이기도 하였다. 조부를 따라 전라도 부안 우반동(愚磻洞)으로 낙향하기로 한 반계의 결정도 이러한 시대적 흐름에 따른 것이었다. 비록 그는 권력 권에서 멀리 떨어져있기는 하였지만 이러한 시대적 요청과 지식인의 사명을 외면할 수 없었다. 반계는 중앙정계가 당쟁의 와중에서 헤어나지 못하고 있던 시기에 평생을 농민들의 곁에 살면서 농촌부흥의 방향과 제도개편의 방법론을 연구하고, 또 이를 실천하였다.[2)]

조부(祖父)를 따라 낙향한 이후에도 종종 서울에 왕래하였으나 조부가 작고하고 3년 상(喪)을 치른 후인 32세에는 아주 그곳으로 옮겨 20여 년을 연구에 매진하다가 일생을 마쳤다. 그의 저서『반계수록』이 31세에 초고를 시작하여 49세에 완성된 점으로 미루어 볼 때, 낙향과 함께 현실사회를 구제하기 위한 개혁서를 집필할 결심이 이미 서 있었던 것으로 볼 수 있다.

반계의 학문세계는 매우 광범위하였다. 유교를 건국이념으로 하여 조선왕조가 개국한 이래로부터 선비들의 지배적인 학문경향은 주로 4서 6경을 중심으로 한 경사학(經史學)이었다. 주자성리학 이외의 범백(凡百)의 학문은 외도로 치부하고 천시하는 분위기였기 때문에 당시의 학문경향은 자연히 공리공론에 흐르고 있었다. 특히 당시의 지배적인 학풍은 이(理)와 기(氣)를 중심으로 하는 철학중심의 주자성리학이었기 때문에 지리멸렬한 공리공담만을 일삼았다. 백성들은 생활이 곤궁하여 굶어죽는 이가 거리에 깔려 민폐(民弊)와 민막(民瘼)이 하나 둘이 아니었음에도 불구하고 학자들은 이에 대한 문제의식이 없이 한갓 당쟁, 그리고 사리(私利)와 공리(空理)에만 몰두하고 있었다. 반계는 철학을 강조하는 주자성리학 위주의 학문연구로는 도탄에 빠진 시대를 구할 수 없다고 보았다. 비록 경사학으로부터 출발은 했지만 반계는 조선을 적폐로부터 구출할 수 있는 학문은 공리공론을 일삼는 주자성리학이 아니라 인간의 일상생활에 실제로 적용할 수 있고, 또 민중의 생활을 보다 낫게 할 수 있는 학문이어야 한다

2) 부안에 정착한 이듬해 진사시에 합격하였으나 과거를 단념하고 학문 연구와 저술에 전심하면서 수차 전국을 유람하였다. 1665년, 1666년 두 차례에 걸쳐 학행(學行)으로 천거되었으나 모두 사퇴하고, 농촌에서 농민을 지도하는 한편, 구휼(救恤)을 위하여 양곡을 비치하게 하고, 큰 배 4～5척과 마필(馬匹) 등을 비치하여 구급(救急)에 대비하게 하였다.

고 보았다. 형식이나 명분, 공리공론을 떠나서 실질적이고 실용가치가 있는 이용후생을 목표로 학문도 하고 정치행정도 해야 한다고 주장했던 것이다.

이러한 사상은 그 당시의 환경으로는 이단(異端)이요, 기성세력에 대한 반역(反逆)이며, 대담한 진보적 태도였으나, 또 한편으로 보면 반계와 같은 영재로서는 극히 당연한 학문적 태도였다고 볼 수 있다. 반계가 살았던 당시의 사회는 계속된 실정으로 인하여 민심은 도탄에 빠져 있고, 임진왜란과 병자호란을 겪고 나서도 위정자는 추호의 각성이 없이 당쟁만 일삼고 있었다. 간단히 표현하면 착취, 기아, 권모와 모함, 부정과 부패가 천하에 만연되어 있는 시대였다.

반계가 남긴 『반계수록』은 부국강병을 위한 대경륜의 저서이자, 초기의 실학사상을 총정리한 저서이다. 주자학과 경사학으로부터 학문을 시작하여 경전백가를 두루 섭렵한 반계는 『반계수록』 이외에도 「이기통론」 「논학물리」 「경설」 등 경학에 관한 논저를 비롯하여 성리학, 역사, 지리, 병법, 음운, 선술, 문학 등에 관한 20여종에 가까운 저서와 문집이 있었다고 한다(천관우, 1971: 306-307). 반계의 학문적 계승자인 성호에 의하면, "반계는 『반계수록』 외에 『반계집』 6권이 있는데 치신치가(治身治家)로부터 인민애물(仁民愛物)에 이르기까지 굽이굽이 곡진한 내용이 실려 있다."고 평한 바 있다. 그러나 아쉽게도 거의 대부분이 전해지지 않고, 『반계수록』만이 남아 있었으나, 최근에 그의 시문 잔편과 철학적 논술의 서간문이 발견되어 『반계잡고』란 이름으로 간행되었고,[3)]2006년에는 시문집인 『반계집』 필사본 일부가 다시 발견되어 반계 행정사상의 철학적 배경을 밝히는데 깊이를 더할 수 있게 되었다.[4)]

---

3) 이 『반계잡고』에는 반계선생연보를 찬한 바 있는 순암 안정복이 친필로 초존(抄存)한 반계의 시문 잔편과 철학적 논술의 서간문 등이 들어있다. 즉 동사강목범례(東史綱目凡例) 동사괴설변(東史怪說辯) 등 역사 지지(地志)에 관한 것과 친구인 정동직·배상유에게 보낸 리(理)와 기(氣), 인심과 도심 등에 관한 자기 의견을 밝힌 서간문 등이 들어 있다(유형원, 1990).

4) 『반계일고』란 명칭을 붙인 이 필사본에는 169수의 시, 그리고 화귀거래사(和歸去來辭), 서수록후(書隨錄後), 동국문후서(東國文後序) 등 3편의 산문으로 구성되어 있다(경향신문 2006년 12월 12일). 이 발견을 계기로 반계의 문학적 소양은 물론 실학파 문학의 원류를 찾아볼 수 있게 되었다.

『반계수록』은 당시의 국정운영체제의 문제점을 개선하기 위한 개혁방안을 제시한 경세치용의 서적이다. 『반계수록』은 모두 26권 13책으로 구성되어 있다. 그 내용은 전제(田制), 교선제(敎選制), 임관제(任官制), 직관제(職官制), 녹제(祿制), 병제(兵制) 등 6개 분야로 나누어져 있고, 여기에 속편으로 의례(儀禮), 풍속, 노예, 언어, 도량(度量), 가사(家舍), 용거(用車), 양로(養老) 등에 이르기까지 잡다한 내용을 보충하고 있다. 서술방법은 앞에서 서술한 국정 각 분야에 걸친 현행제도의 모순성을 예리하게 지적하고 자기의 개혁론을 체계적으로 개진하고 있다. 또 각 분야마다 반드시 고설(故說)을 붙여 그 제도에 대한 우리나라와 중국의 역사적 변천과정을 상세하게 고증하고 있는 것이 특징이다.

자신이 구상하고 있는 각종 제도의 개혁안을 설명하면서 중국 옛 사상가들의 이름을 원용하기도 했지만, 국내학자 특히 이이, 조헌, 유성룡의 저술을 많이 인용하고 있다. 『반계수록』의 인용빈도를 분석한 천관우(1979)의 조사에 의하면 수록은 고려사지(高麗史志)나 대전(大典) 등을 제외하면, 율곡 26, 중봉 15, 유성룡 5, 한백겸 4, 조광조 3, 이황 2, 이수광 2 등의 빈도를 보이고 있다. 이것으로도 초기 실학의 체계를 수립한 반계의 사상적 배경을 짐작할 수 있다. 그러나 그 중에서도 율곡의 대표적인 사상, 즉 시대의 적실성을 강조한 시무(時務)사상과 실효성과 실천을 강조한 무실(務實)사상은 반계의 사상에 가장 많은 영향을 끼쳤다고 볼 수 있다.[5] 성호 이익은 율곡과 반계를 평하면서, "국조이래로 시무를 안 사람은 율곡과 반계가 있을 뿐이다(『성호사설』 권3 하, 치도문 1)"라고 평가하고 있다.

---

5) 천관우(1979)는 율곡은 주로 폐정에 대한 대안을 제시한 반면, 반계를 위시한 조선 후기의 실학자들은 사회구조를 재검토하는 개혁안을 제시했으며, 또한 율곡의 실(實)은 실학자들의 실(實)에 비하여 과학적, 기술적, 고증적 실(實)의 의미가 결핍되어 있다고 주장한다. 그리고 그는 율곡에서 실학의 붕아를 찾을 수 있으나 실학을 학문으로 정립시킨 공(功)은 『반계수록』에 있다고 주장한다.

2. 시대적 배경

1 당쟁의 심화

반계가 살았던 시기는 조선왕조가 개국한 이후 300년이 다 되어가는 시점이었다. 율곡은 개국 후 200년이 되어가던 당시의 조선왕조가 중쇠기에 접어들었다고 하였는데, 반계의 시대는 그 중쇠기를 넘어 임진왜란과 병자호란을 겪고 토붕와해의 위기를 겨우 넘긴 시기였다. 반계가 살았던 시대의 정치적 상황은 왕권(王權)이 약화되고 신권(臣權)이 강화되면서 당파들간 정치권력을 둘러싸고 당쟁이 확대되어 가는 시기였다. 연산군(1475~1506)의 폭정은 왕권의 권위를 실추시켰으며, 신하에 의하여 새로운 왕이 옹립되었던 중종반정은 정치권력을 둘러싼 당시 관인귀족의 권력을 더욱 강화시키는 결과를 가져왔다. 또한 인종(1545), 명종(1547~1567)과 같은 연이은 어린 임금의 등장과 그 후 계속된 인조반정(1623)은 사실상 왕권을 극도로 약화시켰다. 따라서 왕권은 점점 정치권력에서 제외되어 갔다. 반면에 정치권력을 둘러싸고 응집된 관인귀족들의 권력다툼은 점차 당파싸움으로까지 확대되어 갔다.

반계가 살던 시기는 당쟁에서 승리한 서인세력들이 자기들의 영구집권을 합리적으로 옹호하기 위하여 성리학의 권위주의적 측면을 더욱 강화시켜 나갔던 시대였다. 그 결과 사상과 언론의 자유는 철저히 통제되었고, 행정을 담당하고 있는 관료들은 집권세력의 권력유지에 급급한 나머지 양란으로 피폐화되고 도탄에 빠진 민생의 안정에는 별로 관심을 기울이지 않았다.

2 예(禮)에의 신앙시대

반계가 생존하던 당시는 유교의 윤리가 사대부의 행동을 규제했을 뿐 아니라 정치행정행위도 그것에 의하여 좌우되었던 시대였다. 때문에 당시의 집권층의 정치세력은 「윤리규범에 대한 견해의 대립」, 이른바 「예송(禮訟)」에 의하여 변동되었다.

여기서 예송이란 간단히 말하면 임금이 죽었을 때 그 어머니가 상복을 몇 년간 입어야 하는가에 대한 상복사건(喪服事件)을 말한다. 즉 효종(1649~1659)이 사망했을 때 그의 모후(母后) 조대비(趙大妃)의 복상문제와 관련하여 남인과 서인 간에 벌어진 궁중의례의 적용논쟁을 말한다. 윤휴 등 남인일파는 효종이 비록 차자(次子)이지만 장자(長子)대신 대(代)를 이었음으로 장자경우에 해당하는 「3년복」을 해야 한다고 주장하였고, 송시열 등 서인일파는 효종이 비록 장자의 역할을 하였다 하더라도 차자(次子)인만큼 중자(衆子)의 경우에 해당하는 「기년복」을 하는 것이 옳다고 주장하면서 서로 대립한 정쟁이다. 결국 서인의 의견이 채택되고 권력은 서인이 계속 유지하였다.[6)]

이렇게 반계가 살았던 시대는 예를 존중하는 정도와 해박한 지식이 집권의 도구로 이용될 만큼 명분을 중시하는 「예(禮)에의 신앙시대」였다. 유학사에서는 이 시대를 가리켜 예학(禮學)의 시대라 하면서 송준길·박세채 등을 위시한 학자들을 예학파(禮學派)의 학자로 지목하고 있다(현상윤, 1952: 173). 이렇게 반계의 시대는 명분과 형식이 실리와 내용에 선행하는 풍조가 만연되어 있었던 때였다. 이러한 시대적 환경에 대하여 예리한 통찰과 비판의식을 가졌던 반계는 명분과 형식 그리고 의리를 중시하는 주자학적 통치방식에서 탈피해야 한다고 생각했다. 반계는 전통적인 주자학의 교육을 받고 성장했지만, 지나치게 사변적이고 명분에만 집착하는 것에는 만족하지 않았다. 학문은 익히고 깨치는 것에만 의의가 있는 것이 아니라, 현실에 적용해서 보다 살기 좋은 국가사회를 이루는데 그 뜻이 있다고 믿었다. 이른바 경세치용을 목적으로 하고 있었다.

3 농촌사회의 분화

17세기에 들어서면서 농업은 기술적으로 크게 발전하였다. 벼의 이앙법(移秧法)이 발달함에 따라 벼와 보리의 이모작이 전국적으로 널리 보급되었다.

---

6) 반계가 죽은 후 얼마 되지 않아, 효종의 비(妃) 인선왕후(仁宣王后)의 상(喪)에 역시 조대비의 복문제가 거론되어 서인은 「대공설(9개월)」을, 남인은 「기년설」을 주장하게 되고, 이번에는 남인이 승리하여 권력을 잡게 된다.

벼의 이앙은 양묘에 있어서나 이식에 있어서 물이 절대로 필요하기 때문에 과거보다 수리문제가 더 절실해졌다. 이를 위해 현종 3년(1662)에 제언사(堤堰司)를 설치하여 저수지의 축조공사와 관리를 담당하였다. 그러나 제언의 축조공사에는 농민이 동원되고, 물의 이용은 토호와 부농층에 집중되어 농민들의 불만은 이루 말할 수 없었다.

농업기술의 발달과 함께 인삼, 담배 등과 같은 상업적 농업생산이 크게 발달하였다. 상업적으로 생산된 농산물은 거의 전부가 시장에서 판매되었기 때문에 시장을 활성화시키는데 크게 기여하였다. 이와 같이 농업기술의 발달에 따르는 생산고의 증대, 상업적 농업생산의 발달, 소작지의 차경 등으로 부농(富農)이 등장하기 시작하였다. 이들은 축적된 부를 이용하여 납속(納粟) 등의 방법으로 양반신분을 얻기도 하였다. 그 반면에 많은 농민들은 점점 영세소작농으로 전락해갔다. 뿐만 아니라 양반으로서 소작농으로 전락하는 경우도 생겨났다. 이러한 농촌의 분화현상은 조선사회의 신분질서에 큰 변화를 일으키는 동력으로 작용하기 시작하였다.

4 대동법의 부분실시와 상업자본의 발달

반계가 생존했던 시기는 전통적 농경사회가 급격하게 붕괴해가는 시기였다. 양대 전란을 거치면서 농토는 황폐해져서 경작면적은 점점 줄어들었으며, 게다가 토지대장이 불타거나 산실(散失)되었으므로 이를 기회로 하여 토지대장에서 빠지는 토지가 늘어났다. 그 결과 임진왜란 이전에는 170만결에 달하던 토지 면적이 전란이후 광해군 시대에는 겨우 54만결에 불과했다(이기백, 1973: 261). 3분의 1 이하로 줄어든 것이다. 토지면적의 감소는 조세수입의 감소로 이어졌고 국가재정은 점점 궁핍해졌다.

재정의 궁핍이 심해지고 공물방납에 대한 폐해가 극심해지자 정부는 공물을 미곡으로 대납하는 새로운 조세납입제도를 단계적으로 도입하기 시작했다. 이 제도는 임진왜란 이전 율곡(1536~1584)이 주장했던 제도로써 공물이 방납(防納)되는 관행을 고쳐 조세수입의 상실과 공납자들의 폐해를 줄여야 한다는 제도이다.7) 즉 조세행정체계를 개선하여 재정의 궁핍과 농민들의 괴로움을 덜게 하자는 것이 바로 이 대동법(大同法)이다. 이 제도는 광해군 즉위년(1608)에는 이원익의 주장에 따라서 우선 경기도에 시행되었으며, 그 후 인조 원년(1623)에는 강원도에, 효종(1649~1659) 때에는 충청도 전라도에 실시되었다. 반계가 생존했을 당시에는 이 제도가 전국적으로 실시되지 않아 여전히 방납의 폐해가 존재했었다.8)

이 대동법의 실시는 조선사회에 많은 변화를 가져왔다. 먼저 공물제도가 원칙적으로 폐지되어 공물로 인한 방납이 없어짐에 따라 농민들의 부담이 줄어들게 되어 농민들의 담세력도 향상되었다. 무엇보다도 큰 변화는 공인(貢人)이란 어용상인을 중심으로 상업자본(商業資本)을 발전시키는 계기가 되었다. 대동법이 실시된 이후 공납이 없어졌으므로 정부조직에서 필요로 하는 물품은 공인을 통해 조달해야 했다. 공인은 물품을 조달하는 대신에 농민들로부터 받아들인 대동미를 대가로 받았던 것이다. 이와 같이 공인은 비록 관부와 밀접한 관계를 가진 어용상인이었으나, 과거의 방납자와는 다른 순수한 상인이었다. 이들은 서울에서는 육의전, 지방에서는 시장의 객주나 여각(旅閣)과 관계를 가지고 상거

---

7) 조선시대의 공물의 종류와 수량은 국가에서 소요되는 것을 기준으로 책정하기 때문에 천재(天災)를 입었다 하더라도 감면되기 어려웠다. 더욱이 그 지방에서 생산되지 않는 토산물까지 부과하여 백성은 현물을 외지(外地)에 가서 사와서 납부하기도 하였다. 이러한 어려움 속에 상인·관원이 끼어들어 백성 대신 공물을 대납해주고 그 대가로 막대한 이(利)를 붙여 착취하였다. 또 직접 공납하려 하여도 방납자와 악덕 관원이 결탁하여 관청에서 물품을 수납할 때 그 규격을 검사하면서 불합격품으로 처리한 후 이를 되돌려 다시 바치게 하는 점퇴(點退)가 성행하였다. 백성은 이러한 점퇴의 위협 때문에 이후의 막대한 손실을 무릅쓰고서라도 방납자들에게 대납을 맡길 수밖에 없었다. 또한 지방에서 직접 공납이 가능한 물품이라도 국가의 수요(需要)와 공납 시기가 맞지 않을 때가 많고, 거리가 먼 지방에서는 수송에도 어려움이 많아 방납이 성행하였다. 1574년 율곡은 ① 공물 배정의 원칙을 전결(田結)과 민호(民戶)의 다소(多少)에 의거하여 정하고, ② 공물은 지방관이 직접 중앙에 납입할 것 등을 주장하는 방납금지책을 강력히 주장하였으나 실현되지 못한 채 임진왜란이 일어났다.

8) 이 제도는 반계가 죽은 지 35년 후인 숙종 34년(1708)에 이르러 전국에 실시되었다. 대동법을 관장하는 기관으로 중앙에는 선혜청(宣惠廳)을, 지방에는 대동청(大同廳)을 두었다.

래를 하였다. 도시상업계에서는 정부가 한정하였던 시전(市廛)의 상권이 점점 새롭게 생겨나는 사상인층(私商人層)에 의하여 무너져 갔고, 지방에서는 정부의 금지에도 불구하고 장시(場市)가 다시 활발하게 발전해가고 있었다.

대동법의 실시는 수공업의 발전에도 큰 영향을 미쳤다. 수공업자들은 공인으로부터 주문을 받고 그들에게 판매할 물품을 생산했다 수공업자들은 그 대가로 화폐를 지불받아 자본을 축적할 수 있었으며, 이 자본을 토대로 일반 시장을 상대로 상품을 생산하게 되었다. 공인(貢人)으로부터 주문받아 생산하는 독립적인 수공업(手工業)이 발전하면서 관이 직접 경영하는 관영수공업은 점점 쇠퇴해 갔다.

5 신분제도의 변화

반계가 살았던 시대는 임진왜란과 병자호란의 여파로 사회신분계층에 많은 변화가 온 시기였다. 16세기 말과 17세기 초에 걸친 임진왜란과 병자호란은 비록 왕조의 교체는 가져오지는 못하였지만 지배계층으로서의 양반의 권위를 떨어뜨리는 계기가 되었다. 임진왜란은 정부군도 양반군도 아닌 의병, 즉 농민군이 주로 승리했고, 병자호란은 농민군이 미처 참여하기도 전에 패배하여 왕(인조)이 직접 오랑캐에게 무조건 항복하는 굴욕을 당해야 했다.

임진왜란과 병자호란 이후의 17세기 조선사회는 대외적으로는 명나라와 청나라의 교체로 국제질서가 변하였고, 안으로는 전란으로 인한 사회경제적인 급격한 혼란과 동요가 가중되는 시기였다. 특히 조선사회를 지탱해온 신분질서가 서서히 무너져가는 시기였다. 왕조 초기에 성립된 서얼금고법(庶孽禁錮法)은 양반층의 수적 증가를 억제하여 양반 또는 관인지배체제를 강화하기 위한 제도였다.[9] 그러나 16세기부터 이러한 규제는 서서히 풀리기 시작하였고, 특히 임진왜란과 병자호란을 겪으면서 신분제도가 느슨해지면서 양반인구는

---

9) 서얼금고법은 양반의 자손이라도 첩의 소생은 관직에 나갈 수 없게 일정한 제한을 두었던 조선시대의 신분차별제도를 말한다. 유교적 관념과 양반중심의 신분사회에서 양반의 특권을 독점적으로 강화 유지하려는 신분제도를 말한다.

현저히 증가하였다. 농업기술의 발달로 부농(富農)이 된 자들은 납속(納粟)을 통하여 양반의 신분으로 상승하기도 하고, 가난한 양반은 소작농으로 전락하기도 하였다.

노비제도도 양란을 거치면서 변화하기 시작했다. 노비제도의 역사를 간단히 요약하면, 전쟁포로를 통한 노비의 공급이 원활했던 신라의 삼국통일 이전까지는 노비신분의 세습제가 그다지 철저하지 않았지만, 신라통일 이후부터 노비의 공급로가 좁아지면서 일종의 노비노동력의 재생산이라고 할 수 있는 신분세습제가 점차 강화되었다. 고려시대에 들어와 지배계급이 그들의 노비 소유량을 증가하기 위하여 시행한 종모종부법(從母從父法)은 고려시대를 거쳐 조선시대에도 그대로 적용되었다. 그러나 이러한 종모종부법은 전체 인구 중 노비가 차지하는 비율을 증가시켜 피라미드 형태의 인구구조를 형성하기는 하였으나, 양인의 수를 감소시켜 군역분담의 인구를 줄이는 결과를 가져왔다.[10)]

반계가 생존하던 17세기에 들어와서 송시열, 조익 등에 의해 종모종부법을 폐지하고 종모법(從母法)을 실시하려는 움직임이 일어났고, 반계가 죽기 4년 전인 1669년에는 종모법이 실시되었다(강만길, 1985: 114-126). 반계는 이러한 조선의 신분제도의 문제점, 특히 노비제도의 불합리성과 폐단에 관심이 많았으며, 조선시대의 사상가 중에서 처음으로 노비제도 자체를 폐지하고 고공제도(雇工制度)로 대체하여야 한다는 주장을 하게 된다.

---

10) 조선의 기본적인 병역 원칙은 양인개병(良人皆兵)과 병농일치(兵農一致)제로 노비를 제외한 16세 이상 60세 이하에 이르는 양인의 정남(正男 : 장정)은 누구에게나 병역의무가 부과되었다. 이 경우 정남은 정병(正兵 : 현역 군인)으로서 실역을 마치거나, 보인(保人 : 보충역)으로서 실역 복무에 소요되는 경비를 부담 하는 두 가지 중의 한 가지로 구분되었다. 종모종부법의 철저한 시행은 양인의 수를 감소시켜 군역을 어렵게 하는 폐단이 있었다.

03 반계의 시대인식

반계의 행정사상을 보다 잘 이해하기 위해서는 먼저 그가 살았던 그 당시의 국정운영상황에 대하여 반계 자신이 어떠한 문제인식을 가지고 있었는가를 알아야 한다. 한 사상가의 행정사상과 철학은 그 시대 행정현상에 대한 관찰과 문제인식(perception)을 통하여 형성되는, 바람직한 행정에 대한 확고한 신념체계(belief system)이기 때문이다. 이 신념은 소신 있는 행동과 주장으로 나타난다. 다음은 『반계수록』에 나타나 있는 반계의 국정운영현상에 대한 비판과 시대인식을 분석한 것이다. 이를 통해 우리는 그의 행정사상과 철학을 영글게 한 세계관과 행정관을 엿볼 수 있다.

1. 천하의 대체가 그 근본(根本)을 잃었다.

반계가 살았던 17세기 중엽의 조선사회는 양대 전란을 거치면서 전통적인 농경사회가 급격하게 붕괴해가는 시기였다. 농토는 황폐해져 농민들의 궁핍은 극에 달하고, 국정운영을 담당하는 관료들은 집권세력의 권력유지에 급급한 나머지 민생안정과 위민행정에는 관심을 기울이지 않았다. 반계는 세상의 모든 일이 제대로 되어가는 일이 없다고 인식했다. 그 이유는 위정자들이 구차하게 세월만 보내면서, 할 일을 하지 않아 천하의 대체가 그 근본(根本)을 잃었기 때문으로 분석하고 있다. 집을 짓는 자가 그 터를 바로 닦지 않으면 그 단청을 아무리 아름답게 하여도 곧 무너지는 것과 같은 이치라는 것이다.

반계는 평생을 농민들과 함께 생활하면서 부국안민을 위한 대책을 강구한 실학자였다. 전통적인 농업사회를 기반으로 하는 조선이 다시 부강해지기 위해서는 그 근본을 바로 잡는 일이 시급하다고 보았다. 그 근본이 무엇인가에 대한 견해와 사상이 기존의 주자학적 시각과는 달랐다. 주자학적 관점에서는 '사물에는 본말이 있으니 덕(德)이 본(本)이요 재(財)는 말(末)'이라는 「대학」의 가르침에 입각하여, 덕(德)과 심성(心性)의 수양이 본(本)이며, 현실의 경제문제는 말(末)이라 생각하여 재(財)와 이(利)의 문제는 외면하고 별로 관심을 보이지 않았다. 그러나 반계는 이 본말론(本末論)에 대한 시각이 달랐다.

반계는 『반계수록』의 첫머리에 전제를 논하면서 토지는 천하의 대본이라 밝히고, 토지제도가 바로 잡히면 모든 제도가 바로 잡힐 수 있음을 역설하고 있다. 당시의 모든 시폐가 근본을 바로잡지 못하여 일어나는 것임을 조목조목 열거하면서 정치행정의 본질을 깊이 이해할 것을 권고하고 있다.

> "토지는 천하의 근본이므로 근본이 바로서면 모든 제도가 온당하게 되며, 근본이 문란하면 온갖 제도가 따라서 마땅함을 잃게 되는 것이니, 실로 정치행정의 본질을 깊이 이해하는 자가 아니면 천리(天理)와 인사(人事)의 이해득실이 여기에 귀결됨을 알지 못하는 것이다."(『반계수록』 전제).

반계가 생각하는 가장 이상적인 토지제도는 3대(三代) 시대의 정전제(井田制)였다. 그는 『반계수록』에서 "이러한 정전법(井田法)의 정신에 따라 토지제도가 한번 바로 잡혀지면, 백성들은 영구적이고 확고한 생업을 가지게 되며, 병정을 수색하여 모우는 폐단도 없어지고, 모든 신분의 사람들이 각각 그 직업을 얻게 되므로, 인심이 안정되며 풍속이 돈후해 진다."고 보았다. 또한 토지제도를 바로 잡는 것을 근본이라 할 때 말단의 모든 사회적 폐단이 바로 잡히게 될 섯이므로 정치와 교화의 근본을 토지제도에서 추구할 것이라 하면서, 토지제도를 떠나서 인정(仁政)을 행하고자 한다는 것은 허언(虛言)에 지나지 않는다고 지적하고 있다(『반계수록』전제후록 하).

반계는 인정(仁政)이란 무엇이며, 나라의 근본과 위민이란 무엇인가에 대하여 깊이 사유하고 성찰했다. 당시의 주자학의 행정사상은 국정운영의 근본이 임금의 일심(一心)에 달려있기 때문에 정치와 교화의 근원을 수기(修己)와 정덕(正德)에서 찾고 있는 입장이었다. 그러나 반계는 토지제도에서 정치와 교화의 근본을 찾고자 했다. 즉 주자학에서의 본말론(本末論)의 적용영역을 보다 현실적이고 구체적인 관점에서 농업국가인 조선의 국정운영에 적용하여 전면적으로 그 시각을 전환시키고 있다. 즉 그는 재(財)를 말(末)에 두는 것이 아니라 실사(實事)로 파악하고 재(財)의 기본 형태인 전(田)에서 본(本)을 발견했다. 이렇게 반계는 백성들의 욕구와 욕망을 충족시킬 수 있는 법과 제도를 중심으로 국정운영을 하는 것이 바로 위민이고 인정이라 본 것이다.[11]

반계의 행정사상은 이러한 실학적, 실천적, 현실적인 시대인식에서 출발했다. 즉 농본주의 행정사상, 법 제도를 중시하는 객관적 합리주의 행정사상, 치인(治人)과 후생(厚生) 그리고 항산(恒産)과 기(器)의 중요성을 강조하는 행정사상, 능력과 실적위주의 행정사상 등은 모두 이러한 반계의 시대인식을 반영하고 있는 것이다.

2. 도(道)는 기(器)를 떠나서 홀로 행해질 수 없다.

반계의 행정관, 즉 국정운영을 바라보는 시각과 관점은 당시 유학자들이 지배적으로 가지고 있던 주자학적인 시각이 아니었다. 주자학적 관점에서의 정치행정은 먼저 "도(道)를 밝히면 기(器)는 저절로 회복된다."는 가정 하에 인간의 내면적인 도덕성을 밝히는데 초점을 두었다. 이에 근거하여 왕과 지도자들의 수기(修己)와 정덕(正德), 그리고 국민의 교화(敎化)가 정치행정의 초점이었다. 그러나 반계는 "도(道)가 어찌 일찌기 기(器)를 떠나서 홀로 행하여지겠는가." 라고 반문하면서 주자학적 시각, 즉 이(理)의 주관적인 측면에서 정치행정현상을 바라보기보다는 기(器)의 객관주의적 측면을 강조하는 관점에서 행정현상을 바라보았다. 반계는 도(道)와 기(器), 도덕(道德)과 정제(政制)를 이원적으로 파악하면서도 맹자의 항산(恒産)과 항심(恒心)의 논의에서 보는바와 같이 도(道)와 기(器)는 결코 분리될 수 없으며 도(道)에 못지않게 기(器)도 중요하

11) 인간은 도덕과 욕망을 다 같이 추구하는 주체라고 인식한 것은 반계에서부터이다. 주자학에서의 대명제인 '성즉리(性卽理)'는 인간과 자연을 하나의 체계 속에 합일시킴으로써 우주만물을 하나의 틀로 본다. 따라서 인간은 우주만물과 함께 존재하면서도 인간의 도덕을 우주만물에까지 확장시킨다. 반계는 인간과 자연의 합일을 분리시켜 자연을 인식대상으로, 인간은 도덕과 욕망을 추구하는 주체로서 존재할 수 있다고 보았다(추제협, 2010: 161). 이러한 인간관에 의하여 반계는 인간의 욕망을 법과 제도로서 통제할 수 있다고 보고, 법제도중심의 행정을 통하여 인간세계의 도리(道理)를 바로 세우려고 하였다.

다는 것을 강조하고 있다. 오히려 도덕보다는 정치와 법제가 국정운영에서 우선되어야 한다고 보았다. 즉 법제도중심의 행정을 강조하였다.

성리학이 이기(理氣)의 궁극적인 실재성에 대한 신념에 의하여 형이상학적 진리체계를 지향하고 있는데 반하여, 반계의 학문은 형이상적인 도(道)를 부정하지는 않지만 그보다는 현존하는 현실을 더 중요하게 인식하는 논리체계에 근거하고 있었다. 이러한 점이 그의 실학자적 자세의 이념적 근거가 되었다고 볼 수 있다(금장태, 1987: 29).

> "도(道)는 하늘에 근원하고 정치·법제는 땅에 근본하는 것이니 … 형이상자(形而上者)는 도(道)이고 형이하자(形而下者)는 기(器)라 이르는데 … 정치·법제는 기(器)이다. 맹자는 왕도를 논함에 있어서 도(道)와 기(器)를 떠나서 말하지는 아니하였으나 …… 진한 이후 천수백년 사이에 천지의 도가 거의 그치고 땅의 제도가 무너짐이 더욱 심하였다. 도(道)가 어찌 기(器)를 떠나서 홀로 행하리오."(『반계수록』 서문)

> "천지의 이(理)는 만물에서 나타나니, 사물이 없으면 이(理)가 나타날 곳이 없고, 성인의 도(道)는 만사에서 행해지니, 일이 없으면 도(道)가 행해질 곳이 없다."(『반계수록』 권26, 서수록후)

반계는 기(器)의 중요성을 강조하면서도 이와 같은 기(器)의 강조가 도(道)의 중요성을 배제하려는 것이 아니라, 퇴계로 대표되는 주자학자들의 종래의 정치행정적 사유가 도(道)에 지나치게 경도하여 있다는 결함을 지적함으로써 도(道)와 기(器)의 조응관계 속에서 행정현상을 보려고 했다(금장태, 1987: 29-30). 즉 반계는 형이상적 도(道)를 부정하는 것은 아니었고, 도는 어디까지나 형이하적 기(器)와 일관된다는 면에서 가치를 인정할 수 있다고 생각하였던 것이다(유정동, 1980: 74).

반계는 이론과 실제의 일원성을 믿고 주장했기 때문에 이(理)를 원리라고 볼 때 그것이 실현의 존재를 떠나서 홀로 존재의 세계를 구축하고 있다는 것이 추상적인 공론으로 여길 수밖에 없었던 것이다. 따라서 그는 이(理)와 도(道)라는 주관주의적 규범에 의하여 행정현상을 바라보기보다는 제도에 의거하여 정치적 사회적 질서를 확립하여야 한다는 이른바 기(器)의 객관주의적 측면에서 행정을 바라보아야 한다고 했던 것이다. 그는 명분과 의리를 중시하는 주자학적 시각보다는 실증과 실용을 중시하는 시각으로 행정현상을 바라보았다. 그렇다고 반계는 성리학을 부정하지 않는다. 오히려 성리학적 교양 속에서 현실문제를 해결하기 위한 대처방안을 마련하고 있다. 그는 천도와 왕도가 두 가지가 아니며, 도덕의 학과 정치교화의 학이 떼어서 생각될 것이 아니라고 주장한다. 또한 이(理)와 기(氣)는 서로 분리할 수 없는(不相離) 관계이자 상호 의존하는(不相雜) 것으로 이기합일지묘(理氣合一之妙)를 강조하는 주리론자였다. 그는 천하에 이(理)보다 실(實)한 것이 없다고 하면서 실리(實理)를 강조하고 실리에 의해 실사(實事)에 대처해 나간다는 학문자세를 가졌다. 이것이 후일 실학의 방향을 열어 놓은 것으로 볼 수 있으나 반계의 기본사상과 기본논리는 전통적인 성리학에서 우러나온 것이다(이우성, 1988: 19-22). 그는 도덕과 정신도 중요하지만 법과 제도도 중요하다고 하면서 법과 제도의 개혁을 통하여 도덕이 살아있는 이상적인 국가를 건설하고자 하였다.

3. 울타리가 튼튼해야 복심(腹心)이 의지할 바가 있다.

반계가 살던 시대는 임진왜란과 병자호란을 겪고 난지 얼마 되지 않아 사회가 극도로 불안하고 안정되어 있지 못했다. 지배세력들인 중앙관료들은 자기들의 세력싸움에 매몰되어 백성들의 안위와 복지에는 전혀 신경을 쓰지 않았다. 국가정책은 일선기관을 통해 이루어진다. 위민, 애민, 안민, 부국이라는 유교적 행정이념도 일선기관의 행정을 통하여 구체적으로 실현된다. 그러나 당시의 행정행태는 오직 지배세력들을 위한 행정에 매몰되어 있어 중앙관직을 선호하고 지방관직을 가볍게 여기는 풍토가 만연되어 있었다. 명망이 있는 선비는 일체 수령 등의 지방관직에 임명되는 일이 없었고, 수령이나 군수 등 지방관직에 임명되면 스스로 관직생활의 마지막이라 생각하여 백성을 돌볼 생각을 하지 않았다. 반계는 "지방관직을 가볍게 여기는 것은 백성과 국가를 가볍게 여기는 것"이라고 신랄하게 비판하면서 지방관직과 지방행정의 중요성을 강조하고 있다. 반계는 농촌에서 생활하면서 일선 민초들의 시각에서 국정운영을 인식하고 분석했다.

반계는 "서울은 복심이요 사방은 그 울타리인데, 울타리가 튼튼한 후에야 복심인 나라가 안정된다."는 국가관을 가지고 있었다. 이 울타리(변방) 강조사상은 율곡이 임진왜란 이전에 누누이 강조한 국정운영사상이었다. 반계는 토지제도개혁, 관료제개혁, 인재등용개혁, 지방제도개혁 등 도처에서 이 울타리를 강조하고 있다. 균전제로의 토지제도개혁도 농민의 수를 증가시키고 놀고먹는 사람을 없게 하여 궁극적으로는 병농일치 징병제를 통하여 울타리(변방)인 국방력을 강화시키고자 한 조치였다. 또 지방관제의 개혁이나 지방인재의 등용, 그리고 지방관직의 중시도 울타리를 강화하여 나라의 복심을 튼튼하게 하고자 한 생각에서 나온 것이다. 이러한 주장은 『반계수록』 도처에서 발견된다.

> "백성들의 생활이 안정되고 안 되는 것은 수령에 달려있고 군액(軍額)의 허실은 변장(邊將)에 관계된다. … 밝은 임금과 현명한 재상이 옳은 정치의 길을 날마다 강론하여도 …(울타리가 부실하면) 그 혜택은 백성에게 미치지 못하고 지방에서는 교화를 입지 못한다. …군수와 현령을 가볍게 여기는 것은 곧 백성을 가볍게 여기는 것이며, 백성이 가벼워지면 국가도 가벼워지는 것이다." (『반계수록』 임관지제)

> "오늘날의 인재등용은 지방 관직을 가볍게 다루는 일이 대단히 심하여 문관으로 다소 명망이 있는 사람은 일체 수령에 임명되지 않고 반드시 어떤 물의가 있어서 버림을 받고 난 후에야 수령직으로 내보내므로 수령이 된 자는 스스로 관직생활의 앞길이 멀지 않을 것으로 알고 진심으로 백성을 돌 볼 생각을 하지 않고, 착한 사람은 그저 직분을 지켜서 시일만을 보내고, 악한 사람은 백성을 괴롭혀서 스스로 살찌게 할 뿐이니 백성들이 어찌 곤궁해지지 않겠는가?" (『반계수록』 임관지제)

4. 인욕이나 사욕에 의하여 제정된 폐법은 개정되어야 한다.

반계는 당시 당연한 원칙이자 일종의 타성이 되었던 '조종지법은 바꿀 수 없다.'는 관료들의 보수적인 생각과, 시대변화에 적응하지 않고 변화를 거부하는 관료들의 행태를 비판했다. 법은 시대에 따라 제정되는 것이고 또 시대가 바뀌면 법도 같지 않음(『율곡전서』 만언봉사)에도 불구하고, 시대에 적합하지 않고 인욕과 사욕에 의하여 제정된 법과 제도를 바꿀 생각을 하지 않는다는 것이다. 당시에는 국정운영의 잘잘못은 군주의 일심(一心)에 달렸다고 생각했기 때문에 군주의 성의(誠意)·정심(正心)만 강조하고 조종지법(朝宗之法)의 개정에는 관심을 두지 않았다. 반계는 이러한 관료행태를 비판하면서, 공심에 의하여 제정되지 않고 인욕이나 사욕에 의하여 제정된 폐법은 개정되어야 한다고 주장했다.

반계는 통치의 핵심은 군주의 일심(一心)도 중요하지만 그보다는 법과 제도의 정비가 더 시의에 적절하고 중요하다고 보았다. 그는 인간의 내면적 도덕성을 강조하고, 수기(修己)와 정덕(正德)을 바탕으로 하여 정치적·사회적 질서를 확립하려고 하는 주자학적 통치사상으로는 현실적인 백성들의 욕구를 충족시키기에는 한계가 있다고 보고 법과 제도 등 객관주의적 규범 틀(frame)을 잘 만들고 이를 통하여 백성들의 현실적인 요구를 충족시키는 것이 진정한 위민행정이라고 보았다. 즉 도(道)는 기(器)를 떠나 홀로 존재할 수 없기 때문에 기(器)를 강조하는 법제도중심의 행정을 통하여 도(道)를 되찾아야 한다는 이기합일지묘(理氣合一之妙)를 강조했다. 그는 이(理)보다는 기(器)를 강조하고 이와 기의 조응관계를 매우 중요시했다. 반계는 당시의 정치적 사회적 폐단은 군주의 일심보다는 이 폐법(弊法) 또는 비법지제(非法之制)에서 연유한다고 보았다. 따라서 시대가 변하면 시대에 맞게 법과 제도를 바꾸어야 한다고 본 것이다. 이 주장도 율곡이나 삼봉의 견해와 동일하다. 그러나 군주의 일심(一心)보다는 법·제도가 더 중요하다고 본 것은 반계에 이르러서이다.

반계는 올바른 법과 제도는 도(道)와 이(理)가 구현된 공심(公心)에서 제정되어야 한다고 주장하면서 비교적 국가권력이 제도화되기 이전 고대의 문물에서 이를 발견하여야 한다고 보았다. 즉 성인의 도를 구현하여 당시의 법과 제도를 제정 또는 개정하려 하였다. 토지의 균등한 소유, 정규세 이외의 징세금지, 천인에 의한 강제노역금지, 능력위주의 인재등용, 행정조직의 간소화, 노비세습제의 폐지, 천역세습제의 개혁 등은 이러한 정신에서 나온 것이다. 반계는 인간의 기본권이나 올바른 법·제도의 근거를 성인의 도(道)에서 찾은 것이다.

04 반계의 행정사상과 철학

1. 행정목표와 행정이념

1 민본과 위민

반계가 백성을 얼마나 사랑하고 중히 여겼는가는 『반계수록』 도처에 절절히 나타나 있다. 반계도 삼봉이나 율곡 등 다른 선현들의 주장과 같이 국정운영은 국민을 위해(for the people) 존재하여야 한다는 데는 이론이 없었다. 즉 유학에서의 행정이념인 민본, 애민, 위민은 반계에게도 국정운영에서 달성하여야 할 가장 바람직한 행정가치였다. 그는 "사직이나 군왕보다도 민이 더 중요하다(民爲貴 社稷次之, 君爲輕)"는 맹자의 민본사상을 중시하면서, 백성의 평안과 부국을 위해서는 무엇이 더 근본이 되어야 하는가에 대하여 깊이 성찰했다.

그는 먼저 인간과 자연의 합일적 세계관에서 벗어나 인간을 자연에서 분리시키고, 인간을 분별과 인식에 의하여 움직이는 주체로 파악한다. 즉 "인간이 이익을 따르고 손해를 피하는 것은 만고천하의 같은 인정"이라고 본 반계는 인간은 기본적으로 분별심과 인식심을 가진 존재라고 보고, 인간의 도덕심에 의해 사람을 움직이는 행정보다는 인간의 분별심과 인식심을 자극하여 인간을 움직이는 행정을 지향했다. 이러한 인간관과 행정관에 의하여 그는 실리(實理)와 근본(根本)에 합당한 법·제도를 만들고 집행하는 것이 국정운영 및 행정의 기본이며, 그것이 곧 위민행정이라고 믿었다.

반계는 그 시대의 국정운영현황을 분석하면서 "천하의 대체가 그 근본을 잃었다"고 하면서 그 근본을 바로세우는 것이 나라가 해야 할 가장 중요한 행정가치라고 생각했다. 그가 생각하는 근본은 성리학에서 본(本)으로 주장하는 군왕과 지도자들의 내면적 도덕성을 의미하는 것이 아니라, 백성들의 항심(恒心)을 유지할 수 있게 만드는 제도적 기반을 의미했다. 그는 나라의 근본을 이(理)와 도(道)에 두지 않고, 그 이(理)와 도(道)를 유지하게 만드는 기(器), 즉 현실의 법과 제도를 더 근본적이라 보았던 것이다. 항산이 없으면 항심이 있을 수 없다고 본 반계는 백성들이 항심을 가지고 편안하게 생활할 수 있도록 좋은 제도를 만드는 것이 더 근본이라고 본 것이다. 즉 왕도정치를 통하여 백성을 교화시키는 것도 「위민」이지만, 그보다 더 시급하고 중요한 것은 생활안정과 현실적 욕구를 충족시켜주는 것이 더 「근본」이며 「위민」이라 보았던 것이다.

주자학적 관점에서의 위민이 "위에서부터 하향적인(top-down)" 또는 백성의 생존과 안정과는 거리가 먼 정신적 「위민」이었다면, 반계의 위민은 "밑으로부터(bottom-up) 백성이 절실히 요구하고 원하는" 문제를 법과 제도로 해결해주는 현실적 「위민」이었다. 그는 철저하게 민의 시각에서 국정운영과 행정을 바라보았다. 이러한 시각과 사상은 평생을 농민과 함께 생활하면서 밑으로부터 국정운영의 문제점을 경험한 결과로 볼 수 있다. 농민의 입장에서 본 중앙의 행정은 백성들의 고뇌와 어려움을 알기는커녕 오히려 착취하고 군림하는 지배자요, 파당과 공리공론만 일삼는 지배계층만의 행정에 불과했던 것이다. 반계에게 있어서 위민과 애민은 관념적인 것이 아니라 그들의 욕망을 채워줄 수 있는 현실적이고 효과적인 것이며, 동시에 지속적이고 영구적인 것이어야 했다. 고공제, 녹봉제, 공거제, 공전제, 병농일치제 등 반계가 제안한 사회개혁정책은 이러한 현실적이고 구체적인 행정이념에 입각한 실용적인 정책들이었기 때문에 실학의 학풍을 연 사람으로 평가되고 있는 것이다.[12)]

반계의 민본·위민사상은 개개 폐정에 대한 대안을 제시하는 차원이 아니라 사회제도의 합리화와 생산구조의 개선 등 사회구조를 근본적으로 재검토하는 개혁안을 제시하였다는 점에서 기존의 민본·위민사상과는 차이가 있다. 즉 율곡시대는 사림정치의 사회적 이상을 추구하기 위한 '도학적 민본'을 강조하였다면, 반계는 '제도적 민본과 위민'을 강조하였다.

2 실리성과 합법성

『반계수록』 전편에 흐르고 있는 반계의 기본사상을 요약하면 조선왕조의 법체계를 전면적으로 부정하고 새로운 입법정신에 의하여 국가제도의 전반에 걸쳐 개혁이 이루어져야 한다는 개혁사상이다. 반계는 당시의 정치적 사회적 폐단이 군주의 일심보다는 사욕에 의해 만들어진 폐법(弊法) 또는 비법지제(非法之制)에서 연유한다고 보았다. 그는 정치행정의 핵심은 군주의 일심에 달려 있는 것이 아니라 법과 제도를 잘 정비하는 것이라고 보고, 좋은 행정이란 시대에 적합하고 실리(實理)에 합당한 법·제도를 만들어 그 법과 제도를 공정하게 집행하는 것이어야 한다고 보면서, 행정의 실리성과 합법성을 강조하고 있다. 반계는 주자학에서 강조하는 천리(天理), 즉 자연의 법칙이나 도덕윤리를 강조하는 행정보다는 사물이나 현상 속에 철저하게 내재하고 있는 법칙과 원리인 실리(實理)에 합당한 법과 제도를 만들어 국정운영의 규준으로 삼는것이 보다 좋은 행정이라고 보았다. 국정운영을 위한 각 제도와 정책에는 이를 작동케 하는 기본원리와 이치, 즉 실리가 있으므로 이를 밝혀내고, 그 이치와 원리

---

12) 현실적 경험에 의하여 행정을 정의하고, 법과 제도를 중심으로 상향적 애민을 주장한 반계의 행정사상은 17세기 그와 동 시대에 살았던 영국의 유명한 철학자 존 로크(John Locke: 1632-1704)와 토마스 홉스(Thomas Hobbes: 1588～1679)의 국정운영사상과 그 맥을 같이 하고 있다. 존 로크와는 행정현상에 대한 지식과 개선안을 얻는 방법론이 비슷하다. 즉 존 로크는 "모든 지식은 경험에서 나온다."라고 주장한 경험주의 인식론의 창시자이다. 반계의 국가개조론과 그 개혁이론은 모두가 그의 경험에서 도출된 것이라는 점에서 행정인식론이 동일하다고 볼 수 있다. 홉스와는 절대군주 또는 절대왕정을 이상적인 국가로 보고 법과 제도의 권위를 중시하면서 법제도 중심의 행정을 지향하여야 한다고 본 점이 유사하다.

에 합당한 법제도를 만들어 집행하는 것이 위민이며, 궁극적으로는 이상세계를 건설하는 것으로 보았다.

반계는 법에 대한 자신의 견해를 다음과 밝히고 있다. 즉 법이란 "장인(匠人)의 승척(繩尺: 노끈으로 된 자)과 같고 야장(冶匠)의 모형 틀과 같은 것으로서 승척이 올바른 것이 아니고 모형 틀이 올바른 것이 아니면 비록 천하에서 제일가는 양공(良工)이 있다고 하더라도 한 칸의 집과 한 개의 그릇을 만들 수 없듯이 올바른 법과 제도가 없이는 나라를 다스릴 수 없다."고 보았다(『반계수록』 전제후록하). 반계는 국정운영은 올바른 법과 제도에 의하여 이루어져야 하는데 실리에 합당하지 않고 법답지 못한 법과 제도로서는 국가를 다스릴 수 없다고 주장하고 있다. 이처럼 반계에게 있어서의 법이란 성왕(聖王)의 정치를 보조하기 위한 보조수단으로서가 아니라 올바른 정치를 하기 위한 근본적인 틀(basic frame)로 보았다고 할 수 있다. 따라서 반계가 추구한 행정이념은 법에 의한 행정, 즉 합법적인 국정운영이라 할 수 있으며, 이 합법적인 행정을 위해서는 무엇보다도 실리에 합당한 법과 제도를 만드는 것이 우선이라고 보았던 것이다. 삼봉이 추구한 합법성은 덕치의 보조수단으로 주장한 것이라면, 반계의 합법성은 덕치보다는 오히려 좋은 법과 제도를 만들고 시행하는 것이 본(本)이라고 생각한 것에 차이가 있다.

반계가 지향하는 법제도개혁 접근방법은 매우 합리적이면서도 진보적이고 미래지향적이다. 예컨대 노비법의 개혁은 반드시 필요하지만 일시에 혁파할 수 없는 인습이 존재함으로 그것에 따르는 것이 또한 정치라고 보고 있고, 반대로 양반의 폐습, 토지제도의 개혁, 과거제도의 혁파 등을 주장함에 있어서는 시속과 인습을 단호히 배제하고 군주의 철저한 개혁을 주문했다. 그는 시속(時俗)을 해석하기를 "시(時)는 군상(君相)이 하는 것이고, 속이라는 것은 정치에 따라 이루어지는 것"이라고 하고, "옛것에서 변화시키는 것을 어렵게 여기고 임시 간편하고 구차하게 하려는 것은 모두 정치행정을 아는 자가 아니다"라고 하고 있다. 이처럼 법과 제도를 개혁하고 제정하는 것은 본래 어려운 것이 아닌데, 단지 윗사람이 행하지 않을 뿐이라고 하여 모든 개혁은 군(君)의 결단력에 달려 있다고 강조하고 있다. 즉 지도자의 개혁의지와 리더쉽(leadership)에 달려있다는 것이다. 이러한 철저한 개혁사상은 당시의 법제를 조종지법(祖宗之法), 선왕지법(先王之法)이라 하여 개혁을 아주 꺼리던 수구주의(守舊主義)와는 대조적인 것이며 이는 후에 다산의 개혁사상이 담긴 『경세유표』로 이어진다.

3 공정성과 공평성

반계는 인간의 욕구와 욕망을 충족시키기 위해서 정부는 무엇을 해야 하는가에 대하여 종합적으로 사유하고 철학한 학자였다. 그동안 농민들이 받은 고통과 불이익은 모두 공정하지 못한 정책과 제도에서 비롯되었다고 보고 사회제도와 구조의 모순에서 오는 폐정과 역기능을 제거하지 않고는 안민과 위민을 달성할 수 없다고 생각했다. 항산과 항심을 유지할 수 있는 올바른 제도를 만들고 이를 집행하는 것이 위민행정이라고 본 것이다. 그는 각종 제도의 결정과 집행이 공정하지 못하고 공평하지 못하면 정책과 제도가 의도하고 있는 효과를 거둘 수 없을 뿐만 아니라 진정한 위민과 애민이 아니라고 보았다. 따라서 그는 국정운영과 행정에서 지켜야 할 도(道)로서 공정과 공평을 지극히 중요한 가치로 생각했다(송주영, 1979:26).

반계가 추구한 행정이념인 공정성과 공평성에 대한 강조는 인구관리정책과 토지제도개혁정책 뿐만 아니라, 노비제도 자체를 폐지하여야 한다고 주장한 신분제도개혁 등 『반계수록』 도처에서 발견할 수 있다. 특히 그는 민으로부터 자원을 추출하는 조세제도와 조세행정에서의 공정과 공평을 강조하고 있다. 농업이 번창해야 국부를 이룰 수 있다는 주장을 펴면서, 농업은 본(本)이요 기타 업은 말(末)이니 본(本)인 농업을 포기하지 않게 하기 위해서도 말(末)인 타업에도 응분의 과세를 해야 한다고 주장했다. 농민에게 과세를 하면서 타 업자에게 과세를 하지 아니하는 것은 공정하지 못하다는 것이다(『반계수록』 전제상). 당시는 대동법의 부분실시로 인하여 상업과 수공업이 번창하고 있었음에도 불구하고 이에 대한 과세는 이루어지지 않았다. 반계는 수익이 있는 곳에는 모두 과세하는 것이 공정하고 공평한 행정이라 보았던 것이다. 이 점은 각종의 세원을 포착하여 모두 과세하여야 된다는 현대재정학의 공평과세의 원칙과 동일한 주장이다.

반계는 조세행정에서 공정과 공평을 잃으면 근본이 무너진다고 보았다. 과세결정에서 반드시 거쳐야 할 토지의 등급결정에 대해 언급하면서, 기존의 6등급은 너무 거칠고 불공평하게 되므로 9등급(상상, 상중, 상하........하하까지)으로 세분하여 부과의 공평성을 기할 것을 역설하고 있다. 같은 1등지라 할지라고 호남 1등지와 영남 1등지가 상이하고, 이 읍의 6등지와 저 읍의 6등지가 상이함에도 불구하고 획일적으로 6등급으로 거칠게 분류한 것은 양전관리(量田官吏)의 무능과 무식의 소치라고 비판하고 있다(『반계수록』 권1, 전제상).

반계는 공평과세의 원칙에서 한걸음 더 나아가서, 조세는 반드시 그 금액과 과세표준, 그리고 그 세율을 과세주체와 납세의무자 쌍방이 일목요연하게 이해할 수 있게 반포(頒布)하고, 또한 불부합(不符合)이 있는 경우 이의신청(異議申請)의 길을 허용해야 한다고 주장했다. 관(官)이 정한 등급이 불공정할 때에는 백성으로 하여금 고(告)하게 하고 관은 동네사람들과 상담하고 다른 토지와 비교하여 보고 연후에 수령은 반드시 친히 조사하여 정정(訂正)하라고 논하고 있다(『반계수록』 전제고설). 공정한 조세행정을 위하여 관(官)과 민(民)이 서로 협의하는 관계, 즉 <지도－참여>의 관·민 관계를 상정하고 있다는 점에서, 그리고 행정공개를 통하여 '국민의 알권리'와 '공정하게 대우받을 권리'를 제도화하고 있다는 점에서 주권재민의 위민개념으로까지 발전하고 있음을 볼 수 있다. 비록 그 참여의 개념이 오늘날의 주권적·적극적 참여의 개념이 아니라 배려차원에서의 소극적·형식적 참여의 색채가 짙지만, 세입행정과정에서 민의 의견을 수렴하고자 했다는 점에서 관인지배시대인 그 당시로는 대단히 진보적인 사상이라 할 수 있다.

4 절약과 능률성

반계는 도학적 행정사상으로부터 벗어나 사회제도의 합리화와 사회구조의 개선에 중점을 둔 '제도중심의 행정'을 주창했기 때문에 행정이 추구해야 할 최고의 행정이념으로 공정성과 공평성을 설정한 것은 너무나 당연하다. 법·제도의 결정과 그 집행이 공정하고 공평하지 못하면 나라의 근본이 무너지기 때문이다. 공정성과 공평성 다음으로 중시한 행정이념은 국정운영을 담당하는 왕과 관료들의 '절약과 능률'이었다. 공정과 공평이 주로 추출정책과 세입행정에서 지켜야 할 행정이념이라면, 절약과 능률은 주로 세출행정과 국정운영 전반에 적용되는 행정이념이다. 위민행정은 민의 부담을 들어주고 안민을 달성해야 하는데, 나라 살림살이의 규모나 정부조직이 방만해서야 어찌 위민행정이라 할 수 있겠는가에 초점을 두고 반계는 과감한 구조조정을 주장하였던 것이다. 조선시대의 사상가들 중에서도 가장 강력하게 구조조정과 감축관리(cutback management), 그리고 간소한 정부를 통하여 민의 생활안정과 부담감소를 주장한 학자였다.

『반계수록』「직관지제」에서 주장하고 있는 구조조정이 모두 이루어진다면 종래 관직의 55%, 그리고 관료수의 40%나 줄어들게 된다. 반계가 살던 당시의 조선은 재정의 문란이 극심하여 연간예산을 편성하여 계획적으로 나라 살림을 꾸려갈 수 있는 상황이 아니었다. 왕실과 정부조직, 그리고 관료들은 존재하는데 이를 움직이는 재정은 그 어디에도 없었다. 그 때 그 때 필요하면 농민에 착취하여 쓰는 정도에 불과했다. 국가개조론에 가까울 정도로 과감하게 구조조정(re-structuring)을 주장한 이유는 방만한 국정운영과 착취에서 오는 백성들의 고통을 드는 방법은 오직 정부의 지출과 낭비를 줄이는 것이라 생각했기 때문이다. 반계의 작은 정부론(small government)은 국민의 경제생활에의 개입 정도를 최소화하고, 정부의 기능을 축소하여 '보이지 않는 손(invisible hands)'에 의한 자원의 효율적 배분을 달성해야 한다는 현대 자본주의국가의 작은 정부 옹호론과는 그 의미가 다르다 할지라도, 그가 의도하는 행정가치가 세입의 범위 내에서 능률적이고 효율적인 행정을 지향하고 있다는 점에서는 큰 차이가 없다.

절약과 능률, 그리고 감축관리사상은 그의 정부조직개혁론인 『반계수록』 직관지제(職官之制) 특히 잘 나타나 있다. 예컨대, 비변사의 폐지 및 관료기구의 계층제적 편제 강화, 제조와 체아직의 폐지, 겸직기능의 폐지, 임시관청의 설립 금지와 정부기구의 대폭적인 축소 등은 반계의 절약과 능률이라는 감축관리사상이 잘 반영되어 있는 부분이다. 특히 당시 왕실 착취의 근거지가 되어 있던 내수사(內需司)를 폐지하고, 왕실 마음대로 예산을 결정하고 조세와 진상품을 징수한 왕실재정(civil list)을 부중(정부)에서 지원하는 일정한 예산으로 제한하여 투명하게 지출하도록 해야 한다는 왕실재정의 축소안은 당시의 세습군주국가에서 어느 누구도 감히 주장할 수 없는 가장 진보적이고 혁신적인 사상이다. 반계는 행정의 중복요인을 철저히 제거하여 조직을 간소화하고, 명령계통의 질서를 잘 살려 능률적인 관료조직으로 만드는 것이 곧 위민행정이라고 보았던 것이다. 오늘날의 구조조정 원칙과 한 치도 다르지 않다. 『반계수록』의 관료제 개혁론 저변에 깔려있는 반계의 행정사상은 관료조직을 대폭적으로 축소하여 낭비요인을 철저하게 제거해야 한다는 능률주의 행정사상이다.

2. 시장기능을 중시한 중농주의

우리나라는 전통적으로 농업을 주로 하는 국가였다. 고대로부터 농자천하지대본(農者天下之大本)이라 하여 위정자들이 중농(重農)을 선언하고 있었지만, 우리나라의 농민만큼 잔혹한 학대와 천대를 받은 민족은 흔하지 않다. 농민과 함께 생활했던 반계는 실제의 경험을 통하여 이를 뼈저리게 실감했다. 반계는 『반계수록』 도처에서 농민의 억울한 입장과 농업의 애호를 절절하게 호소하고 있다. 반계는 농업만이 영구적인 주산업(主産業)이며, 상공업이나 수공업은 말업(末業)이기 때문에 농업에 해를 끼치지 않을 정도까지만 허용해야 한다고 주장한 철저한 중농주의자였다. 그러면서도 자원배분기구로서 시장(market)의 기능을 높게 평가하여 기존의 주자학적 경제통합원리인 가족공동체의 호혜와 국가적 재분배체계를 합리적으로 개선하고자 했다. 한 나라의 경제의 흐름은 가족관계나 공동체내 유대관계의 형성·유지를 목적으로 하는 호혜(benefit)와 시장의 교환(exchange), 그리고 지배기구인 국가에 의한 재분배(redistribution)

에 의하여 이루어진다. 당시 조선의 경제는 기본적으로 가정의 호혜와 국가의 재분배에 의하여 유지·발전되는 이데올로기였기 때문에 시장의 기능은 중시하지 않았다.

반계는 17세기에 산 사람이므로 서구의 중농주의학파보다 약 1세기 전의 사람이었지만, 그 근본사상은 서구의 중농학파와 같이 농업만이 순수하고 진정한 의미의 생산이라고 생각했다.[13] 그는 농업의 쇠퇴를 무엇보다 우려했다. 농업을 버리고 다른 산업으로 전업하는 사람, 과도한 세금과 전쟁으로 농촌을 떠나는 사람들을 보면서 중농을 위한 각종 진흥정책을 제안했다.

반계는 토지제도 개혁이야말로 모든 정책의 근본으로 보았다. 토지는 천하의 근본이므로 이 근본이 바로서야 모든 제도가 온당하게 되고 나라가 바로 잡힌다고 보았다. 그래서 『반계수록』에는 토지제도개혁론을 가장 많이 강조하고 많은 분량을 할애하고 있다. 『반계수록』 26권 중 앞부분 8권이 전제(田制)이며 속편 2권에도 전제가 포함되어 있다. 전제 속에는 토지제도뿐만 아니라 재정, 상업, 화폐 등도 포괄하고 있다. 반계는 국정운영에서 최우선적으로 해결해야 할 정책이 토지의 공평한 배분과 공정한 조세정책이라 보았다. 『반계수록』에는 중농주의 행정사상을 실현하기 위한 다양한 조치들이 토지제도개혁 이외에도 각 분야별로 많이 개진되어 있다. 또한 동시에 고공제(雇工制), 녹봉제 행전책(行錢策: 화폐활성화대책), 대동법 등 화폐의 유통과 시장의 거래기능을 활성화하기 위한 제도개혁도 많이 있다. 반계는 공전제로의 토지제도개혁을 통해 소농경제의 안정과 경제생활의 형평을 지향하였을 뿐 만 아니라,

---

13) 중농주의는 프랑스에서 18C 후반에 발생하여 유럽제국에 널리 퍼진 농업중시의 경제사상이다. 18C 중엽까지 프랑스는 절대군주체제하에서 농민이 전체인구의 90%를 점하는 유럽제일의 농업 국가였으나 중상주의 정책으로 농업이 경시되었고 과도한 조세부담, 전쟁 등으로 적폐가 쌓이게 되자 이에 대한 반동으로 농업에 대한 관심이 집중되고 농업의 발달을 통해 이러한 적폐를 해결하고 국부를 찾으려 하였다. 중농주의학파는 국부는 금·은이 아니라 토지로부터 생산되는 순생산물이며 농업만이 새로운 부(富)를 창출한다고 주장한다. 중농주의의 대표적인 학자 케네(F. Quesnay)는 농민, 상공인 그리고 지주들의 총생산물인 부(富)가 어떻게 순환되고 있는가를 밝힌 <경제표>를 작성하여 사회경제의 재생산과정을 설명하려 하였다. 중농주의학파는 일관된 이론체계를 제시했다는 점에서 최초의 경제학파로 인정받고 있다. 중농주의학파의 한계는 농업만이 부를 생산한다고 본 것이다.

동시에 토지를 제외한 재화와 용역의 시장거래를 허용하고 촉진하여 나라와 백성의 경제를 풍요롭게 할 수 있는 많은 정책을 제안했다.

반계는 중농을 갈망하는 중농주의자였지만, 동시에 시장을 통한 물화유통을 촉진하고 활성화하여 기존의 가족공동체를 통한 호혜와 국가개입을 통한 재분배체계에서 오는 불합리한 경제흐름을 개선하고자 하였다. 예컨대, 그는 "만일 흉년이 들거나 병이 들거나 하는 때에 식량과 물화를 흥성하게 유통하면 백성의 궁핍을 구제할 수 있다"고 주장하면서(『반계수록』 전제후록고설 하 전화조), 시장기능의 활성화를 통하여 가정의 호혜와 국가적 재분배체계에서 해결하지 못하는 부분을 보완하고자 하였다. 뿐만 아니라 국가재정을 시장에 의존함으로써 시장을 육성하고자 했다. 각사(各司)의 수용물자를 서울에서 구입하여 충당한다면, "서울과 외방의 물화가 크게 열려 유행할 것"이라고 보았다(『반계수록』 전제후록상 경비). 그리고 동전으로 조세의 일부를 받고, 또 녹봉의 일부를 동전으로 주는 제도를 마련하여 동전의 통용을 활성화하자고 제안하였다. 그가 제안한 중농정책과 시장기능 활성화정책을 정리해 보면 다음과 같다.

1 인구관리정책

반계는 나라를 운영하기 위해서 제일 먼저 해야 할 일은 인구를 명확히 파악하는 일이라고 보았다(『반계수록』 3권, 전제후록 상). 강항(姜沆)의 간양록(看羊錄)을[14] 인용하면서 미개한 섬나라인 왜(倭)도 경지면적과 인구수를 명확히 파악하고 있는데, 하물며 예의지국인 조선이 그들보다 못해서 되겠느냐는 것이다. 인구가 불명확하면 국가의 일이 하나도 균일(均一)하게 되는 일이

14) 정유재란 때 일본에 잡혀갔던 강항(姜沆: 1567~1618)이 일본에서 견문한 풍속·지리·군사 정세 등을 기록한 책. 본래의 제목은 죄인이라는 뜻에서 ≪건거록(巾車錄)≫이라 하였으나, 1656년(효종 7) 책이 간행될 때 제자들이 강항의 애국충절을 기린다는 의미에서 간양으로 고쳤다. 3년 동안 지내면서 보고 듣고 겪은 일본의 지리·풍토·인문(人文)·병비(兵備) 등과 도요토미(豊臣秀吉)의 조선 침략에 대한 내용을 상세히 기록하였다. 또한 포로가 되었을 때부터 귀국하였을 때까지의 일기를 <섭란사적(涉亂事蹟)>이라 하여 권말에 첨부하였다.

없으며, 아무리 선정(善政)을 하려고 해도 되지 않는다는 것이다. 즉 인구의 파악이 불명확하면, 공정한 토지제도도 세울 수 없을 뿐 아니라, 부역이나 균역도 공정하게 이루어지지 못하고 형법으로서만 백성을 강압하니 그것은 본말이 전도된 행정이라는 것이다.

반계는 인구를 명확히 파악하여, 호적에 세세한 정보까지 담은 호적대장을 마련하고 매 3년마다 그 정보를 수정하여 호조(戸曹)와 도(道)와 각 읍면(邑面)이 각각 1통씩 비치하고 행정에 활용할 것을 주장했다. 그는 당시의 농민들이 고향을 떠나 행방을 감추는 가장 큰 이유는 조세의무와 군역의무에 일족절린(一族切隣)이 연계되어 있기 때문이므로 이 일족절린의 제도를 폐지할 것을 주장했다. 이러한 주장은 임진왜란 이전에 율곡이 이미 주장했던 것이지만, 반계는 율곡과는 달리 좀 더 구체적으로 일족절린을 없애는 방법으로 정확한 호적행정과 연계시키고 있다.

> "생각건대, 호구대장에 도망한 자와 절호(絕戸)된 자가 그대로 남아 있으면 즉시 대장에서 삭제하고, 그 일족과 절린에 조세와 균역의 연대책임을 지우지 아니하면 국가는 다만 도망한 자만을 잃을 뿐이요 백성을 다 놓치지는 않게 된다. ……… 비록 백성이 조세와 균역을 회피하려는 교활한 자가 있더라도 일족절린(一族切隣)의 폐를 개폐(改廢)하고 생활할 생업만 있다면 그 누가 자진해서 도망하리오."(『빈계수록』 전제후록 하)

이렇게 반계는 중농주의 행정사상을 실현하기 위해서 가장 먼저 정리해야 할 정책분야로 인구관리정책을 들었던 것이다. 위민의 근본이 인구를 명확히 관리하는 일이니 여기서부터 행정은 시작되어야 한다는 것이다.

2 토지제도개혁

반계는 토지는 천하의 근본이며, 그 근본이 무너지면 나라가 망한다고 보았다. 사실 고려도 결국은 전제문란으로 망했다고 볼 수 있고, 또 전제문란을 해결한다고 민심을 수습하여 세운 조선왕조도 결국 고려조 이상의 전제문란으로 멸망했음을 볼 때 반계의 탁월한 통찰력을 볼 수 있다. 따라서 중농주의자 반계가 가장 관심을 두고 개혁해야 할 부분으로 생각한 것이 토지제도의 개혁이었다.

반계는 『반계수록』「전제」에서 "경계(토지의 점유관계)가 똑바르면 만사가 다 된다. 만약 전제(토지제도)가 바르지 못하면 민산(民産: 민중의 경제생활)이 떳떳하지 못할 것이요, 부역이 고르지 못할 것이요, 군오가 정비되지 않을 것이요, 송사가 끊이지 않을 것이요, 형벌이 간소하게 되지 못할 것이니 이와 같이 되고도 정치를 행한다는 것은 있을 수 없는 일이다. 그 까닭이 무엇인가? 토지야말로 천하의 대본이기 때문이다"라고 말하고 있다.

반계는 삼봉과 마찬가지로 중국 주나라 시대의 토지제도인 정전제(井田制)를 가장 이상적인 제도라고 생각했다. 그러나 이 제도는 산악과 굴곡이 많은 우리나라의 지형에는 그 도입이 불가능함으로 고려 초 시행한 바 있는 균전제(均田制)에 그 결함을 일부 보완하여 실시하자고 주장했다.

공전제도(公田制度)로 표현된 반계의 균전법이 왕조초기 삼봉과 조준이 실시했던 과전법과 다른 점은 경자유전(耕者有田)의 원칙에 의하여 일반농민에게 토지를 지급하여 세금을 납부하고 생계를 유지할 수 있게 한다는 것이다. 과거 과전법은 일반농민에게는 토지지급을 하지 않았기 때문에 많은 농민은 사전(私田)의 소작농이 될 수밖에 없었다. 그러나 반계의 균전법은 농민들에게 일정한 토지를 지급하기 때문에 원칙적으로 소작제도가 없어진다.[15] 또 관료들이 지급받은 토지는 그 노비나 솔정(率丁)이 경작하게 규정하였다는 점이다(강만길, 1922: 38-39). 반계가 주장하고 있는 토지제도, 즉 공전제의 특징을 요약하면 다음과 같다.

첫째, 모든 토지는 농민, 상공인, 선비나 현직관료들에게 골고루 재분배하되, 원칙적으로 경작능력이 있는 자에게 준다. 왕족인 종반(宗班)에게는 관료의 봉록과 같이 토지이외에 사세지(賜稅地)까지[16] 지급하여 우대한다. 그러나 토

15) 우리나라는 고래로 토지제도는 사유권을 인정하지 않는 공전제도이다. 현재와 같은 민법상의 토지소유권이 인정된 것은 일정시대에 일본인이 수행한 토지조사를 통하여 외래적으로 확립된 것이다. 반계의 균전법, 즉 경자유전의 법칙에 따라 토지를 분배한 것도 소유를 인정하지 않는 공전제도이다.

지는 국가가 소유하고 관리하며 세습을 허용하지 아니한다.

둘째, 세율은 관청에 급여한 면세전과 왕족에게 급여한 사세전을 제외한 모든 토지에 대하여 1/20을 부과하고, 그 외의 세는 일체 부과하지 않는다. 토지에 부과되는 군역에 있어서는 선비(士)나 현직관료 및 이예(吏隷)에게는 병역의 부담을 면제한다.

셋째, 일반농민의 20세 이상의 남자에게는 그 신분이 양민이든 노비이든 간에 동등하게 1경(40마지기)의 토지를 지급하고 선비와 관리에게는 2～12경의 토지를 급여한다. 이것은 토지를 경작하는 전체 농민을 자작농으로 육성하려는 의도이다. 소작농을 없이하고 자기의 노력에 의해 열심히 일하는 농촌을 만들어야 한다는 반계의 중농사상이 잘 나타나 있다.

넷째, 반계는 복잡하고 불합리한 토지면적 계산법을 보다 합리적이고 알기 쉬운 방법을 도입할 것을 주장했다. 과세의 기준이 되는 토지의 실제면적을 잘 파악할 수 없는 비과학적 계량단위에 의한 「결부법」이 관리들의 농간과 중간착취의 원인이므로, 이를 실제면적을 잘 파악할 수 있는 「경묘법」으로 시정하여야 한다는 것이다. 반계는 당시의 모든 조세부정과 비리는 모두 이 복잡하고 어려운 계산방법을 이용하여 뇌물을 받고 장부를 조작하여 조세를 누탈시켰다고(이를 隱結이라 한다) 분석하면서 반드시 이는 개선되어야 한다고 주장하고 있다. 반계는 강항의 「간양록」을 인용하면서 섬나라인 왜구도 「경묘법」을 이용하여 정확한 토지면적을 산정하고 있는데 항차 예의지국인 조선이 일본만도 못하느냐고 통탄하고 있다. 만약 「결부법」을 개정하지 못한다면 그 폐(弊)가 만세까지 남으리라 예언하고 있다(『반계수록』, 전제 상).[17)]

반계의 토지개혁사상을 종합해 보면, 모든 백성이 능력에 따라 농업생산에 참여할 수 있도록 공정하게 토지를 배분하고 그 생산량에 대하여 공평하게 조

---

16) 사세지(賜稅地)란 조세를 받아쓰도록 임금이 특별히 하사한 토지.

17) 이 복잡하고 난해한 결부법은 끝끝내 개정되지 않고 있다가, 일제 강점기에 와서 일본인의 손으로 비로소 개정되었다. 반계는 이 불합리하고 복잡의 극치를 이루는 제도를 채택한 이유는 오직 백성을 애매하고 난삽한 방법으로 착취하고 수세해가기 위한 목적으로 고안된 것이라고 극언하고 있다(송주영, 1979: 24).

세를 부담하는 농업국가를 만들자는 것이다. 상층계급편중의 토지소유와 토지세습을 개혁하여, 능력이 있어 관료가 되는 자는 우대하고, 그렇지 못한 자는 일반서민으로서 생산 활동에 종사하도록 하여 놀고먹는 자를 없게 하자는 것이다. 즉 총체적 농업생산량을 극대화할 수 있는 토지제도로 개혁하자는 것이다. 그 의 토지제도개혁론에는 국가에 대한 백성들의 부담을 법적으로 정하여 하층민들의 생활향상을 기하자는 중농주의자로서의 사상이 담겨있다(정구복, 1970: 30-31).

반계의 토지개혁안이 양민뿐만 아니라 노비에게도 토지를 분배한다는 점에서 신분차별의 폐지사상이 들어 있으나, 토지분배비율이 사·농·공·상간의 현저한 차등을 가하고 있다는 점에서 신분적 차등관을 완전히 타파하지 못하고 있다는 한계는 여전히 남아 있다. 또한 당시 역사적 현실로서 성장하고 있었던 토지사유제를 부인하고 봉건적 토지국유의 원칙으로 되돌아가려고 하였다는 점에서 시대적 추세에 역행할 뿐만 아니라 산업사회로의 발전을 전망하지 못했다는 비판도 있다. 그러나 당시는 시장의 발달이 미미하여 시장을 주도적 배분기구로 인정하거나 전망할 수 있는 시대적 상황이 아니었기 때문에, 지배기구인 국가의 개입을 통한 경제질서를 구상할 수밖에 없었으며 또한 사유제의 이점을 잘 인식할 수도 없었다. 이러한 상황에서 전인구의 대부분을 차지하고 있는 소농들의 생활안정에 초점을 둔 소농보호육성책을 강구하다 보니, 상고적(尙古的)인 공전제가 그 시대적 상황에 가장 합당한 해결책이라고 확신한 것으로 보인다. 반계는 공전제와 사전제 중에서 어느 편이 더 유리한가에 대하여 많은 분석을 했다. 그는 토지사유와 매매를 허용하면 토지겸병으로 토지를 상실하는 농민이 많아 가족보전이 어렵다고 보았으며, 공전제의 도입으로 국가가 토지를 적절히 분배한다는 것이 현실적으로 어렵기는 하지만 농민간 교환으로 논과 밭의 일정비율을 맞출 수 있고 생산물을 서로 교환할 수 있기 때문에 별 문제가 없다고 보았다. 따라서 반계는 "공전(公田)은 공정하고 고르며, 사전(私田)은 사사롭고 편중되므로, 공전이라야 민산(民産)이 항구하고 인심이 안정되고 교화를 이루고 풍속이 후해져서 만사가 그 분수를 얻는 반면, 사전은 일체 이에 상반된다."라는 결론을 내리고 있다(『반계수록』 전제하). 공전제론의 한계는 반계의 판단력의 문제라기보다는 시대적 제약을 반영하는 것이라 할 수 있다(이헌창, 1999).

3 농산물 물가조절정책

반계가 활동하던 조선시대에도 고구려시대의 진대법이나 고려시대의 의창제와 같이 춘궁기에 관곡을 풀어 진대하고 추수 후에 환납케 하는 구휼복지정책을 실시하고 있었다. 즉 각 도(道)에 의창(義倉)을 두고 관곡을 대곡하고 추수 후에 원곡에다 10분의 1의 이자(耗)를 부쳐 반환을 받았다. 이를 「환상제도(還上制度)」라 한다. 원래 이 제도는 농민들을 위한 일종의 복지구휼정책이었다. 반계는 우리나라에서 이 제도는 오히려 농민을 착취하고 아전들과 부농들의 배만 불리는 제도로 전락하였다고 비판하고 있다. 즉 강제로 관곡을 할당대여하고 이자를 더 많이 챙겨 중간착취를 하거나, 환상이 불능한 자에게 대납하여주고 매년 자기가 그 농민으로부터 곡식을 거두어들이기도 하며, 견디다 못해 도망하면 일족절린에게 연대책임을 지게하고, 타지방의 부농은 대여 받은 관곡을 또 다른 지방의 빈농(貧農)에게 전대하여 이식을 챙기는 제도로 잘못 운영되고 있다는 것이다. 반계는 실지로 농촌에 묻혀 농민과 함께 살면서 이러한 폐단을 무수히 경험했기 때문에 이 제도운영의 잘못을 통렬히 비판하고 있다.(『반계수록』 전제후록 상)

반계는 의창에 의한 구휼정책보다는 상평창(常平倉)에 의한 물가조절정책을 훨씬 선호하였다.[18] 이 정책은 풍년에 곡물이 흔하고 천하게 되어 곡가(穀價)가 떨어지면 관(官)에서 시가(時價)보다 비싼 값으로 곡물을 사들여 비축하였다가, 흉년에 곡식이 귀해져 곡가가 오르면 시가보다 싼값으로 방출함으로써

---

18) '상평'이란 상시평준(常時平準)의 약어이다. 즉 풍년이 들어 곡가가 떨어지면, 국가는 곡물을 사들여서 곡가를 올리고, 흉년이 들어 곡가가 폭등하면 국가는 상평창의 곡물을 풀어서 곡가를 떨어뜨린다. 또는 수확기에 사들여서 단경기(端境期)에 방출하는 방법 등으로 곡가의 부당한 변동을 방지하려는 목적이었다.

곡가를 조절하여 백성들의 생활을 안정시키자는 것이었다. 반계는 환상제도는 진대하는 사람에게만 혜택이 있지만, 상평창제도를 쓰면 풍년이나 흉년이 들어도 농민들이 손상치 않으며 모든 백성들에게 골고루 해택을 주기 때문에 더 좋은 제도라고 평가하고 있다. 즉 안정된 가격으로 농산물의 유통과 거래가 이루어지도록 정부가 시장가격을 조절하기 때문에 곡가의 변동에 따라 생활을 위협받는 일반농민을 보호할 수 있다고 본 것이다. 그는 그 당시에 이미 시장의 가격조절기능을 정책의 수단으로 이용하고자 했던 것으로 보아, 가족공동체의 호혜(benefit)와 국가의 재분배(redistribution)에만 의존했던 당시의 자원분배체제만으로는 백성들의 욕구를 충족하기에는 한계가 있음을 간파한 것으로 해석된다.

4 독점금지정책

반계는 국정운영이나 행정은 공정하고 공평해야 한다는 확고한 신념을 가지고 있었다. 당시에는 토지뿐만 아니라 산의 목초지나 해변의 염전, 어장 등 당연히 일반백성이 공동으로 이용해야 할 것까지도 왕족을 위시하여 권문사족(權門士族)들이 독점하였으므로 백성은 백성대로 생활이 곤란하고 국고의 세입은 줄어들었다. 이러한 공공재(public good)는 민간이 자유롭게 이용할 수 있도록 하여 생산에 이용하게 하고, 그 산물에 따라 적법한 세금을 거두어야 함에도 불구하고, 왕족이나 관리 또는 토호들이 그들의 권력을 이용하여 독점하고 세금도 내지 않으니 그 폐가 심하다고 분석하고 있다. 반계는 국가자원의 효율적 활용을 통하여 백성들의 생활안정과 국부를 달성하고자 했다. 특히 왕의 자녀는 국가에서 후한 녹을 받고 있으므로 그들이 독점하고 있는 자연자원은 민간에게 돌려주어 생업을 갖게 하고 국가는 그로부터 조세를 징수하여 세입으로 삼아야 한다고 주장한다(『반계수록』 전제 상).

이렇게 반계는 특정세력이 자연자원의 이용을 독점하여 일반백성이나 국가에 해를 끼치는 행위를 규제하고 막는 것이 바로 행정이 해야 할 일이라고 본 것이다. 반계는 누구보다도 행정의 공정성과 공평성을 강조했다.

5 병농일치의 의무병제

국토방위를 위한 병역의무는 예나 지금이나 가장 중요한 국민의 부담이다. 조선초기부터 반계가 살던 시대까지는 군포제(軍布制)를 바탕으로 하는 양병제도가 원칙이었다. 즉 군적(軍籍)에 올라 있는 장정은 원래 일정기간 병역에 종사할 의무가 있으며, 이들이 군 복무를 하는 동안에는 군역을 면제받은 2명의 보인(保人)에게서 각각 월 베 1필씩을 받아 경제적으로 충당하였다. 그러나 병란의 위험이 적어지면서 군 복무 대신 고된 일반 노역에 동원되는 사례가 늘어나자 보인에게서 받은 베로 다른 사람을 사서 대신 복역시키는 수포대역(收布代役)이 성행하였다. 또 병역에 동원된 군정에게 베를 받고 임의로 귀향시키는 방군수포(放軍收布)가 만연하면서 군포대역이 지방 관리들의 수탈 수단으로 변모하였다. 이렇게 군제가 무너지면서 농민들의 고통과 폐단이 극심하였다.

반계는 당시의 군포제를 바탕으로 하는 양병제는 병력수가 적으면 국방이 허술해지고, 반대로 많으면 그 경비부담으로 백성이 고통을 받는 제도이기 때문에 개혁해야 한다고 주장했다. 그가 주장한 개혁안은 군포제를 폐지하고 토지제도와 병역의무를 연계시키는 「병농일치 원칙에 입각한 의무병제도」였다. 반계는 중농주의자답게 "병역의무자 모두 토지를 소유하면서 군역을 부담한다."는 원칙을 세워 영농과 국방을 모두 만족시키려 했다. 양인군(良人軍)은 토지 4경당 1인, 천인군(賤人軍)은 2경당 1인으로 조세부담의 차이를 두기는 하였으나 일단 모두 토지소유를 근거로 하여 군역을 부담하게 했던 것이다.

반계의 군역개혁론은 현실적으로는 이미 그 도를 넘어버린 농촌사회의 양역(良役)의 폐단을 바로잡고, 이론적으로는 경제적 뒷받침이 없는, 즉 토지와 유리된 15세기 급보제(給保制)의 결함을 시정하려는 생각에서 구상된 것이었다.[19] 따라서 군포제의 폐지와 농민에게의 토지지급을 원칙으로 하는 「병농일

---

19) 급보란 조선시대 군역을 담당하던 정군(正軍)에게 생계 보조자인 보인(保人)을 배정하여 준 것을 말한다. 『경국대전』 병전(兵典) 급보조(給保條)에 정리된 것에 의하면, 갑사(甲士)에게는 2보, 기정병(騎正兵) · 취라치(吹螺赤) · 대평소(大平簫) · 수군(水軍)은 각각 1.5보,

치의 의무병제」로 나타나게 된 것이다. 나라의 "근본이 바로 잡히면 모든 제도가 바로 잡힌다"는 반계의 사상에서 볼 때, 이 군역개혁은 나라의 근본인 토지제도의 개혁이 이루어진 다음 실시할 수 있는 개혁안이다.

반계의 군역개혁안의 핵심은 (1) 병역 의무자에게 반드시 토지를 지급하여야 하며, (2) 군포제도를 폐지하고, (3) 천인군(賤人軍)을 조직한다는 것이다. 과전제 아래에서의 군역제도는 병역 의무자에게 토지를 지급하지 않았고 급보(給保)의 기준도 경제적인 여건을 감안하지 않았던 데 반하여, 반계가 구상한 군역제도는 토지 1경을 지급받은 4명의 농부를 한 단위로 하여 정병 1인과 보인 3인으로 구성하는 것이었으니, 과전제하의 군사제도와의 차이는 같은 의무병제이지만 병농일치의 정도와 군역부담의 형평성에 큰 차이가 있다(강만길, 1992: 39-40: 천관우, 1971: 319)

6 상공업정책과 고공정책

반계는 상업을 최소한의 영역으로 국한하기 위해 그 성장을 억제하고자 했던 전통 성리학자와는 달리, 농업을 헤치지 않는 범위 내에서 상공업을 적극 육성하고자 했다. 반계는 "공(工)·상(商)이 없어서 안 됨은 사(士)·농(農)과 다름이 없지만, 이것을 생업으로 삼는 자가 너무 많으면 농업을 해롭게 한다. 따따서 공·상이 많으면 그 세를 무겁게 하여 억제하고 적어면 세를 가볍게 하여 물화유통의 길을 열어야 한다"고 인식했다. 그러면서도 그는 당시 조선에서는 "공산품의 제조가 정밀하지 못하고 물화가 유통되지 않고 있으니 마땅히 그 세를 가벼이 해야 할 것이다"라고 제안하고 있다(『반계수록』 전제상, 잡세). 이러한 주장에서 볼 때, 그는 일반 성리학자들보다 상공업의 기능을 적극적으로 평가하고 상공업인구의 적정비율을 높게 잡고 있음을 볼 수 있다.

상업기능에 대한 반계의 진전된 평가는 적극적인 화폐유통정책에서도 잘 나

보정병(步正兵)·장용위(壯勇衛)·파적위(破敵衛)·대졸(隊卒)·팽배(彭排)·조졸(漕卒)·봉수군(烽燧軍)·차비군(差備軍)은 각각 1보를 주어 병종마다 급여 보인 수가 달랐다. 보인의 정군에 대한 재정적 보조는 입역 중 월당 포(布) 1필 이하로 하였다.

타난다. 반계는 이(利)를 펴고 재물을 통하는 화(貨)를 식(食)과 아울러 생민의 근본으로 보았다. 그는 "전화(錢貨)는 국용을 풍족하게 하고 민생을 넉넉하게 하니 국가가 반드시 행해야 하거늘, 우리나라에서 행하지 못한 것은 어찌 제도의 결함이 아닌가?"라고 주장하면서 화폐의 유통을 적극 권장하고 있다(『반계수록』 전제후록하, 전폐). 반계는 화폐의 효용을 높이 평가하고 앞으로 금속화폐의 통용이 확대될 것을 확신하면서 다양한 행전책(行錢策: 화폐활성화대책)을 제시하고 있다. 화폐의 유통이 활성화되기 위해서는 먼저 상인이 물화를 흥성하게 한 뒤에야 돈이 통행할 수 있다고 보고 상설포자(常設鋪子)의 설치 등 다양한 상업 진흥책을 강구하고 있다. 또한 정부에서는 동전으로 조세를 받고 그 동전을 다시 녹봉으로 나누어주면 동전이 자연히 유통될 것으로 보았다.

이렇게 반계는 재화의 시장거래에 대하여서는 별다른 제한을 가하지 않았다. 오히려 물품과 노동력의 시장거래를 활성화하고자 했다. 반계는 인도주의에 입각하여 노비제의 폐지를 주장하고 그 대안으로서 경제적 합리주의에 입각한 「인력고용(고공)제도」의 도입을 적극 주창하였다. 당시 16~7세기에는 노비가 전 인구의 30% 정도에 달할 정도였으며, 노비의 노동력은 가사노동과 농업노동 등에서 중요한 역할을 담당했다. 반계는 사람을 재물로 삼는 노비제도는 인륜에 배치된다고 보고, 노비를 대대로 부려먹는 제도를 고공(雇工)의 계약에 의해 임금을 지급하고 노동력을 사는 고공제도로 전환해야 한다고 주장했다. 즉 노동력을 팔고 사는 인력시장의 도입을 주장한 것이다. 반계는 "무릇 이익을 추구하고 손해를 피함은 만고천하의 같은 인정(人情)"이니 인력을 팔고 사는 모두에게 불리하지 않는 고공제가 조선에 정착할 수 있음을 확신했다. 이러한 고공제, 녹봉제, 외국과의 교역활성화 정책 등은 모두가 상업 및 유통의 활성화와 관련이 있다.

이상에서 본 바와 같이 반계의 상업정책은 어디까지나 농업을 저해하지 않는 범위 내에서 상업 진흥의 필요성을 강조하였다는 점에서 한계는 있다. 그러나 시장이란 배분체계의 활용을 중시하고 있다는 점에서 가족공동체의 호혜(benefit)와 국가의 개입(intervention)에 의한 재분배체계만을 인정하고 있는 전통 성리학자들의 경제사상에 비해 진전된 요소가 내포되어 있다. 화폐가 국부민유(國富民裕)를 낳는다고 보고 적극적으로 화폐유통활성화대책(행전책)을 제시한 점, 노비제를 폐지하고 고공제로 전환하여 인력의 시장거래를 활성화할 것을 제안한 점, 도로개선과 수레의 사용을 통한 상업의 활성화를 주장한 점, 시장기능을 활용하여 국가적 배분체계를 합리적으로 개선하는 방안을 강구한 점, 국가재정을 시장에 의존함으로써 시장을 육성하고자 한 점, 그리고 해외교역이 민부를 증진시킨다고 보고 서양에까지 개방적이기를 제안한 점은 당대에서는 매우 선진적인 사상이었다(이헌창, 1999: 91). 이러한 반계의 사상은 기본적으로 인간은 '이익을 추구하는 존재'라는 인간관을 전제로 하고 있다. 반계가 법제도중심의 국정운영을 강조하는 이유도 이익을 추구하는 인간의 행동을 수기와 교화로 바로 잡는 데에는 한계가 있으므로 인간행동을 규율하는 공정한 준거 틀(frame of reference)을 만들고 이를 공정하게 집행하는 것이 현실적으로 백성을 위한 위민행정이라고 보았기 때문이다. 또한 시장기능을 중시한 이유도 이익을 추구하는 인간의 본성을 충족시키기 위한 방안이었다고 볼 수 있다.

3. 감축관리와 능률주의

『반계수록』의 관료제개혁론 저변에 흐르고 있는 반계의 행정사상은 관료조직을 대폭적으로 축소하여 낭비요인을 철저하게 제거해야 한다는 감축관리와 능률사상이다. 그는 당시 행정의 번거로움(비능률)이 난립된 행정기관과 비합리적인 업무분장에 기인한다고 보고, 대폭적인 구조조정을 통하여 행정조직을 간소화하고, 명령통계의 질서가 잘 살아있는 능률적인 관료조직을 만들고자 했다.

『반계수록』 직관지제(職官之制) 상(上) 첫머리에 "벼슬이 번거로우면 일이 번거롭고 일이 번거로우면 백성이 흐리고 시끄럽다. …… 현재에는 벼슬제도가 지극히 번거로워서 마땅히 줄여서 간략하게 할 것이니 긴요한 벼슬이 줄어진 연후에야 관기(官紀)가 밝아지고 관기가 밝아진 연후에야 어진 재주가 그 직책을 다 할 수 있어 다스림이 이루어지는 것이다."라 하면서 기구축소와 감축관리를 주장하고 있다.

절약과 능률을 위하여 행정조직을 간소화하고 맡은 바 임무를 성실하게 수행할 수 있도록 업무를 적절히 배분해야 한다는 반계의 능률사상을 제도화한 것이 그의 관제개혁론이다. 그의 개혁안을 구체적으로 살펴보면 다음과 같다.

1 동 · 서반의 구분폐지

반계는 문관과 무관의 구분을 철폐할 것을 주장했다. 그동안 문무의 차별문화는 관료간의 알력을 심화시켜 국방을 취약하게 했을 뿐 아니라, 기타 많은 폐단을 가져왔다. 따라서 각 군영의 문관참모인 종사관을 폐지하고, 문관과 무관의 서로 다른 명칭을 통일하고, 통일된 명칭아래 오위를 비롯한 모든 병력을 귀속시킬 것을 주장하고 있다. 그리하여 반계는 "…… 대개 각 품계는 문반과 무반이 그 계자(階資)를 같이 하고 다시 달리하지 못하게 해야 한다. … 도대체 문관과 무관을 나누어 두 가지로 삼는 것은 본디부터 있었던 것이 아니고 후세에 와서 저지른 아주 큰 잘못이니 이는 결코 본받을 일이 못되는 것이다(『반계수록』 직관지제 상)". 라고 주장하고 있다. 여기서도 반계의 차별금지 사상과 일원화되고 효율적인 명령계통의 확립을 통하여 능률행정을 달성하고자 하는 그의 행정사상을 엿볼 수 있다.

2 비변사의 폐지 및 관료기구의 계층제적 편제 강화

반계가 살던 시대의 최고정책결정기관은 20~30명의 최고위 고급관료들로 구성된 비변사(備邊司)였다. 이 비변사는 국방을 위하여 비상설적으로 별도로 만들어진 합의체 정책결정기관이었으나 언제부터인가 모든 정무기능이 집중되어, 원래 존재하고 있던 의정부의 기능을 실질적으로 대체함으로써, 업무의 분장과 책임소재가 불분명하게 되어 행정의 혼란이 극심하였다. 이러한 조직편제의 혼란과 폐단을 반계는 다음과 같이 표현하고 있다.

"재신(宰臣) 중에서 군무를 아는 사람으로 당상관을 삼고 무반(武班) 중에서 문자를 아는 사람으로 청(廳)을 삼아 별도로 비변사를 설치하니 …… 조정의 정령(政令)이 결제될 곳이 없게 되어 모두 비변사에서 처결되고, …… 의정부의 찬성과 참찬은 병을 요양하는 별방이 되고, 사인(舍人)과 검상(檢詳)은 기악(妓樂)의 관사가 되었으니 그 어긋나고 틀린 것이 이루 다 헤아릴 수 없다. 그리하여 삼공이 서사(署事)하는 법이 폐지되고 삼공이 정무를 논의할 장소가 없게 되니, …… 사무가 오로지 6조와 그 속사(屬司)로 돌아감으로써 직무를 분장하는 의의가 없고, 책임이 명확하지 못함으로써 집무를 버려두는 일이 습관화되었다. 이 모두 관제의 폐단 탓이다"(『반계수록』 직관지제 하).

이러한 폐단을 개선하기 위하여 반계는 비변사를 폐지하고 과거의 의정부운영체제로 되돌아가야 한다고 주장했다. 반계는 의정부의 기능과 권한을 회복하여 조직편제의 위치상으로 정점에 자리하게 하고, 정책결정에 있어 국왕과 6조의 중간에 존재하게 하여 백관들의 정책집행을 실제로 감시·감독하는 권한을 부여하여야 한다고 주장했다. 즉 업무분장과 그 업무를 명확히 하고, 계층제에 의한 지휘명령계통을 확립하여 보다 능률적인 행정조직으로 개편할 것을 주장하고 있다.

"비변사는 처음 변방의 왜구로 인하여 설치되었으나 지금은 크고 작은 일이 모두 비변사로 돌아가고 의정부는 이름만 빌린 관청이 되었으니 관계(官界)가 기강을 잃게 되어 그 해(害)가 이루 말 할 수 없다. 마땅히 이를 폐지하고 의정부의 제도를 회복해야 한다."(『반계수록』 직관지제 하)

반계의 이 같은 주장은 (1) 비변사는 관제(官制) 외(外)의 특별기구이고, (2) 일상 행정업무보다는 비상사태의 사건처리를 위해 만든 기구인데도 불구하고 마치 공식적인 정무기관으로 변질되면서 관제질서를 붕괴시켰다는 것이다. 또 이 같이 관제질서가 붕괴되어 있는 상태에서는 의정부가 정무를 총괄적으로 관리하기 어렵고, 또 예하기관의 백관들이 상급관청(의정부)에 참알(參謁)하고 품사(稟事)하고 명령을 받아 집행하는 것이 일상화되기도 어렵다. 또한 비변사와 같은 수십 명으로 구성된 다수합의제는 책임소재의 분산으로 인해 책임 있는 정책을 결정하고 그 집행을 감독할 가능성이 높지 않다. 사실 비변사와 의정부를 동시에 거느린 당시의 국정운영방식은 비상시에 국왕이 직접 이들 기관의 운영을 챙기려는 국왕중심의 친재편제(親裁編制)라 할 수 있다. 그러나 전란의 위험이 사라진 시대에는 의정부중심의 재상편제(宰相編制)가 국왕을 보다 적극적이며 책임 있게 보좌할 수 있는 제도라고 본 것이다.

반계는 실질적인 최고정책결정권한을 가진 의정부 수립을 원했다. 그의 관료제개혁론에서 우리는 막스 베버(M. Weber)가 주장한 현대관료제의 특징인 계층제에 의한 명령체계의 확립, 책임소재가 명확화, 분권과 전문화, 관료들의 기강확립 등의 원칙을 추출해 낼 수 있다(김권집, 1987).

3 제조(提調) 직책의 폐지

반계는 중복기능의 축소를 통한 능률행정과 책임행정을 선호했다. 조선은 6조의 소속관사 거의 전부가 타관원(他官員) 겸직의 제조제도에 의하여 그 서무가 관할되었다. 제조(提調)란 조선 시대에, 중앙조직인 각 사(司) 또는 청(廳)의 우두머리가 아니면서 각 관아의 일을 다스리던 겸직 직책을 말한다. 반계는 각 관사의 제조(提調)를 전면 폐지하고 그 장관에게 전임시켜 그 성공을 책임지울 것을 주장했다. 반계는 전대 역사의 경험을 상고하면서, 이 제조제도는 반드시 폐지하여야 한다고 거듭 강조한다.

> "여러 속아문(屬衙門)에 각기 장관(長官)이 있고 그리고 또 이 관사들은 마땅히 육조(六曹)에 통속되어야 함에도 불구하고, …… 다시 제조를 설치하게 되니 이것은 고의로 불란함을 만들어 기강(紀綱)을 없게 하는 일이다. 지금의 각 관사는 사무가 모두 폐단에 가득 차 있는데 문부(文簿)가 날로 번거롭게 되어 가니 장관이 만연히 사무를 살피지 않는 것은 모두 이 제조 때문이다."(『반계수록』 관직지제 하)

4 관직기능의 전문화와 책임행정 강화

반계는 관직은 반드시 그 맡은바 업무를 참작하여 적절하게 분장시켜야 하고, 그 직을 맡은 사람은 그 직분에 책임을 다해야 한다는 것을 강조한다. 즉 겸직을 금지하여야 하고, 관직기능을 전문화하여야 하며, 기구는 간소화하여야 한다는 주장이다. 구체적으로 이 사상에 기반을 둔 개혁조지들을 살펴본다.

(1) 겸직금지

반계의 분석에 의하면 조선조 관직의 60~70%가 겸임제로 되어 있다. 그 대표적인 사례가 앞에서 설명한 제조제도이다. 이것은 그만큼 조선조 관제가 미분화상태에 있음을 말해 준다. 겸직행정은 책임소제가 명백하지 못하여 책임행정이 이루어지지 못하고, 관직자체가 언제나 들뜨고 흐트러진 상태가 되어 업무의 능률이 오르지 않는다. 반면에 문서나 사무는 번잡해져서 오늘날 분업화된 관료제에서도 항상 지적되는 형식주의, 번문욕례 등의 레드테이프 현상이 지배하게 된다(송복, 1982: 13-14). 반계는 이러한 겸직행정을 통렬하게 비판하면서 금직규정의 폐지를 강력하게 주장하고 있다.

(2) 임시관청설립의 금지

조선조에서는 일이 있을 때마다 도감(都監)이라는 임시관청을 따로 만들어, 도제조, 제조, 도청, 감청, 감조청 등의 직책을 품계에 따라 결정하여 현직관리로 겸직케 한 후 일의 처리를 마치면 폐지했다. 반계는 이러한 임시관직의 설치를 철저하게 반대했다. 관직을 설치하고 직무를 분장시키는 일은 장차 사무에 대응하기 위한 것인데 일이 있을 때마다 관사를 설치한다면 평상시에 관사는 무엇 때문에 나누어 두겠는가? 라고 주장하면서 기구를 쓸데없이 만들어 기구를 복잡하고 번잡스럽게 하지 말 것을 주장했다.

(3) 관료기능의 전문화

반계는 제도주의자 답게 관직은 업무의 분담(분업화)도 중요하지만 분담된 업무를 전문적으로 수행할 수 있게 유도하는 제도적 개선이 더 중요하다고 보았다. 행정의 전문화를 위하여 그가 주장한 것은 「임무전일제」와 「임기연장제」이다.

임무전일제(任務專一制)는 앞에서 논한 임무의 분직제(分職制)와 표리관계에 있다. 즉 분업이 잘 이루어지면 일의 전문화도 높아지기 때문이다. 반계는 "그 관직을 번잡하게 설치하여 임무가 전일(專一)되지 못하게 하고서는 능히 그 행정이 잘 될 수가 없다."고 주장한다. 관직이 분업화되어 있지 못하여 각기 맡은 바 임무가 일관되게 전담되지 못하면 사무자체가 형식주의적이 되고 일의 능률이 오르지 않으며 실적도 오르지 않으므로 결국 행정도 성공할 수 없다는 것이다. 또한 분업(분직)이 잘 되어 있다하더라도 겸직이 만연하면 분업에 의한 전문화는 이루어지지 않는다. 당시에는 한 관직이 자기에게 분담된 업무를 넘어서서 다른 관직의 업무를 담당하는 겸직이나 겸임이 지나치게 많았기 때문에 행정이 전문화되지 못하고 또 책임 있는 행정이 이루어지지 못했다. 반계는 임무전일제 원칙을 제도화하여 행정이 전문화되기를 원했다. 이 원칙은『반계수록』의 관료제개혁론을 이끈 가장 근본적인 원칙이다. 제조직책과 비변사의 폐지, 체아직의 폐지, 겸직금지와 임시관청설립의 금지, 그리고 임기연장제의 도입 등도 모두 이 원칙에서 나온 것으로 볼 수 있다.

임기연장제(任期延長制)는 한자리에 오래 근무하여야 업무에 숙련되어 비로소 치적을 낼 수 있다는 주장이다. 반계는 율곡의 관직임기 장기화를 요구하는 상소문을 인용하면서 구체적으로 관직의 임기를 정하고 있다. 반계는 이상적인 임기를 최저 6년을 기준으로 하고 필요하면 그 이상 또는 종신토록 하게하는 것도 가하다고 주장한다. 구체적으로 경관직 당하관 이하일 경우는 6년이 적절한 임기이고, 당상관 이상은 덕(德)과 재(才)에 의하여 임명된 것으로 6년에 구속되지 않고 그 이상이 되어도 좋다고 했다. 그리고 외직일 경우 수령(守令), 진장(鎭將), 찰방(察訪), 교관(敎官) 등은 9년으로 하고 관찰사와 절도사는 6년으로 해야 한다고 했다. 이 기간은『경국대전』에 규정하고 있는 임기와 비교하면 매우 긴 기간이다.[20]

---

20)『경국대전』에는 경관직 6품 이상의 임기는 900일(2년 반), 7품 이하는 450일(1년 반), 외관직일 경우 관찰사와 도사의 임기는 360일(1년), 절도사는 720일(2년), 수령 등 일선외직은 1800일(5년)로 규정하고 있다.

5 궁중관련기관의 대폭 축소 및 집행기관의 기능강화

반계는 조선시대의 사상가들 중에서도 가장 강력하게 정부조직의 구조조정(re-structuring)과 감축관리(cutback management)를 주장한 학자이다. 그는 "벼슬이 번거로우면 일이 번거롭고 일이 번거로우면 백성이 흐리고 시끄럽다"고 하면서, "지극히 번거로운 벼슬제도를 간략히 줄여 관기(官紀)를 밝게 하지 않고는 다스림이 제대로 될 수 없다"고 보았다. 그는 이 번거롭고 비능률적인 궁중 및 부중 행정조직을 관리, 감독, 책임, 분업 등의 관료제적 질서가 잘 갖추어진 능률적인 조직편제로 재조정하고자 했다. 그의 관제개혁의 초점은 궁중관련관아를 대폭 축소 조정하는 일과 중앙행정기관의 업무를 합리적으로 재배치하는 일이었다.

반계는 개국 이래 그 누구도 감히 주장할 수 없었던 왕실, 왕족, 그리고 궁중의 생활과 관련된 조직을 전면 축소 재조정할 것을 주장했다. 당시의 궁중의 생활과 유지를 위한 관아들은 통합적으로 관리되지 못하고 필요한 물품과 용도에 따라 횡적으로 난립하고 있었다. 반계는 당시의 궁중관련관아의 난립과 비능률을 지적하면서, 특히 어공(御供)과 관련된 기관은 한 개의 아문에서 전담할 것을 제안하고 있다.

> "일찍이 한나라의 관제를 보건대, 매우 생약(省約)되었으니 그것도 모두 사무를 맡은 관직이고 어공(御供)은 다만 한 개의 관사뿐이다. …… 우리나라는 관직을 설치할 때 시(寺)니 감(監)이니 하는 관직의 수효는 중국보다 3배가 되는데 그 반수 이상이 궁중과 관계된다. 제도를 만드는 것이 대체로 이와 같으니 어찌 그 폐단이 한 둘이겠는가? …… 어공(御供)은 마땅히 한 개의 아문을 설치하여 이를 전적으로 관장시키고 지금의 여러 관사에 날마다 물품을 진상하는 규정을 폐지해야 한다."(『반계수록』 직관지제 하)

반계의 조정안에 의하면, 당시 존재하는 궁중과 관련된 관아 50개(경국대전에 등록된 47개와 인조 효종 때 생긴 어영청, 총융청, 수어청)중 50%가 넘는 28개를 대폭적으로 폐지하거나 축소 조정할 것을 주장하고 있다. 다음 <표-1>은 궁중관련기관의 조직통폐합의 내용이다.

▌표 1 궁중관련관청의 구조조정안

관서명(28)	업 무	폐지	조정안
내수사	왕실소유의 재산관리(이조)	폐지	경상경비로 지출
내자시, 내담시, 사도시, 사포서, 사온서, 의령고, 장흥고, 전생서, 사재감(9)	궁중 및 어수용품(미곡 · 국수 · 장 · 술 · 감주 · 기름 · 과실 · 소금 등)을 공급 관리하는 관청	폐지	사옹원에 통합 (봉상시, 예빈시로도 일부이관)
내의원, 혜민서(2)	의료담당부서	폐지	전의감에 분속
제용감(濟用監)	궁중의 직물 · 비단 · 포 · 염색	폐지	상의원에 분속
수성금화사, 전월사, 전설사, 귀후서(4)	성(城)의 수리 및 화재관리, 궁궐수리, 장막 치는 일	폐지	업무에 따라 분속 (선공감, 금오위, 야정서)
상서원	국왕의 옥쇄, 왕관, 관인 관리	폐지	승정원에 통합
종부시, 문소전, 연은전, 소격서(4)	왕실족보편찬 및 왕실비위규찰	폐지	종정부에 통합
의빈부, 돈녕부(2)	부마, 왕실인척을 위한 관청	폐지	
종친부	종실제군을 관장하는 관서	축소	종정부로 명칭변경
어영청, 총융청, 수어청(3)	궁중수호를 위한 금위청	폐지	내금위, 의순위에 통합

자료: 『반계수록』에서 필자가 작성

반계는 궁중관련관아의 대폭적인 구조조정과 함께, 중앙행정기관도 업무분담을 합리화하고 간소화하여 능률적인 집행기관으로 만들고자 했다. 반계 이전에는 그 누구도 중앙행정조직을 행정의 효율성이라는 관점에서 종합적·체계적으로 분석하고, 그 문제점을 합리적으로 해결하려는 시도를 하지 않았다. 그는 일정한 원칙과 기준 없이 그때그때 필요에 따라 설립되어온 6조의 부속기관들을 그 기능이 서로 중복되지 않게 6조의 원래기능에 적합하게 그 소속을 재배치함으로서, 간소하면서도 능률적인 관료조직을 만들고자 하였다.

반계는 <표 1>과 같이 궁중관련관기관이 대폭 폐지되고, 또 겹치고 난립된 중앙행정관청의 업무가 <표 2>와 같이 합리적으로 재조정되고 나면 6조와 그 속사(屬司)가 맡은 일의 분량과 경중이 비교적 고르게 되어 중앙행정기관의 권한과 기능이 골고루 강화된다고 보았다. 즉 “호조는 사무가 너무 복잡하여 눈을 뜰 여가가 없고, 공조는 사무가 너무 한가하여 필요가 없는 관사가 된” 당시의 불합리한 업무분장이 해결되고 명실상부하게 6관이 될 수 있다고 보았다(직관지제 상). 반계의 주장에 따라 관직이 간소화 되었을 때 그 폐지되고 통합되어야 할 관사(官司)의 수는 49개로 종래 관사 수의 약 55%가 삭감되며(『반계수록』 직관지제 상), 또 이것을 경관직의 관원수로 환산하면 9품 이상이 540명이면 족해서 기존 수에 비하여 40%가 줄어들게 된다(직관지제 하).

반계의 정부조직개편은 위계구조에 의한 일원적인 명령계통의 확립과 분업에 의한 책임소재의 강화, 그리고 전문화에 의한 능률증진과 비용절감 등을 겨냥하고 있는 것이 특징이다. 그의 관료제개혁안은 그동안 비변사를 중심으로 이루어져 왔던 국왕중심의 친제편제를 혁파하고 의정부중심의 계층제적 편제로 되돌아가려는 체제내적 관제개혁의 성격을 띠고 있다. 그러나 그 내용이 근대관료제의 기능을 모두 수용하고 있다는 점에서 탁월한 그의 조직행정사상을 엿볼 수 있다. <표 2>는 중앙행정조직에 대한 그의 구조조정안이다.

표 2 중앙행정조직의 구조조정안

관서명	업 무	폐 지	조정안
조지서(造紙署)	종이 만드는 관서	폐지	공조 낭관이 관장
어영청, 총융청, 수어청	궁중수호를 위한 금위관청	폐지	내금위(內禁衛), 의순위(義順衛)에 통합
충훈부, 충익부, 중추부	체아직	폐지	
사간원	간쟁과 탄핵기관	폐지	사헌부에 통합
사헌부	감찰과 백관규찰	감찰권 폐지	
예문관, 경연, 독서당	왕의 교육기관	폐지	홍문관, 춘추관으로
양현고(養賢庫)	인재양성	폐지	성균관으로 합속
훈련원, 도총부	무예연마, 군령기관	폐지	오위에 합속
겸사복, 우림위(羽林衛)	왕의 신변보호 친위병	폐지	

▌표 2 중앙행정조직의 구조조정안 (계속)

관서명	업 무	폐 지	조정안
오위, 내금위, 금오위, 의순위	군사조직, 호위조직	신설 및 권한강화	병조에 통합
의금부, 전옥서, 포도청	사법, 죄수, 경찰,	폐지	형조가 관장
장예원(掌隷院)	노비부적과 소송		형조가 관장
전감사, 수성금화사,	선박관리, 성의 수리	폐지	공조가 기능관장
평시서(平市署)	시장점포 및 물가조절	폐지	호조, 공조, 형조, 한성부가 관장
선전관청	왕명전달기관	폐지	내금위로
기로소, 사산감역, 잡직	경로당, 산림보호, 체아	폐지	

자료: 『반계수록』에서 필자가 작성

6 체아직(遞兒職)의 폐지

반계는 체아직(遞兒職)이 맡고 있는 기구는 대폭적으로 폐지하거나 정리할 것을 주장하고 있다. 체아직이란 조선에만 있는 아주 특별한 관직으로서 현직을 떠난 문무관(文武官)에게 특별한 경우에 녹봉을 주기 위하여 만든 벼슬을 말한다. 주로 한 개 직에 여러 명을 임명하여 돌아가면서 근무하고 근무한 만큼 녹봉을 받는다. 의빈부(儀賓府), 돈령부(敦寧府)는 말할 것도 없고 충훈부, 충의부, 중추부(中樞府), 오위도총부, 훈련원 등은 처음부터 체아직을 위해 만들어진 부서이기 때문에 마땅히 폐지하여야 한다고 했고, 종친부 역시 대폭 개혁하여 종정부로 바꾸어야 한다고 했다.

반계는 체아직은 관직의 원칙상 이 같은 제도는 있을 수가 없다고 역설하면서 이는 관직의 체통을 없게 하고, 상하질서를 없게 하며, 대개가 능력 없는 사람으로 채워져 문서만 응대하게 할 뿐이라고 주장하고 있다(『반계수록』 관직지제 하).

4. 인사행정의 능력중심주의

국정운영을 담당할 공직자를 선발하는 일은 임금의 가장 중대한 임무이자 정치행정의 근본이다. 반계는 나라의 인재등용과 활용은 문벌과 신분을 따지지 않고 철저하게 능력중심으로 이루어져야 함을 강조하고 있다. 그의 인사행정관은 교육제도개혁사상과 깊은 관련이 있다. 그는 관료의 선발은 종래와 같은 시문(詩文)이나 경전(經典)보다도 덕행과 견식에 기준을 두어야 하며, 광범위하게 인재를 발굴하여야 하고, 문벌이나 신분계층에 구애받지 않아야하며, 철저하게 교육과정을 거쳐 검증된 자에게 기회를 주어야 한다고 생각했다. 따라서 교육제도개혁과 추천제에 의한 임용제도를 연계시켜 개혁안을 제시하고 있다.

1 교육제도와 연계한 공직추천임용제(공거제) 도입

반계는 당시 실시하고 있는 과거제도가 사대부들의 공직세습을 위한 수단으로 이용되고, 또 그 운영이 공정하지 못하기 때문에 과거제를 폐지하고 추천에 의한 임용제도, 즉 공거제로 전환할 것을 주장했다. 그는 과거제도가 "모든 경서를 모두 들어서 한번 시험을 보아서 어찌 그 사람의 재질을 살필 수 있겠는가"하고 반문하면서 책임 있는 추천을 통한 임용이 바람직하다고 보았다. 또한 추천도 그 폐단이 있을 수 있으므로 「추천포상인센티브제도」를 도입할 것을 주장했다. 즉 잘못 추천한 자에게는 파직과 처벌을 강력히 하고, 현명한 인재를 추천할 경우에는 포상을 하여 추천이 책임 있게 이루어지도록 하자는 것이다.

반계는 이러한 추천이 제도적이고 객관적으로 이루어지게 하기 위하여 교육제도와 연계시켜야 한다고 주장했다. 당시의 교육기관으로는 서울의 사학(四學), 지방과 향교 및 서원과 최고학부인 성균관이 있었으나 이들이 서로 계통적으로 연결되어 있지는 않는다. 즉 향교나 서원을 졸업해야 성균관에 입학할 수 있는 것이 아니어서, 학제가 서로 연결되어있지 않았다. 이에 대해 반계는 철저하게 졸업정원제로 운용되는 3단계의 교육제도(소학－중학－대학)를 만들어 학제와 관리임용제를 연계시켜 일원화할 것을 주장했다. 즉 각 부(府)와 군현(郡縣)에 읍학(邑學: 4년 과정), 각 도에 영학(營學: 1년 과정), 그리고 중앙의 최고교육기관으로 태학(太學: 1년 과정)을 두자는 것이다. 이와는 별도로 서울에는 읍학에 해당하는 사학(四學), 영학에 해당하는 중학(中學)을 두되 모두 국립교육기관으로 운영하자는 것이다(『반계수록』 교선지제하). 그의 주장은 읍학과정을 이수한 학생들 중에서 우수한 자를 추천하여 영학에 입학시켜 교육을 받게 하고, 영학과정을 이수한 자 중에서 우수한 자를 추천하여 태학에 입학시켜 교육을 받게 한 후 그 중에서 해마다 35명씩을 추천하여 진사(進士)로 삼고, 이들 진사들을 일정한 기간 진사원(進士院)에 수용하였다가 그 능력과 인격에 따라 중앙 및 지방관으로 기용하자는 것이었다(강만길, 1981:42). 무엇보다 관직의 세습화를 방지하기 위하여 읍학의 입학자격을 사대부 자제에만 한정하지 않고 서얼출신과 양민의 자제도 입학할 수 있게 하였다는 것이 특징이다.

이상에서 설명한 바와 같이 반계는 읍학－영학－태학이라는 단계적 교육제도를 통하여 개인의 자질과 능력이 우수한 인재를 선발하고자 하였다. 이러한 교육제도의 정비는 각 개인의 노력으로 수련한 결과에 따라 귀(貴)·천(賤)의 사회적 지위가 제도적으로 성취되는 평등사회, 즉 세습적 양반사족제도인 문벌제도의 혁파를 겨냥한 것이었다. 한걸음 더 나아가 그는 우수한 인재의 선발과 관련된 학제이외에도, 일반 백성의 자제들에 대한 기초교육을 위하여 각 향(鄕, 즉 면)에도 공립학교인 향상(鄕庠)을 설치할 것을 주장했다. 그는 이 기초교육과정을 특시 중시했다. 교육을 받은 사람이 많아지면, 의(義)로 운 일을 실행하는 사람들이 많아 질 것이며, 이를 통해 화목하고 표창할만한 풍속이 이루어질 것이라는 주장이다. 그는 이러한 기초교육과정은 지치(至治)를 이루는 근본 기지가 될 것임을 확신하고 있다(김태영, 2011: 133).

2 서경법(署經法)의 폐지와 능력위주의 임용

관료의 채용은 어디까지나 그 현명함과 재질을 기준으로 하여야 하며, 문벌을 기준으로 하지 말아야 할 것을 주장하면서, 서경법(署經法)을 반드시 폐지할 것을 강조하고 있다.

> "관리의 임명은 오직 현명한 사람으로써만 할 것이요 직책의 위계는 오직 그 사람의 능력으로써만 결정해야 할 것이며 지금의 문벌을 따지는 폐단을 개혁하고 아울러 서경법도 폐지해야 한다."(『반계수록』 임관지제)

서경(署經)이란 새롭게 관리로 임명되는 사람으로 하여금 자신과 부변과 모변의 4조(四祖: 부, 조, 증조, 외조)의 이력을 기록한 서경단자를 바치게 하고, 사헌부와 사간원에서 이를 심사하여 공무의 집행여부를 결정하는 것이니, 그 심사의 대상이 되는 것은 그 조상의 관직일 뿐이지 공직을 담당하는 그 본인의 사람됨을 살피는 것이 아니라는 것이다. 원래 서경제도의 근본취지는 국왕이나 정조(政曹)에 의해 일단 결정된 사항을 대간으로 하여금 다시 심사하게 함으로써 부당한 인사나 업무처리를 막고 국가의 질서를 바로잡으려는 데 있었다. 그러나 이러한 인사권에 대한 견제와 균형의 기능이 현재(賢才)를 임용하는데 사용되지 않고 지나치게 정치적으로 사용되었다. 당시 문벌을 숭상하는 폐단이 현명한 인재의 발굴과 임명에 장애요인이 되고 있음을 반계는 개혁하고자 하였다. 반계는 '어떻게 하면 권력을 공적으로 잘 쓸 것인가'에 대하여 관심을 가지고, 이를 위해서는 행정주체의 능력과 자질이 가장 중요하다고 생각한 철저한 행정학자였다.

3 지방관 임기의 장기화

반계는 지방행정의 중요성, 특히 지방관의 임무와 그 선발을 특별히 강조하고 있다. 반계가 살았던 그 당시에는 지방을 가볍게 여기는 풍토가 특히 심했다. 그는 지방의 관직이 "강등과 좌천의 자리로 전락했을 뿐 아니라, 심지어 벼슬을 구하는 자에게 주어지는 자리가 되었다"고 한탄하면서 지방행정을 전문화할 것을 주장하고 있다. 반계는 "지방관직을 가볍게 여기는 것은 백성과 국가를 가볍게 여기는 것"이라고 하면서 지방관직과 지방행정의 중요성을 강조하고 있다.

『반계수록』 임관지제(任官之制)에서 제일 먼저 다루고 있는 분야가 바로 관리의 임기문제이다. 반계는 빈번한 인사교체로 인하여 일어나는 행정의 역기능을 상세하게 분석하고 있다. 즉 감사의 임기 1년, 수령의 임기 3년으로는 임지의 실정을 파악하기도 전에 인사이동이 되니 아전들의 농간을 막을 수 없고 소신 있는 행정을 펼 수 없다고 분석하면서, 지방관직의 임기를 장기화할 것을 주장하고 있다. 구체적으로 관찰사, 절도사, 도사, 우후, 해운판관, 수운판관 등은 임기를 6년으로 하고, 수령(守令), 진장(鎭將), 교관(敎官), 찰방(察訪) 등의 지방관직은 9년으로 하여 가족을 동반케 함으로써 지방행정을 전문화할 것을 주장하고 있다. 율곡도 관리의 임기를 3～6년 정도로 장기화 할 것을 주장하였으나, 반계는 그 보다도 훨씬 길게 하고, 지방관으로 나아가서 치적의 효과가 있는 자가 아니면 정3품직에 오를 수 없도록 해야 한다고 주장하고 있다. 정책결정에 영향을 미치는 정3품 이상의 고위직일수록 일선행정의 경험이 필요하다는 것이다. 그래야 진정한 민본·위민행정이 이루어질 수 있다고 본 것이다.

반계는 왜 지방관직의 임기를 길게 하여 행정을 전문화하여야 하는가에 대하여 스스로에게 질문을 하고 답하는 형식으로 자기의 임기장기화 주장이 타당함을 논증하고 있다. 즉 자신이 주장한 "6～9년의 임기가 지나치게 장기이기 때문에 현명한 인재가 아랫자리에서 침체될 수 있지는 않겠는가?" 또는 "관찰사 절도사 등의 지방권력이 비대화되어 오히려 그 권력을 남용하는 폐단이 있지 않겠는가?" 등의 질문을 던지고 있다. 반계는 이러한 문제는 임기의 문제가 아니라 인력평가와 활용 그리고 관리의 문제라고 보고, 고적(인사고과평정)에 따른 포상, 발탁, 특별승진 그리고 중앙정부의 철저한 감독 등의 통제·유인방법을 통하여 충분히 해결할 수 있다고 주장하면서, 6～9년으로 임기를 길게 하는 제도는 시의에 적절할 뿐 아니라 반드시 실시해야 한다고 강조하고 있다. 그는 지방관이 자기의 직무를 옳게 알고 그 일에 전문가가 되지 않고서는 올바른 정교(政敎)나 행정은 이루어질 수 없다고 주장한 조선시대 최초의 제도주의 행정학자인 동시에 지방행정 옹호론자였다.

조선은 건국이후부터 강력한 중앙집권적 관료체제를 확립해 왔다. 지방관의 임기를 짧게 하고, 상피법(相避法) 등을 도입하여 지방관에 의한 분권과 세력화를 억제하였으며, 지방관이 임지에 부임할 때 가족을 동반하지 못하게 하는 등의 조치를 취해왔다. 반계는 이러한 조치와 제도들이 지방행정을 침체하게 하는 원인으로 보았다. 그는 지방관의 임기도 6~9년으로 늘리고, 그들의 가족도 동반하게 하여 안정된 상태에서 전문적으로 위민행정을 펼 수 있도록 해야 한다고 주장했던 것이다.

5. 왕실재정의 축소와 재정운영의 보수주의

반계의 재정운영사상은 그의 국가개조론인 토지제도개혁론과 관료제개혁론에 잘 나타나 있다. 그는 국가의 재정운영은 세입부문에서는 공정하고 공평한 토지분배와 조세행정을 통하여 민생의 안정을 기하고, 세출부문에서는 절약과 능률을 통하여 청렴한 행정을 구현하고자 하였다.

조선왕조의 조세제도는 당(唐)나라 제도인 조(租), 용(庸), 조(調)를 근간으로 하는 것이었다. 즉 간단히 말하면, 토지에 부과하는 세곡(租), 사람을 대상으로 하는 부역(庸), 가족을 대상으로 하는 공물(調) 로 구성되어 있었다. 이러한 제도는 점차 복잡한 조세체계로 분화되면서 관료의 부패와 중간착취의 온상이 되었다. 반계는 일체의 현물공납을 폐지하고 경세(輕稅)로 통일할 것을 주장했다. 또한 중간착취를 근절하고 백성의 부담을 들어주기 위하여 복잡한 과세단위인 결부법(結負法)을 경묘법으로 바꾸고, 잡다한 형태의 잡역을 폐지하고, 세곡은 정곡(精穀)이 아닌 피곡(皮穀)으로 내도록 하고, 모든 조(租)에 해당하는 부담도 수확량의 20분의 1로 하도록 했다. 또 그는 궁중이나 관청에서 소요되는 물품은 세목으로 일정한 비목(예산)을 책정하여 상인에게 사들이게 함으로써 세입징수과정에서의 부패와 폐단을 막고자 했던 것이다.

반계가 살던 당시의 조선은 재정의 문란이 극심하여 연간예산을 편성하여 계획적으로 나라 살림을 꾸려갈 수 있는 상항이 아니었다. 왕실과 정부조직, 그리고 관료들은 존재하는데 이를 움직이는 재정은 그 어디에도 없었다. 그 때 그 때 필요하면 농민에 착취하여 쓰는 정도에 불과했다.

1 양입위출(量入爲出)의 예산원칙

반계는 국가재정운영의 기본원칙으로 양입위출(量入爲出)을 주장했다. 이 구절은 『반계수록』 도처에서 발견된다. 이 원칙은 오늘날의 양입제출(量入制出)의 원칙과 동일한 말로써 수입을 헤아려서 그 수입한도 내에서 지출을 억제하라는 뜻이다. 오늘날의 현대국가에서는 국가의 수입원을 국민경제에 두고 있기 때문에 그 탄력성이 크고, 또 국가는 공공재 등 필요한 곳에는 반드시 지출하여야 하기 때문에 양출제입(量出制入)의 원칙에 따라 운영된다. 오늘날의 예산이론의 입장에서 보면, 양입위출은 절약과 잉여를 중시하는 사경제에 적용되는 원칙이며, 양출제입은 잉여보다는 수지균형을 중시하는 국가재정에 적용되는 원칙이다.

반계가 양입위출 원칙에 따라 국정운영을 하여야 한다고 주장한 이유는 궁중의 사치, 관료의 가렴주구, 조세부담자인 농민의 궁핍 등이 극에 달해 있어 수입원의 탄력성이 매우 빈약했기 때문이었다. 그 당시의 국가재정환경으로 보면 양입제출하는 것이 시의(時宜)에 맞는 주장이었다. 실제로 반계만 이 원칙을 주장한 것은 아니다. 이 주장은 조선을 설계한 삼봉에서부터 율곡에 이르기까지 일관되게 나타난다. 이는 농업국가가 가지는 특성과 유교적 재정보수주의에 기인한 것으로 볼 수 있다. 이 양입제출의 원칙에 따른 재정운영은 오늘날 세입원의 탄력성이 약한 지방정부에서, 또는 최근 자원난시대의 국가재정운영에서도 그 의의를 인정받고 있는 예산운영 원칙이다.

2 왕실재정(Civil List)의 축소

반계의 재무행정개혁안에서 가장 진보적이고 혁신적인 주장은 당시 왕실 착취의 근거지가 되어 있던 내수사(內需司)를 폐지하고, 왕실 마음대로 조절한 왕실재정을 일정한 한도로 제한하자는 왕실재정의 축소 안이다.

그 당시에는 궁중(宮中)과 부중(府中)의 구별이 없었다. 궁중과 정부의 수입은 모두 백성을 상대로 하는 토지세가 유일한 세입원이었다. 내수사(內需司)는 왕실 직속기관으로 전국에 많은 토지와 노비를 소유하고, 백성의 고혈을 짜내고 있었고, 진상(進上)이라는 명목 하에 각 지방의 토산물을 무제한 착취했다. 그는 내수사를 폐지하고 국왕도 10명분의 녹봉으로 생활비를 충당하며, 기타 왕실 인원에게도 이에 상응한 녹봉을 지급하여 그 지출을 제한하는 것이 타당하다고 주장하였다(정성철, 1989: 143). 입헌군주국가가 아닌 순수한 세습군주국가에서 왕실의 예산을 백성이 내는 세금의 직접지원형식으로 제한하여 투명하게 지출하도록 해야 한다는 주장은 당시로서는 매우 진보적인 주장이라고 할 수 있다. 영국의 재정민주주의의 발전과정에서도 이 왕실비(civil list)의 제한조치는 그 제도가 정착되고 일반화되기 까지는 많은 시간을 필요로 했다.

3 공해전(公廨田)에 의한 고정된 세수확보

당시의 국가 예산운영상황을 보면 궁중(宮中)과 정부(政府)의 구별이 없어 과세권이 일원화되지 못하고 분산되어 있었다. 따라서 이들 모두가 농민에게 이중 삼중으로 조세와 기타 잡부를 과했고, 봉급이 없이 생활하는 관료들은 제각각의 재간대로 토색으로 먹고 살 정도로 예산행정은 문란해져 있었다. 각 관청의 연간(한 회계연도) 살림살이에 관한 예산은 서 있을 리 없었으며, 그때그때 필요할 때마다 하급관청에 명령하여 백성들에게 부담을 지우는 형식으로 운영해 왔다.

이러한 상황에서 반계는 각 관청에 1년 수용비를 충당할 공해전(公廨田)을 마련할 것을 주장했다. 즉 중앙청에 공해전을 설정하여 그 생산수입으로 1년간의 소요예산을 세워 지출에 충당하게 함으로써 지방청에 대한 무질서한 조달명령을 금지하고, 또한 지방청도 공해전을 설정하여 그 수입으로 지출을 충당하게 함으로써 백성들로부터의 토색을 금지하자는 것이다. 반계의 모든 국가개조론의 핵심은 조세징수과정에서 일어나는 중간단계의 착취를 근절하기 위한 것이었다.

4 상록(常綠)지급을 통한 부패방지

반계는 도덕과 교화를 그렇게 강조했던 조선사회가 왜 그렇게 중간착취가 심하고, 공직부패가 일반화되었는가에 대하여 구조적인 관점에서 깊이 사유했다. 항산이 없으면 항심이 없다. 조선시대의 관료들은 대부분이 봉급이 없었다. 백성들은 식(食)을 하늘로 삼는다고 했는데 봉록이 없으니 중간착취가 일어나게 마련이다.

반계는 중앙관직의 백관을 위시하여 지방의 이서(吏胥)나 복례(僕隷)에 이르기까지 전부 생활에 상응할만한 상록(常祿: 고정된 급료)을 줄 것을 주장했다. 이 상록도 의당 국가에서 징수하는 경상세입인 상세(常稅)로서 지변할 것을 주장했다. 반계는 나라의 관료에게 녹봉을 지급하지 않고 일을 하라고 하는 것은, 횡령, 토색, 강탈, 등등의 수단으로 생활하라고 공인(公認)한 것과 같다고 보았다. 그 시대에 일어났던 모든 부정한 방법이 공무(公務)를 핑계대고 사리(私利)를 추구했던 것이다. 수백 년간 이어져 온 이러한 조선시대의 관료행태는 오늘날의 우리의 행정문화, 즉 공(公)과 사(私)의 구별이 명확하지 못하고 권위적인 공직문화에 지대한 영향을 미쳤다고 볼 수 있다.

6. 법 · 제도 중심의 객관적 규범주의

반계의 국가개조론 또는 행정개혁론을 떠받치고 있는 사상적 기반은 그 당시의 지배적인 통치사상인 주자학적 행정사상과는 많은 점에서 차이를 보인다. 주자학에서 추구하는 통치이념은 인간의 내면적 도덕성, 즉 도(道)의 추구와 수기(修己)와 정덕(正德)을 바탕으로 하여 정치적 · 사회적 질서를 확립하려고 하는 것이었다. 반면에 반계는 정치적 현실주의를 강조하는 율곡의 '시무사상'과 '무실사상'에 영향을 받아 '이(理)의 보편성'보다는 '기(器)의 개별성'을 보다 중시하는 입장이었다. 따라서 그는 명분과 의리 그리고 도덕적 교화를 중시하는 주관적 규범주의를 비판하면서, 잘못된 법과 제도를 상황에 맞게 개혁하여 현실의 문제점을 개선해야 한다는 법 · 제도중심의 객관적 규범주의를 강조하고 있다. 이 사상을 세분하여 설명하면 다음과 같다.

1 진보적 개혁변법주의

반계는 조선조 유교정치체제 내에서의 주자학의 한계를 사상내부로부터 비판해 갔으며 정치행정에 있어서의 도(道)에 치중하는 통치보다는 법·제도의 중요성을 강조하고 있다. 즉 법은 시대에 따라서 제정되는 것이니, 시대가 바뀌면 법도 같지 않다고 하고, 상황이 바뀌면 변통(變通)하는 것이 고금의 통의(通誼)이라고 주장한다. 법과 제도는 시대의 변화에 따라 개선되어야 한다는 점에서 율곡의 개혁변법주의를 계승하고 있다.

당시 조정의 행정문화는 "조종지법(祖宗之法)은 의론(議論)할 수 없다"는 분위기가 일반적이었으며, 새로운 개혁안이 나오면 개혁주의자를 왕안석(王安石)[21)]으로 지목하여 탄핵했기 때문에 개혁 및 개법이란 여간 어려운 것이 아니었다. 그는 당시 당연한 원칙이자 일종의 타성이 되었던 '조종지법은 바꿀 수 없다'는 사상과 정치의 잘잘못은 군주의 일심(一心)에 달려있다는 성리학자의 견해에 반기를 든 것이다. 즉 조종지법은 시대의 변화와 함께 바뀌어야 하며, 군주의 일심(一心)만을 강조해서는 제도모순에서 오는 시폐를 개혁할 수 없다고 본 것이다. 반계는 인간의 욕구와 욕망을 법과 제도로 충족시키거나 규제함으로써 결국 인간의 도덕을 확보할 수 있다고 보았다. 지나치게 도덕을 강조하는 주자학의 왕도와 덕치만으로는 백성들에 이익에 합당한 욕구를 충족시킬 수 없다고 보았다. 이렇게 조종지법에 대한 개법을 선언적 의미에 머물지 않고 철저한 분석을 통하여 구체적이고 전면적인 개혁안을 제시하였다는 점에서 매우 진보적이라고 볼 수 있다. 예컨대, 토지제도개혁, 신분제도개혁, 노비제도개혁, 궁중의 재정운영제도 개혁 등은 나라의 근본을 완전히 바꾸는 차원의 개혁안이었다.

---

1) 중국 송(宋: 960~1270) 나라의 문필가이자 정치가로서 신종(神宗)의 시참지정사(時參知政事)가 되어 국정 각 분야에 걸쳐 신법(王安石新法)을 만들어 부국강병책을 썼으나 실패하고, 집정 9년 만에 보수파의 반대로 하야하였다. 왕안석은 유학의 실용적 해석과 응용을 강조하였으며, 『시경』『서경『주례』 등을 독창적으로 해석하였다. 그는 유학의 도덕주의적 전통에서 벗어나 '법치'를 강조했으며, 이를 실천으로 옮겼다. 때문에 왕안석의 사상은 유교 전통에서는 제대로 평가받지 못했고, 특히 성리학에서 구법당(舊法黨)의 사상을 정론(正論)으로 받아들이면서 그는 배척의 대상으로 여겨졌다.

2 제도론적 합리주의

『반계수록』은 "법은 시대에 따라 제정되는 것이니, 시대가 바뀌면 법도 같지 않다."(『율곡전서』 만언봉사)라고 주장한 이른바 율곡의 '시대의 개별성' 논리에 근거하여 전개한 제도개혁론이다. 반계는 제도개혁론의 근거를 『주역』의 음양 동정의 변화, 즉 정치적 · 사회적 현상은 시대에 따라서 변이(變易)한다는 상황주의 논리에서 찾고 있다. 즉 시대가 바뀌면 법도 제도도 변한다는 논리에 근거하고 있다. 반계는 제도의 모델을 고대(古代)에서 찾고 있지만 그 고법(古法)의 제도가 시대를 초월하여 통용될 수 있는 '제도의 보편성'을 인정하는 것은 아니었다. 반계는 제도의 도입과 변화는 '시대의 변화'와 '인간의 정'에 따라서 달라질 수 있다고 하면서, 시대상황에 맞게 제도를 만들어 시행해야 좋은 행정이 이루어진다고 보았다. 주자학적 사상의 특징이 도학적 합리주의, 엄격주의 또는 도덕주의(moralism)를 바탕으로 하는 보편주의적 지향이 강한데 반하여 반계는 제도론적 합리주의, 현실주의(realism), 입법 상황주의를 지향하고 있음을 볼 수 있다.

그렇다면 반계는 어떠한 제도가 시대의 변화와 인간의 정을 반영하는 좋은 제도라고 보았을까? 그는 각 제도나 정책 속에 내재된 기본원리와 이치, 즉 실리(實理)를 반영하지 못하고 사심(私心)에 의해 만들어진 법과 제도로서는 국가를 다스릴 수 없다고 주장하면서, 행정의 성공여부는 법과 세도의 실리적합성을 높여 그 집행의 공리적 효과를 극대화함에 달려있다고 보았다. 반계의 행정사상 속에는 '실리의 입장에서 실사에 대처한다.'는 기본논리가 깔려있다. 반계의 국정운영 및 행정사상은 바로 이 실리사상에서 나온 것이다. 반계의 실리는 행정현상과 행정행위 등 사물(氣) 속에 내재된 법칙과 원리로서 철저하게 현상 속에 존재하는 것이다. 즉 각 제도와 정책에는 이를 작동케 하는 기본원리와 이치가 있으므로 이를 밝혀내고, 그 이치와 원리에 합당한 법제도를 만들어 집행하는 것이 국정운영의 근본인 동시에 궁극적으로는 도덕(이상)의 세계를 이룰 수 있다고 보았다.

반계는 수신(修身)과 교화(教化)라는 주관주의적이고 윤리적인 정치행정보다는 제도의 변화를 통하여 기존제도의 모순에서 나타나는 인간의 행태를 변화시키고자 했다. 즉 정치행정에 있어서 가장 중요한 것은 제도이며, 통치자는 좋은 제도가 있음으로써 비로소 좋은 통치가 가능하다고 보았던 것이다. 그렇다고 반계는 이(理)의 중요성을 부인하고 배제하려고 한 것이 아니라 종래의 정치적 사유가 지나치게 도(道)에 경도되어 있었다는 결함을 지적함으로써 도(道)와 기(器)를 서로 대응하고 보완하는 관계에서 보려고 했다(박충석, 1982a: 450-451). 그는 주자학의 한계였던 주관주의적 성격, 즉 지나치게 도학적인 통치사유에 의존하는 정치행정을 내부로부터 비판하고 타파해간 최초 사상가의 한사람이었다고 할 수 있다.

반계의 행정사상은 현대의 신제도주의적(new institutionalism) 연구경향과 그 맥이 닿아 있다. 그는 "법이 변하면 사세가 변하고 나아가 풍속이 따라서 변한다."고 판단했다(『반계수록』 속편 하 노예). 그는 제도가 개인행위를 형성하고, 질서지우며, 변화시킬 수 있다고 보고, 제도의 역사적 발전과정에 초점을 맞추어 정치행정현상을 연구하고 있다는 점에서 제도주의론자(institutionalist)라 할 수 있다. 비록 그가 논한 각종 제도가 국가기관의 공식적·법적 측면만을 기술하고 있지만, 그 제도의 결점과 문제점분석은 공식적·법적 제도만을 분석한 것이 아니라, 제도를 "장기간에 걸친 인간행동의 정형화된 패턴"이라는 관점에서 분석하고 있다는 점에서 오늘날의 역사적 제도주의(historical institutionalism) 접근방법과 유사하다고 볼 수 있다.[22] 이러한 의미에서 반계는 국정운영에서 국가의 법과 제도문제를 체계적으로 연구한 사회과학자인 동시에

22) 최근 정치, 경제, 사회현상을 설명하는데 제도를 중심개념으로 하여 연구하는 학문분파를 일컬어 포괄적으로 신제도주의(new institutionalism)라 칭한다. 과거 60~70년대는 집단을, 1980년대는 국가를 중심 개념으로 연구하였었다. 여기서 신제도주의는 크게 역사적 제도주의(historical institutionalism), 합리선택적(rational choice) 제도주의, 그리고 사회학적 제도주의로 나눌 수 있다(정용덕 외, 1999: 9-36). 반계의 제도주의 접근방법은 현대의 역사적 제도주의와 흡사하다. 그 이유는 제도가 개인행위를 형성하고, 질서지우며, 변화시킬 수 있다고 주장하면서 제도를 연구의 중심개념으로 상정하고 있다는 점, 제도의 역사적 발전과정에 초점을 맞추어야 한다고 주장한다는 점, 자율적 행위자로서 강제력을 지닌 국가를 상정하고 있다는 점이다.

현실적으로 국민에 도움이 되고 쓰일 수 있는 실용과 후생에 제도개혁의 초점을 맞추었다는 의미에서 실학연구의 장을 연 선구자라 할 것이다.

3 치인 · 후생우선주의

반계는 기(器)의 회복을 통하여 도(道)를 밝히려고 했다. 그는 자신의 경험을 바탕으로 국정운영은 도(道)가 본이 아니라 기(器)가 본이 되어야 한다고 보았다. 『반계수록』의 서문을 지은 오광운(吳光運: 1689~1745)의 표현을 빌면, "도(道)는 하늘에 근원하고 정치 · 법제는 땅에 근본하는 것이니 … 형이상자(形而上者)는 도(道)이고 형이하자(形而下者)는 기(器)라 이르는데 … 정치 · 법제는 기(器)이다. 맹자는 왕도를 논함에 있어서 도(道)와 기(器)를 떠나서 말하지는 아니하였으나 … 진한 이후 천수백년 사이에 천지의 도가 거의 그치고 땅의 제도가 무너짐이 더욱 심하였다. 도(道)가 어찌 기(器)를 떠나서 홀로 행하리오." 라고 하고 있다. 법제도가 바로서지 못하면 아무리 도를 중시하고 강조해도 도가 서지 않는다는 것이다. 반계는 그동안 주자학의 도(道) 중심의 국정운영이 백성들의 경제와 삶에 도움을 주지 못하였음에도 불구하고 그 원인의 규명과 개선에는 소홀했다고 보았다. 반계는 항산이 없으면 항심도 없고, 교민(教民)은 양민(養民)을 하고 난 후에야 가능하다는 맹자의 논의에서 그 이유를 찾았다. 반계는 수기(修己)와 정덕(正德)도 중요하지만 그보다는 치인(治人)과 후생(厚生)이 더 시급하다고 보았던 것이다.

주자학의 행정사상이 수기와 정덕을 보다 더 강조하고 있다면, 반계는 그보다는 치인과 후생을 더 강조했다. 그는 농민에게 실제로 도움이 되고 효과가 있는 정책과 제도를 만들고 시행하는 것이 위민행정이라고 보았던 것이다. 반계가 일관되게 가슴속에 품고 있었던 행정이념, 즉 위민(爲民)은 위정자가 하향적(top-down)으로 덕을 베푸는 심리적 위민이 아니라, 실리에 합당한 법제도를 통하여 백성들에게 직접적으로 도움을 주는 인간중심의 후생과 관련된 제도적 위민이어야 한다고 보았다. 이러한 사상에 입각하여 고공제, 녹봉제, 공거제, 공전제 등 국가개조를 위한 다양한 제도개혁을 주장하였기 때문에 반계를 실학파의 문을 연 경세치용학파의 시조로 지목하고 있다고 볼 수 있다.

05 반계 행정사상의 현대적 의미

반계는 20여 년 동안 농촌에서 농민과 함께 생활하면서 과거와는 전혀 다른 새로운 시각과 관점, 즉 법제도를 중심개념으로 하여 국정운영현상을 연구하고 탐구했다. 이 제도주의 접근방법(institutional approach)에 의해 연구한 국정운영의 개혁방안을 담은 것이 바로 『반계수록』이다. 반계의 행정사상이 현대행정학에서 어떠한 특징적 의미를 가지고 있는가를 크게 4가지로 나누어 정리해 볼 수 있다.

반계 행정사상의 첫째 특징은, 조선왕조 건국 이래로 행정이 달성해야 할 최고의 가치로 천명해 온 위민(爲民) 또는 인정(仁政)을 백성들의 입장에서 현실에 맞게 재해석하고 그 사상을 구체적으로 제도개혁에 담았다는 점이다. 반계의 행정이념은 당연히 조종시대부터 강조해 온 유교적인 행정이념인 민본(民本)과 위민(爲民), 그리고 인정(仁政)이었다. 이 점에서는 삼봉 이후 율곡에 이르기까지 다른 사상가들의 행정이념과 전혀 다르지 않다. 그러나 무엇이 위민이며, 어떻게 하는 것이 가장 바람직한 위민의 방법인가에 대해서는 해석이 달랐다. 반계는 위민과 인정은 지배자가 내면적 도덕규범을 통하여 하향적으로(top-down) 모범을 보이고 덕을 베푸는 것이 아니라, 민의 이익에 부합하는 사항을 상향적으로(bottom-up) 받아들여 이를 구체화시킨 법제도의 개혁을 통하여 후생에 힘쓰는 것이라고 보았다. 좋은 행정이란 시대에 적합하고 실리(實理)에 합당한 법·제도를 만들어 그 법과 제도를 공정하게 집행하는 것이어야 한다는 것이다. 반계의 위민은 천리(天理)를 강조하는 주관적이고 정신적인 위민이라기보다는, 백성들의 이익과 실리(實理)에 합당한 구체적이고 실질적이며 후생적인 위민이어야 한다고 본 것이다.

반계는 철저하게 애민에 근거한 법제도중심의 행정을 강조했다. 토지제도나 조세제도 등 모든 법과 제도는 백성들의 이익에 합당하도록 공심(公心)에 의하여 만들어져야 되고, 공정(公正)하고 공평(公平)하게 적용되어야 하며, 정부조직은 최대한 간소화하고 전문화하여 백성의 부담을 들 수 있도록 능률적으로

운영하여야 하며, 인재등용은 문벌을 떠나 능력중심으로 이루어져야 함을 강조했다. 특히 조세납부과정에서의 공평과세를 위하여 세율과 과세표준 그리고 과세액을 공개하고 이의신청과 권리구제까지도 이루어져야 한다는 그의 위민행정사상은 민주화된 오늘날의 조세행정사상과 다르지 않다. 이러한 반계의 사상은 나중에 다산(茶山)의 주권재민적 민본개념으로, 그리고 오늘의 민주주의로 발전하는 전환점이 되었다고 볼 수 있다.

두 번째의 특징은 행정현상에 대한 인식과 제도개혁을 위한 접근방법이 매우 경험적이고 합리적이며 동시에 진보적이었다는 점이다. 고대(古代)의 이상적인 법제를 모델(model)로 삼되 그 절대성을 인정하지 않았고, 율곡, 조헌, 서애 등의 견해와 주장을 참고로 하면서 자신의 오랫동안의 농민생활의 경험을 바탕으로 법제도의 개혁을 전개하고 있다는 점이다. 이러한 반계의 사상은 그와 동 시대에 살았던 영국의 유명한 철학자 존 로크(John Locke)와 토마스 홉스(Thomas Hobbs)의 국정운영사상과 그 맥을 같이 하고 있다. 존 로크와는 행정현상에 대한 지식과 개선안을 얻는 방법론이 비슷하다. 즉 존 로크는 "모든 지식은 경험에서 나온다."라고 주장한 경험주의 인식론의 창시자이다. 반계의 국가개조론과 개혁이론은 모두가 그의 경험에서 도출된 지식에 근거하고 있다는 점에서 행정인식론이 동일하다고 볼 수 있다. 또한 절대군주 또는 절대왕정을 이상적인 국가로 보고 법과 제도의 권위를 중시하면서 법제도 중심의 행정을 지향하여야 한다고 본 점에서는 홉스의 주장과 동일하다.

세 번째의 특징은 당시의 전제군주주의 국가에서는 감히 주장하기 힘든 왕실의 재정권에 대한 제한을 주장하였다는 점이다. 궁중(宮中)과 부중(府中)의 살림살이가 구별되지 않고 혼재하였던 가산국가(家産國家)체제 아래에서 이들의 재정운영을 명확히 구분하고 왕실의 재정을 정부의 예산지원만으로 제한하여야 한다는 사상은 매우 혁신적이고 진보적인 주장이라 할 수 있다. 이는 영국의 왕실비(civil list) 제도와 같이, 왕실이 자유롭게 행했던 일체의 세수징수 행위를 금지하고 오직 정부가 예산을 통해 직접 지원하는 재정만 사용하도록 왕실의 재정권을 제약해야 한다는 사상이다. 민주주의의 발전과정에서의 첫

단추가 바로 이 왕실비의 구분과 제약이었다는 점을 감안할 때, 왕실의 재정을 정부지원예산으로 제한하여야 한다는 주장은 그의 위민사상을 한 단계 발전시킨 중요한 의미를 가질 뿐 아니라 국가경영의 미래를 내다 본 탁견이라 여겨진다.

마지막으로 반계는 신분제도개혁을 통하여 만민이 평등한 사회를 구상하였다. 조선의 사상가들 중에도 노비제도의 불합리성과 폐단을 지적한 이는 상당수 있었지만, 노비제도 자체를 폐지하여야 한다고 생각을 가진 사상가로서는 반계가 최초이다. 그는 기본적으로 노비제도를 폐지하고 노동력을 사고 파는 고공제도(雇工制度)로 대체하여야 한다고 생각했다(강만길 역, 1992: 40-41). 그러나 당시의 사회체제로서는 당장 실시할 수 없으므로 먼저 종모법을 실시하여 노비수를 줄이고, 다음은 노비세습제를 폐지하고, 최종적으로는 노비제도를 폐지하여야 한다고 주장했던 것이다(송주영, 1982: 17-18).

반계의 행정사상은 위민(爲民)이란 무엇이며 인정(仁政)이란 무엇을 위한 것인가에 대한 끝없는 의문과 사유에서 시작되었다. 그는 위민과 인정을 철저하게 백성의 입장에서 또 현실적 실리적 관점에서 해석하였으며 그 결과를 제도개혁에 담으려고 노력한 학자였다. 이러한 반계의 행정사상은 성호(星湖)와 다산(茶山)으로 이어져 근세의 실학사상의 문을 열었을 뿐 아니라, 그의 사상이 후일 민족주의와 민주주의 의식을 싹트게 한 사상적 기반이 되었다는 점에서 큰 의미를 찾아야 할 것이다.

제5장 다산의 휼민행정사상

"대저 천자란 어찌하여 존재하게 되었는가? …… 천자란 민중의 추대에 의하여 천자가 된 것이므로 민중이 추대하지 않으면 천자가 될 수 없다. …… 옛날(요순시대)에는 정치행정이 '아래로부터 위로' 실시되었기 때문에 '아래로부터 위로'가 순서이었으나, 지금은 그와 반대로 '위에서 아래'로 실시되기 때문에 '아래로부터 위로'가 반역이 되었다."(「탕론」『전서』, 1-11: 24)

01 서론

1. 연구의 목적

이 장에서는 다산 정약용(1762～1836)의 행정사상과 국정운영철학을 이해하고 해석하는 것이 목적이다. 다산은 한국이 낳은 사회과학자 중 가장 위대한 업적과 성과를 남긴 학자이다. 특히 그는 과거 조선후기의 유교문화권속에서 살았던 학자 중 행정에 관한 가장 방대하고 체계적인 서술을 남겼다. 그의 행정사상과 철학을 연구하는 것은 단순히 그가 추구한 행정아이디어와 행정가치를 이해하는 차원에서만 머무는 것이 아니다. 오히려 온갖 법도가 무너지고 터럭 한 끝에 이르기까지 병들지 않은 것이 없었던 당시의 시대를 극복하기 위하여 행정을 어떻게 사유하고 철학하였는가를 거울삼아, 이를 통하여 오늘날 우리사회의 바람직한 행정가치의 선택과 행정현상을 연구하는데 중요한 시사를 얻기 위함이다.

현재는 과거와 미래가 교차하는 영역이다. 현재의 가치와 시각으로 현실을 아무리 분석해 보아도 닥아 올 미래의 바람직한 가치를 발견하기가 쉽지 않다. 역설적으로 과거를 되돌아보아야 오늘이 보이고 미래가 보인다. 과거 우리의 국정운영 현실을 개혁하고자 했던 선현들의 행정사상과 정신을 이해하고, 또 그들의 행정사상과 철학이 오늘날 우리들이 당면한 행정문제와 어떻게 연결되고 있는가를 알아야만 바람직한 미래가치를 설정할 수 있는 역사적 준거 틀(frame of historical reference)이 생긴다. 오늘은 과거의 미래이고 현재는 미래의 과거이기 때문이다. 미래의 바람직한 행정은 과거의 분석(경험)과 가르침 없이는 이루어지지 않는다.

최근 2008년도 하반기부터 시작된 글로벌 금융위기와 2011년 몰아친 글로벌 국가재정위기로 인하여 세계 모든 국가는 경기침체와 대량실업을 겪고 있고, 나아가 국가부도(default)의 위기에 노심초사하고 있다. 지난 1929년 발생한 세계 대공황보다 훨씬 더 어려운 시기를 맞이하고 있다. 천하의 도(道)가 광범위하게 무너지면서 한 치의 앞을 분간할 수 없는 혼돈의 시대(era of chaos)에 우리는 살고 있다. 그럼에도 불구하고 오늘날 전 세계는 이를 헤쳐 나갈 바람직한 국정운영방향과 가치를 찾지 못하고 방황하고 있다. 이를 극복하기 위해서는 범세계적으로는 인류의 진로에 대한 새로운 방향의 모색이 필요하고, 국내적으로는 국정운영에 대한 새로운 비전 제시는 물론 국가와 사회 그리고 인간생활에 대한 근본적인 성찰과 탐구가 절실히 필요한 시점이다. 이러한 때에 실학의 정신으로 한 세대의 이정표를 제시하였던 다산의 국정운영사상을 재조명한다는 것은 매우 의미 있는 일이라 생각된다.

다산은 초기 10년 동안의 관료생활을 제외하고는 18년 동안을 유배지에서 보냈다. 그의 행정사상은 그가 쓴 <일표이서>, 즉『경세유표』『목민심서』『흠흠심서』와 관직생활 중에 행했던 그의 업적, 그리고 그가 남긴 상소문과 경학에 관한 그의 해설 등을 통하여 유추할 수 있다. 여기서 다산의 행정사상과 철학이란 당시의 국정운영현상에 대하여 다산이 품고 있었던 생각(사유) 또는 의식의 내용을 의미한다. 그 사상을 알기 위해서는 그가 쓴 <일표이서>와 경학내용을 해석학적 접근방법(hermeneutics approach)을 통하여 세밀히 분석해 보고, 또 그가 살았던 그 시대의 다산으로 돌아가 심리적 체험을 함으로써 비교적 가까이 접근할 수 있다.

2. 선행연구와 분석대상

다산 정약용의 사상에 관한 연구는 무수히 많다. 다산은 경학에서 경세학에 이르기까지 방대한 저술을 남겼기 때문에 그에 대한 연구도 다방면에서 이루어졌다. 다산에 관한 연구는 매우 활발하여 이미 석·박사학위 논문만 해도 150편이 훨씬 넘으며, 단행본 연구총서 등의 연구서도 200여권에 달한다. 행정학 분야에서도 100여 편의 연구논문, 70여 편의 학위논문 그리고 10여 편의 단행본이 저술된바 있다(김영평, 2010: 9). 이들의 연구결과에서 나타난 다산의 학문적 성격과 특징을 간단히 요약하면, 다산의 학문은 실용성을 중시하고, 그 학문방법론으로는 실사구시에 근거하고 있으며, 시대에 대한 비판정신을 담고 있다는 것이다. 특히 탈성리학적 성격과 사상의 근대성 및 실용성을 담지하고 있다는 점을 중시하여 그의 학문을 실학으로 간주하고 다산을 실학의 집대성자 또는 실학의 대가 등으로 부른다.

다산에 관한 연구경향을 분석해 보면 1950년대까지는 주로 북한을 중심으로 그의 철학에 관한 연구가 주를 이루었으며,[1] 60~70년대에는 그의 경학에 관한 연구(한우근, 1966: 천관우, 1969: 이을호, 1974, 1979, 1981), 80년대에는 그의 경세학에 관한 연구(박충석, 1982: 윤재풍, 1982),[2] 그리고 90년대에 와서는 예학에 관한 연구(이봉규, 1996: 장동우, 1997: 금장태, 1997: 최진덕, 1998)가 주로 이루어졌다. 최근에는 특정분야가 아닌 <다산학> 전 분야에 대하여 종합적인 연구가 진행되고 있다. 특히 1998년부터는 다산학에 대한 종합적인 탐구와 재조명을 위하여 <다산학술문화재단>을 설립하여 매년 2회 <다산학>이라는 학술지를 발행하고 있다.

다산에 관한 연구를 연구내용이나 관심영역을 중심으로 분석해보면, 그의 경학에 대한 사상적 연구가 대부분이다(한우근, 1966: 천관우, 1969: 이을호, 1974, 1979, 1981: 이우성, 1983: 금장태 2001). 그에 비하여 경세학에 관한 사회과학적 관점에서의 연구는 상대적으로 적은 편이다. 그 이유는 방대한 다산의 연구업적 중에서 거의 대부분이 수기(修己)와 관련된 경학에 관한 연구들이기 때문이다. 다산은 강진에서 18년 동안 유배살이 하는 동안 주역, 상례, 시경, 춘추, 논어, 중용, 맹자, 대학, 악서 그리고 상서초고 등 <육경사서학(六經

---

1) 『실학파와 정다산』(최익한, 1955), 『정다산의 생애와 저작년보』(1956), 『정다산연구』(1962), 『실학파의 철학사상과 사회정치적 견해』(1974) 등 북한에서 나온 주요 연구서들은 정약용의 철학사상을 민족적 자주사상과 애국주의로 특징지우면서 근대성의 측면에서 재해석하려는 고심을 보여 준다(이봉규, 2006a: 139).

2) 1980년 중반 정약용 서거 150주년(1986)을 즈음하여 정약용 연구를 정리해 보려는 학계의 노력이 있었는데, 그 결과는 「정다산연구의 현황』(1985), 『정다산과 그 시대』(1986), 『다산학의 탐구』(1990) 등으로 모두 민음사에서 간행되었다. 이들 공동 연구 결과는 대체로 정약용의 경세론을 근대지향적 개혁론으로 파악하면서도 양반 특권층의 수탈을 방지하고 왕권을 강화하는 성격을 지닌다는 보완적 해석을 제시하였다

四書學)>을 거의 마쳤다. 그리고 나서 <일표이서>를 그의 해배 전후한 3년 사이에 정리했다. 1817년에 「경세유표(經世遺表)」를 썼고, 1818년에 「목민심서(牧民心書)」를 저술했다. 그리고 1818년 9월 유배에서 풀려 1819년에 「흠흠신서(欽欽新書)」를 썼다. 500여권의 방대한 다산의 연구 중에서 수기와 관련된 것이 <육경사서학>이요, 치인과 관련된 것이 <일표이서>이다. 다산은 <일표이서>를 통하여 무엇보다도 현실의 모순성을 면밀히 분석했고, 또 그 바탕위에서 미래의 국가상을 담은 개혁안을 제시하고 있다.

1970년대까지 다산 정약용의 학문사상에 관한 연구는 주로 사학자나 동양철학자들에 의한 경학사상에 관한 연구였다. 비록 다산의 정치 경제사상에 관한 연구가 있다하더라도 사회과학을 전공하는 학자들의 관점에서 다산의 사상을 깊이 있게 해석하고 재조명한 것이 아니라, 사학자나 동양철학자의 관점에서 다산의 견해를 소개하고 해석하는 수준이었다. 1980년대를 넘어오면서 정치학자, 행정학자, 경제학자 등 사회과학자들이 그들의 전공의 관점에서 다산의 경세사상을 해석하고 이해하려는 연구가 나타나기 시작했다(박충석, 1982: 박현모, 2003: 윤재풍, 1982: 이단행, 1992). 특히 다산의 행정사상에 관한 연구는 1982년 윤재풍교수가 발표한 '다산의 행정사상'을 계기로 관료제도개혁론, 정부조직개편안 등에 관한 다양한 연구가 이루어졌다(장동희, 1987: 강석화, 1989: 강대섭, 1994: 정재동, 2006: 김성현, 2008).

최근에는 일련의 행정학자들이 공동으로 다산의 행정사상과 행정개혁의 현대적 의미를 평가해보려는 연구가 나오고 있다(최병선·심중섭 편, 2010: 김영평·홍준현 편, 2010).[3] 그러나 200년 전 왕조시대에 산 다산의 행정사상과 행정개혁 내용을 200년 후인 오늘의 행정현실에의 적실성여부 만을 평가한다는 것은 그의 행정사상을 올바로 이해한다고 볼 수는 없다. 행정은 그 시대적 환경을 떠나 존재할 수 없기 때문에 200년 전의 왕조시대에서 나온 개혁안을 오늘날의

3) 최근의 이 연구들은 현대 민주주의국가에서의 각 분야 행정이론을 분석틀로 하여 과거 다산의 행정사상을 분석하고 평가하려는 입장이다, 즉 현대의 시각에서 과거 다산의 주장을 연구자의 시각에서 이해하고 평가하려는 시각이다. 그러나 본 연구에서는 다산의 입장이 되어 그의 사상을 보다 잘 이해하고자하는 해석학적·현상학적 접근이라는 점이 다르다.

입장에서 현실적합성과 이용가능성을 따진다는 것은 바람직스러운 연구관점이라 할 수 없다. 오늘의 입장에서 다산의 개혁론과 사상을 평가할 것이 아니라, 다산의 정신으로 돌아가 오늘날의 행정을 비판적으로 성찰할 수 있어야 한다. 오히려 그가 살았던 시대로 되돌아가 그의 입장에서 그의 본래의 의도와 사상을 이해하고 나아가 그것이 오늘날의 행정연구에 어떠한 의미가 있는가를 해석하는 것이 보다 정확한 그의 행정사상을 이해하는 것이라 할 수 있다.

이 연구는 국정운영에 관한 다산의 저서인 <일표이서>를 텍스트로 하여, 그 텍스트에 담겨있는 다산의 행정사상과 철학을 해석학적 접근을 통하여, 그 의미를 이해하고 해석하고자 하였다. 현대 행정학의 이론을 분석틀로 하여 과거 다산의 행정사상을 평가하는 것이 아니라, 고금을 막론하고 행정행위나 행정현상을 유발시키는 주요 요인들인 행정목표와 가치, 행정의 구조(행정수단), 그리고 행정을 담당하는 사람(행정주체) 등에 대하여 다산은 그 당시의 상황에서 어떻게 생각하고 의식하였는가를 밝히고자 하였다. 또한 그의 행정사상 또는 국정운영사상을 보다 잘 이해하기 위해서는 그의 경학에 관한 이해가 선행되어야 하기 때문에 <육경사서>의 재해석에 나타난 그의 경학사상도 필요한 곳에서 논하게 될 것이다. 경세학(국정운영의 학)은 경학(철학)을 바탕으로 하여 형성되기 때문이다.

이 연구의 접근방법은 해석학적 접근방법(hermeneutics approach)이다. 다산의 행정사상과 철학을 보다 잘 이해하기 위해서는 그가 살았던 18세기의 조선시대로 되돌아가 그가 겪고 체험한 그 시대의 국정운영현상을 내면적으로 추체험(nacherleben)하면서 그 시대를 성찰하고 비판할 수 있어야 한다. 해석학적 접근방법이란 언어나 문장으로 표현된 인간정신의 산물인 사상가의 연구물(저서, 상소문, 소, 차등)을 <텍스트>로 하여 그 <텍스트>에 나타나있는 본래적 의미를 내면적 심리적으로 이해하고 해석하는 접근방법이다. 이 연구는 이러한 해석학적 접근방법을 활용하여 다산의 생활과 삶, 그리고 그 시대의 사회경제환경을 이해하고, 그가 품었던 행정아이디어와 가치를 그의 개혁론 내용분석을 통하여 해석하고자 하였다. 이 연구에서 사용한 텍스트는 1987년도 경인

출판사에서 간행한 『여유당전서』 영인본이며,[4] 주로 한국고전번역원에서 국역한 자료를 참고하였다. 인용 페이지는 원전을 표기하였다.

02 다산 정약용의 생애와 학문

1. 다산의 관직생활

다산 정약용(1762～1836)은 영조 38년 진주목사 정재원의 넷째 아들로서 경기도 광주(廣州)에서 태어나, 헌종 2년 향리에서 75세로 세상을 떠났다. 다산은 그의 호이며 그 외에도 삼미(三眉), 탁옹(籜翁), 자하도인(紫霞道人), 철마산인(鐵馬山人), 사암(俟菴)이라는 호를 썼다. 여유당(與猶堂)은 그의 당호이며 시호는 문도(文度)이다.[5] 그가 태어난 마현(마재, 현재의 남양주)은 한강의 상류로 풍광이 매우 아름다운 곳이다. 다산은 어릴 때부터 영특하기로 소문나 있었다. 4세에 이미 천자문을 익혔고, 7세에 한시를 지었으며, 10세 이전에 이미 자작시를 모아 <삼미집>을 편찬했다. 어린 약용이 눈썹이 세 개인 것으로 보인다는 뜻으로 큰 형 약현이 '삼미집'이라 이름 지었다.[6] 9세 때 모친상을 당

4) 다산의 저술을 총정리한 문집인 『여유당전서』는 1934～1938년에 걸쳐 신조선사에 의하여 처음으로 발행되었다. 이 판을 저본으로 한 영인본에는 2종이 있다. 하나는 1962년에 문헌편찬위원회에서 『정다산전서』라는 책명으로 간행되었고, 다른 하나는 1970년에 경인문화사에서 같은 책명으로 간행되었다. 전자에는 <다산연보>가 첨가되었고, 후자에는 『여유당전서보유』가 추가되었다. 이 글에서의 텍스트는 후자이며 인용표기는 『전서』로 줄여서 표기한다.

5) 수많은 연구업적에도 불구하고 그를 알아주는 이보다는 꾸짖는 자가 더 많았다. 말년에는 이에 대해 스스로 비분한 감회를 토로하기도 하였다(이을호, 1979: 40). 경술국치가 일어나기 한 달 전인 1910년 7월 18일 고종은 오랫동안 잊혀 있던 다산에게 <정헌대부규장각제학(정이품)>을 추증하고 문도공(文度公)이라는 시호(諡號)를 내렸다.

6) 다산은 2세 때에 천연두를 앓았는데, 오른 쪽 눈썹위에 그 자국이 남아 눈썹이 3개인 것처럼 보였으므로 '삼미자'라 하게 되었다고 한다(신용하, 1997: 4).

해 맏형수 경주 이씨와 서모(庶母) 김씨의 손에서 자랐으며, 어릴 적 스승은 부친이었다. 10세 나이에 경사(經史)를 읽기 시작했고, 16세부터 성호 이익 선생의 유고를 읽었다.

마현에 터를 잡은 그가 서울 출입을 하게 된 것은 그의 나이 15세에 서울 회현동 풍산 홍씨 집안으로 장가들면서부터이다. 본격적인 입신의 생활은 20대부터였다. 22세에 초시에 합격하고 성균관에 입학하여 교유 관계를 넓혔다. 이때 여러 차례의 시험에서 뛰어난 재능과 학문을 발휘하여 정조(正祖)의 총애를 받았으며, 28세에 마지막 과거시험인 대과에서 2등으로 합격하여 벼슬길로 나갔다.

다산은 정약현, 정약전, 정약종 세 명의 형과 한명의 누님이 있었다.[7] 다산은 청년시절 세형님과 매부인 이승훈, 큰형의 처남 이벽, 그리고 당시 학문으로 명성이 높았던 이가환 등과 특히 가깝게 지냈다. 누님의 남편인 이승훈은 조선에서 최초로 천주교 세례를 받은 인물이었으며, 이가환은 이승훈의 외삼촌이자 성호 이익(李瀷: 1681～1763)의 종손으로 당시 이익의 학풍을 계승하는 중심인물이었다. 다산은 이들에게서 성호의 학문을 접하면서 실학의 토대를 다졌다. 다산은 어릴 때부터 서학과 실학을 접할 수 있는 환경 속에서 생활했다. 다산은 스스로 다음과 같이 회고하고 있다.

> "이 때 서울에는 이가환(李家煥) 공이 문학으로서 일세에 이름을 떨치고 있었고 자형인 이승훈(李承薰)도 또한 몸을 가다듬고 학문에 힘쓰고 있었는데 모두가 성호 (星湖) 이익(李瀷) 선생의 학문을 이어받아 펼쳐나가고 있었다. 그래서 약용도 성호 선생이 남기신 글들을 얻어 보게 되자 흔연히 학문을 해야 되겠다고 마음을 먹었다."(자찬묘지명, 『전서』 1-16)

다산은 23세 되던 해 큰형 정약현의 처남 이벽(李蘗)으로부터 서학(西學)과 서교(西敎)에 관하여 듣고 관련 서적들을 탐독했다고 전한다. 하지만, 서학에

7) 맏이인 정약현은 이복형이고, 둘째·셋째인 정약전·정약종은 동복형이다. 다산의 생애는 그의 「자찬묘지명」과 「사암선생연보」에 잘 기록되어 있다.

심취했던 이력으로 인해 순탄하지 못한 인생을 살아야 했다. 정약용은 20대 초반에 서학과 서교에 매혹되었지만, 이후 제사를 폐해야 한다는 주장과 부딪혀 끝내는 천주교에는 손을 끊었다고 고백했지만, 천주교 관련 사건이 일어날 때마다 오해를 받았다.[8)]

천주교 문제가 터지기 전에는 그의 관료생활은 탄탄대로였다. 정조의 총애를 받는 최측근으로서, 관직은 희릉직장(禧陵直長)으로부터 출발하여 가주서(假注書), 지평, 교리, 암행어사, 부승지 및 참의 등으로 승승장구하였다. 주교사(舟橋司)의 배다리 설계, 수원성축조와 기중가(起重架) 설계 등 빛나는 업적도 많았다. 1795년 중국인 천주교 신부인 주문모가 교우 강완숙 등의 헌신적인 도움을 받아 포교를 하다가 적발된 <주문모사건>이 터지자 다시 이 사건에 휘말려 금정찰방으로 좌천되었다. 1797년 정조임금이 동부승지로 임명하려 했으나 자신의 신앙문제에 대한 진실을 고백하는 명문의 상소를 올리고 다시 외직인 곡산부사로 내려가게 된다. 다산의 공직생활은 어디에 있던 백성의 입장에서 실용적이고 후생적인 일에 전념했다. 금정찰방시절에는 고마고(雇馬庫: 말에 관한 제반업무를 맡은 관청) 개혁을, 곡산부사시절에는 가좌부(家坐簿;

---

8) 1797년 정조가 다산을 정삼품 당상관 동부승지에 임명하자 이를 반대하는 상소가 빗발쳤다. 이 때 다산은 반대파의 모함을 해명하고 동부승지를 사양하는 상소(辨謗辭同副承旨疎)를 올린다. 여기에서 다산은 처음에는 서학, 즉 천문(天文)·역상(歷象)·수리(數理)·농정(農政)·수리(水利) 등에 매혹을 느끼다 점차 천주교에 마음을 빼앗겨 성심으로 믿어 이승훈으로부터 "요한"이라는 세례명까지 받을 정도였으나 윤지충이 어머니의 죽음에 신주를 불사르고 천주교식 제례를 지냈다가 처형당한 신해년(1791년)의 사건이 있은 뒤로 허황되고 괴이하고 망령된 설이라 여기고 "마음을 끊었다.(遂絕意)"고 말하고 있다. 다른 기록에도 이와 같은 사실은 입증되고 있다. 신유년(1801)의 천주교 옥사 때 "천 사람을 죽여도 정약용을 죽이지 못하면 무엇 하겠냐"고 할 정도로 다산을 죽이고자 혈안이 됐던 반대파(공서파)로부터 그가 목숨을 부지할 수 있었던 것은 정약종의 일기와 서찰 덕분 이었다. 정약종이 사람들에게 보낸 편지에서 "둘째형과 막내가 함께 배우려 하지 않아서 한스럽다"는 구절이 정약용이 천주교를 믿고 있지 않다는 사실을 객관적으로 입증해 주었다. 끌리는 부분이 없지는 않았지만 제사를 폐하는 부분에 이르러 결국 천주교에서 마음을 접은 다산은 기나긴 유배생활 동안 예학, 특히 상례(喪禮)와 제례(祭禮)에 대해 깊이 연구한다.

호적부) 제도를 개선했으며 또 어릴 때 천연두에 걸린 경험과 치료를 바탕으로 수많은 조선의 생명들을 구한 홍역치료서인 「마과회통」을 저술하는 등 훌륭한 치적을 남겼다.

곡산부사로 부임할 당시 부임지인 곡산에 이르렀을 때 전임부사시절에 민란을 주도했던 이계심이란 자가 백성들의 생존권을 위협하는 12가지 조항을 적어 바치며 엎드려 자수하였다. 사정을 알아보니 그는 전임 부사가 부당하게 세금을 징수하자 천여 명의 백성들을 인솔하여 관청에 들어와 항의하다 결국 난동의 주모자로 쫓기는 신세가 된 사람이었다. 당장 체포하라는 주위 사람들의 말을 듣지 않고 방면하면서 그에게 말하길 "수령이 선정을 베풀지 못하는 이유는 폐정을 보고도 수령에게 항의하지 않기 때문이다. 관리의 부패에 항의하는 너 같은 사람은 오히려 관청에서 천금을 주어야 한다."라고 하였다. 다산은 민중들을 국가의 권위와 법으로 억누르는 게 아니라, 생존권을 요구하는 민중들의 항의를 귀담아듣는 애민 관리였던 것이다.

다산의 가장 큰 후견인은 정조였다. 정조가 살아 있는 동안에는 큰 환란이 없었지만, 1800년에 정조가 갑자기 세상을 뜨면서 고난이 시작되었다. 승승장구하던 정약용도 정조 사후에는 완벽히 정계에서 배제되고 잊혀져갔다. 정조가 승하한 이듬해 1801년(순조 1) 남인 시파(時派)를 사교도로 몰아 탄압과 박해를 가한 이른바 신유사옥(辛酉邪獄)이 일어나면서 주변 인물들이 참화를 당했고, 손위 형인 정약종도 참수를 당했다.[9] 겨우 목숨을 부지한 정약용은 그해 2월에 경상도 장기로 유배되었다가, 다시 <황사영백서사건>으로 11월에는 강진으로 이배되었다.

강진에서의 유배기간은 다산에게 고통의 세월이었지만 학문적으로는 매우

---

9) 신유사옥은 천주교 탄압을 빌미로 남인을 제거하기 위한 노론의 정치적 공격으로, 이가환·권철신·이승훈·최필공·홍교만·홍낙민·최창현 등이 연루되었으며, 이 박해에 정약용과 그의 두 형인 정약전(둘째 형), 정약종(셋째 형)도 연루되었다. 하지만 정약종만 천주교 신자일 뿐, 정약전과 정약용은 천주교에 무관심한 비신자라는 점이 확인되면서 사형에서 유배로 감형되었다. 그리하여 정약용과 정약전은 유배되었으며, 정약종은 큰아들 철상(哲祥)과 이 사건에 연루된 이승훈 등과 함께 서소문밖 네거리에서 참수되었다.

알찬 결실을 얻은 수확기였다. 이 시기에 다산학의 두 축을 이루는 경학과 경세학에 대한 집중적인 연구가 이루어 졌으며 500여권에 달하는 그의 저서 대부분이 유배지에서 완성되었다. 유배지에서도 제자들을 모아 교육하였으며, 제자들 또한 저술작업에 참여하기도 하였다. 유배지의 제자들로는 이청, 황상, 이강회, 이기로, 정수칠, 윤종문 등을 들 수 있다.10)

2. 다산의 교육과 학문

학자로서 또는 사상가로서 다산을 이해하기 위해서는 그가 당시에 어떠한 학문적 조류에 심취하고 있었는가를 먼저 살펴보아야 한다. 다산의 행정사상에 영향을 미친 학문적 조류는 전통적인 원시유학, 서학과 서교, 그리고 조선조 후기의 신유학이라 일컫는 실학으로 요약할 수 있다.

1 주자학과 수사학

다산이 제일먼저 익힌 학문은 주자학(朱子學)이었다. 4세에 천자문을 읽으면서부터 28세에 과거에 합격하여 관직에 나서기까지 다산은 경전(經典)과 사서(史書) 그리고 고문(古文)을 부지런히 익혔다. 당시 조선의 유학은 송학 또는 주자학이라는 형태의 학문체계였다. 즉 공자, 맹자, 정자, 주자의 도류를 정학으로서 이어받아 기타의 모든 사상적 유파에 대해서는 사학(이단)이라 하여 지극히 배척하였다. 특히 17세기 송시열에 이르러서는 수사학(공자의 학문)에 반주자적 주석을 하게 되면 사문난적(斯文亂賊)이라 하여 정치적 박해를 가하기까지 하였다. 이렇게 그 당시의 성리학은 사상과 학문의 자유를 현저하게 제약하였을 뿐 아니라 역사의 발전적 흐름을 규제하고 역사를 오도하는 도구로, 또

10) 수많은 제자들을 양성했던 정약용은 자기가 경영하던 전답을 기본재산으로 하여 양반제자 18명과 중인제자 6명이 각각 별도로 그의 아들과 더불어 다신계(茶信契)를 조직하였다. 또 초의(草衣)선사를 비롯한 만덕사의 스님들이 조직한 전등계(傳燈契)와 길이 우의를 다지도록 했다. 그는 귀향 이후에도 옛 제자들과 서로 내왕하면서 강진에서 있을 때와 다르지 않게 저술활동을 했다.

당파싸움의 도구로 사용되었다(강재언, 1981: 43-47).

다산도 그 시대를 풍미했던 정주학(주자학)이 그의 학문적 바탕이 되었음은 당연하다. 그러나 그의 학문이 유교의 사상체계를 조감할 수 있는 경지에 이르러서는 당시 학풍의 그릇됨을 크게 성찰하게 된다. 다산은 당시 조선조에 유행한 대표적인 몇 가지 학문체계를 비판한 「오학론(五學論)」에서 주자성리학을 다음과 같이 비판하고 있다.

> "성리학이란 도를 알고 자신을 알아 그 실천할 도리에 스스로 힘쓰는 것이 본령인데도 불구하고 …… 오늘의 성리학자들은 현실생활과는 아무런 관계가 없을 뿐 아니라 끝내 실증할 수 없는 이기설에 집착해서 밤낮 싸움으로 세월을 보내니 이런 식의 성리학을 학문이라 할 수 있겠는가?"(「오학론 1」『전서』 1: 231)

다산은 이와 같은 왜곡된 학문의 흐름에서 벗어나서 원시유학인 선진유학(先秦儒學), 즉 공자시대의 본래의 유학으로 되돌아 갈 것을 주장했다. 다산은 이론 위주의 성리철학으로 윤색된 육경(六經)과 사서(四書)를 새롭게 재해석하여 공자·맹자의 본지(本旨)가 무엇인가를 해명하는 데에 힘썼다. 그 결과가 <논어고금주> 48권을 비롯하여 <맹자요의> 9권 등 육경사서에 대한 232권의 방대한 저술이다. 여기서 다산은 성(性) 인(仁) 도(道) 덕(德) 명(命) 등 대부분의 유교 중심적인 명제들을 다시 해석했다. 이(理)라는 관념의 세계로 경전을 해석한 주자(朱子)와는 달리 실행과 실천이 가능한 실학적 사고로 새로운 경전해석을 시도한 것이 다산의 경학이다. 이러한 다산의 경학연구에 영향을 미친 학문이 수사학(洙泗學)이라 일컫는 공맹시대의 원시유학이었다. 다산은 스스로 자기의 철학을 수사학이라고 규정하고 있다(「중용자잠」『맹자요의』). 다산의 수사학은 경학방법론에 근거한다. 수사학의 근원은 공자가 산동성(山東省)에 있는 수사강(洙泗江)에서 제자를 가르친데 유래하며, '공자의 학문 혹은 학통' 즉 본래의 공자학을 의미한다(이을호, 2000: 35).

다산이 지향하고자했던 원시유학은 사회적인 귀천의 모순을 타파하고 화애

(和愛)가 중심이 되는 인(仁)의 정신을 발양하여 인본주의적인 이념을 고양하고 제(齊), 치(治), 평(平)의 대도를 천명하려고 한 것이었다. 이는 곧 삼대이래의 전통사상을 추구하여 오염된 사회의 폐습을 혁신하려는 창조적 사상이라 할 수 있다(민태식, 1966: 10-11). 다산이 공맹의 원래정신으로 되돌아가자는 주장은 결코 복고를 의미하는 것이 아니다. 전통에 내재된 본래적 가치를 재각성함으로써 현재의 묵은 폐단을 제거하자는 논리를 담고 있는 것이다. 다산의 모든 사상은 이 원시유학의 요체인 논어의 인(仁)의 정신을 현실적으로 어떻게 구현하는가에 대한 것이라 할 수 있다.

2 실학

다음으로 다산의 개혁사상에 직접적으로 영향을 미친 학문적 배경은 실학이라는 신학문풍토라 할 수 있다. 실학은 조선왕조 후기에 있어서 전통적 사회체제를 극복하고 새로운 사회를 이루려는 일련의 사상체계를 말한다. 다시 말하면 17세기 이래 경세치용과 이용후생을 목표로 하여 당시 조선조 유교정치체제의 이론적 기반을 이루고 있었던 주자학 사상의 사변적 성격을 비판하면서 현실주의적 입장에서 정치 경제 사회적인 실천론을 전개한 일련의 사상적 경향을 말한다.

실학이란 형식이나 명분, 공리공론을 떠나서 실질적이고 실용가치 있는 이용후생을 목표로 학문도 하고 정치도 하자는 학문경향을 말한다. 원래 '실용에 힘씀(務實)'은 유가의 학문적인 전통이다. 사마천(BC 145～BC 86)은 『사기』의 「공자세가」와 「유림열전」에서 유가의 학문정신은 곧 무실(務實)이라고 하였다. 또한 중국 후한 초기의 역사가 반고(班固: 32～92)는 『한서』에서 처음으로 실사구시(實事求是)라는 용어를 사용하였고, 정주학의 창시자로 알려진 중국 북송의 정이(程頤: 1033～1107)는 그의 저서 『정씨유서(程氏遺書)』에서 '인사(人事)와 유리되지 않고 실제적이고 참된 학문을 해야 된다'고 주장하면서 구경(九經)은 모두 실학이라고 주장하였다(손흥철, 2009: 27). 즉 유가의 경전은 모두 독실하고 유용한 학문이라는 뜻이다. 따라서 조선 후기의 실용과 실학의 주장은 전통적인 유가의 정신을 되찾는 것이었다.

조선 건국 초기 국정운영의 이념적 기초로 도입할 당시만 하더라도 유학은 도덕적 규범뿐 만 아니라 경제적 안정 등 실학적인 측면을 동시에 강조하는 것이었다. 그러나 점차 건국당시의 유교의 실학적인 측면은 사라지고, 그 주된 관심은 <형이상>적인 성리학과 형식적인 예론(禮論)에 편중되어 갔다. 그 당시의 유교는 본고장인 중국과는 달리 왜곡될 대로 왜곡되어 그 폐단이 극심하였다. 실학은 왜곡된 그 당시의 유교의 입장에서 보면 확실히 반역이지만 정통의 중국원시의 유교의 입장에서 보면 유학의 부흥운동이라 할 수 있다. 다시 말하면 실학사상은 사상의 역사성에 유의하면서 조선조 주자학사상의 내재적 변용이라는 관점에서 파악하여야 한다(박충석, 1982: 446).

실학의 학풍을 연 선구자는 반계 유형원(1622～1673)이다. 그는 평생을 농민과 함께 생활하면서 "국정운영의 본(本)을 어디에 두어야 진정한 위민이 될 수 있을까?"에 대하여 깊이 사유했다. 그는 통치에 있어서 치자의 제일과제는 백성으로 하여금 항업(恒業)을 가지도록 하는 것이며, 예악흥행(교민)은 오히려 그 위에 성립하는 것으로 보았다. 그는 "항산이 있으면 항심이 유지되나, 항산이 없으면 항심을 잃게 된다"는 맹자의 행정적 사유에 따라 제도중심의 국가개혁론인『반계수록』을 저술했다.

반계의 이러한 항산(일정한 생산과 수입)을 중요시하는 사고방식은 인간의 자연적인 욕구와 욕망을 통치의 대상으로 삼아 그 인간의 욕망을 밖으로부터 규제해야 한다는 법·제도중심의 행정사상으로 발전한다. 이러한 반계의 학풍은 성호로 이어졌다. 다산은 16세부터 성호 이익(1681～1763)의 유고를 읽으면서 그들의 개혁이론을 흡수하고 이를 소화하여 자신의 개혁이론 전개의 바탕으로 삼았다고 볼 수 있다. 다시 말하면 다산 이전의 실학파 학자들이 창출한 학풍이 그의 행정사상형성에 하나의 기반이 되었다고 볼 수 있다.

3 서학과 서교

다산의 사상적 배경이 된 또 다른 학풍은 서학과 서교라 할 수 있다. 다산은 어릴 때부터 서학과 서교를 쉽게 접할 수 있는 가정문화 속에서 살았다. 그의 매부가 조선 최초의 천주교 세례자인 이승훈(1756~1801)이었고, 큰 형님의 처남인 이벽(1754~1786)은 다산에게 서학을 전해 준 서교전도에 힘쓴 전도부 간부였으며, 셋째 형인 정약종(1760~1801)은 조선 최초의 천주교교리연구회장(명도회장)을 지낸 독실한 천주교 신자였기 때문이다. 당시 일반인들은 서학과 서교가 무엇인지 잘 모르던 시대였으나, 서학은 서양과학기술로서 학문의 영역이고, 서교(천주교)는 서양에서 전래된 종교로서 분명히 다른 것이었다. 다산이 살았던 당시의 지식인들은 서학과 서교를 분명히 구별하고 있었다. 성호 이익의 「발천주실의(跋天主實義)」에서는 서양종교는 서교이고, 서양의 과학기술은 서학임을 분명히 한 후, 천주교를 천건지교(天乾之敎: 불교)와 같이 유망(幼妄)하다고 비판하고 있고, 반면에 서양의 천문(仰觀), 지리(俯察), 수학(推算), 역법(授時)은 과거에 중국에 없었던 문법이라고 절찬하고 있다(강재언, 1990: 51-52).

정조가 이가환(1742~1801)에게 수리(數理)와 역상(曆象)의 근본을 밝히기 위하여 북경에서 책을 구입하기를 자문한데 대하여, 그는 "세상 사람들의 식견이 어두워 수리(서학)가 무엇인지 교법(서교)이 무엇인지 알지 못하고 나무라기만 하는 판인데 이런 책을 구하시면 신에게 돌아올 비방이 클 뿐 아니라 임금에게까지 누를 끼칠 것을 염려하여 그 일을 그만 두었다(「정헌묘지명」『전서』 1: 315)"라고 말한 기록으로 미루어 볼 때, 그 당시의 지식인들은 서교와 서학을 분명하게 구별하고 있었다. 정조임금과 당시의 지식인들은 서양의 과학기술의 수용이 절실하다는 것을 알고 있었음에도 불구하고 노론 벽파와 그와 결탁한 공서파의 완강한 공세 앞에서 서학과 서교를 명확하게 구별하지 못하고 한데 뭉쳐 배척하고 말살했던 것이다. 이렇게 당파싸움의 차원에서 전개된 서교의 배척과 탄압은 서학에까지 영향을 미쳐 1801년 신유사옥 이후에는 서학자체의 발전이 위축되고 두절되는 결과를 초래했다. 이후 1880년대에 이르기까지 약 80여 년간 서양연구에 대한 공백시대를 만들었다. 그런 의미에서 신유사옥은 우리나라 근대화를 낙후시킨 커다란 사건이었다.

다산은 젊었을 때 천문, 역상(曆象), 농정수리(農政水利), 측량에 관한 서양 과학서를 읽었고 당시 어린 마음으로 그것에 심취하고 흠모했다(변방사동부승지소, 『전서』 1: 191)고 술회하고 있는 것을 보면 20세 전후의 약관의 나이에 서학에 심취하였음을 알 수 있다. 이렇게 청년시절 섭렵한 서양의 과학기술은 나중에 그의 11년간의 관직생활을 통해 구체적으로 나타나기 시작했다. 즉 한강의 배다리 건설, 수원성축조, 기중가 설계, 그리고 가좌부(家座簿)의 개선 등 세부적인 행정관리기술에 이르기까지 많은 영향을 미쳤다.

서양의 과학기술인 서학을 수용하여 이를 경세의 도구로 이용하는데 기민한 반응을 보인 것은 모든 실학파의 학자들 중에서도 다산이 으뜸이었다. 다산이 서학의 영향을 받아 이룩한 과학기술상의 업적들은 실로 광범위하다. 천문학, 기상학, 물리학, 지리학, 건축학, 조선학, 의학, 농학 등에 관한 정력적인 연구는 그의 철학적인 세계관 형성의 기초가 되었을 뿐 아니라, 나라의 생산력을 발전시키고 산업을 일으키는 이용후생을 위한 실용의 학문으로 활용되었다.

03 다산의 시대인식

다산의 행정사상을 보다 잘 이해하기 위해서는 그가 산 18세기 말에서부터 19세기 초까지의 행정상황을 그 본인이 어떻게 인지하고 있었는가를 보아야 한다. 한 개인의 사상은 선험적으로 주어지는 것이 아니라 그 개인을 둘러싼 상황에 대한 경험적 인지로부터 비롯된다.

인지(perception)란 “외부 여러 자극들을 분별해서 수용하는 과정”(Morgan and King, 1966: 341)이라고 한다면 동일한 현상을 놓고서도 그 인식과 문제인지는 사람마다 차이가 있을 수 있다. 어떤 현상에 대한 지식을 얻는 인식론은 상대적일 수밖에 없기 때문에 행정사상도 사상가에 따라 상대적이라 할 수 있다. 따라서 다산의 행정사상과 신념을 정확히 알기 위해서는 그가 살았던 시대의 정치행정상황은 어떠했으며, 그러한 상황에 대하여 다산은 어떻게 인지하고 문제의식을 가졌는가를 알아보아야 한다.

다산이 살았던 18세기 후반에서 19세기 중반에 이르기까지의 조선시대의 환경적 특징은 (1) 세도정치가 틀을 잡았으며, (2) 삼정의 문란이 극에 달했으며, (3) 양반신분체제의 변화가 급속히 진행되었으며, (4) 민란이 빈번하게 일어났으며, (5) 산업자본이 발달하기 시작하였으며, (6) 천주교가 전파되어 새 종교가 유행했던 시대였다. 또한 당시의 국제정세는 미국의 독립혁명(1776)과 프랑스의 시민혁명(1789)을 계기로 계몽주의와 근대 자유주의 철학사상이 자리를 잡기 시작하던 시기였다.[11]

1. 임진왜란 이래로 온갖 법도가 무너졌다.

다산은 임진왜란 이후 그가 산 19세기 초까지의 시대상황을 '광범위하게 온갖 법도가 무너진 어수선한 상황'으로 인지하고 있다. 다산은 당파싸움의 피해자였다. 그는 비록 남인에 소속되어 있었으나 당색을 내지 않기 위해 평생을 노력했다. 당시 양반들의 정권획득을 위한 당파싸움은 양란 전보다 더욱 격화되어 서인과 남인, 서인내부의 노론과 소론의 치열한 정권싸움이 벌어졌다. 영조 이후 탕평책을 실시하였으나 17세기 말 이후의 정권은 노론에 의하여 전횡되다시피 하였다. 더욱이 19세기 초부터는 노론파에 속하는 안동김씨의 세도가 60여 년 동안이나 계속되었다. 권력에 대한 견제와 균형이 사라지고 일당이 권력을 독점하게 됨에 따라 조선의 국정운영의 기본이념인 민본주의나 인정주

11) 다산과 동시대에 살았던 서양의 사상가들을 보면, 흄(David Hume, 1711～1776), 스미스(Adam Smith, 1723～1823), 리카도(David Ricardo, 1772～1823), 괴테(Johann von Goethe, 1749～1832), 헤겔(Georg W. F. Hegel, 1770～1831) 등이다. 다산의 사상이 동시대에 살았던 이들 서양의 계몽주의 및 근대 자유주의 사상가들과 상통하고 있다고 주장하기도 한다(최병선 · 심준섭, 2010: 29).

의는 일당의 이익을 위한 통치로 전락해버렸다. 노론이나 척족 이외의 사람들은 관직에의 진출이 막혀버렸고, 양반사회의 세력은 매우 불균형하게 되었다.

당시의 정치행정기준은 당파성과 뇌물이 기준이었으며, 능력위주의 인력활용은 매관매직으로 얼룩졌고, 지방관은 부정과 토색에 여념이 없었다. 양란 이후 전정(田政), 군정(軍政), 환곡(還穀) 등의 이른바 삼정(三政)의 개선을 위한 제도적 조치들이 있었지만, 18～19세기에 이르러 그 문란이 극에 달했다. 이러한 현상은 수령과 향리의 부정과 토색에서 비롯되는 것이었다. 삼정의 문란은 농촌사회를 황폐화시켰으며 민심을 크게 동요시켰다. 게다가 흉년과 질병이 연달아 일어나니 기민(飢民)과 유민(流民)이 도처에 생겨나고 민란이 빈번하게 일어났다. 다산은 이와 같은 시대적 상황을 온갖 법도가 무너진 총체적인 위기상황으로 인식하고 있다.

> "임진왜란 이래로 온갖 법도가 무너지고 모든 일이 어수선하게 되었다. 군영을 여러 번 증설하여 나라의 경비가 탕진되고 전제가 문란해져서, 세금징수가 편중되었다. 재물이 생산되는 근원은 힘껏 막고, 재물이 소비되는 구멍은 마음대로 뚫었다. 이리하여 오직 관서를 혁파하고, 인원 줄이는 것을 구급하는 방법으로 하였다. 그러나 이익이 되는 것이 되(升)나 말(斗)만큼이라면 손해되는 것은 산더미 같았다. 관직이 정비되지 않아 옳은 선비에게 녹이 없고, 탐묵(貪墨)한 풍습이 크게 일어나 백성이 시달림을 받았다."(「경세유표」 권1, 『전서』 5-1: 3)

다산은 이렇게 온갖 법도가 무너지고 병든 사회가 된 원인으로 인간의 본성에 부합하지 못하는 법과 제도에 있다고 보고 이를 바탕으로 『경세유표』에서 국정운영체계를 재설계하고 있다. 다산은 국가운영의 기초인 법과 제도는 백성이 쉽게 이해하고 동의할 수 있으며, 자발적으로 순응할 수 있는 것이어야 한다고 생각하고, 권력자를 위한 법과 제도, 그리고 힘센 사람들만을 위한 자의적인 법의 집행이 아닌 백성을 위한 법제도여야 함을 특히 강조하고 있다.

2. 지방관은 사리추구에만 급급한 공인된 도적이다.

다산은 당시의 공직자들의 생활과 행태에 대하여 어떻게 인지하고 있었을까? 다산이 쓴 시(詩)의 표현을 빌면, "향리들은 마치 굶주린 호랑이가 돼지를 잡는 듯, 배고픈 솔개가 꿩을 만난 듯 탈신혹열(奪迅酷烈: 가혹하고 매섭고 신속하게 먹이를 탈취하다)하여 다시 뒤돌아 볼 여지조차 없다."(시문집, 논(論), 『전서』 1-11: 18)고 서술하고 있다. 다산의 눈에 비친 목민관은 먹이를 찾아 헤매는 굶주린 호랑이와 솔개의 모습이었다. 또한 그는 지방관은 '공인된 도적'이라고 단언하고, 이서(吏胥)는 작은 도둑이요, 감사는 대도(大盜)라고 부르면서 진정 '대도가 없어지지 않는 한 백성들은 모두 죽음을 당할 것'이라고 읊고 있다. 다산은 「목민심서」 서문에서 당시의 관료들의 생활을 다음과 같이 언급하고 있다.

> "오늘의 목민관들은 오직 사리(私利)를 추구하기에만 급급하여 목민하는 길을 알지 못하고 있다. 그러므로 백성들은 피폐하고, 곤궁하며, 병들어 쓰러져서 구렁을 메우는데 목민관이라는 자는 좋은 옷과 맛있는 음식으로 제 자신만 살을 찌우고 있으니 이 어찌 슬픈 일이 아니겠는가?"(「목민심서」 권1, 『전서』 1-11: 1)

다산은 금정찰방과 곡산부사로서의 지방관리의 경험, 그리고 암행어사로서의 경험을 통하여 서리와 토호들의 횡포를 잘 알고 있었지만, 그보다는 18년간의 유배생활에서 직접 눈으로 보고 가까이서 보다 더 생생하게 목민관의 실상을 얻어 들을 수 있었다고 「목민심서」의 서문에서 밝히고 있다.

1794년 정조의 명으로 경기암행어사가 되어 농민들의 곤궁함과 지방행정의 문란함을 직접 보고 난 후 지은 시, 「봉지렴찰도적성촌사작(奉旨廉察到積城村舍作)」에서 토호들의 횡포, 서리들의 강제적인 단포징수를 지적하고, 환상을 갚을 길 없어 대신 매를 맞는 것도 두려워하지 않을 만큼 되어 있는 처참한 관경을 읊었고, 그 굶주린 백성들을 어떻게 구할 것인가를 고민하는 장편의 기민시(飢民詩)를 남기기도 하였다. 다산은 국왕과 백성사이에서 권력을 농단하고 사유화하는 중간세력의 발호를 막는 것이야 말로 행정이 해야 할 일이라고 생각했다.

이와 같이 다산이 초지일관 품고 있었던 국정운영이나 행정에 관한 화두는 거대한 국가권력을 어떻게 하면 공적(公的)으로 백성을 위해 사용할 것인가? 달리 말하면 국가권력의 사유화와 자의적 행사를 어떻게 하면 방지할 것인가 하는 것이었다. 다산은 국가권력의 행사를 행정의 중심개념으로 파악하고 있다는 점에서 오늘날의 현대 행정학에서도 큰 의미가 있다.

3. 부단히 개혁하지 않으면 나라가 망할 것이다.

다산이 살았던 당시의 현실은 '터럭 한 끝에 이르기까지 병들지 않은 것'이 없었다. 따라서 다산은 개혁하지 않으면 나라가 망할 것이라고 인식하고, 우선 나라가 망하지 않을 방안을 「목민심서」에서 강구하는 한편, 모순에 찬 국가의 지배체제를 개혁하여 이상적인 왕정을 실현하리라는 원대한 구상아래 「경세유표」를 저술했다.

비록 중앙집권적 단일 왕정이라 할지라도 봉건적 속성을 가진 조선왕조는 본질적으로 다원적, 계층적 지배질서로 편제되어 있었으며, 따라서 거기에는 관료제의 역기능 현상인 할거주의적 행정이 필연적으로 작용하고 있었다. 조선후기에 와서는 그와 같은 할거적 행정행태(sectionalism)가 극심하였다. 다산이 나라가 망할 것이라고 한 것은 바로 그와 같은 현상을 두고 우려한 것이었다. 그는 이러한 현실의 정치행정행태를 다음과 같이 관찰하고 인식하고 있다.

> "무릇 조종의 법전 이외에 감사가 (법을) 더하고 현령이 더하고 향리가 더하고 하예(下隷)가 더하고 이정(理正)이 더해 명령이 여러 갈래로 나오매 쪽박처럼 깨어지고 어지러워 기강이 없으니 날로 무너진다. 그나마 조종의 법전이라고 국가가 인순(因循)하고 있는 것도 대개가 고려 말의 폐정과 연산군의 여독, 그리고 임진왜란 후 임시방편으로 만든 법제요, 그 나머지는 모두 수령과

이예(吏隸)가 제멋대로 만든 것이니, 어찌 조종의 구법이라 할 수 있겠는가?" (「경세유표」)

조선왕조의 중앙집권적 관료제의 기강과 조직질서가 극단적으로 무너져 있음을 경고하고 있다. 다산은 임란 이후에 빚어진 행정의 문란, 국가재산의 궁핍, 토지제도와 그 관리의 문란 등으로 인하여 조선조 봉건제도는 붕괴의 위기에 직면해 있다고 인식하고 있다. 따라서 무엇보다도 계층제적 질서 확립과 공직의 기강을 잡기 위한 개혁이 절실하다고 인식하고 있음을 볼 수 있다.

다산의 500여 권에 달하는 방대한 저술가운데 3분의 1 정도는 행정에 관계되는 것들이며, 그 내용은 거의 개혁론과 관련된 것이다. 그는 자찬묘지명에서 '신아지구방(新我之舊邦)'이라고 말하고 있는데, 이것은 조선을 새롭게 개혁하겠다는 그의 의지를 나타낸 것이라 볼 수 있다. 일표이서는 모두 경세택민(經世澤民)의 학에 속하지만 그 기본성격은 다르다. 「목민심서」와 「흠흠신서」는 현실의 법질서를 전제로 한 읍단위의 지방행정의 개선의 지침서이며, 「경세유표」는 현실의 법질서를 초월한 국가일반에 대한 개혁지침서이다.

다산이 염두에 둔 개혁의 방향은 국가권력의 횡포를 방지하는 것이었다. 이와 같이 국가권력의 행사를 행정의 중심에 놓고 개혁의 방향을 모색하는 일은 오늘날 민주화된 국가에서도 여전히 유효하고 타당하다.

4. 행하지 않는 인·의는 인·의라 할 수 없다.

시파와 벽파의 당파싸움이 극심했던 시대, 그 당파싸움의 결과로 18년간의 유배생활을 해야 했던 다산은 세상은 썩은 지가 이미 오래다(天下腐己久矣) 라고 단호하게 결론을 내린다. 그 부패한 이유를 다산은 국정을 운영하는 토양인 윤리적 질서가 잘못되었다는 점에서 찾는다. 유학의 근본원리인 인·의 사상을 해석한 주자의 성리학적 경학이론이 지나치게 이론적이고 관념적이며 또 실천적이지 못하였기 때문에 일어나는 사회병리현상이 바로 부패의 원인이라는 것이다.

다시 말하면 경(經)의 뜻을 바르게 이해하고 해석하여 공자와 맹자의 본뜻을 찾지 못했기 때문에 세상은 병들고 썩을 수밖에 없다고 판단했다. 국가의 정책과 법·제도를 떠받들고 있는 토양인 정신적 규범적 질서, 즉 공직윤리가 잘못되었다는 것이다. 따라서 관념적인 주자의 성리학적 경학이론을 재해석하여 새로운 실용주의적인 논리로 바꾸지 않는 한 세상은 제대로 발전해 나갈 수 없다고 믿었다. 다산은 이론 위주의 성리철학으로 윤색된 육경(六經)과 사서(四書)를 새롭게 재해석하여 공자·맹자의 본지(本旨)가 무엇인가를 해명하는 데에 힘썼다.[12] 그 결과가 <논어고금주> 48권을 비롯하여 <맹자요의> 9권 등 육경사서에 대한 232권의 방대한 저술이다.

주자가 "인이란 사랑의 이치(仁者愛之理)요 마음의 덕(心之德)"이라고 해석하자, 다산은 "인을 행한 뒤여야 어진 사람이라 이르고(行仁而後 謂之仁人) 의를 행한 뒤라야 의사(義士)라고 말한다(行義而後 謂之義士)."고 분명하게 실천을 강조하고 있다. "인의예지" 모두가 마음속에 있는 이치(內心之理)가 아니라 행동으로 옮긴 이후에야 그 의미를 설명할 수 있다고 하였다. 그동안 법과 제도의 수립 및 집행이 이러한 실천을 염두에 둔 것이라기보다는 선언적이고 관념적이었기 때문에 제대로 실천되지 않았다는 것이다. 법·제도 따로 행동 따로 격리되었다는 것이다. 행동이 없는 이론, 실천하지 못하는 양심, 이 두 가지 병폐 때문에 역사는 제대로 발전하지 못한다는 신념으로, 다산은 이(理)보다는 행(行)의 중요함을 역설했다.

12) 「중용자잠」「맹자요의」 등에서 다산은 스스로 자기의 철학을 공맹시대의 원시유학인 수사학(洙泗學)이라고 하였다. 다산이 공맹의 원래정신으로 되돌아가자는 주장은 결코 복고를 의미하는 것이 아니라 전통에 내재된 본래적 가치를 재각성함으로써 현재의 묵은 폐단을 제거하자는 논리를 담고 있는 것이다.

04 다산의 행정사상과 철학

1. 다산이 추구한 행정이념과 행정가치

다산은 조선의 주자학이 유학 본래의 의미를 잘못 해석하여 예송중심의 공리공론으로 흘렀기 때문에 모든 법도가 무너졌다고 인식하고, 원래의 공맹학으로 되돌아가서 원시유학의 통치이념에 충실하게 국정운영을 하여야 한다고 생각했다. 이러한 수사학에 충실한 국정운영이념과 방안을 제시한 것이 <일표이서(一表二書)>라 할 수 있다. 다산은 삼봉과 마찬가지로『주례』를 조선이 벤치마킹해야 할 해야 할 이상적인 제도의 원형으로 보고, 국가개혁의 모델로 삼고 있다.「경세유표(經世遺表)」의 원래의 명칭을「방례초본」이라 한 것도 주례를 본받아 조선의 방례로서 치인의 도를 제도화하고 현실의 법질서를 초월한 국가일반의 개혁지침으로 삼겠다는 의지를 천명한 것이다.「목민심서(牧民心書)」와「흠흠신서(欽欽新書)」는 현실의 법질서를 전제로 한 읍이나 현단위의 지방행정개선을 위한 지침서이다. 그러면 <일표이서>에서 다산이 추구한 행정목표와 행정가치는 무엇이며, 기존의 조선이 표방한 행정가치와는 어떠한 차이가 있는지를 살펴본다.

1 민본(民本)과 인정(仁政)

민본과 위민은 조선을 건국하면서 국정운영이념으로 내건 주자학적 통치이념인 동시에 행정이 달성하려고 하는 최고의 행정목표이자 행정가치였다. 이러한 민본과 위민을 위한 통치방식이 바로 인정주의이다. 다산도 국정운영에서 달성하여야 할 최고의 가치는 당연히 인정(仁政)을 통한 민본이라고 보았다. 그러나 다산의 민본사상은 기존의 주자성리학에서의 민본사상과 근본적으로 다르다.

민본사상은 본래 공자의 천하위공(天下爲公), 맹자의 민위귀(民爲貴), 그리고『서경』의 민유방본(民惟邦本)에서 연유한 것이다. 그러나 주자성리학에서의 이 민본사상은 다만 백성을 위한다는 위민사상일 뿐 민(民)의 개념에 주체적인 민(民)의 권리가 함축되어 있지 않다. 여기서의 민본의 개념은 통치권자인 군주는 왕권신수(王權神授)의 입장에서 만백성에게 자애를 베풀고 사랑해야 한다는 의미에서의 하향적 민본이었다. 즉 군주는 기본적으로 하늘에서 백성의 군(君), 사(師), 부모(父母)로 선정한 사람이며, 백성은 다만 그 북극성(왕)을 둘러싼 뭇별에 불과한 것으로 보았기 때문에 백성은 주체로서의 존재가 아니라 어디까지나 통치행위의 객체적 대상일 뿐이었다. 따라서 백성에게는 복종의 의무만이 일방적으로 부과되어 있고 통치자는 이러한 백성에게 무한한 사랑과 배려를 하는 것으로 보았다. 이와 같은 민본이념은 기본적으로 통치자의 '인정(仁政)'을 기본으로 한 것이며, 정치사회의 질서의 확립은 어진정치(仁政)의 여하에 달려있는 것으로 보았다. 백성들은 인정을 기대하며 나라님을 받드는 것을 당연한 것으로 받아들였기 때문에 행정과 사회의 모순을 의식하지 못했다. 군주의 폭정과 행정의 모순을 의식했다 하더라도 직접 군주의 책임을 묻을 수 없었다. 이를 전통적인 민본사상 또는 하향식의 민본사상이라 한다.

이에 대하여 다산이 설정한 통치권자와 민(民)과의 관계는 통치권자인 군주는 왕권신수(王權神授)일수가 없고 근원적으로 민에 의하여 선출된 것이라 보았으며 사회생활 관계에 있어서 하나의 평범한 지도자로 파악했다. 백성은 천자라든가 통치자를 선출할 수 있는 권리를 스스로 지니고 있는 새로운 개념의 백성을 상정했던 것이다. 이러한 점에서 다산이 말하는 목민(牧民)의 민(民)은 군주의 객체로서의 민이 아니라 군주를 선출 할 수 있는 권리를 가진 민이라고 할 수 있다. 그러므로 목자는 당연히 이 민(民)에 군림하거나, 지배하거나, 착취하려 들 수 없는 것이고, 오로지 백성을 위해서만 존재할 수 있다는 논리를 전개했던 것이다. 이러한 다산의 민본사상은 주권재민적 민본사상 또는 민권사상이라 할 수 있다.

다산은 이 민본개념이 단순히 통치자나 관료들의 사랑과 배려만을 기다리는 수동적이고 객체적인 민의 개념에 머물지 않고 보다 적극적인 민의 개념을 상정하고 있다. 다산은 인정(仁政)이 이루어지지 않을 경우 민은 어떻게 해야 할 것인가를 생각하면서 관(官)과 민(民)의 관계를 정립하고 있다. 그는 나라를 통치하는 임금과 관료들은 근본적으로 민을 위해 존재한다고 주장하고 있다.

> "민(民)을 위해서 목(牧)이 존재하는가? 아니면 민이 목을 위해서 태어났는가? …… 민은 고형과 진수를 모두 짜내어 목을 살찌게 하니, 민이 목을 위해서 태어난 것인가? 아니다. 목이 백성을 위해서 존재하는 것이다."(「원목」, 『전서』 1-10: 5)

다산의 민본사상은 단순히 위민(爲民)을 넘어서 의민(依民) 또는 주권재민적 민본에 유사한 행정이념을 강조한다. 즉 다산은 「탕론(蕩論)」에서 임금이 임금인 까닭은 하늘에서 내려온 것이 아니라 민의 동의에 의하여 추대된 것이라는 입장을 견지하고 있다.

> "대저 천자란 어찌하여 존재하게 되었는가? 하늘에서 비내리듯 내려와서 천자가 되었는가? 아니면 땅에서 샘솟듯 솟아나서 천자가 되었는가? 다섯 가구가 1린(隣)이 되는데 이 다섯 가구에서 추대된 사람이 인장(隣長)이 되고, 오린(五隣)이 1리(里)가 되는데 이 다섯 린에서 추대된 사람이 리장(里長)이 되고, 다섯 비(鄙)가 1현(縣)이 되는데 이 다섯 비(鄙)에서 추대된 사람이 현장(縣長)이 된다. 여러 현장이 공동추대를 받은 사람이 제후가 되고, 제후들이 공동으로 추대한 사람이 곧 천자이다. 그러므로 천자란 민중의 추대에 의하여 천자가 된 것이므로 민중이 추대하지 않으면 천자가 될 수 없다. …… 옛날(요순시대)에는 정치가 '아래로부터 위로' 실시되었기 때문에 '아래로부터 위로'가 순서이었으나, 지금은 그와 반대로 '위에서 아래'로 실시되기 때문에 '아래로부터 위로'가 반역이 되었다."(「탕론」 『전서』, 1-11: 24)

다산의 민본은 단순히 수동적인 통치의 객체로서의 위민이 아니라 오히려 목자가 민의 눈치를 보아야 한다는 의민사상(依民思想)으로 전개되며, 더 나아가서는 정치행정에 대하여 민이 통제 또는 저항할 수 있는 권리까지도 함축하고 있다. 그는 민을 잘 다스리지 못하면 민을 못살게 하는 것이므로 살인이나 마찬가지로 규정하고(『전서』 2-1: 7), 민을 못살게 하고 민의 원망을 사는 왕은 민을 학대한 죄로서 성토해야 한다고 주장하고 있다(『전서』 2-4: 2). 이러한 다산의 행정사상이 하향적 전제정치에 대한 항의와 상향적 민본주의적 이념에 토대를 두고 있기는 하지만, 그의 사상이 사유재산을 전제로 한 자본주의적 생산관계와 보통선거제를 기초로 한 공화정을 지향하고 있지는 않았다고 하는 점에서 서구의 근대시민사상과는 궤도를 달리하고 있다고 할 수 있다(한영우, 1983: 322).

2 목민(牧民)

다산의 민본사상은 다시 목민사상으로 더 구체화된다. 다산은 「목민심서」의 서문에서 "목민지도(牧民之道)는 성현의 뜻을 이어받은 군자학으로서 수신(修身)이 그 반이요, 나마지 반은 목민(牧民)이다."라고 말한다. 여기서 목민의 개념은 요순시대의 치민(治民)의 뜻에서 본받아 확대 사용되었다고 스스로 밝히고 있다. 즉 치인의 입장에서는 목자가 되고 민의 입장에서는 목민이 된다.

다산의 목민지도(牧民之道)는 공자의 수기치인의 군자학과 직결되는 것으로서, 공자의 인도(仁道)를 백성에까지 확충하여 목민사랑(牧民慈)으로 발전시킨 것이다. 공자의 인도(仁道)는 효제(孝悌)의 실천을 통하여 시작된다고 본다면, 다산의 목민지도는 공자의 인도를 백성에까지 확충하여 완성되는 것이다. 즉 가족적인 효제가 국가적인 목민의 도로 발전되었다는 것을 의미한다. 다산은 인(仁)이란 두 사람간의 관계에서 지켜야 할 지선의 행동, 즉 도리에 진력함을 말하는데, 부모, 형제, 군신 간의 사랑을 실천하는 것이 바로 인이라 보았다. 그래서 인은 바로 일상적 생활의 범주 속에서 구해야 한다고 보았다. 다산이 강조하는 목민사랑(牧民慈)은 백성을 상대로 인을 실천하는 것이라 할 수 있다.

이러한 목민사상에 의하여 다산은 한 인간으로서의 지도자는 천명에 순응하여 스스로 자기수양의 공을 쌓고 나아가 민생을 돌봄으로써 하나의 새로운 이상세계를 이룩해야 한다고 생각했다. 그러한 인간이 바로 군자요, 현자요, 성인이며, 지성지인이니 수사학적인 다산의 목민지도는 다름 아닌 지성(至誠)의 인간도(人間道)라 할 수 있다(이을호, 1981: 297). 다산은 철저하게 공맹의 원래의 도(道)인 인(仁)을 바탕으로 이상적인 사회를 건설하고자 했다. 이는 18세기 서양의 몽테스키외(Montesquieu)나 루소(Rousseau) 등이 부르짖었던 휴머니즘 정신에 입각한 시민사회의 건설과 그 맥이 통한다고 볼 수 있다(고승제, 1995: 470).

다산의 목민사상은 요·순의 선양(禪讓)과 탕·무의 방벌(放伐)을 민본주의적 이념으로 이상화시킨 원시유교, 특히 맹자의 민본주의와 본질적으로는 다름이 없다. 그러나 다산은 단순히 포악한 군주는 벌군(伐君)하여도 된다는 천명으로서 민(民)을 옹호하는 맹자적 혁명론자가 아니라, 민(民)이라는 존재 자체를 새롭게 인식함으로써 이 민(民)에 대한 목민윤리를 확립했다는 점에서 그의 사상은 새로운 의미를 가진다. 다산은 맹자의 방벌론(放伐論)을 민본주의적 추천론(推薦論)으로 합리화하면서, 그의 목민의 이념으로 발전시킨 것으로 볼 수 있다.

다산은 이러한 목민이념에 입각하여 지방행정의 수장이 해야 할 일과 윤리를 제시한 것이 「목민심서」이다. 책의 구성은 1편은 부임(赴任), 2편은 율기(律己), 3편은 봉공(奉公), 4편는 애민(愛民)이요, 그 다음은 차례대로 이·호·예·병·형·공 등 6전이 있고, 11편은 진황(賑荒), 12편은 해관(解官)이다. 즉 부임에서 해관에 이르기까지 12편으로 나누고, 각 편마다 각각 6개조로 나뉘었으니 모두 72개 조항으로 구성되어 있다.

3 애민(愛民)과 휼민(恤民)

민본과 목민을 보다 더 구체적으로 달성할 수 있는 하위의 행정가치가 바로 애민(愛民)과 휼민(恤民)이다. 애민정신과 휼민정신은 다산의 행정윤리의 바탕을 이루고 있는 사상이다. 「목민심서」는 그 책 자체가 애민의 서(書)요, 치민의 교과서이지만 이들 12편 가운데 애민정신을 구체적으로 표현한 것이 <애민6조>이다. <애민6조>는 양로(養老), 자유(慈幼), 진궁(振窮), 애상(哀喪), 관질(寬疾), 구재(救災)로서 모두 백성에 대한 사랑으로 서술되어 있다. 다산은 <애민6조>를 쓰면서 수령의 직분은 농업번성, 호구의 증가, 학교의 진흥, 군정의 정돈, 부역의 균등, 사송(詞訟)의 간략, 간활(奸猾)의 금지 등 7사(事)에만 그치는 것이 아니라고 하면서 애민을 강조하고 있다. 즉 노약자와 어린이를 사랑하고, 슬픔과 어려움과 질병에 고통을 받고 있는 자를 우선적으로 도우는 것이 목민관이 해야 할 행정이라는 것이다. 이는 1970년대 초 행정이란 국민의 욕구(needs)를 기준으로 가난하고 소외된 계층을 우선적으로 돌보고 구제하는, 즉 사회적 형평성(social equity)을 달성하는 것이어야 한다고 주장한 신행정론의 이론과 그 맥을 같이 하고 있다.

이 애민사상을 구체화하기 위해서는 치자의 본분인 행정의 기초를 튼튼히 해야 한다. 그러므로 다산은 그 다음 편부터 이, 호, 예, 병, 형, 공의 각 행정영역에서 수령이 갖추어야 할 기본적인 임무를 구체적으로 설명하고 있다. 이는 당시의 관료제의 형태에 따라 기술한 것으로, 어떻게 하면 그의 목민이념을 실제 행정에서 구현할 수 있을 것인가에 초점을 두고 그 방법을 제시한 것이라 할 수 있다.

다음으로 다산이 강조한 행정윤리는 휼민이다. 전통적인 농업사회에서 생산성이 낮아 안정된 생활을 영위할 수 없었던 많은 백성을 위하여 강구한 11편 <진황6조>는 다산의 휼민정신과 구민정신을 집약한 것이다. <진황6조>는 비자(備資), 권분(勸分), 규모(規模), 설시(設施), 보력(補力), 준사(竣事)의 여섯 조목으로 되어 있다. 비자(備資)는 진황에 쓰는 물자를 비축하는 것이며, 권분(勸分)은 관내의 부자들로 하여금 빈민을 구제하게 하는 것을 말한다. 규모(規模)는 진황에 필요한 양곡의 양과 구제대상자를 알아 대비하는 것을 말하며, 설시(設施)는 곡식을 백성에게 제공하는 절차를 마련하는 것으로 진휼청이라 불리는 소관관청을 설립하고 구제정책을 실시하는 것을 말한다. 보력(補力)은 대용작물을 심거나 자연에서 구황식물을 가려내는 등 다양한 사업을 통하여 모자라는 곡식을 보태는 것을 말하며, 준사(竣事)는 구휼정책의 평가를 통하여 잘잘못을 가리고 유공자를 표창하는 등 유종의 미를 거두는 것을 말한다. 복지정책의 집행과정이 잘 나타나 있다.

다산은 「목민심서」에서 그의 목민사상을 너무나 체계적이고 논리적으로 구현하고 있다. 목민의 가장 기본적인 원칙인 율기, 봉공, 애민을 앞에 제시하고,

이를 실현시켜야 할 행정영역인 육전에서 목민관이 해야 할 임무를 상세히 기술한 후, 이 6전을 진황으로 완결시켜 그의 휼민지도를 밝히고 있다. 애민과 휼민의 정신은 모두 백성을 본위로 하는 목민자(牧民慈)의 기본이 되는 것이다(이을호, 1981: 270). 이렇게 다산은 공자의 인도(人道)를 백성들에게 확대하여, 가정의 윤리가 아닌 천하의 윤리, 즉 목민윤리로 확대하였다. 다산의 경세학은 모두 이 목민윤리학을 중심으로 전개되고 있다.

4 능률성과 경제성

다산은 관료의 선발. 관리, 활용 등 인사행정에서 뿐만 아니라 관료조직의 신설, 폐지, 업무분장 등의 조직행정 곳곳에서 행정의 능률성을 강조하고 있다. 소과와 대과로 분리하여 이원적으로 운영되고 있는 과거제도를 일원화하고, 응시자에 대한 자격 제한과 합격자 정원제(TO제)를 도입하여 소수정예의 선발시험으로 행정의 활성화를 지향한 것이나, 엄격한 근무성적평정을 통하여 이도(吏道)를 확립하려고 한 것도 결국 행정의 능률성과 경제성을 겨냥한 것이었다. 또한 주택건축행정, 도로 교통행정, 토지 및 과세행정 등에서는 규격화와 표준화를 통하여 능률화를 기할 것을 주장하고 있다. 다산은 『경세유표』「동관공조」편에서 상품이나 자재를 규격화하고 표준화함으로써 얻는 이점을 "등급에 따라 규격화된 나무를 재단함으로 목재와 인력을 절약할 수 있고, 매매에 편리하며, 폐선이나 자재의 재활용이 가능하며, 과세의 표준으로 삼을 수 있다."고 주장하면서 능률성과 경제성을 강조하고 있다.

능률성의 강조는 조직관리 분야에서도 발견된다. 기구폐지론과 지방행정구역개편론에서 다산이 근거한 기준이 바로 능률성과 행정의 간소화기준이었다. 예컨대 임금의 말씀과 명령을 초안하는 홍문관은 예문관에서도 할 수 있으니 폐지하여야 하고, 비생산적이고 국가예산만 낭비하는 조직은 혁파하여 실속있는 정사를 담당하는 조직만 둘 것을 주장했다. 이는 행정의 중복성(redundancy)으로 인한 예산낭비를 막아 백성의 부담을 들어주어야 한다는 능률행정사상의 발로라 할 수 있다.

정책결정의 합리성, 사회적 적실성 등의 행정이념이 돋보인 분야는 지방행정조직개혁론과 여전제의 도입부분에서이다. 다산은 지방행정구역은 행정의 간소화, 행정통제의 용이, 행정의 편의성, 지방관의 능력 등을 고려하여 개편되어야 한다고 주장하면서, 지리적 여건 및 생산물의 현황에 따른 현실분석까지도 고려하여 그 대안을 제시하고 있다. 비록 오늘날의 지방분권과는 거리가 먼 왕조시대의 중앙집권적 체제를 지향하고는 있지만, 백성의 편의(convenience)를 고려한 애민정신과 합리적 대안분석은 오늘날 우리가 본받아야 할 정신이다. 여전제(閭田制)는 기존의 두레공동체를 활용하여 현실성과 적실성을 높이고 있다.

5 공정성과 사회적 형평성

다산은 목민과 애민 그리고 휼민이라는 행정가치를 달성하기 위해서 행정과정에서 반드시 고수하고 지켜야 할 가치기준은 무엇이라고 생각하였을까? 『목민심서』의 <애민 6조>와 <진황 6조> 에 나타나 있는 그의 행정이념은 공정성(fairness)과 사회적 형평성(social equity)으로 요약할 수 있다. 다산은 백성에게 부담을 지우는 세금과 요역(徭役)은 균등하고 공평해야 함을 강조하고 있다. 여기서 공정성이란 어느 한쪽에 치우치지 아니하고, 불편부당(impartiality)하게 행정이 이루어져야 한다는 것을 말한다. 다산은 애민행정이 되기 위해서는 백성들에게 부과하는 병역이나 부역의 부담은 되도록 간소화하여야 하고 균등하고 공평하게 부담시켜야 한다는 원칙을 강조하고 있다. 그래서 다산은 백성들의 부담이 큰 세금이나 요역에는 아무리 높은 곳의 명령이더라도 그냥 응하지 않고, 법령과 사리를 따져 합리적이지 못하면 직을 걸고라도 명령에 응하지 않아야 한다고 하면서, 곡산부사 시절 실제로 이를 실행했다.[13)]

조세부담이나 요역부담의 수평적 공평성에서 한 걸음 더 나아가, 다산은 공

13) 다산은 곡산부사 시절 "광부 200명을 징발하여 재령군으로 가서 장용영(정조의 직할부대)의 재방축조를 도우라"는 감사의 지시에 대하여, 이는 위민흥리(爲民興利)가 아니며 공평하지 못하고 부당한 명령임을 들어 거절한 바 있다(『목민심서』 호전 평부).

공 서비스의 혜택이 사회적 불우집단에 더 많이 돌아가도록 해야 한다는 가치 규범인 사회적 형평성(social equity)을 강조했다.[14] <애민 6조>와 <휼민 6조>는 이러한 사회적 형평성을 특히 강조한 다산의 복지행정사상이 함축되어 있는 부분이다. 노인(애민 제1조)과 어린이(제2조)를 포함하여 가난하고(제3조) 병들고(제5조) 재난을 당한 자(제6조) 등 소외 계층에 대하여는 우선 지역공동체를 통하여 자율적으로 도움이 되도록 유도하고 공동체의 역량만으로 해결할 수 없을 경우에는 국가가 직접 구휼할 의무와 책임이 있다고 보고 있다. 이는 오늘날 최저생활보장과 같은 공공부조에 해당되는 사상이지만, 이들이 받는 복지는 그들의 기본적 권리가 아니라 단순히 시혜적인 것이었다는 점에서 차이가 있을 뿐이다.

다산은 국가가 강제로 행하는 것은 아니지만, 권분(勸分: 진황 제2조)이라는 행정행위를 통하여 부유한 사람들로 하여금 가난하거나 소외된 사람들에게 곡식이나 재물을 내놓거나 또는 직접 나누게 함으로서 상호 협조하도록 권하는 일도 행정(목민관)이 해야 하는 일로 보고 있다. 국가는 잘 살 수 있는 기회를 많이 만들어 많은 사람에게 골고루 공평하게 제공하고, 또한 노인 어린이 장애인들처럼 자립능력이 없는 사람들에게는 국가가 책임을 지고 도와주며, 백성들은 자발적으로 복지공동체를 만들어 상호 협력하게 하여 각자 노력한 만큼의 적절한 보상이 주어지도록 관리하는 것이 행정이라 본 것이다.

6 청렴(淸), 신독(愼), 근면(勤)

다산이 가장 중요시하고 있는 공직자의 윤리는 무엇일까? 여기서 공직윤리란 행정가치를 구현하기 위해 공직자들이 공무수행과정에서 마땅히 지키고 준수해야 할 태도와 행동규범을 말한다. 앞에서 열거한 다산의 행정가치, 즉 민

14) 행정의 이념으로서 사회적 형평성은 1970년대에 접어들어 미국의 신행정론 주창자들에 의하여 강조되기 시작하였다. 신행정론에서 강조하는 사회적 형평성은 자원(資源)이나 지위(地位)의 공평한 배분과 관련된 개념으로서, 이는 사회적 약자를 보호하는 것을 그 출발점으로 삼는다. 따라서 자원의 배분은 사회적·경제적·정치적으로 불리한 입장에 있는 사람들에게 우선적으로 혜택을 줌으로써 사회 정의(正義)를 실현할 수 있다는 관점이다.

본, 목민, 애민, 휼민, 사회적 형평성 등을 구현하고 실현시키기 위해서, 공직자들이 가져야 할 행동규범과 자세를 말한다.

다산은 그의 목민심서에서 공직자가 지켜야 할 많은 윤리항목을 제시하고 있지만, 그가 가장 중요하게 지목하고 있는 공직윤리는 청(淸), 신(愼), 근(勤) 세 가지일 뿐이라고 주장하고 있다. 즉 남을 다스리는 자는 항상 청렴해야 하고, 몸가짐과 행동을 삼가야 하며, 부지런해야 한다는 것이다.「목민심서」제2편 율기(律己) 제1조는 칙궁(飭躬)으로 몸가짐을 바르게 하는 일이며, 제2조 청심(淸心)은 청렴한 마음으로 정사에 임해야 한다는 것이다. 다산은 이 신독과 청심을 가장 중요한 공직윤리로 보고 있다.

신독(愼獨)은 널리 알려진 바와 같이『대학』전(傳)의 제6장과『중용』제1장에 <군자신기독야(君子愼其獨也)>라는 형으로 등장한다. 신독은 사람이 없는 곳에서도 행동을 삼간다는 말이며 양심에 부끄럽지 않게 주의하여 행동한다는 뜻이다. 다산은 목민관이 지켜야 할 공직윤리의 첫 번째 조건으로 바로 이 신독을 들고 있다. 공직자가 신독해야 하는 이유는, 몸가짐과 행동을 바르게 해야 남이 보건 보지 않건 개의치 않고 자신의 존엄을 지킬 수 있으며, 자신을 값싸게 팔지 않으며, 자신에게 부과되어진 사명을 자각할 수 있다고 보았기 때문이다. 신독해야 청렴을 지킬 수 있고. 청렴해야 공정한 행정을 펼칠 수 있다고 본 것이다.

청렴(淸廉)은 다산이 가장 강조하는 공직윤리이다. 다산은 청렴이야말로 수령의 본분이며, 모든 선(善)의 원천이고, 모든 덕(德)의 근본이라고 하면서, 공직자들이 청렴한 마음을 지니고 그대로 실천에 옮기면 세상은 밝아지고 깨끗해진다는 것을 강조하고 있다. 청렴은 관리에게 가장 <유익한 자산>이자, <천하의 큰 장사>라고 묘사하면서, 벼슬에 욕심이 큰 사람은 반드시 청렴해야 한다고 강조하고 있다. 청렴에 대한 평가와 명성은 계속하여 그 사람의 승진과 영전을 보장하기 때문에, 청렴하지 못한 사람은 지극히 어리석은 사람이라고 보았다. 그토록 명백한 이치를 지혜가 짧아 제대로 인식하지 못하고 부정과 부패에 물들면 관료로서 빛나는 전도를 망치게 된다. 다산은 이를 이렇게 표현하고 있다.

"청렴한 자는 청렴을 편하게 여기고, 지혜로운 사람은 청렴을 이롭게 여긴다. 지혜가 높고 사려가 깊은 사람은 그 욕심이 크므로 염리(廉吏)가 되고, 지혜가 짧고 사려가 얕은 사람은 그 욕심이 작으므로 탐리(貪吏)가 되니, 진실로 여기에 생각이 미친다면 청렴하지 않을 사람이 거의 없을 것이다(『목민심서』 율기 2조 「청심」)."

다산은 <율기잠(律己箴)>이라는 책에서 관리의 청렴은 여자의 순결과 같은 것이라고 비유하고 있다. "오직 선비의 청렴은 여자의 순결과 같다. 한 오라기의 오점이라도 평생의 흠이 되나니, 어두운 밤이라고 말하지 말라. 하늘이 알고 귀신이 알고 내가 알고 네가 알고 있지 않는가?" 여기서는 후한서(後漢書)의 양진열전(楊震列傳)에 나오는 뇌물 4지론(四知論)을 인용하고 있다.

뇌물을 주고받는 일은 흔히 한밤중에 비밀리에 이루어진다. 그러나 그 비밀은 지켜지지 않아서 그 이튿날 아침이면 곧 드러나기 마련이다. 하찮은 것을 주고받는다 하더라도 거기에는 벌써 사사로운 정이 얽혀 있어서 일의 공정을 기할 수 없게 된다. 청렴하지 않으면 공정하지 못하게 되고 공정하지 못하면 하늘의 이치인 공(公), 자연의 이치인 공(公)을 위해 일하지 않는 것이 되어 공인으로서 자격을 상실하게 된다.

모든 것이 부패한 세상에서 다산은 청렴하면 만 가지의 문제가 해결된다고 생각한 이상주의자였다. 관리들의 청렴성회복이 이상세계로 가는 첩경이라고 여기면서 청렴의 방법론을 세세히 기록하고 있다. 그렇다고 다산은 청렴만을 주장하지는 않았다. 청렴하면서도 생각이 치밀하여 행정에 밝아야 한다고 보았다. 즉 청렴하면서도 행정과 실무에 유능하고 경험이 풍부해야 아전들의 비리와 간악함을 근절할 수 있다고 주장하고 있다. 청렴만 하고 부하들의 비위나 부정을 막지 못한다면 청백리라 할 수 없음을 지적하고 있다.

2. 민생중심의 경제안정주의

다산은 행정개혁의 목표를 부국강병(富國强兵)과 국리유민(國利裕民)에 두고 있다. 그는 임란이후 토지제도의 문란, 군역의 번거로움, 조세행정의 문란에 따른 농업생산력의 저하 등으로 인하여 피폐된 민생을 정비하기 위한 방책으로 전면적인 행정개혁을 내세웠다. 국력이 없음으로 인하여 국란을 당했으며 백성이 도탄에 허덕인다고 진단한 다산은「경세유표」에서만이 아니라 그의 저술 여러 곳에서 부국강병을 강조하고 있다. 경세유표는 모순에 찬 국가의 지배체제를 전면적으로 개혁하여 이상적인 왕정을 실현하리라는 원대한 구상이 담겨져 있는 국가개혁지침서이다. 그 구상안에 담겨져 있는 국가행정기구 개편과 운영방법의 개선, 그리고 국가재정운영의 개혁방안은 모두 국민들이 잘사는 나라, 즉 부국강병 또는 민생의 안정을 목표로 하고 있다.

다산은 이러한 목표를 달성하기 위해서는 성리설(性理說)과 예송(禮訟)에만 치중하여 공리공담으로만 흐르고 있는 당시의 주자학적인 통치로서는 불가능하다고 비판하면서, 원시유학인 수사학의 본지에 맞는 실학적 국정운영을 강조했던 것이다. 다산은 성리설에 깃든 허학적 요소를 극복하고, 유학의 이념을 보다 실천 가능한 형태로 구체화하려고 하였다.

다산은 국정운영에서 국왕과 관료가 해야 할 가장 중요한 기능과 역할은 현자를 등용하는 일(立賢)과, 재화를 널리 혜택이 가도록 운용하여 민생을 돌보는 일(散財)로 정리하고 있다. 다산은『대학』을 재해석하면서 대학은 통치자그룹을 형성할 인물들을 교육하는 것이며 그 교육의 목표는 백성을 잘 이끌어 태평한 세상을 이루는 것(道斯民而致太平)이라고 보고 있다(「대학공의」『전서』 4 :7). 따라서『대학』의 핵심적 메시지는 현자를 등용하는 것에 대한 교훈(立賢之戒)과 재화를 널리 백성에게 혜택이 가도록 운용하는 것에 대한 교훈(散財之戒)을 담고 있다(이봉규, 2005: 179). 다산은 그 연원을『서경』「고요모」의 지인(知人)과 안민(安民)에서 찾고 있다.「고요모」야말로『대학』과『중용』의 본원(本源)이라고 주장한다. 즉「고요모」의 지인과 안민이 연원이 되어[15]『대학』에서 치국의

15) 『서경(書經)』은『상서(尙書)』라고도 하며, 우(虞)·하(夏)·상(商)·주(周) 시대의 역사적 내용들이 기록되어 있다. 이제삼왕(二帝三王: 요, 순임금, 하나라 우왕, 상나라 탕왕, 주나라 문왕과 무왕)의 정권의 수수(授受), 정교(政教) 등의 기록으로, 고대의 사적(史的) 사실이나 사상을 아는 데 중요한 책이다「고요모」는『서경(書經)』의 편명(篇名). 중국 순(舜)임금의 신하로 옥관(獄官)의 장(長)을 지낸 고요(皐陶)가 순 임금 앞에서 우(禹)와 함께

관건으로 입현과 산재의 중요성을 강조하고 있다는 것이다. 다산의 이 해석은 주자가 성학의 측면에서 『대학』의 의미를 해석하는 것과는 달리 치국평천하의 정치론의 측면에서 『대학』을 해석하고 있음을 보여 준다. 다산은 지인과 안민, 또는 입현과 산재가 행정개혁의 목표가 되어야 한다고 보았으며, 실제로 이 목표를 달성하기 위하여 관료제개혁론과 정책개혁론을 펼치고 있다고 볼 수 있다.

다산의 국정운영사상은 민의 경제적 안정을 매우 중시하고 있다. 원래 원시 유학에서는 안민이나 민생을 중시하였으나 주자학이 지나치게 군주 일심의 도덕과 인륜, 그리고 덕을 중요시하여 인륜에 기반을 둔 정치를 강조하였기 때문에 안민과 민생을 경시하였다는 것이다. 다산은 민생과 경제안정이 없이는 인륜이 자리 잡을 수 없다고 보았다. 민생을 중시하는 다산의 경제안정주의 행정사상이 잘 나타나 있는 곳을 요약하면 다음과 같다.

1 원정론(原政論)

「원정(原政)」은 '정치란 무엇인가?'에 대한 다산의 견해를 밝힌 글이다.[16)]원(原)이란 근원으로 거슬러 올라가 본래의 의미를 밝힌다는 뜻이다. 본래의 의미를 밝힌다는 것은 기존 해석에서 본래의 의미가 은폐되어 있음을 전제로 한다. 따라서 은폐되어 있는 본래의 의미를 밝혀 새로운 대안을 제시하겠다는 것이다. 이렇게 본래의 의미를 들어내는 방식은 곧 기존의 해석을 넘어서 자신

문답한 충언(忠言)들을 기록한 것이다. 임금은 만화(萬化)의 근원이니 삼가 몸을 닦아야 한다는 것을 비롯하여, 아홉 가지 덕목을 개진하여 순 임금을 극진히 보좌하는 내용이다. 여기에 지인과 안민이 통치자가 해야 할 주요한 덕목으로 제시되고 있다.

16) 『여유당전서』에는 「원(原)」이라는 본래의 의미를 밝히는 글들이 많이 있다. 그 내용은 교(教), 정(政), 덕(德), 사(赦), 무(舞), 원(怨), 목(牧) 등 일련의 개념에 대하여 다산 자신이 성찰한 진정한 의미를 밝히고 있다. 이러한 본래의 의미를 밝히는 방법으로 다산은 자신의 사상과 견해를 제시하고 있다. 이러한 접근방법은 성호좌파로부터 영향을 받은 것이다(이봉규, 2007: 209). 그리고 그 원(原)은 한학적 관심을 넘어서 '지금 개혁하지 않으면 망국에 이르게 되리라'는 지사적 우환의식이 바탕이 되고 있다(「경세유표」 1 「引」, 『전서』 5-1: 3b). 그는 수사의 진면목을 들어내는 것이야말로 곧 현실개혁의 출발점이라 생각했다.

이 성찰한 '진정한 의미'를 새롭게 제시하기 위한 전략으로 이용된다. 이 접근방법은 기원을 거슬러 올라가 근원에서 사유하면서 그것을 통해 미래의 올바른 방향을 찾는 창신(創新)의 작업이라 할 수 있다. 이 원정에서 다산은 '정치란 바르게 함이며, 백성들이 모두 고르게 잘 살도록 해주는 것(政也子 正也 均吾民也)'이라고 규정했다. 왕정시대의 정(政)이란 곧 정치와 행정을 의미한다. 다산은 이러한 개념에 기초하여 토지의 균분, 재화의 유통, 겸병의 방지, 상벌을 통한 사회정의의 실현, 붕당혁파를 통한 인재의 등용, 자원의 관리를 통한 사회수요의 충족 등을 이루는 것이 정(政) 또는 왕정(王政)이라고 보았다. 그리고 이 정치행정이 무너지면 곧 인민의 경제적 궁핍(民困), 국가재정의 부족(國貧), 수취구조의 악화(賦斂煩), 민심의 이반(人心離)이 일어나 나라가 망하게 되기 때문에 정(政)을 정비하는 것이야말로 국정운영의 급선무라 말하고 있다(「원정」『전서』1-10: 1b). 다산에게 있어서 정(政)은 곧 집권자가 정치경제적 법제를 확립하여 인민을 통치하는 일이라 할 수 있다.

다산은 「원정」에서 정치행정을 설명하면서, 인륜에 대한 언급은 하지 않고 오직 정치와 경제의 법제적 측면만을 강조하고 있다. 즉 정치와 경제의 법제를 바로세우고 자원을 관리하여 사회적 수요를 충족시켜 안민(安民)을 실현하는 것이 곧 정치행정이라는 것이다. 이 개념에는 도덕이나 교화는 포함되어 있지 않다. 이렇게 「원정」의 내용에 인륜이 포함되어 있지 않음을 부각시켜, 일단의 연구자들은 다산의 정치론은 도덕과 정치의 분리를 강조하는 근대성이 포함되어 있다고 주장하기도 한다(안외순, 2001, 박충석, 1982). 그러나 『목민심서』나 「원교(原敎)」 등의 다른 저술을 모두 종합하여 보면, 다산은 정치의 임무에서 인륜의 실현, 즉 교화(敎化)를 제외하지는 않았다(이봉규, 2007: 211-212). 예컨대 『목민심서』에서는 전산(田産: 토지정책)과 부역(賦役) 등 모든 행정은 장차 백성에게 인륜을 실현시키기 위해 행하는 것이라는 점을 강조하고 있고, 또 수령의 직무에 교화(敎化), 즉 백성에게 인륜의 실행을 유도하는 직무를 포함시키고 있다(「신역목민심서」예전, 교민; 239).

다산은 주자학적 통치이념이 지나치게 도덕과 인륜위주의 무위적(無爲的)

정치만을 강조하였기 때문에 민생이 피폐해지고 안민이 파괴되었다고 비판하고 있다. 즉 주자학적 국정운영이념이 안민과 산재를 중시하는 유교정치론의 원래의 모습을 왜곡시켰다고 주장하면서, 원시유학인 수사학(공맹학)의 이념에 충실하게 국정운영을 할 것을 주장했던 것이다. 다산은 법제의 수립과 실행을 통하여 안민을 달성하는 것이 원래의 유교정치론이라고 주장하면서 통치자의 작위적 적극적 역할을 강조하고 있다. 다산의 정치행정론에 담겨있는 초점은 정(政)의 실행을 통하여 효제자(孝悌慈)의 교(敎)를 실현하는 데로 나가자는 것이다. 이러한 점에서 다산은 민생, 안민, 산재, 균분을 중시하는 경제안정주의 행정을 매우 중시하였다고 볼 수 있다.

2 농업정책에 나타난 경제안정사상

다산은 기본적으로 농민들의 생활이 안정되어야 국부가 이루어진다고 믿는 농본주의자였다. 당시 조선조의 봉건적인 경제질서는 광범한 소농적 자영농민층과 지주, 전호제(佃戶制) 또는 소작제의 기반위에서 수립된 것이었다. 따라서 다산은 이들의 경제안정을 위해서는 농업정책을 바르고 균등하게 하여야 한다고 생각하여 다양한 농정과 농책을 제시하고 있다, 그가 저술한 「농책」 「농정소」 그리고 「전론」에서 주장하고 있는 그의 농업정책사상을 요약하면, 편농(便農), 후농(厚農), 상농(上農), 그리고 입민지본(立民之本)으로 나누어 설명할 수 있다. 그의 농업행정론은 공자의 족식(足食), 족병(足兵)에 그 근원을 두고 있지만, 그의 농정사상은 국민경제와 국가재정이 모두 농업에 의존하지 않을 수밖에 없었던 당시의 시대적 상황이 잘 반영되어 있다. 그의 4대 농정사상을 요약하면 다음과 같다(고승제, 1995: 461-462).

첫째는 편농행정사상이다. 편농(便農)이란 다양한 농업기술을 개량하여, 농민들의 생활활동을 편리하게 하고 좀 더 많은 생산을 내게 하도록 해야 한다는 농업행정사상을 말한다. 다산은 구체적으로 한전(旱田)의 농지제도와 택종(擇種)의 방법을 개량하고, 농기구를 개선하며, 수리문제를 개혁하여 농업생산을 증대시킬 것을 주장하였다. 전통적인 농업사회에서 생산성이 낮아 안정된 생활을 영위할 수 없었던 많은 백성들을 위하여 과학적이고 실효성 있는 농업기술과 기법을 제공하는 것이 정부가 해야 할 일이라고 보았던 것이다. 이러한 점에서 실학적 요소를 발견할 수 있다.

둘째는 후농행정사상이다. 후농(厚農)이란 정부가 스스로 농업정책을 개선하여 빈약한 농가경제에 도움을 주어야 한다는 사상이다. 예컨대, 환곡법(還穀法)과 두곡제(斗斛制: 도량형제도)를 개선하여 농민에게 피해가 없도록 해야 하며, 농산물의 재배나 가축의 사육을 조절함으로써 농가소득을 올려야 한다는 것이다. 농민들을 후농케 하기 위하여 정부는 스스로 노력해야 한다는 행정사상이다.

셋째는 상농행정사상이다. 상농(上農)이란 농민들의 사회적 지위를 향상시켜 주어 그들의 생산의욕을 북돋아 주도록 하여야한다는 행정사상이다. 즉 억상정책을 써서 상공업을 일정한 한도로 제한하고 농업과 농민의 지위를 향상시켜 주어야 한다는 것이다. 이 상농사상에 의하여 상업이나 수공업의 육성은 농업에 피해를 주지 않는 범위 내에서 발전시켜야 한다는 주장을 폈던 것이다.

넷째로는 올바른 토지분배를 통하여 농민에게 긍지를 심어주어야 한다는 입민지본(立民之本) 사상이다. 다산은 농민에게 긍지를 심어주는 것이야말로 농업행정에서 가장 근본이자 기본이라 생각했다. 다산은 농민이 농민으로서 존재할 수 있으려면 농지가 있어야 하며, 그 농지는 균전(均田)의 의미를 지녀야 한다고 주장하고 있다. 즉 농지의 재분배를 통하여 사회경제적 불평등을 시정해야 한다는 것으로서, 이 사상은 1799년 「전론」에서 주장한 공동생산제인 여전제(閭田制)로 나타나게 된다.

다산의 농업정책관은 평생 일관된 사상을 가진 것은 아니었다. 젊었을 때는 근본적인 토지제도의 개혁 없이 농업기술의 향상과 생산의욕 향상을 위한 부세제도의 개선을 통하여 농민들의 경제안정을 도모하였으나, 1799년 전론 이후부터는 근본적인 토지제도의 개혁을 통하여 민생안정과 경제안정을 추구하고 있음을 볼 수 있다.

3 협동농장제(여전제) 도입

다산의 토지개혁론은 그의 안민사상 또는 경제안정주의를 실현하기 위한 정책의 발현이다. 토지가 가장 중요한 생산수단이었던 조선시대에서는 어떠한 토지제도와 조세정책을 추진하느냐의 문제가 행정의 가장 중요한 화두였다. 조선시대의 토지제도는 고려 말 조선왕조의 이념적·제도적 국정운영의 틀을 놓은 정도전과 조준이 주도하여 만든 과전제(科田制)에 그 기초를 두고 있다. 즉 모든 토지를 국유로 하고 정년자(丁年者)에게는 토지를 점유하고 경작할 수 있는 권리만을 분배하고, 관료들에게는 그 등급에 따라 수조권(收租權)을 분급했던 것이다. 이 과전법은 과도한 토지의 개인적 소유를 억제하고 국가의 재정을 강화하는 한편 고려말기의 신진관료층의 경제적 기반을 확보해 주려는데 있었다.

이러한 토지국유화 원칙에 의해 성립된 과전법은 관료층에게의 토지재분배에 급급한 나머지 전국의 토지가 소수의 집권관료층에게 집중되었을 뿐만 아니라, 대부분의 농민들은 소작으로 남게 되었다. 또한 직책수행과 관련하여 분배받은 과전이 불법적으로 점차 세습화되어 갔다. 조선후기에는 임진왜란 병자호란 등 양란의 대전으로 인해 토지가 황폐화되고 과세지(課稅地)도 줄어들어 농민들의 부담은 가중되고 국가재정은 점점 궁핍해져 갔다. 토지소유의 문란이 농민생활을 영락하게 하는 가장 큰 요인임을 파악하고 처음으로 전면적인 토지제도개혁을 주장한 사람은 반계(磻溪) 유형원(柳馨遠)이었다. 반계는 토지를 실질적으로 국가가 소유하고, 이를 정부의 각 기관과 왕족 및 관료들에게 일정한 양을 분배해야 한다고 주장한 점에서는 대체로 과전법과 같으나, 토지제도의 세습을 엄격히 배제하고 일반 농민은 물론 노비와 상공업자까지도 토지를 분배받도록 하고 있다는 점이 특징이다.

집권양반의 대토지소유를 반대하고 '농민층의 토지보유를 보장한다.'는 반계의 주장은 이후 성호와 다산에게도 영향을 미쳤다. 성호는 반계의 공전론(公田論)을 찬성하면서 점진적으로 균전의 실을 거두자는 일종의 한전법(限田法)을 제시하였고 다산은 한걸음 더 나아가 '농사짓는 사람에게 토지를 갖게 하고 농사짓지 않는 사람에게는 토지를 갖지 못하게 한다.'는 원칙을 세우고 이를 실현하기 위한 구상으로 여전법(閭田法)을 제시했다.

여전법이란 간단히 말하면 여(閭)라고 하는 마을공동체에 토지를 분급하고, 그 여(閭)에서 공동생산으로 농업을 경영하는 것을 말한다. 즉 여(閭)라는 마을공동체에 의한 협동농장을 생산단위로 삼자는 주장이다. 이 아이디어는 고대 중국의 주나라 제도에서 나온 것으로 그 당시에는 25가구를 1려(閭)라고 하였으나 그 명칭만 빌고 그 크기는 30가구를 전후하여 조정 가능한 것으로 보았다.[17] 여에는 여장(閭長)이 있고 그의 지휘명령에 따라 여(閭) 내의 사람들은 내 땅 네 땅 구별 없이 함께 농사를 짓는다. 구성원들은 매일 매일 작업일지를 작성하여 비치해 두고, 추수는 여장의 집에 다 같이 모여 그 작업량에 따라 곡물을 나누되, 나라에 바치는 세금은 우선적으로 제하며, 그 다음은 여장의 녹봉, 그 다음은 각 가구의 작업량을 기준으로 생산을 분배하는 방식이다.

다산시대 농촌에는 '두레'라고 하는 공동노동의 조직이 활성화되어 있었다. 농한기에는 공동으로 제방을 쌓는다든가, 개인이 하기 어려운 작업에는 공동으로 일을 도와주는 관습이 널리 행해지고 있었다. 다산의 공동생산을 통한 생산성증대와 안민을 실현하려는 구상은 당시의 농촌현실과 밀접하게 관련이 있는 것이었다. 그는 두레공동체를 활용한 토지제도개혁을 구상했던 것이다.

또한 다산은 토지제도의 개혁과 함께 상업, 수공업 등의 사회적 분업도 유달리 강조했다. 공장에서는 제조품을 생산하여 식량을 구입하고, 상인은 그가 획득한 화폐를 통하여 양곡을 구입하도록 하여, 각각 독립된 분업으로서 전념케 해야 한다는 것이다. 그는 또 선비나 양반도 놀고먹는 것을 인정치 않았으며, 스스로 농업이든 상공업이든 교육이든 생산노동에 참여하지 않는 한 생산물분배에 참여할 수 없다는 것이 그의 경제정책관이었다. 이렇게 다산은 각 분야의 생산성향상을 통하여 안민(安民)과 부국(富國) 그리고 국리유민(國利裕民)

---

17) 다산은 여(閭) 셋으로 1리(里)를 삼고, 리(里) 다섯으로 1방(坊)을 삼고,, 이 방(坊) 다섯을 1읍(邑)으로 삼는다. 다산은 여협업농장을 생산단위인 동시에 최저변의 행정단위로 하고, 리, 방, 읍은 차례로 상위의 행정단위로서만 편성하려고 구상한 것으로 생각된다(고승제, 1995:459).

을 달성하게 하는 것이 통치자가 해야 할 일이며, 또 그 일이 원시유학이 주장하는 정치행정의 가장 중요한 일 중의 하나라고 보았던 것이다. 다산은 이러한 민생사상 또는 경제안정주의를 실현하기 위한 이론적 근거로 그의 경세치용, 실사구시 등의 실학적 접근방법을 이용했던 것이다.

4 어민들에 대한 민생정책

다산은 농민을 사랑하여 기회 있을 때마다 농민의 애환을 그리는 글을 썼고 드디어는 『목민심서』라는 방대한 저서를 남겼다. 그러나 다산의 민생사상은 농민에만 한정된 것은 아니었다. 백성들이 일하는 모든 산업영역에서의 민생과 경제안정을 추구했다. 다산은 삼면이 바다로 둘러싸인 우리나라 지형으로 보아 어업의 중요성을 감안하여, 어민의 고통을 덜어주려고 노력했다. 『경세유표』 14권에는 어민들의 경세문제를 다루고 있다. 해세(海稅), 어세(魚稅), 곽세(藿稅: 미역생산에 대한 세금), 염세(鹽稅), 고려염법(高麗鹽法), 선세(船稅), 총론(摠論) 등으로 나누어 지방별로 어업의 관행이나 어세의 실태를 일일이 기록하면서 그 개선방안을 제시하고 있다. 해세의 기본방침이나 각종 어민관련 조세개선방안 등에는 어민들의 고달픈 생활을 구원하려는 경세사상과 철학이 곳곳에 고여 있다.

다산은 어민들의 생활안정과 공평한 조세부담을 위하여 어민행정을 총괄하는 데에 많은 힘을 기울였다. 어업과 관련된 세부 생산활동에 대한 구체적인 실태파악을 통하여 법제를 만들었으며, 스스로 어세행정(漁稅行政)의 기준이 되는 어세표(魚稅表)를 작성하기까지 하였다. 다산은 어민들이 배를 만들고, 미역을 생산하고, 소금을 생산하는 방법과 생산규모의 측정 등에 이르기까지 상세하게 그 실태를 기록하고 유형화하고 등급화하여 공정한 세금을 부담할 수 있도록 하고 있다.

5 상업 및 수공업정책에 나타난 민생안정사상

조선왕조 본래의 경제정책은 상업을 억제하고 농업을 중시하는 농본(農本)·

억상주의(抑商主義)였다. 그러나 시대의 흐름에 따라 상업에 대한 정책은 점점 발전론적인 방향으로 흘러갔다. 철저한 중농주의자였던 반계도 수공업이나 상업에 종사하는 자가 많으면 농업에 해가 되므로 세를 무겁게 하여 억제하여야 하지만, 그 수가 적으면 세를 가볍게 하여 물화유통이 원활하게끔 하여야 한다고 주장했다. 즉 농업중심의 경제를 무너뜨리지 않는 범위 내에서 상업의 발전을 기해야 한다고 본 것이다. 다산도 이와 같은 생각이었다. 다산은 국가경제에서 농업이 천하지대본이지만, "이익이 많은 상업을 억제하여 곤욕스럽게 하는 것은 옳지 않다. 있고 없는 것을 교역하는 일은 우직(禹稷)이 시행한 일이다. 어찌 반드시 억제하기만 하겠는가."고 말하고 있다(「농책」, 『전서』 1: 175-177).

다산은 상업을 적극적으로 보호 육성해야 한다는 견해를 가졌다기보다는 물화유통을 원활하게 하여 농민을 포함한 모든 백성이 골고루 경제적 이익을 누릴 수 있을 정도의 상업정책을 선호했다. 이러한 점에서 다산은 상인을 유수(遊手: 노는 손)로 보고, 상품유통을 위해 사용하는 전화(錢貨)란 자급자족하는 농촌에 백해무익한 것이라고 하여 폐전책(廢錢策)까지 주장한 성호(星湖)의 전면적인 상업부정론과도 다르지만, 대자본상인에게 특권을 인정하여 적극적으로 상업을 육성하여야 한다고 주장하는 상업제일주의를 부르짖는 유수원(柳壽垣)이나 국내 상업발전을 위해 외국과의 통상을 적극적으로 벌여야 한다고 주장하는 박제가(朴齊家)와도 그 차원을 달리하고 있다(김덕룡, 1981: 206). 다산은 비록 중농주의자였지만, 농업국가에서도 물자의 유통과 그것을 담당하는 상인은 중요하다고 인식하였다. 그러나 다산은 농촌사회에 있어서의 지방관이나 아전세력과 결탁하여 이루어지는 특권적이고 매점적인 상행위에 대해서는 농민보호차원에서 강력히 반대하였다.

임진왜란과 병자호란을 겪고 난 후 17세기 후반부터 조선사회에서는 종전의 시전상인 외에 사상인(私商人)이 급격하게 성장하였고, 또 국내상업 뿐만 아니라 청국과 일본을 대상으로 하는 해외무역도 활발하기 시작하였다. 특히 18세기 전반기에는 서울의 시전상인, 경강상인 및 개성상인 등에 의한 특권상업 매점상업 등이 성행하여 중소생산업자 및 중소상인 그리고 도시소비자를 압박했다. 이 때문에 18세기 후반기에 들어와서는 시전상인들의 금난전권을 통한 특권독점상업을 제한하려는 움직임이 있었다.[18] 즉 1791년(정조 15, 신해년) 6월에 육의전(六矣廛)을 제외한 모든 시전(市廛)의 금난전권(禁亂廛權)을 혁파하고 개인 상인의 자유로운 상행위를 보장하기 위한 소위 신해통공 상업정책을 실시했다. 다산은 채제공(蔡濟恭: 1720～1799)이 주도한 독과점금지정책인 신해통공(辛亥通共)을 지지하면서 특권적인 상인의 존재자체를 강력히 반대하고 있다(고승제, 1995: 489).

이러한 독과점방지를 통한 경제안정을 주장한 배경에는 다산의 경험과 시대인식이 함께 녹아 있다. 다산이 생존했던 19세기 전반기는 세도정권아래에서 아전세력과 결탁한 상인들의 횡포가 심했을 뿐 아니라, 특히 이 시기에 발달하고 있었던 농민층의 상업적 농업생산이 이들 중간상들의 매점매석에 의하여 희생당하고 있었던 실정을, 오랫동안의 유배생활동안 농민 속에 살면서 그들의 생활을 상세히 파악하고 있었기 때문으로 볼 수 있다. 다산은 농업을 중시하면서도 동시에 상업의 발전을 주장하고 있지만, 농민이나 소상품생산자, 그리고 소상인층에게 피해를 끼치는 특권상업이나 매점상업에 대해서는 강력히 반대했던 것이다. 다산은 자신이 정의한 정치행정의 개념, 즉 '정치란 바르게 하는 것이며, 모든 백성이 골고루 경제안정을 누리면서 잘살게 하는 것(政也者正也, 均吾民也)'이라는 것을 상업정책에도 반영시킨 것이라 볼 수 있다.

3. 계층원리를 강조한 합리적 조직관리

조선조의 관료제는 건국초기에는 다수의 청백리가 나올 정도로 그 기강이 서 있었다. 그러나 시간이 지남에 따라 점차 문란해지기 시작하여 양란을 겪은 후, 17～8세기에 들어오면 삼정의 문란, 당쟁의 격화. 과거제도의 폐단 등으로

18) 금난전권(禁亂廛權)이란 조선 후기 육의전(六矣廛)과 시전상인(市廛商人)이 상권을 독점하기 위해 정부와 결탁하여 난전을 금지할 수 있었던 권리로서 강력한 독점상업특권을 말한다.

인하여 관기의 피폐는 극에 달하게 된다. 특히 노론의 일당독재 결과로 인한 문벌정치, 즉 왕실의 외척에 의한 정권의 독차지는 필연코 그 척족일문에 의하여 고관현직이 독차지하다시피 되어 관료제의 기강은 문란할 대로 문란해졌다. 다산은 이를 개혁하기 위하여 관료제의 직제와 구성, 그리고 운영과 관련된 불가역(不可易; 바꿀 수 없는)의 기준을 만들려고 노력하였다. 그의 조직관리 사상의 핵심은 번잡하고 혼란스러운 조직구성을 6조 중심의 일원적 행정체제로 재구성하고, 또 각 조직내부의 위계적 질서를 확립하여 행정의 능률화와 합리화를 기하려고 했다는 점이다. 이러한 다산의 사상은 오늘날 현대 조직관리 사상과 크게 다르지 않다.

1 정원관리론 – 피라미드형의 조직구조론

다산은 행정조직의 구조는 위에는 적고 아래에는 많은 피라미드형의 조직이 되어야 효율적인 통제와 관리가 가능하다고 보았다. 그는 높은 관직은 적고, 낮은 관직이 많음이 천지간에 떳떳한 법인데, 오늘날 높은 관리가 많고 낮은 관리가 적은 현상은 주례의 법이 아니므로 이를 시정해야 한다고 주장하면서, 「이소예다론(吏少隷多論)」을 주장했다. 이러한 주장은 정원관리와 계층의 편성에 있어서 적용되는 오늘날의 계층제의 원리와 같은 견해라 할 수 있다. 즉 의사결정 및 통솔범위의 원칙과 수직적 수평적 업무분장에 따른 피라미드형의 조직이 되지 못했기 때문에 관기가 문란해지고 온갖 법도가 무너졌다고 진단했던 것이다.

이러한 피라미드 조직구조를 지속적으로 유지하기 위하여 다산은 관직 정원제를 제안했다. 다산은 당시의 중앙행정조직인 6조의 총 관직 수를 각조 20으로 하여 총 120으로 한정할 것을 주장하였다. 그는 주례의 6관도 총관직이 각조 60으로 하여 총 360인데, 우리나라는 그의 3분의 1이면 충분하다고 보았다. 「경국대전」에 의하면 조선 건국초기에도 각조의 사정에 따라 다소 차이는 있었지만 대략 관직수가 20개 정도였다. 그러나 후대에 와서 위인설관이 이루어지고 상위직의 수가 늘어나면서 점차 관기가 문란해졌다고 볼 수 있다. 다산은 이러한 정원제는 바꿀 수 없는 규정이라고 하면서 불가역(不可易)규정이라고 주장한다.

이렇게 기구의 증설을 방지하고 관직의 수를 제한한 것은 예산의 절감을 통하여 백성의 부담을 적게 하고, 행정기관의 효율적인 운영을 통하여 국가재정을 튼튼히 하기 위한 것이었다. 다산은 6조의 기구를 정비함과 동시에 각 조의 소속기관에서 진행하여야 할 업무의 내용과 업무처리 방향까지도 상세히 제시하고 있다.

2 직제정비론 – 관료계급수의 축소론

조선조의 관료제는 상하 계급관계를 엄밀하게 규정, 제한하고 있어 아주 엄격한 관료체제를 이루고 있다는 것이 특징이다. 즉 관료의 품급을 크게 9등급으로 나누고, 각 품에 정(正)과 종(從)의 구별이 있어 정1품에서 종 9품까지 18품계로 되어 있다. 이와 같은 관료체제의 확립은 고려 말에서 내려오던 여러 가지 명목의 명예직이나 대우직을 정리하면서 이루어진 것이라 할 수 있다(한우근, 1976: 251-252). 이와 같은 높고 긴 키다리 계층제(long organization)현상은 국고의 낭비와 백성에 대한 가렴주구 등을 부추기는 원인이 되는 것이므로 다산은 종래의 번잡한 품계를 단순화할 것을 제안하고 있다.

다산은 관료의 계급을 9품으로 한정하고 정과 종의 구별은 없이하되, 오직 1품과 2품에만 정과 종을 두도록 하고 있다. 결국 문·무반 전체 36품계를 11품계로 단순화하고 그 명칭도 문무 단일명칭으로 단순하게 통일할 것을 제안하고 있다. 구체적으로 보면, 3품 이상은 대부(大夫), 4품은 정사(正士), 5품은 상사(上士), 6～7품은 중사(中士), 8～9품은 하사(下士)로 하자는 안이다(「경세유표」1, 천관이조).

3 기관의 신설 및 폐지론

다산의 관료제개혁은 부국강병과 국리유민을 위한 것이었다. 다산은 행정조직의 계층의 수를 축소하고, 관직의 수를 제한함으로써 효율적인 국정운영을 지향했다. 뿐만 아니라 기존의 필요 없는 조직은 정비하고 백성들의 생활에 필요한 조직은 창설할 것을 주장했다.

(1) 6조 중심의 편제강화

다산의 행정조직개편의 기준은 각 조직의 본래의 목적과 의미에 충실하게 조직을 분류하고 통합하는 것이었다. 승정원(承政院)은 고려시대부터 육조체제 이외에 별도로 구성되어 있었으나, 이의 업무가 이조의 업무와 다를 바 없다고 지적하고 6조 체제 속으로 배치하였고, 토목과 영선에 관한 일을 맡아본 선공감(繕工監)을 공조에 소속시켜 조직 본래의 목적에 충실하게 인력를 배치하고 있다.

특히 국왕의 종친, 부마, 장인 등의 벼슬의 욕구를 충족시키고 충신을 포함한 그들의 물질적 대우를 보장하기 위하여 만들어진 궁중중심의 관료기구를 모두 6조에 소속시킴으로써 6조 중심의 일원적 행정체제 기능을 강화시키고자 하였다. 즉 종친부, 의빈부, 돈령부는 이조에, 충훈부와 중추부는 병조에 예속시켰다.[19] 반계는 궁중중심의 관료기구와 체아조직의 대폭축소와 폐지를 주장하였지만, 다산은 그와는 달리 조직의 존재는 인정하되 궁중조직의 편제를 집행체제에 통합시킴으로써 효율적인 관리체제 정비에 관심을 기울이고 있다. 이러한 점은 조직의 수평적 분화는 필연적으로 각 단위 부서간의 서로 다른 행동패턴과 할기성(sectionalism)을 유발시키고 결과적으로 국정운영의 효과적인 목표달성을 저해할 가능성이 제기되는데, 특히 전문가집단의 고도의 부문화는 의사소통과 조정에 장애를 일으키게 된다는 것을 알고 6조를 중심으로 하는 일원적 통치행정체제를 강화하려고 했다고 볼 수 있다.

---

19) 종친부는 왕자를 비롯한 모든 남자 종친들이 조관과는 구별되게 벼슬자리를 주기 위해 만든 기구를 총칭한다. 충훈부는 공신을 위한 관청, 의빈부는 공주와 옹주에게 장가든 자들을 위한 관청, 돈령부는 국왕의 친족과 외척들을 위한 관청, 중추부는 직무 없는 문무 당상관을 우대하기 위하여 설치한 관청임.

> "생각건대, 종친부, 충훈부, 의빈부, 돈령부, 중추부를 5상사(上司)라 하며, 6조에 예속되어 있지 않다. 그러나 선왕의 법에 모든 관원을 모두 6관에 예속시키고 오직 3공만이 6관위에 있다 했는데, 이는 임금이 법을 세우는 데에도 엄숙하고 간략하기가 이와 같음이 마땅하다. 주례에 도종인과 가종인이 모두 춘관에 예속되었고 도사마와 가사마는 모두 하관에 예속되어 있다. 도라는 것은 왕의 자제의 집이고, 가라는 것은 선왕의 자제의 집이다. 따라서 5상사가 비록 높으나 그 낭관을 이조에 예속시키더라도 무엇이 해되겠는가?"(「경세유표」 1권, 천관이조, 종친부)

조선시대의 관료기구의 특징은 궁중(宮中)과 부중(府中)의 관료기구의 구분이 전혀 없었다는 점이다. 즉 두 기능의 관료기구가 무질서하게 병존해 있어서 어디까지가 궁중살림살이이고 어디까지가 국가살림살이인지 그 구별이 명확하지 않았으며, 의사전달과 조정 등 통치행정질서와 체계가 무질서했다.[20] 다산은 이러한 수평적이고 다원적인 행정체제를 6조 중심의 일원적 행정체제로 재편함으로서 행정의 합리화와 위계질서의 강화를 겨냥했던 것이다.

(2) 부서내의 위계제도 확립

다산은 6조 중심의 조직편제를 강화하면서 중점을 둔 것은 각 부서의 통솔력과 통솔구조, 그리고 통솔범위에 초점을 두고 조직운영의 효율화를 지향했다. 다산은 당시 법과 제도의 질서가 무너진 원인은 조직관리의 위계적 질서(hierarchical order)가 무너졌기 때문이라고 진단하고 있다. 즉, 한 조직의 관직구성이 비대칭적으로 높은 관직의 수가 많고, 낮은 관직의 수가 적으므로 나타나는 폐단이 극심하였다는 것이다. 다산은 비정형적인 직급구조나 지나치게 복잡한 품계 및 계층 등은 능률적이고 합리적인 행정을 방해한다고 파악하고 이를 개선할 것을 주장하고 있다. 다산은 내명부의 품계와 명칭,[21] 관료의 품

---

20) 시(寺)와 감(監)으로 끝나는 관아 이외에 궁중과 관련된 관아의 수를 보면, 이조소속의 7개 아문 중 6개, 호조소속의 17개 아문 중 9개, 예조소속의 30개 아문 중 19개, 병조소속의 7개 아문 중 3개, 공조소속의 경우는 7개 아문 모두가 궁중살림살이와 관계되는 아문이다(송복, 1982)

계와 명칭 등의 단순화를 통하여 의사전달과 명령체계의 혼란과 번잡스러움을 방지하고자 하였다.

> "살피건대 원제에는 6조 낭관에 정랑과 좌랑의 정원이 같다. 그런데 지금 주례를 상고하니 중사가 반드시 상사보다 갑절이고 하사는 반드시 중사보다 갑절이다. 무릇 신분이 높은 사람의 수가 적고 낮은 사람의 수가 많으며, 높은 관직의 수는 적고 낮은 관직의 수가 많은 것이 천지간에 떳떳한 법이다." (「경세유표」 권1, 천관이조 치관지속 이조)

(3) 유사업무의 통폐합

다산은 재정낭비를 줄이고 행정의 능률을 달성하기 위하여 유사업무를 수행하는 행정기관들을 통합 또는 폐지할 것을 주장하였다. 대표적인 주장을 보면, 예문관과 규장각은 폐지하고, 호위청과 별군직은 합쳐 새로운 조직인 중위사(中衛使)로 통합하여야 하며, 임란 후 만들어진 5영을 3영으로 축소하고 5위를 3위로 합병해야 한다는 주장이다.

임금의 말씀과 명령을 초안하는 기능을 담당하고 있는 예문관의 일은 홍문관에서도 할 수 있으니 이를 폐지하여야 하고, 어제문자(御製文字)를 소장하는 규장각은, 이미 역대 임금이 편찬한 서적은 각산(各山)에 감추어져 있고 내원(內苑)에 있는 것은 봉모당(奉謨堂)에 감추어져 별도 수직하는 자가 있으니 현실적으로 필요 없는 조직이라 혁파해야 한다고 보았다. 예문관과 규장각에는 명칭만 화려하고 그 자리에 인원만 충원되어 있지 실제로는 아무 필요도 없을 뿐만 아니라 비생산적이고 국가예산만 낭비하는 자리라는 것이다. 따라서 이러한 관직은 모두 혁파하고 그 대신 필요한 관직을 세워서 실속 있는 국정운

---

21) 내명부에 3품 3등급으로 구성되어 있는 빈(嬪)의 품계를 3품으로 줄이고, 빈 밑에 12층 27가지의 명색(명칭)이 있는데, 이를 간소하게 고칠 것을 주장하고 있다. 즉 27가지 명색 중에서 좋은 것만 택해서 4품을 상궁, 5품을 상침이라 하고 품마다 2명씩으로 하고, 6품을 전의, 7품을 전선이라 하여 품마다 4명씩으로 하고, 8품을 전약 9품을 전등이라 하여 품마다 8명씩으로 하여 피라미드형이 되도록 할 것을 주장하고 있다(경세유표 권1, 천관이조 친관지속 명부사편).

영을 하여야 한다고 보았다(「경세유표」 춘관예조).

호위청(扈衛廳)이란 인조 계해년에 창설된 것이고 별군직(別軍職)이란 효종이 심양에서 돌아온 후에 8장사를 처우한 것인데 별군직도 또한 임금을 호위하는 것이니 합쳐서 하나로 하는 것이 의리에 마땅하다고 보았다. 또한 5영을 3영으로 축소하는 것은 백관이 녹을 먹을 수 없을 정도로 국력이 약해진 상황에서 국가의 재정낭비를 줄이고 통솔을 능률적이고 효율적으로 하는 것만이 최선의 방책이라 보았던 것이다. 이러한 조직개혁의 논리는 오늘날에도 유효하다.

(4) 전문화에 따른 조직분화

다산은 행정의 능률을 위하여 조직의 통폐합만을 주장하지는 않았다. 전문기술의 보급과 국가재정확보에 도움이 되는 기관은 설치를 권장했다.

다산은 이용감(利用監), 산학서(算學署), 임형사(林衡寺), 전도사(典堵司), 전궤사(典軌司), 전함사(典艦司), 장서원(掌胥院) 등의 신설을 주장했다. 이 조직들은 과학문물을 받아들이기 위한 기관에서부터 계산, 산림관리, 주택건설, 도로와 수송수단의 제작, 함선과 군선의 제작, 그리고 이서(吏胥)에 대한 총괄감독에 이르기까지 주로 이용후생과 경세제민과 관련된 조직이었다. 이와 같이 다산이 신설해야 한다고 주장한 기관들은 모두가 과학의 발전, 국가재원의 확보, 이용후생의 장려, 관기의 단속을 통하여 백성들의 안정된 생활을 보장하기 위한 것이었다.

(5) 대간제도폐지와 언론의 활성화

다산의 기관폐지론에서 가장 특징적인 것은 대간(臺諫)의 폐지를 주장하고 있다는 점이다. 원래 대간제도는 국왕 또는 권신들이 권력을 독점하고 전횡하지 못하도록 하기 위한 제도적 장치이다. 이러한 대간제도는 조선의 가장 빛나는 자랑거리였으며, 이로 인해 조선왕조가 오랫동안 유지할 수 있었다고 평가하고 있다. 그런데 다산은 왜 이 제도를 폐지하여야 한다고 주장하였을까?

다산은 그 당시의 대간을 국익에 보탬이 되지 않고 크게 해독을 끼치는 기관으로 평가하고 있다. 그 이유로서 다산은, 첫째 대간이 아닌 자는 비록 나라를 걱정하고 사랑하는 마음이 심중에 쌓이고 맺혔더라도 논의 한마디 할 수 없고, 따라서 간쟁에는 전혀 관심을 두지 않는다는 것이다. 둘째, 대간제도가 오히려 언론의 자유를 제한하고 파당을 부추긴다는 것이다. 언론을 담당하고 있는 대간을 자기편으로 만들어야 일당독재 또는 장기집권이 가능하기 때문에, 대간 자리를 둘러싸고 파당이 심화되었다. 그러므로 이러한 역기능을 막기 위해서는 대간에게만 간쟁의 기능을 줄 것이 아니라 일반조신들 모두가 간쟁할 수 있도록 언로를 개방하고 활성화시켜야 한다는 것이다. 그 당시의 대간은 이미 중립성과 공정성을 잃었다는 주장이다. 마지막으로 필요 없는 직위를 존속시킴으로써 국가예산을 낭비한다는 것이다. 대간은 재무나 병무, 문교 등 국정을 처리하는데 아무런 능력이 없는 자도 그 직책을 맡을 수 있고, 또 그들이 관기를 문란케 하고 인재의 진출을 막는다고 보았다. 따라서 다산은 이러한 청직(淸職)을 폐지하여 언로를 더 넓게 활성화할 것을 강조했다.[22] 그래야만 문벌만 숭상하는 풍습이 사라질 것이며, 자기와 뜻을 같이 하는 사람은 당으로 하고 반대편의 사람은 공격하는 풍토가 없어질 것이라고 분석하였다. 그의 주장에는 그의 실학행정사상이 그대로 반영되어 있음을 볼 수 있다.

4 지방행정구역개혁론

다산은 지방행정구역의 문제점과 재구성에 대해서도 많은 탁견을 피력하였다. 그는 행정목표의 효과적인 달성을 위해서는 지방 관료들의 배치와 통솔이 합리적이어야 하고, 또 중앙과의 연락과 행정관리가 용이하도록 지방행정구역이 재편되어야 한다고 주장했다. 지방행정구역을 광역단위로 수평적으로 나누는 군현분현론(郡縣分縣論)과 중앙과 지방의 수직적 관계에 대한 종적분할에 해당되는 군현분등론(郡縣分等論)이 그것이다.

22) 다산은 문조(文調)의 재주를 위주로 하는 청직(淸職)은 개인의 명성을 영화롭게 하고, 자손에게 덕을 입히는 자리이긴 하지만, 국가에는 보탬이 되지 못한다고 비판한다. 관직은 국가에 이롭게 하기 위한 것인데 청직은 그렇지 못하다고 주장한다(「경세유표」 춘관예조, 『전서』 5: 15).

(1) 수평적분할론

이것은 광역(도)단위의 지방행정구역을 설정하는 기준에 관한 것으로서 <군현분현론>이라 한다. 그는 당시의 8도 지방행정구역이 지방행정의 실정과 부합하지 못하다고 하면서 12성으로 할 것을 제안하면서,[23)] 구역설정기준으로서 몇 가지를 제안하고 있다.

먼저 평야를 그어서 주(州)를 나눌 때에는 유명한 산과 큰 냇물을 경계로 하여야 하며, 국방을 위하여 관방요충지를 골라 병영(현)을 설치하여야 하며, 행정상의 편의나 지방관의 능력도 고려하여 선을 그어야 한다고 제시하고 있다. 또한 지방관의 통솔능력을 고려하여 지나치게 넓은 행정구역은 분할하여야 하고, 관직제도를 정비하여 행정을 간소화하여야 한다고 보았다. 이러한 기준은 20세기 도시행정론자인 밀로포(Millspaugh, 1936: 71)가 제시한 근린사회(the community), 행정업무량(the service unit), 재원(the self financing unit) 및 편의(convenience) 등과도 매우 유사하다.

(2) 수직적분할론

다산은 기초단위(주, 군, 현)의 지방행정구역은 민호(民戶)의 다소와 전결(田結)의 넓이에 따라 등급을 정하여 나누는 것이 마땅하다고 주장하면서, 8도의 모든 고을을 민호와 전결을 기준으로 대소 7등급으로 분류할 것을 주장하고 있다. 이를 <군현분등론>이라 한다.

예컨대 민호와 전결을 합하여 25,000이상이면 대주(大州)로, 20,000이상이면 대군(大郡)으로, 15,000이상이면 중군(中郡), 10,000이상이면 소군(小郡), 8,000이상이면 대현(大縣), 6,000이상은 중현(中縣), 4,000이상이면 소현(小縣)으로

---

23) 그는 경상도 전라도는 백성이 지나치게 많아 정무가 번거롭고, 또 평안도 함경도는 지역이 넓고 아득하여, 감사가 변두리 고을에 앉아서 멀리 수 천리 지역을 통제하고 있으니, 그 명령이 빠를 수 없고 이서의 간악함을 살필 수 없으니 지방행정의 효율화를 위하여 각각 2개성으로 함이 마땅하다고 하였다. 그리고 그 명칭도 경기도를 봉천성, 충청도를 사천성, 강원도를 열동성, 황해도를 송해성, 전라도를 완남성과 무난성, 경상도를 영남성과 황남성, 평안도를 패서성과 청서성, 함경도를 현토성과 만하성이라고 명할 것을 제안하고 있다(「경세유표」, 天官修制郡縣分縣, 『전서』 5: 59).

분류하고 있다. 이렇게 일정한 기준에 의하여 주, 군, 현으로 지방행정구역을 획정함으로써 지방관의 인사배치와 이서(吏胥)의 정원을 합리적으로 배정할 수 있다는 장점이 있지만, 등급을 정확히 설정하기 위해서는 먼저 전지와 경계가 분명해야 하고 호적사무가 완벽하게 이루어져 있어야 한다. 다산도 이러한 전제를 강조하고 있다.

4. 기회균등과 능력중심주의

다산은 국정운영에서 국왕이 해야 할 가장 중요한 일은 바로 인재의 등용과 활용이라고 보았다. 그는『대학요의』에서 국정운영에서 가장 중요한 일은 지인(知人)과 입현(立賢)이라 했다. 여기서 지인은 사람을 알아보는 능력을 말하며 입현은 현인을 발굴하여 나라경영에 활용하는 것을 말한다. 다산은 정조의 인재활용에 관하여 많은 직언을 했다. 인재의 선발에서부터 인사배치와 활용, 그리고 인사평가에 이르기까지 광범위하게 인사행정의 개선방안을 제시했다. 다산의 인사행정사상의 핵심은 모든 사람에게 공직의 기회를 균등히 보장하여야 하고, 등용과 활용은 오직 능력중심으로 이루어져야 한다는 것이었다. 그는「통색의(通塞議)」와「오학론사(五學論四)」그리고「경세유표」등에서 당시의 과거제도와 인력활용정책이 문벌과 지역에 의한 차별이 극심하여 진정한 능력중심의 인사행정이 이루어지지 않는 병폐가 있음을 통열히 비판하고 있다.

다산은 현재(賢才)를 적재적소에 쓰면서 국정운영을 성공적으로 수행한 바 있는 순임금의 인사정책(命官)과 주나라의 현재등용방법(立政)을 본받을 것을 강조했다. 즉 광범위하게 인재를 발굴 등용하여 이를 적재적소에 배치하고, 업적평가를 통하여 지속적으로 인사관리를 하며, 겸직의 금지와 구임(久任)의 제도화를 통하여 행정이 전문화될 수 있도록 하여 궁극적으로는 목민지도를 달성하여야 한다는 것이다. 다산은 정조의 물음에 대하여 조선의 인사행정의 문제점을 다음과 같이 지적하고 있다.

"우리나라 사대부들은 낮은 직계에서 청현(淸顯; 삼사 같은 곳)을 지내고, 높아져서는 요직에 앉아 있으면서도 흐리멍덩하여 (행정업무가) 무슨 일인지를 모르는 자가 대부분을 차지하였습니다. 다만 이서(吏胥)들의 규정만이 전임 또는 구임(久任)시켜서 규례에 환하고 행사에 숙련되었음으로 비록 강명(剛明)하고 재간있는 사람일지라도 그들에게 묻지 않을 수 없게 되었습니다. 그러므로 그들의 권력이 세지고 간위(奸僞: 간사하고 거짓이 많음)가 날로 더하여 세상에서 이서의 나라라고 일컬어지게 된 것입니다."(간리론)

다산은 인사행정의 난맥으로 인하여 행정이 전문화되지 못하고 이서(吏胥)들에 의하여 농간당하는 꼴이 되었음을 지적하고 있다. 또한 다산은 인재가 고르지 못한 것은 붕당의 조직에 있고 붕당을 없애기 위하여 탕평책을 쓰더라도 사회의 한 구석에는 억울한 인사정책 때문에 화를 입는 사람이 있는 것을 알고 탕평의 혜택을 골고루 베풀 것을 주장했다(고승제, 1995: 373). 즉 그의 인사행정사상은 신분, 파당, 지역의 차별 없이 골고루 평등하게 공직에 일할 수 있는 기회를 주어야 하며, 오직 능력에 의하여 인사가 이루어져야 함을 강조하고 있다. 다음은 그의 기회균등과 능력주의 인사행정사상이 잘 나타나 있는 개선안들이다.

1 공거제와 치선제의 도입

다산은 능력 있는 인재를 널리 구하기 위하여 공거제(貢擧制)와 치선제(治善制)의 도입을 주장했다. 공거제는 지방관들의 추천을 받은 자들만이 과거에 응시하도록 하는 과거제도와 연계된 추천제를 말한다. 반면에 치선제는 과거에 의하지 아니하고 관료로 임용할만한 능력을 갖춘 자가 있을 때 일정한 규정에 따라 추천에 의하여 임용하는 제도를 말한다. 추천제는 원래 존현능사(尊賢能使)라는 유교적 정치행정이념을 토대로 발전된 개념이다.

다산은 당시의 과거제도의 첫째 폐단은 누구나 과거에 응시할 수 있어 무자격자나 무능력자들이 요행을 바라고 과장에 모여드는 것이라 하였다. 다산은 과거를 치르기 전에 지방관들의 추천을 받은 자에게만 과거에 응시하는 자격을 부여하자고 주장하였다. 즉 인재추천제인 공거제(貢擧制)의 실시를 강력히 주장했다. 다산은 중국에서는 이러한 인재의 추천이 중요하게 지켜졌으나, 우리나라에서는 그것을 중시하면서도 지켜지지 않아 천하의 웃음거리가 되었다고 주장했다.

인재추천의 절차는 먼저 각 지방관들이 덕행(德行), 경술(經術), 문예(文藝) 등 세 가지 기준에 의하여 인재를 추천한다. 이를 선사(選士)라 하고, 이들 중에서 과거에 응시할 수 있는 거인(擧人)을 선발한다. 선사를 선발할 때에는 덕행을 보다 중요시하고, 거인을 선발할 때는 문예만을 시험해서 평가하도록 하고 있다. 추천인원은 각 지방(현)별로 10～30인으로 하고 있으며, 20세에서 49세까지로 연령을 제한하고 있다. 다산은 지방관들의 추천을 통하여 선발된 자에게 과거에 응시할 수 있는 자격을 부여하는 것은 무자격자들의 응시를 억제하고 참된 인재를 선발하는데 그 목적이 있다고 하였다.

또한 다산은 과거시험을 가치지 않고도 능력이 있는 자에게는 관직에 임용될 기회를 열어놓고 있다. 이를 치선제(治善制)라 한다. 이러한 치선제를 통한 인재발굴이 필요한 이유로는, 경서에 능통하고 수리에 밝지만 문장력이 부족하여 과거에 불합격한 선비가 있을 수 있고, 어릴 때부터 관리의 소양을 충분히 쌓은 명문가의 자제가 비록 과거에 합격하지는 못했지만 현직 관리로서 실용성이 클 경우가 있기 때문이다. 또한 당시에는 전관(銓官)의 개인적 사정으로 발탁되어 고관대작에 이르고 있는 남행(南行)출신의 관료가 정식 문과출신의 관료보다 3～4배에 이르고 있었기 때문에 그들의 추천준칙을 능력기준으로 보다 엄격하게 만들어 양성화해야 한다고 보았다(「경세유표」 춘관수제 치선지제, 『전서』 5: 289).

이러한 이유로 음관의 천거도 과거와 꼭 같은 기간에 실시하도록 하여 능력 있는 자를 공정하게 선발할 것을 제도화하고 있다. 즉 주시(州試)일에는 주천 및 방천(경성의 경우)이, 성시(省試)일에는 성천(省薦) 및 상천(庠薦)이, 회시(會試)일에는 전조의 조천이, 도회(都會)일에는 삼공·삼고 및 삼사장관의 회의에 의한 회천(會薦)이 각기 실시된다. 이와 같은 절차를 통하여 주시에서 이루어진 총 960명의 피추천인들이 60인으로 그 수가 확정된다. 그들 중 가장 우수한 평가를 받은 4인은 경연관보, 감찰, 경전사 주사 등에 임용되고, 나머지는 이조에서 관례에 따라 음관의 초임직에 배치된다.

그러나 인재선발의 보완책으로 주장한 이 치선제는 문벌과 세도가들의 자제를 등용하는 문으로 활용할 가능성이 크기 때문에 인사행정의 공정성문제가 제기될 가능성이 높다(이병걸, 1972: 79). 다산도 이를 염려하여 선발의 공정성을 담보할 수 있는 추천준칙의 엄격한 적용을 강조하고 있다.

2 과거제도개혁론

조선의 과거제도는 우리나라 제도사(制度史)에 있어서 가장 완비된 행태였으나. 후기에 들어오면서 제도 본래의 정신과는 달리 부정적인 측면이 더욱 많아졌다. 과거제도를 설치한 주요목적이 인재를 선발하여 관원으로 등용하는데 있었으나, 실제로는 권과위무적(勸課慰撫的)인 방편으로 많이 이용되었다(고승제, 1995: 497). 그래서 후기에 내려갈수록 특별시험이 많아지고 정원이 없이 과다하게 선발하는 현상이 나타났다. 뿐만 아니라 부정과 대리시험 등이 만연하게 되어 과거제의 폐단이 극에 달하였다. 당쟁의 절정기인 숙종조를 전후해서는 족벌주의나 당파본위의 성격이 짙어지게 되어 정권쟁탈의 도화선이 되는 일도 자주 일어났다.

과거의 폐단이 심해지자 정조(正祖)는 왕위에 오르자마자 과거제도의 폐단을 개혁할 것을 선언했다.[24] 다산은 중국 고금의 과거제도를 참작하여 개혁안을 마련했다. 그는 과거제도 폐단의 원인으로, ① 응시자격과 선발정원이 정해져 있지 않고, ② 학사행정에 교수가 관여하지 않고 있으며, ③ 고사 선발이 정밀하지 못하며, ④ 시권(試券: 시험답안지)을 발표하지 않아 검증을 어렵게

24) 이를 「과폐윤음(科弊綸音)」이라 한다. 즉 "지금 조정의 큰 폐단 중에서도 가장 시급한 것이 과폐(科弊)여서 부정출신자가 쏟아져 나오는 것이 해가 갈수록 더 심해져 가며, 장차 그것으로써 사람이 사람답지 못하게 되고 나라가 나라답지 못하게 될 것이니 어찌 크게 개혁할 것이 아니겠는가." 라고 하면서 과폐(科弊)개혁의 시급성을 말하고 있다(고승제, 1995: 497).

하고 있으며, ⑤ 시험시간이 너무 길어 차술(借述; 다른 사람의 글을 지어줌)의 우려가 있고, ⑥ 특별시험이 너무 잦아 요행을 넘보는 문이 지나치게 많고, ⑦ 시험과목이 등용에 필요한 과목이 아니라는 것으로 분석하였다. 또한 과거시험에서 일어나는 부정과 부조리 등의 폐단에 대하여 상세하게 언급하고 있다. 따라서 다산은 중국 고금의 제도 속에서 장점을 취하여 보완하고, 과거제도를 간소화하고 무자격자의 응시를 억제함으로써 과거시험의 공정을 기하여야 한다고 주장하였다.

(1) 잦은 부정기시험 폐지

다산은 조선조의 과거제도의 폐단은 잡시(雜試)가 너무 잦아서 공부할 여가가 없고, 또 경과(慶科)가 연달아 있어서 요행히 합격할 문이 열려있다는 점이라고 했다. 실제로 다산이 살았던 시대에는 그 어느 때보다 과거가 잦았다. 영조는 재위 52년간 119회의 과거를 실시하여 매년 2·3회의 빈도를 보였고, 정조는 재위 24년간 38회를 실시하여 년 평균 1.6회를 실시하였다(이병걸, 1972: 81).

과거제도가 흐트러지기 시작한 것은 선조 때 임진왜란과 병자호란으로 인하여 무과시험의 합격자를 많이 선발하면서부터였다. 이러한 무과중심의 만과현상(萬科現象)은 양란이후 점차 줄어들었으나 다시 문과를 증설하고 문과중심으로 되돌아가면서, 이 만과현상은 모든 과거시험에 일반화되어 버렸다.

원래 과거는 3년마다 정기적으로 실시하는 것이 원칙이었다. 이러한 제도는 송나라에서 비롯하였고, 조선에서는 자(子), 묘(卯), 오(午), 유(酉)년을 식년(式年)으로 정해서 3년마다 실시하여 왔으며, 또한 부정기적으로 경과(慶科; 증시, 별시, 정시, 춘당대시)와 알성과(謁聖科) 등의 시험을 실시하여 왔다(김운태, 1981: 165-188). 그러나 조선왕조 중기이후에는 부정기시험이 지나치게 많아 합격자를 남발하였고, 그에 따라 인사행정의 문란과 당파간의 경쟁이 격화되었다. 다산은 철저하게 부정기시험을 금지하고 3년 식년시험을 엄격하게 지킬 것을 주장하였다.[25)]

---

25) 부정기적으로 시행한 임시과거는 점차 성행하여 식년시의 합격자 수보다 더욱 많았다. 식년시의 경우 고종 31년 과거제가 폐지될 때까지 503년 동안에 163회 실시하여 5977명

(2) 대소과의 통합

다산은 소과 대과로 나누어 이원적으로 운영하던 과거제도를 통합하여 단일화할 것을 주장하였다. 조선시대의 인재등용의 길은 문과의 경우 소과(생진과) 대과(문과)로 분리되어 있었고, 소과는 다시 생원과와 진사과로 나누어져 있었다. 소과를 거치면 성균관에 입학가능하고 대과에 응시할 자격이 주어진다. 다산은 중국의 당송(唐宋)이나 명(明)의 제도에도 대소과가 없고 하나로 통합하여 운영되었는데 우리나라만이 대소과를 구별하는 것은 마땅치 않다고 지적하면서 통합하여 일원적으로 운영할 것을 주장하였다.

다산은 대과와 소과를 분리해서 과거시험을 행할 경우 양과의 시험과목은 단조롭게 되어서 거자(擧子: 과거보는 선비)들이 큰 부담을 느끼지 않고 응시하게 되기 때문에 실력 없는 유생들이 몰려드는 것을 방지할 수 없다고 보았다. 즉 과거시험의 본체를 각각 달리하여 시험과목을 부과하기 때문에 식견이 얕은 한 가지 기예(技藝)뿐인 사람들이 요행을 바라고 몰려든다는 것이다. 당시 명문세가의 자손들은 아예 어려운 명경시(明經試: 생원과를 말함)를 택하지 않으며, 정기적으로 시행되는 식년시를 피하여 부정기시험인 경과(經科)나 별시(別時)를 선호하였다.[26] 다산은 대소과를 합하여 간소화하고, 시험과목은 명경과 제술을 합하여 한 과목으로 만들고, 부정기시험은 폐지하고 정기시험인 식년시만 실시하여야 과거에 법도가 있게 될 것이라고 주장하였다(「경세유표」, 춘관수제 과거지규, 『전서』 5: 279).

(3) 고시절차의 개편

다산은 당시의 고시절차를 대폭 개정하고, 절차에 따라 정원을 주도면밀하게 배정하는 안을 제시하였다. 그가 주장한 다단계별 시험과정을 요약하면 다

을 선발했다. 이는 조선시대의 총 과거급제자 수(15,194명)에서 39%에 불과하다. 나머지 61%는 모두 부정기시험에서의 급제자였다(박상길,1969: 229) .

26) 식년시와 달리 각종 별시들은 대체로 단 한 번의 시험으로 급락이 결정되는 단일시이자, 고시기간이 짧은 촉각시이고 국왕이 참석할 때는 당일 급제자를 발표하는 즉일방방이라 서울 거주 사대부 자제들이 특히 많이 몰렸다. 특히, 시험과목이 대체로 간단하여 응시생들이 많게는 1만여 명이나 몰려 응시자가 밟혀 죽는 일까지 있었다.

음과 같다. ① 먼저 추천제를 도입하여 각 지방(주, 군, 현, 읍)에서 선사를 추천받아, 그 중에서 3분의 2를 거자(과거응시자)로 뽑는다. ② 이들 거자들을 성(도)내의 몇 개의 주(州)에 모아 주시(州試)를 실시하여 2분의 1을 뽑는다. ③ 주시에서 선발된 자를 성에 모아 성시(省試)를 실시하고 그 중 반을 선발한다. ④ 다음 성시에서 합격한 자(480명)를 서울에 모아 회시(會試)를 실시하고 반수를 뽑는다. 이 회시는 종래의 문과의 소과 복시에 해당되며, 이들이 진사가 된다(240명). ⑤ 회시합격자 240명과 과거 3식년동안의 진사합격자(720명)를 대상으로 도시(都試)한 다음, 240명을 선발한다. 이는 종래의 대과 초시에 해당한다. ⑥ 도시에 합격한 240명을 대상으로 도회(都會)를 실시하여, 그중 6분의 1을 선발하여 급제시킨다. 이는 종래 대과 복시에 해당한다. 40명의 숫자는 무과에도 동일하게 한다고 하였다. ⑦ 도회에 급제한 40명을 대상으로 국왕이 참석한 가운데 전시(殿試)를 치르게 하여 사품(士品)을 결정짓는다. ⑧ 마지막으로 급제한 40인을 불러서 경사를 토론하고 학술을 탐문하는 조고(朝考)를 거쳐 각 행정기관에 인사배치를 한다.[27)]

이와 같이 다산은 시험의 절차를 추천 → 주시 → 성시 → 회시 → 도시 → 도회 → 전시를 거쳐 최종적으로 등급을 정하고, 조고(朝考: 면접구술고사)를 거쳐 인사배치를 완료하도록 하고 있다. 다산은 인재선발을 중시하여 매우 치밀하게 인재를 선발하도록 그 절차를 개선하고 있음을 볼 수 있다.

(4) 시험과목의 개편

인재선발에서 어떠한 시험과목을 부과하느냐의 문제는 선발이후의 업무수행능력이나 소양을 알 수 있는 척도이기 때문에 매우 중요하다. 조선시대의 인재등용의 길은 문과의 경우 소과(생진과) 대과(문과)로 분리되어 있었고, 소과

27) 최종합격자 40명은 경국대전의 식년문과 최종합격자 33인에 비하여 7명이 많다. 그러나 이 개혁안은 부정기시험을 없애는 것을 전제로 한 것이기 때문에 실제로 과거 식년시험과 부정기시험에서 합격시킨 인원을 매 3년으로 계산하면 평균 110명에 이른다. 이러한 점으로 미루어볼 때, 다산은 공직에의 진출이 거의 무망할 정도로 많이 선발했던 당시의 급제자수를 1/3로 감축함으로써 과거 본래의 기능을 회복하려고 시도한 것으로 볼 수 있다(이병걸, 1972: 82).

는 다시 생원과와 진사과로 나뉘어져 있었다. 먼저 생원시 초시에서의 시험과목은 사서의(四書疑) 1편, 오경의(五經義) 1편을 본 후, 이듬해 복시에서 소학·가례에 대한 임문고강을 부과하였다. 진사시 경우는 초시에 부 1편, 시·명·잠 중 1편을 본 후, 이듬해 복시에서 초시와 동일하게 실시하니 발표(放榜)까지 6개월 정도 걸렸다. 이 소과에 합격하면 성균관에 입학할 자격 및 하급 관원으로 입사(入仕)할 자격을 얻을 수 있었으며, 대과(大科 文科)를 지망하는 예비적 관문을 통과하는 것이기도 하였다

대과인 문과는 초시의 초장에서 경서를 강독하는 강경(사서의·오경의·논 중 2편), 중장에서는 시·부·송·명·잠 중 2편의 제술, 종장에서 책 1편을 보는 것이 보통이었다. 복시에서도 초장(사서삼경을 강경), 중장(초시와 동일), 종장(초시와 동일, 책 1편)을 보았는데 이 때 초시와 복시의 초·중·종장은 하루 간격으로 시행하였다. 그리고 최종적으로 초·중·종장 구별 없이 대책·표·전·잠·송·제·존·논·부·명 10과목 중 1편(대책이 주로 출제)으로 등급을 정하였다. 따라서 식년 전해인 가을부터 실시하여 식년 봄에 발표가 있을 때까지 반년의 시간이 소요되었다. 이처럼 원래는 시험 과목이 과중하고 내용도 어려워 어릴 때부터 소학, 사서삼경, 시·부·책 등을 20여년을 공부하여 생원진사는 34~35세, 문과는 평균 37~38세(조선 후기 정조~철종 시기)나 되어야 합격의 영광을 얻었던 것이다.

다산은 당시의 시험과목에 대하여 주로 문사(文辭)에만 치중하였기 때문에 과거에서 취하지 않는 경의(經義)는 입 밖에 내지 않는다고 주장하면서, 그 이유는 과거에서 「주례」나 「춘추」를 시험과목으로 사용하지 않기 때문이라 분석하고 있다. 그는 「주례」를 읽지 않으면 선왕이 이룬 치적의 규모와 절목을 증험할 수 없다고 보고, 동양관제의 원형이나 다름없는 「주례」는 시험과목에 넣어야 한다고 주장했다(「경세유표」 천관수제 과거지규, 『전서』 5: 285).

다산의 과거제도개혁안 중에서 가장 독창적이고 주체적인 것은 국사를 시험과목으로 삼아야 한다는 주장이다. 그는 한 식년(式年)사이마다 수험자들은 경서 2가지, 중국역사 세 가지, 한국사 한 가지를 부과할 것을 주장하고 있다. 그

가 말하는 국사란 김부식의 「삼국사기」 정인지의 「고려사」 그리고 「동국통감(동문선을 포함)」 「국조보감(국조명신록을 포함)」이라고 스스로 지칭하고 있다. 이러한 주장을 통해 볼 때, 다산은 중국의 주례를 이상적인 모형으로 생각하면서도, 우리의 문화와 역사에 기반을 둔 주체적인 발전방안을 모색하였다고 볼 수 있다.

다산의 개혁안에 따르면 고시과목이 거론되는 것은 주시(州試)부터이다. 다음 <표 1>은 주시와 성시에서 부과하는 경서와 사서의 과목이다. 또 주시에 합격하여 성시에 응시하는 자들은 먼저 이경(二經)·삼사(三史)·일국사(一國史)의 강론을 반드시 거치도록 하고 있다. 이를 고강(考講)이라 한다. 다산은 과거 응시자에게 모두 18과목이나 되는 많은 과목을 부담케 함으로써 거짓된 자가 요행으로 합격되는 것을 막고 능력 있는 자를 선발하고자 하였다.

표 1 과거시험과목(州試에서 요구하는 經史科目)

	고시과목		
	이경(二經)	삼사(三史)	일국사(一國史)
자(子)년	시경, 서경	史記, 南史(송서·남제서·양서·진서), 遼·金史	삼국사기 (동사집성부)
묘(卯)년	의례, 주례	漢書. 北史(위서·북제서·주서·수서부). 元史	고려사 (문헌비교부)
오(午)년	주역, 춘추	後漢書. 唐書(신구당서·오대사부). 明史	동국통감 (동문선부)
유(酉)년	논어, 맹자	晋書(삼국지부). 宋史. 淸會典	국조보감 (국조명신록부)

※ 자료: 「경세유표」, 춘관수지 과거지규, 『전서』 5: 248-249.

(5) 면접구술고사(조고)의 도입

다산은 중국법제를 본받아 전시(殿試)후에 면접구술고사인 조고(朝考)를 거쳐 인사배치를 할 것을 주장하였다. 면접관인 대신들이 전시(殿試)에 급제한 40명을 대상으로 경의(經義)와 역사, 시부(詩賦)를 묻고 시험함으로써 9경에 관통하고 역사를 알며, 백가를 섭렵하도록 하자는 것이다. 이것은 과거를 치룰 때 제한된 선택과목만 테스트하기 때문에 부분적인 지식만을 식별하는 폐단을 극복하고, 광범위하게 지식, 인품 및 소양을 파악할 수 있다는 장점이 있다(유재풍, 1982: 492). 또한 소양에 적합한 업무(적재적소)에 인사배치를 하기 위한 방안이기도 하다.

3 근무성적평가제도(고적제)의 개혁

관료들의 업무능력과 치적을 평가하는 고적제(考績制)는 원래 『주례』에서 연유한 것으로 조선시대에는 태종 원년(1401)부터 실시하였다. 각 중앙관서의 경우에는 당상관 또는 제조가, 지방에는 관찰사가 매년 6월 12월에 정기적으로 관하관원들의 근무성적을 평가하여 문관은 이조에 무관은 병조에 보고하여 인사에 반영하도록 하였다(박동서, 1961: 36-37). 그 목적은 업무처리능력을 평가하여 이를 인사에 반영함으로서 사후통제하기 위한 것이었다. 다산은 이 고적제가 실시된 지 오래 되었지만 너무 엉성하게 운영되어 문벌이나 교양, 인품을 논하는 등 치민과는 관계없이 이루어지고 있다고 비판하면서, 이를 보다 완벽하게 실시하는 방법으로 개혁할 것을 주장했다.

(1) 고적대상과 범위

먼저 고적대상과 범위의 개혁이다. 당시 조선시대의 고적(인사고과)은 공직에 근무하는 모든 관료를 대상으로 하는 것이 아니라, 일부 하위 직급에 한정되었다. 이에 대하여 다산은 삼공(三公)으로부터 아전(衙前)에 이르기까지 모든 관료가 고적(평가)의 대상이 되어야 한다고 주장했다.[28] 그는 중국의 경우 원훈과 대신이라도 고적을 하는 것이 순임금시대부터의 관례인데, 우리나라의

28) 다산은 상급관직의 고적은 삼정승과 찬성은 자신의 공적을 임금께 보고하면 이를 중추부에 내려서 고적토록 하고, 정부의 낭관은 삼공이 직접 고적한다. 중추부의 영사와 판사, 육조의 대부 한성부판윤, 각사의 상대부, 6조의 판서와 참판, 참의는 스스로 자신의 공적을 보고하면 의정부에서 고적한다. 또한 아전도 그 공적을 반드시 고적하여야 하고, 수령에 대한 고적의 실효를 거두기 위하여 암행어사를 적절히 활용하여 그 공죄허실(功罪虛實)을 살피도록 하고 있다.

법은 대신은 고사하고 3품 이상의 경관들도 도무지 고적하지 않으며, 또 외관인 관찰사와 절도사도 고적하는 법이 없어서 탐학하기를 제 마음대로 하고 황음하기를 법도 없이 하여도 감히 묻는 자가 없어 마침내 온갖 법도가 무너지고, 만백성이 의지할 곳이 없게 되었다고 보았다. 그러므로 삼공이 비록 높다 하더라도 고적하지 않을 수 없다는 주장이다(「경세유표」, 천관수제, 과거지법 『전서』 5: 73). 다산은 이와 같이 전체 관료를 대상으로 고적을 하여야 한다고 주장하면서도 특히 수령에 대한 근무성적평가에 가장 역점을 두었다.

다산은 지방수령이라는 직책은 중앙정부와 마찬가지로 온갖 제도를 갖추어 놓고 백성을 나누어 다스리는 자이므로, 그 직책이 임금과 비슷하기 때문에 임금만큼 수령의 직책이 중요하지 않을 수 없다고 주장하고 있다. 즉 백성의 고락이 수령의 행정에 달려있고 국가의 성쇠도 여기에 있으므로 그들의 치적을 세밀히 살피고 평가해야 한다고 보았던 것이다. 그동안 수령에 대한 고적이 너무나 소홀하였기 때문에 이를 엄격하게 시행해야 한다고 주장했다.

(2) 고적항목과 방법

다산은 당시의 난세, 즉 당쟁의 격화, 일당의 전제, 세도정치하의 고과의 불공정, 관료제의 붕괴 등 총체적 난맥상을 수습하는 중요방안 중의 하나는 통치체제의 중추를 이루는 관료들의 공직자세, 즉 이도(吏道)를 확립하는 것이라고 보았다. 이를 위해 먼저 인사고과제도의 개혁을 강조했다. 그의 주장은 구체적이고 치밀하게 고안한 고적강목에 잘 나타나 있다.

다산이 제시하고 있는 근무성적평정항목은 3단계로 발전하면서 완성하였다. 가장 먼저 제의한 그의 「고적의」에서는 6강 4목을 제시하고 있다. 즉 공직을 6개 분야(농, 화, 교, 형, 병, 공)로 나누어 각 분야에 적합한 4개 항목에 대하여 평정을 할 것을 주장했다. 그 후 「경세유표」에서는 그것을 발전시켜 9강(율기, 봉공, 애민, 이전, 호전, 예전, 병전, 형전, 공전), 6목으로 확대시켰으며, 최종적으로는 「목민심서」에서 12강 6목으로 더욱 세밀하게 확대하였다.[29] 오늘날의

29) 다산의 자찬묘지명에 의하면 「경세유표」는 그의 나이 56세(1817)의 저술이고, 「목민심서」는 57세(1818)의 저술임을 알 수 있다. 「고적의」의 저술연대는 상고할 길이 없으나 그가

항목에 비하면 매우 많고 세부적이고 치밀하다.[30] 특히 이 12강 6목은 목민관이 지켜야할 윤리적 요목으로서「목민심서」의 실직적 내용이며, 동시에 목민관의 평가를 위한 고적법의 실제적 전개라 할 수 있다.

다산은 근무성적평정은 매년도 말에 한 차례 실시하고, 그 결과는 좌천, 상벌, 승진, 파면, 전보 등의 인사행정자료로 활용하며, 고과의 등급은 9등급(상상, 상중, 상하, 중상, 중중, 중하, 하상, 하중, 하하)으로 할 것을 제안하고 있다. 또한 평가표는 일종의 도표식평정법(도표식평정법)을 적용하고 있고 평정방법은 강제배분식 상대평가를 원칙으로 하고 있어 오늘날의 인사평정에 못지않게 치밀한 것이 특징이다.

다산은 고적제도의 개혁을 통하여 관료들의 공직 자세를 확립하고, 나아가 능력위주의 인사행정을 하고자 하였다. 그가 작성한 고적표를 예시하면 아래와 같다.

표 2 경관고공표(예시)

	상지상	상지중	상지하	중지상	중지중	중지하	하지상	하지중	하지하
이조원사 48	1	1	1	3	36	3	1	1	1
호조원사 99	1	2	3	6	35	6	3	2	1
예조학사 47	1	1	1	3	35	3	1	1	1
예조원사 80	1	2	2	5	60	5	2	2	1
능묘관 90	1	2	3	6	68	5	2	2	1
병조원사 66	1	1	2	4	50	4	1	1	1
3국(局) 94	1	2	3	6	70	6	2	2	1
형조원사 84	1	2	2	5	64	5	2	2	1
공조원사 94	1	2	3	6	70	6	2	2	1

주)「경세유표」天官修制, 考績之法,『전서』5: 75. 이익성역(1997): 365에서 재인용

강진으로 유배당하기 전 관직에 있을 때인 1801년 이전에 기술한 것으로 보인다. 이것은 그가 관직에 있을 당시「옥당진고과조례차자」를 제출한 것으로도 알 수 있다.

30) 현재 우리나라의 공무원의 근무성적평가는 업무실적(40), 직무수행능력(30), 직무수행태도(20), 청렴도(10)를 대상으로 평가하고, 구체적으로 10개의 평가요소를 활용하고 있다. 10개의 평가요소 중 목표달성도 이외에는 모두가 추상적인 항목이다(공무원평정규칙).

(3) 고적의 활용

고적의 목적은 공정하고 적절한 인사의 배치와 활용에 있으며, 궁극적으로는 이도(吏道)의 확립에 있다. 그러기 위해서는 먼저 인사고과의 공정성이 우선되어야 한다. 아무리 고적제도가 잘 구비되어 있다 하더라고 평가가 불공정하다면 아무런 의미가 없는 것이다. 다산은 특히 수령의 고적을 담당하는 감사의 직책과 책무를 중요시하고 있다.

다산은 국가의 안위는 인심의 향배에 달려있고, 인심의 향배는 백성의 기쁨과 슬픔에 달려 있으며, 백성의 기쁨과 슬픔은 수령의 현부(賢否)에 달려 있으며, 수령의 현부는 감사의 포폄(褒貶)에 달려 있으니 감사의 고과하는 법은 바로 천명과 인심의 향배를 결정짓는 기틀이며 국가의 안위를 좌우한다고 주장하고 있다(「옥당진고과조례차자」 『전서』 1: 197).

다산은 「고적의」에서 수령들을 9등급으로 고적한 결과, 상지상(上之上)을 받은 한사람은 조관으로 발탁하도록 하며, 하지하(下之下)는 세 사람이하로 하여 이들은 내 쫓아 처벌한다면 온갖 제도가 정돈되고 백성이 편하게 되어 나라가 부유해진다고 주장하고 있다. 그는 공정하고 세밀한 인사고과를 통하여 적절한 보상과 처벌을 병행하면 그 이용후생의 효과는 반드시 1년이면 볼 수 있을 것이라고 주장하고 있다. 경쟁과 성과-유인을 강조하는 오늘날의 인사행정제도와 다름이 없다.

5. 공직윤리를 강조하는 책임행정사상

다산은 특히 지방의 목민관들의 공직윤리를 강조했다. 조선조의 공직윤리는 건국 초에는 다수의 청백리가 배출될 정도로 건전한 바가 있었으나 시간이 흐름에 따라 점차 문란해져서 양란 이후에는 극도로 문란해졌다. 백성을 도탄에 빠지게 하고 국기를 흔든 삼정의 문란은 모두 관료의 농간에 의한 것이었다. 다산은 행정에 있어 조직과 제도도 중요하지만 그보다도 관료들의 가치관, 태도, 동기 등을 포함한 정신과 자세가 보다 중요하다고 생각했다. 특히 백성과 직접 접촉하는 지방 목민관들의 정신과 자세의 중요성을 강조했다.

목민심서는 다산의 공직윤리에 관한 기본정신이 담겨있는 책이며, 목민관으로 부임하여 해관할 때까지의 지켜야 할 정신자세와 업무처리에 관한 지침을 기록한 것이다. 전체 12강(綱) 6목(目) 중 7개 강(綱)은 목민관의 업무처리에 관한 것이고, 5개 강(綱)은 목민관의 정신자세와 윤리에 관한문제를 다루고 있다. 목민심서에 포함되어 있는 다산의 공직윤리관은 크게 세 가지로 나누어 볼 수 있다. 첫째, 공직자 자신의 자율적 통제와 관련된 수기(修己)의 윤리이고, 둘째는 업무처리와 관민관계에서 지켜야 할 치인(治人)의 윤리이며, 셋째로는 공직자들의 청렴과 청심을 강조하는 청백리윤리이다.

다산은 공직자들이 업무수행과정에서 지켜야 할 윤리와 업무지침에 따라 근무성적평정을 실시할 것을 주장하고 있어, 공직자들의 권리보다는 목자로서의 의무수행과 책임을 강조하고 있다는 것이 특징이다.

1 수기윤리

다산은 공직자의 정신적 자세와 윤리를 특히 강조했다. 수신이 되지 않은 목자는 목자로서의 자격이 없다고 보았다. 특히 지방목민관의 자리는 스스로 구하는 것이 아니라고 주장했다(牧民之官 不可求也). 이 말은 나라와 백성을 위하여 일하는 관리에게는 지가수양을 통한 정신자세와 신념, 그리고 능력을 구비해야 한다는 것이다. 이 수기윤리는 『논어』에 나오는 '자기사신을 수양하여 백성을 편안하게 한다(修己以安百姓)'는 내용과 동일하며, 인(仁)을 행함은 바로 나에게서 비롯되어야 한다는 공자의 인정주의에서 나온 것이다.

다산은 이러한 유교적 이념에 입각하여 관리들의 수기와 율기를 특히 강조했다. 『목민심서』 <율기6조>는 치민의 기본이 되는 전제조건으로서, 관리들이 취해야 할 올바른 정신자세와 태도를 제시하고 있다. 즉 몸가짐은 절도 있게 하여야 하며(飭躬), 마음가짐은 청렴결백하게 하여야 하고(淸心), 집안은 법도 있게 다스려야 하고(齊家), 사사로운 손님의 관아출입을 금해야 하며(屛客), 예산은 백성의 부담을 들어주는 마음으로 절약하여야 하며(節用), 은혜를 베풀어야 할 자에 대해서는 즐겁게 베풀 것(樂施)을 주장하였다.

2 치인윤리

다산은 군자의 학문은 수신하는 것이 반이요, 치인하는 것이 반이라고 하면서, 이 두 가지가 군자로서의 관리가 수행해야 할 임무라고 보았다. 다산은 치인의 궁극적 목적은 '백성들이 안심하고 살 수 있도록 돌보는 것'이며, 이를 위해서는 봉공(奉公)과 목민자(牧民慈)의 정신을 통해서만 가능하다고 보았다. 다산은 당시의 관리들이 이와 같은 정신을 상실하고 사리와 사욕에 몰두했기 때문에 온갖 법도가 무너졌다고 본 것이다.

다산은 옳고 바른 행정, 즉 좋은 치인(治人)이 되기 위해서는 먼저 행정의 본질인 공(公)이 바로 서야 한다고 생각하여 봉공정신을 강조했다. 『목민심서』 제3강 <봉공6조>가 바로 그것이다. 다산은 목민관이 스스로 공을 바로 세우기 위해서는 ① 백성들로 하여금 조정의 존엄함을 알게 하여 임금의 덕화가 널리 퍼지게 하여야 하고(瞻賀), ② 스스로 법을 지켜야 하며(守法), ③ 대인관계에서 예의에 어긋남이 없어야 하고(禮祭), ④ 스스로 업무처리능력을 길러 직접 공무를 수행해야 하며(文報), ⑤ 아전을 잘 다스려 백성에게 폐가 없도록 하여야 하며(貢納), ⑥ 상명하복의 정신자세로 공무에 전념할 것(徭役)을 주장했다.

봉공정신의 강조에 이어 다산은 애민정신을 강조했다. 『목민심서』 제4강에는 <애민6조>를 제시하고 있다. 다산의 애민윤리를 요약해보면, ① 어른을 공경하는 비풍을 장려해야 하며(養老), ② 고아나 어린이를 사랑으로 돌보아야 하며(慈幼), ③ 외롭고 의지할 곳 없는 자를 돌보아야 하며(振窮), ④ 백성의 상사에 애도를 표해야 하며(哀喪), ⑤ 병든 자를 돌보고(寬疾), ⑥ 최선을 다하여 백성들의 재난을 구제하여야 한다(救災)는 것을 강조하고 있다.

다산의 애민정신은 위에서 설명한 <애민6조> 이외에도 <진황6조>에서도 잘 나타나 있다. 이 <진황6조>는 흉년에 빈민을 구하는 구휼행정을 논하고 있다. 먼저 ① 흉년에 대비하여 미리 양곡을 비축하여야 하고(備資), ② 식량이 많은 자들이 없는 자들에게 판매하거나 베풀도록 권장하여야 하며(勸分), ③ 진휼은 적시에 하고 규범이 있어야 하며(規模), ④ 굶주린 자들을 구제할 관청과 시설을 마련하여야 하며(設施), ⑤ 봄철의 보릿고개에는 공사를 일으켜 구황하여야 하고(補力), ⑥ 진휼하는 일을 마친 후엔 반드시 그 잘잘못을 평가해서 시정하여야 한다(竣事)고 제시하고 있다. 이와 같은 다산의 행정아이디어에는 사회양극화를 방지하고 사회적 형평을 이루고자 하는 오늘날의 현대행정이 주장하고 있는 내용과 절차가 그대로 반영되어 있을 뿐 아니라, 오늘날의 복지행정의 체계를 그 시대에 이미 완성하고 있음을 볼 수 있다.

3 청렴과 청백리윤리

다산이 가장 강조한 공직윤리는 청렴, 청심, 청백리 사상이다. 다산은 『목민심서』 <율기6조> 청심(淸心)에서 '청렴은 관리의 본연의 의무이자 온갖 선정의 근원이며 모든 덕행의 뿌리가 된다.'고 하면서 청렴하지 않으면 목민관이라 할 수 없다고 강조한다. 백성이 따르고 신뢰하는 행정이 되기 위해서는 무엇보다도 목민관 자신이 이권에 유혹되지 않고 청렴결백하여 스스로 먼저 모범이 되어야 한다는 것이다. 공직윤리를 모두 실천하여 최고의 경지에 이른 자를 청백리라 할 때, 목민관은 모두 청백리상(淸白吏像)을 모델로 근무하여야 함을 강조하고 있다.

다산의 청백리 윤리는 『목민심서』 <율기6조> 청심에서 청렴과 청심을 강조하고 있지만, 이것을 체계적으로 서술하면서 청백리상을 구체적으로 표현한 것은 마지막 편인 <해관6조>이다. 다산은 마지막 <해관6조>에서 성공한 공직자의 모습, 즉 청백리의 상을 기술하고 있다. 벼슬을 그만두는 시점에서 관료의 실존을 묘사함으로써 목민관의 심성과 처신이 어느 수준이 되어야 하는가를 제시하면서, 이를 지킬 것을 강조하고 있다.

이 <해관6조>에서 나타난 청백리의 모습을 보면, ① 벼슬이 바뀌어도 문서와 장부를 청렴하게 마무리하여 지혜 있는 선비의 자세를 지키며, 떠나갈 때 고을의 부로들이 동구 밖에서 이별주를 나누며 엄마 잃은 아기처럼 슬퍼한다면 이것이야 말로 인세의 영광이다(遞代). ② 돌아가는 행장은 초연하고 청빈하며 맑아야 하며(歸裝), ③ 수령이 떠나가는 것을 애석해 함이 간절하여 길을 막고 더 머무르기를 원하며, 청사에 그 빛을 남김으로써 후세에 전하려 하고

(願留), ④ 업무수행과정에서 문서나 법령에 저촉하여 잘못이 있더라고 백성들이 사랑하고 떠받드는 정이 진실하여 꾸밈이 없고 호소하는 것이 지극하여 감동할 만해야 하며(乞宥), ⑤ 수령이 재임 중에 죽을 경우(재임 중 사망할 경우) 맑은 향기가 기득하고 아전과 백성들이 슬퍼하고 상여를 붙잡고 울부짖고 오래도록 잊지 못한다면 이것이야말로 어진 목민관의 유종의 미라 할 것이다(隱卒). ⑥ 이미 세상을 하직한 후에는 백성들이 그를 사모하여 사당을 세우고 제사를 지낸다면 그가 백성들에게 사랑을 남겼다는 것을 알 수 있다(遺愛). 이와 같이 다산은 청백리로서 청사에 길이 남을 수 있는 목민관이 되어야 한다는 것을 강조하고 있다.

그러나 청백리는 쉽게 탄생되지 않는다. 현실적으로 다산이 지향하고 있는 청백리가 되기 위해서는, 먼저 과거시험 이전에 덕행이 있다는 추천을 얻어야 하고, 다음으로 7단계의 과거시험을 거쳐야 하며, 또한 임관된 이후 고과평가에서 우수한 점수를 얻어야 한다. 그러므로 다산이 그리고 있는 청백리는 단순히 청렴하기만해서 탄생되는 것이 아니라, 행정업무처리 능력과 덕행이 겸비되지 않고는 될 수 없다. 아무리 덕행이 있고 심성이 훌륭하다 하더라도 업무처리능력이 없으면 고적평가에서 제외 당하게 되어 있으니 청백리 대열에 끼일 수 없기 때문이다. 청렴과 청백리 사상은 다산의 행정윤리와 철학 중에서 가장 밑변을 구성하고 있는 핵심이라 할 것이다.

6. 실증분석중심의 실학적 개혁주의

다산 정약용은 18세기 실학사상을 집대성한 한국 최대의 실학자이자 개혁가이다. 실학자로서 그의 사상을 한마디로 요약하면, 개혁과 개방을 통해 부국강병(富國强兵)을 주장한 인물이라 평가할 수 있다. 그가 한국 최대의 실학자가 될 수 있었던 것은, 자기 시대의 문제점을 정확히 파악하고 그에 대한 개혁 방향을 제시할 수 있었기 때문이다.

다산은 철저하게 현실에 대한 실증적 경험적 분석을 통하여 당시의 국정운영의 문제점을 개혁하고자 하였다. 다산은 중앙정부에서 수찬, 형조참의 등으로 근무하면서 얻은 경험과, 곡산부사와 경기도 암행어사 등으로 근무하면서 파악한 지방관리들과 민정의 실태 그리고 강진 유배생활에서 파악한 백성들의 생생한 실상을 바탕으로 개혁안을 만들었다.

또한 그는 실학적인 관점에서 모든 경전을 새롭게 해석하고 또 그 실학적 관점에서 정치행정을 개혁하고자 하였다. 그의 경세학인 <일표이서>에 포함되어 있는 개혁안들은 모두 이용후생과 경세택민을 위한 내용들이다. 예컨대, 민생안정을 위하여 도입하고 있는 각종 정책안, 조직신설과 폐지안, 고적제도개선안, 과거제도개혁안, 지방정부개혁론, 조세제도조정안 등 모두가 경세치용과 이용후생을 위한 개혁안들이며, 현실성과 실용성 그리고 합리성을 강조하고 있다.

1 현실을 전제로 한 개혁주의

다산의 국가개혁론의 특징은 철저하게 현실을 전제로 한 개혁이다. 따라서 개혁론에 담긴 그의 사상이 경학에 담긴 그의 사상과 서로 일치하지 않는 경우가 있어 혼란을 야기하기도 한다. 500여권에 달하는 방대한 그의 경학과 경세학의 저서 속에 포함되어 있는 사상과 개혁안을 분석해보면, 서로 상반된 내용과 사상이 포함되어 있는 경우가 발견된다. 예를 들면, 「여전론」에서는 사유재산을 전혀 인정하지 않는 것을 전제로 여전제의 실시를 주장하고 있는데 반하여, 나중에 발표한 정전제에서는 사유재산을 인정하는 토대위에서 개혁안을 제시하고 있으며, 「탕론」과 「원목」에서는 군왕을 비롯하여 모든 지도자들은 백성이 선발하고 교체해야 하는 것임을 강조하고 있으나 실제 관료제개혁론에서는 시종 백성을 군왕에 복종하고 순종하는 존재로 파악하여 개혁론을 전개하고 있다. 또한 노비제도와 관련된 신분평등에 대해서도 「서얼론」 「통색의」 「발고정임생원전」 등에서는 신분제도의 폐지 또는 신분적 평등을 주장하고 있으나 『목민심서』 <예전6조> 변등(辨等)에서는 인간의 평등을 부정하고 오히려 노비의 면천의 길을 막아야 민속과 국익에 유익하다고 주장하고 있음을 볼 수 있다(송주영, 1979: 247-254).

이상의 논의를 요약해보면, 다산의 개혁이론에는 두 개의 흐름이 있다. 그 하나는「탕론」「원정」「서얼론」「여전제」등에서 볼 수 있는 가치중심의 원리를 중시하는 규범적 흐름이고, 다른 하나는「경세유표」「목민심서」등에서 보여주는 당시 현실체제를 전제로 한 개혁이론이다. 그의 개혁사상은 규범적인 면을 도외시한 것은 아니지만 그 개혁사상의 흐름은 일단 현실을 바탕으로 하고 있다.

이런 점에서 볼 때, 다산의 개혁이론은 규범론과 현실론을 분리하여 이해하여야 하며 그의 실제 개혁론에서는 이상론이 아니라 철저하게 그 당시 현실적 여건을 전제로 하고 있다. 즉 현실의 자료를 실증적으로 분석하여 그 개선안을 제시하려는 과학적이고 합리적인 접근방법을 취하고 있음을 볼 수 있다.

2 강력한 왕정중심의 진보적 개혁주의

다산은『주례』를 모델로 하여 조선의 국가경영에 대한 자신의 견해를 <일표이서>에 담았다. 그 주된 내용은 관직의 범위와 업무의 재조정, 세제의 재조정, 과거제도의 개혁과 인사행정의 재조정, 지방행정편제의 재조정, 목민관이 지켜야 할 윤리 등에 관한 것으로 거의 혁명적 개혁론이다. 이러한 혁명적 개혁을 성사시키기 위해서는 먼저 강력한 권한을 가진 군왕이 직접 개혁을 이끌어가는 통치체제가 필요하다고 생각했다. 그러나 그가 제시한 개혁안을 보면 왕권을 강화하거나 왕권을 절대시하기 위한 내용은 거의 없다. 오히려『경세유표』의 법제는 기존의 국왕 직속기구로 편제된 기관들을 육조(六曹)에 분속시키고 그 육조를 의정부를 통해 관할하게 함으로써 왕이 일부 관료들을 이용하여 사적으로 권력을 전횡할 수 있는 장치를 원천적으로 봉쇄하고 있다(강석화, 1989. 이봉규, 2007: 206). 다산이 생각한 강력한 왕권이란 왕(king)의 권한, 즉 왕권이 아니라 국가권력이 집중된 체제 즉 왕정(kingship)의 강화를 의미한다(최병선·심준섭, 2010: 272). 관료제적 질서를 강화하고 국왕이 직접 백관을 통솔하면서 왕권을 이용해 개혁을 주도해나가는 효율적인 통치체제를 가정하고 있다.

다산은 제도의 근본적 개혁을 위해서는 통치체제의 새로운 정비가 우선되지 않고는 불가능하다고 보았다. 특히 조선 후기에는 노론의 일당이 모든 관직을 거의 독점하고 비변사를 중심으로 정권을 운용하면서 왕권과 유착된 통치체제를 이끌어가고 있었다. '가문을 먼저하고 나라는 뒤로'하며 '사(私)를 위해 공(公)을 죽인다'는 벌열(閥閱)정권의 오랜 전횡은 전국을 부정과 부패로 만연시켜 놓았다. 이러한 변칙적인 통치체제로서는 개혁의 성공을 담보할 수 없다고 보았다.

이러한 상황에서 다산은 주자학의 재상위임 통치론으로는 진정한 지치(至治)를 이룰 수 없다고 보았다. 비록 제왕이 겸손과 공경으로 훌륭한 신하를 대함으로써 지치를 실현할 수는 있지만, 정작 국가의 통치 그 자체를 재상에게 위임함으로써 그것을 실현할 수 있다고는 생각지 않았다. 다산은 통치권과 행정권을 분리한 재상중심의 행정은 그 당시와 같이 노론의 일당독재가 계속되고 있는 시대에서는 어떠한 개혁이나 변화도 일어날 수 없다고 보았다. 진정한 지치는 어디까지나 제왕자신의 직접 통치로만 실현되는 것이라고 보았다. 다산의 총재론(冢宰論)에 의하면 백관을 통솔하는 것은 어디까지나 국왕자신의 것이요, 총재가 통솔한다는 것은 곧 '예의'를 단속하여 통솔하는데 불과하다는 뜻이라는 것이다. 결국 왕권이 총신, 즉 총재이하 백관을 직접 통솔하고서 국정을 운영해야 한다는 것이 다산의 통치체제론이다(김태영, 2000: 200-216). 그러나 다산도 현능한 신하를 얻는 경우에는 그로 하여금 통치의 사무를 맡기고, 그에 관여해서는 안 된다는 이론에 동조하고 있다(상서고훈, 『전서』 6: 43).

다산은 어디까지나 강력한 왕권위주의 또는 왕권중심의 통치체제를 주창하였으며, 개혁의 접근방법도 강력한 군왕중심의 개혁을 주장하였던 것이다. 그는 호강한 벌열들이 대신(大臣)으로 들어앉아 소위 '조종의 법제'라는 것에 의탁하여 이끌어가는 통치방식으로는 결코 개혁을 이룰 수 없다고 본 것이다. 그러나 이러한 국왕의 위상을 강화하는 것으로 해석되는 다산의 발언들은 제도의 근본적 개혁을 위해 필요한 공권력을 확립하기 위한 차원에서 제시되었으며, 왕권을 절대시하는 절대왕권과는 거리가 먼 것이라 볼 수 있다.[31]

---

31) 다산이 왕권강화론 또는 작위적 왕정론의 사상을 가지고 있었다고 해석하는 배경에는 다음같은 시대적 상황이 깔려 있다. 정조 당시에는 시파와 벽파의 당파적 대립, 북학과

3 왕도정치 범위 내에서의 개혁주의

다산은 국정운영의 방향과 국정개혁의 가치를 어디에 두었을까? 즉 국정개혁의 청사진을 인륜을 전제로 한 왕도정치에 두었을까? 아니면 인륜과 도덕으로부터 분리된 법과 제도만을 통하여 나라를 다스리는 근대적 국정운영관을 지향했을까? 다산은 국왕과 관료의 역할, 그리고 국정운영에 관한 자신의 견해를 밝힌 글을 많이 남겼다. 그러나 자신의 정치론을 명확히 들어내는 독립적인 저술은 남기지 않았다. 다만 그와 관련된 다양한 성찰들이 그의 경학과 경세에 관한 저술들 속에 흩어져 있어 간접적으로 발견할 수 있을 뿐이다. 다산의 「원정(原政)」「원교(原敎)」「원덕(原德)」 등에는 법제를 통한 정치행위를 의미하는 정(政)과, 인륜 교육을 통한 정치행위를 의미하는 교(敎)에 대한 다산의 문제의식이 담겨 있다.

다산의 정치행정사상에 <수기-인륜-도덕>과 <치인-법제-정치>를 분리하려는 근대적 정치사상이 담겨져 있었는가? 아니면 다산은 법과 제도의 개혁은 어디까지나 인륜도덕과 정치를 분리하지 않은 왕도정치의 범위 내에서의 개혁을 지향하였는가? 이에 대해서는 학자들마다 텍스트에 대한 해석에 따라 달라진다. 전자에 찬성하는 학자들은 주로 다산의 사상으로부터 근대사상적 징표를 발견적으로 읽어내려는 문제의식에서 출발하고 있으며, 후자의 견해는 다산의 국정운영사상은 그의 사서(四書)에 대한 경학적 해석을 종합화해 볼 때, 주희 성리학보다 더욱 실학적 견지에서 <인륜에 근거한 왕정론>을 지향하였다고 주장하고 있다.[32]

먼저 전자의 논거를 보면, 다산은 「원정」에서 군주주의국가에서의 정(政)이

서학의 수용문제 등 국정운영이 난관이 봉착했고, 이를 타개하기 위하여 정조는 왕권의 초월적 권위를 내세우는 군사론軍師論)을 추구하였다(유봉학, 2000). 다산이 절대적 왕정사상을 가지고 있었다고 주장하는 연구자들은 다산이 정조의 문제의식을 공유하였고, 이것이 그의 경학적 탐구들에도 반영되었을 것으로 해석한다.

32) 다산의 국정운영사상에 도덕과 정치를 분리하려는 근대성이 있었다고 주장하는 논문으로는 이영훈(2003), 안외순(2001)이 있고, 인륜중심의 왕도정치를 주장하였다고 보는 논문으로는 이봉규(2005, 2007)가 있다.

란 곧 집권자가 정치경제적 법제를 바로세우고 자원을 잘 관리하여 사회적 수요를 충족시키는 것으로 보고 있다는 것이다. 이 「원정」에서의 정의만을 본다면 다산은 도덕과 정치를 분리하고 있다고 볼 수도 있다. 즉 양민과 교민의 결합이 곧 왕정이라는 맹자의 정치관과는 달리 다산은 인륜의 실현으로서의 교(教)와 법제의 확립으로서의 정(政)을 분리시키고 있다. 이 사항에 착안하여 일부 사학자들은 다산의 정치사상에 근대적인 사상이 들어있다고 해석한다. 또한 다산은 「대학공의」에서 대학의 핵심메시지인 지인과 안민을 설명하면서 부귀에 대한 인간의 욕구를 당연한 것으로 긍정하고 귀(貴)를 추구하는 군자와 관료, 부(富)를 추구하는 소인과 평민이 있음을 인정한다. 즉 귀천에 의하여 구분되는 사회적 범주로서 족류(族類)를 설정하고 있다. 이에 대하여 일부학자들은 다산의 정치관에는 도덕과 정치를 분리하려는 근대의식이 있으며, 동시에 법제를 통해 이러한 족류를 지배할 수 있는 작위적 정치를 지향하고 있다고 주장한다(이영훈, 2000: 125-134).

이러한 주장에 대하여 다수의 학자들은, 다산의 본질적인 문제의식은 주희 성리학보다 실학적인 견지에서 인륜에 근거한 왕정론, 즉 왕도정치를 실현하려는 것에 있다는데 동의하고 있다. 그 논거로 왕정의 목표와 정(政)과 교(教)의 관계를 설명하고 있는 「맹자요의」의 다음 글을 든다.

> "왕정에서 양민보다 더 중요한 것은 없다. …… 그러나 토지를 나누어 주고 산업을 제정하는 일은 이를 통해 효제의 교(教)를 자연스럽게 행해지게 하려는 것이다. 정(政)과 교(教)가 별개라고 누가 말했는가?"(「맹자요의」 1. 『전서』 2-5: 51).

『목민심서』 <예전 · 교민>에서도 전산(田産)과 부역(賦役) 등 모든 정(政)이 장차 백성에게 일륜을 실현시키기 위해 행하는 것이라는 점을 강조하고 있고, 또 수령의 직무에 교민, 즉 백성에게 인륜의 실행을 유도하는 직무를 포함시키고 있다. 또한 도덕과 정치의 분리사상이 내포되어 있다는 주장에 사용하고 있는 다산이 설정한 족류는 교육을 통해 족류의 차이를 넘어서는 인륜적 존재로 변화할 수 있으며, 정치가 인민의 욕구를 위배하지 말아야 한다는 논지로 사용하고 있기 때문에 이 족류의 설정 자체만으로 다산이 인륜과 법제를 분리시키고 있다고 주장할 수는 없다.[33] 다산은 집권층이 몸소 효제자의 인륜을 실천하고, 그 덕교(德敎)가 국가에 행해지면 민심은 저절로 얻게 된다는 인륜에 그 기반을 둔 정치행정을 강조했다. 지인과 안민의 개념을 통해 대학을 재해석하고 있는 다산의 주된 국정운영사상은 법제를 강조하는 왕권의 재확립에 있다기보다는, 치국평천하의 요체가 군주를 포함한 집권층이 인민에 대하여 행하는 정치행정방식에 달려 있음을 각성시키는 것에 있을 뿐이다. 인륜이 실현되는 국정운영방식으로서 다산이 제시한 입현(立賢: 현능한 자를 등용하고)과 산재(散財: 재화를 널리 혜택이 가도록 운영하는 일)라는 구체적 정책지침은 주희보다는 더욱 실학적 사상이 강화되어 있다고 볼 수 있다(이봉규, 2005: 185).[34]

다산은 군주 자신이 덕을 견지함으로써 백성을 감화시키는 주희가 강조하는 국정운영방식과, 지인과 안민을 위하여 군주의 적극적인 역할을 강조하는 국정운영방식을 모두 가지고 있다. 다만 주희가 "사람들이 귀부하는 이유는 곧 그의 덕 때문이다(人所以歸附, 乃以其德耳)."라고 하면서 덕의 우선성을 강조하였던 것에 비하여, 다산은 "정치행정이란 남의 부정을 바로 잡는 것인데 어찌 작위가 없을 수 있겠는가?(正者所以正人之不正, 豈無所作爲)"라고 주장하면서 구체적인 정치행정활동을 더 중시할 뿐이다.[35]

---

33) 「논어고금주」에서 『논어』「위령공」의 한 구절인 유교무류(有敎無類: 교육에서 류에 따른 차별을 두지 않았다)의 의미를 해석하고 설명하는 부분이다. 다산이 의미하고 있는 류(類)의 개념은 선류와 악류라는 인성론적인 차이가 아니라, 신분과 지역의 차이를 의미하는 것으로 해석하여, 유교무류를 인간의 신분의 귀천이나 화이 등 지역의 차이에 상관없이 교육을 통해 예의를 아는 존재로 변화될 수 있음을 뜻하는 구절로 해석하고 있다. 주자는 『논어집주』에서 류(類)는 인간의 본성은 모두 선하지만 타고난 기질의 차이로서 발생한 선악을 의미한다(이봉규, 2005: 182-183).

34) 다산은 인륜의 보편적 실현을 위한 법제를 실행 가능한 형태로 수립하기 위하여 주자와 황로정치론을 비판적으로 성찰하고 있지만, 그 근본 골격에서 주자와 거슬러 올라가 공·맹의 정치론을 충실히 계승하고 있다고 할 수 있다(이봉규, 2007: 231).

35) 작위적 군주론 또는 능동적 군주론이 더 구체적으로 표현된 곳은 ① 『상서』「홍범」에서 황극의 개념을 설명하는 부분과, ② 예송논쟁에 대한 그의 견해를 밝히면서 '왕위를 계승

이러한 일련의 분석을 통하여 볼 때, 다산에 있어서의 국정운영이란 인륜의 실현을 위한 법제를 수립하고 실행하는 것이다. 인륜의 실현이라는 점에서 공맹 그리고 주자의 문제의식에서 벗어나지 않는다. 그러나 인륜의 실현을 어렵게 하는 주자의 이론적 결함, 즉 황로정치론과 그 영향이 침윤되어 있는 주자의 정치론을 비판하는 방식으로 그 대안을 제시하고 있음이 특징이다. 그런 점에서 다산의 개혁론은 근대로 나가려는 개혁론보다 유교의 역사에서 추구되었던 정치론의 연장선 위에서 그 의미를 찾아야 할 것이다. 즉 다산의 법과 제도의 개혁은 어디까지나 <인륜도덕과 정치를 분리하지 않는 왕도정치의 범위 내에서의 개혁>을 지향하였다고 볼 수 있다.

7. 예 · 법 일치의 형벌행정사상

법은 사회질서를 유지하기 위한 수단이다. 고려 말의 혼란을 목도한 조선건국세력들은 법을 통한 사회질서를 유지하기 위하여 건국초기부터 법질서의 확립을 위해 노력했다. 우선 형사법의 일반법으로『대명률』을 수용하고『경국대전』을 위시한 각종 법전들을 조선후기까지 지속적으로 편찬했다. 정조대에 와서는『속대전』을 편찬하여 형벌을 정비하고 인명에 관한 규정과 소송관련규정을 대폭 정리하였다. 구체적으로 형사사법을 개혁하여 압슬형(壓膝刑: 무릎을 누르는 형벌), 낙형(烙刑: 불로 지지는 형벌), 주뢰(周牢: 두 다리를 묶고 그 틈에 두 개의 주릿대를 끼우고 비트는 형벌), 전가사변(全家徙邊: 전 가족을 변방으로 강제 이주시키는 형벌) 등 잔혹한 형벌을 폐지하고 형구(形具)를 정비하였으며, 이울러 사형(私刑)을 금지하였다.

다산이 생존했던 18세기말 19세기 초 조선은 중흥기를 지나 그 힘을 떨치지 못하고 나락의 길로 접어 든 시기였다. 중앙의 통제력은 지방에 미치지 못하

한 뒤에는 군주로서의 지위가 우선'이라고 주장하면서 군주의 주권을 절대화하고 있는 부분, 그리고 ③ 왕권의 초월적인 권위를 내세운 정조의 군사론(軍師論)에 대하여 다산이 긍정적 의견을 표명하고 있다는 점에서 찾을 수 있다. 그러나 이 주장만으로는 다산이 절대군주정을 지향하였다고는 볼 수 없다.

였고 영조와 정조대에 이루어진 형사사법의 개혁은 실제로는 관철되지 못한 채 여전히 법외의 고문(拷問)이나 사형(私刑)이 횡행하여, 흠휼(欽恤)의 이상에도 불구하고 인명은 경시되었다. 다산은 이러한 법이 무시되고 인명이 경시되는 사회현실을 목도하면서 법이 확립된 사회, 인명이 존중되는 사회를 다시 세우기 위하여 노력했다. 우선 제도의 정비가 급선무라 생각하고 『경세유표』를 저술하여 제도의 기틀을 마련하였다.

다산은 『경세유표』 「인(引)」에서 선왕들은 천리와 인정(仁情)에 합치하는 법인 예(禮)에 따라 통치하였다고 선언하고, 사람을 심판함에 있어 준거가 되는 정형(政刑)을 지지하여 예에 바탕을 둔 법적 정의의 실현을 지향하는 예법일치의 법사상을 펼쳤다(정긍식, 2003: 105). 즉 법치는 예치와 동일하다는 것이다. 다산은 당시의 부패한 목민관을 준엄하게 비판하면서 객관적인 법에 의한 판단, 나아가 제도에 의한 개혁을 추구하고 있다. 또 제도를 잘 실천하기 위하여 제도를 운영하는 관리들의 자세를 기술한 『목민심서』를 저술하였고, 마지막으로 목민관들이 형사사건을 처리하는데 필요한 지침과 구체적인 사례를 집성한 『흠흠신서』를 저술하였다. 이 <일표이서>는 법을 통한 사회재건의 이상이 담겨있는 다산의 국정운영학이라 할 수 있다.

『흠흠신서』는 단순한 법률서가 아니라 재판을 하는데 필요한 지침을 제공할 목적으로 저술된 종합법률서이다.[36] 이 책의 처음 이름은 『명청록(明淸錄)』이었는데 후에 『흠흠신서』로 고쳤다. 여기서 흠흠(欽欽)이란 『서경』의 순전(舜典)에 나오는 흠재흠재(欽哉欽哉) 유형지휼재(惟刑之恤哉)에서 비롯된 것이다. 그 뜻은 삼가고 삼가라는 뜻이며, 곧 형벌만이 능사가 아니라는 것이다(고승제, 1995: 336). 다산도 그 서문의 마지막에서 흠흠이라는 것은 "삼가고 삼가

36) 이 책의 제1부는 '경사요의(經史要義)'로서 중국이나 조선의 형사재판 사건을 열거한 것이다. 제2부는 '비상전초(批祥鐫抄)'로서 중국의 재판과정을 기록한 것이다. 제3부는 '의률차례(擬律差例)'로서 법률의 적용을 그릇되게 한 사례집이다. 제4부는 '상형추이(詳形追議)'로서 조선의 역대 형사사건에 비판을 가한 것이다. 그리고 끝으로 '전발지사(剪跋之詞)'는 당시의 법률안에 대하여 다산으로서는 이와 같이 하겠다는 제안을 담고 있다. 총 5부 30권으로 구성되어 있다.

는 것이야말로 본디 형벌을 다스리는 근본"이라는 뜻이라고 밝히고 있다.

당시의 목민관은 입법·사법·행정 모두를 관장하는 절대적인 권한을 가졌다. 다산은 목자는 하늘과 백성사이에서 선악을 구별하여 선자는 육성하고 범인은 제거하는 하늘의 권능을 대행하는 자로 보았다. 따라서 하늘의 권능을 대행함에 있어서는 마땅히 조심하고 두려워하는 마음을 가져야 한다고 서술하고 있다. 즉 정의의 원천은 하늘에 있고, 목자의 과형(科刑)은 천권을 대행하는 것임으로, 범죄의 처단은 반드시 흠휼을 기본으로 해야 한다는 것이다. 이는 곧 민본주의 또는 인정주의라는 행정가치를 사법행정에 실현하려고 한 것이라 할 수 있다. 『흠흠신서』에 나타난 다산의 구체적인 사법행정사상 또는 형벌행정사상을 간략히 정리하면 다음과 같다.

1 덕치우위사상

다산은 소송이 없고 또 형벌을 과하는 일이 없는 도의적인 사회를 만드는 것을 추구했다. 그는 『목민심서』에서 형벌로써 바르게 한다는 것은 최하위 수단이며, 자신을 단속하고 법을 받들어서 장엄하게 임한다면 백성들이 법을 범하지 않을 것이므로 형벌은 없애 버려도 잘 다스려질 것이라고 하였다(『목민심서』형전 愼刑).

다산이 제시하고 있는 형벌행정의 사상적 기반은 공자의 선진유학, 즉 수사학이다. 공자는 정치의 근본을 인(仁)에 두고, 군왕의 내면적 도덕에 의하여 스스로 감화되어 순종하는 덕치주의를 기본원리로 삼고 있다. 즉 군주의 일심이 바르면 백성이 바르게 되고, 명령하지 않아도 따르고, 군주가 바르지 못하면 비록 명령할지라도 백성은 따르지 않을 것이라고 하면서 치자는 반드시 스스로의 덕을 닦아 완성할 것을 강조하고 있다.

공맹시대의 이상사회를 추구했던 다산은 덕(德)으로써 백성을 감화시키는 덕치주의를 형벌에 의한 통치보다는 우선적으로 강조했다. 다산은 법이란 덕치를 실현하기 위한 방편이자, 도덕적 이상사회를 실현하기 위한 보조수단으로 인식하였다. 그는 법을 천리와 인정에 합치하는 예(禮)로 인식하고 『서경』

과 『주례』의 정신에 따른 형벌관을 전개하였다. 다산의 법의식 속에는 범인을 엄격하게 징치하여 사법적 정의를 실현하여야 한다는 죄형법정주의 사상과, 다른 한편으로는 죄형법정주의의 지나친 경화를 회피하기 위해 경전과 고례에 따라 사정을 참작하여야 한다는 참작감률주의, 즉 인정주의(仁情主義)가 동시에 들어있다.

2 죄형법정주의

다산은 인명을 매우 존중하였다. 당시 부패한 목민관에 의하여 자행되는 인명경시에 대하여 준엄하게 비판하고, 사람을 심판할 때의 준거기준은 권도가 아니라 객관적으로 명문화되어있는 형법에 의하여야 한다고 주장했다. 즉 범죄를 처단하는 법은 반드시 형법전(刑法典)에 따라야 하며 법률규정을 함부로 왜곡 적용해서는 안 된다는 것이다. 물론 다산도 형벌의 궁극적 목적이 처벌이라기보다는 교화의 실현, 즉 도덕적 이상사회를 건설하려는 것임을 부정하지 않는다. 그러나 재판과 사형(私刑)의 역사적이고 현실적인 병폐를 누구보다도 잘 알고, 또 몸소 체험한 다산은 흠률(欽律)의 이상을 실현하기 위해서도 법률의 올바른 집행을 강조했다. 다산의 행형사상은 오늘날의 죄형법정주의와 상통한다. 그렇다고 다산은 반드시 법률규정에 명시한대로의 경직된 법적용만을 강조하지는 않았다. 다산은 형사재판에 있어서 죄형법정주의를 원칙으로 하면서도 문리적 형식논리를 배격하여 법경(法經) 외의 권도(權道)에 따른 재판도 긍정적으로 인정하였다. 그러나 어디까지나 인명존중을 위한 법 인식은 죄형법정주의였다.

다산은 당시의 사대부들이 법조문을 읽지 않아서 조문은 있으나 사건에 인용하지 못하므로 결국 법이 있으나 없는 것과 같은 상태를 혹독하게 비판했다. 이렇게 목민관이 법률을 익히지 않으니 자연히 아전에게 사건처리를 맡기게 되고 아전은 자신의 이익에 따라 백성의 인명을 경시하고 억압하는 것이 일반화되었다는 것이다. 다산은 당시의 인명경시풍조와 법을 공부하지 않는 현실을 개탄하면서 죄형법정주의를 강하게 주장했던 것이다.

"그런데 사대부는 오직 시부나 잡예(雜藝)만 익혀서 어느 날 갑자기 목민관이 되면, 어리둥절하여 처리할 바를 몰라서 간사한 아전에게 맡겨 버리고는 알아서 처리하지 못하니, 저 재화를 숭상하고 의리를 미천하게 여기는 아전이 어찌 법률에 맞게 형벌을 처리하겠는가?"(『흠흠신서』(교주본) 서: 21)

다산은 죄형법정주의에 의하여 범죄를 판단하되, 범죄수사과정에서의 사실판단이 정당하여야 함을 강조했다. 그 당시에는 범죄수사에 있어서 객관적 증거와 사실을 중시한 것이 아니라 고문주의를 채택하고 있었다. 다산은 고문에 의하여 자백을 받고 그 자백을 토대로 하여 처벌하면 원죄(冤罪)가 생긴다고 보았다. 다산은 이와 같은 원죄(冤罪)를 방지하기 위하여 고문주의를 지양하고 구체적인 범죄사실을 오랜 경험에 입각해서 신중을 기하여 밝혀야 한다고 하였다.

3 참작감률주의

다산은 법이란 인정과 천리에 바탕을 둔 예(禮)로 파악하였다. 따라서 법조문에 따라 판단하되 지나치게 그 조문에 억매여 형벌을 적용하기보다는 사건이 발생하게 된 개별적 상황도 고려하여 판단할 것을 주장했다. 즉 원칙적으로 법률 규정에 따른 처벌을 지키되, 사정을 고려하여 처벌하는 참작감률(參酌減律)을 인정했다. 참작감률은 "사정과 법률을 참작하여 형벌을 감경한다(參酌以情法減律)."의 약자이다. 이는 사형(死刑)인 교형(絞刑)이나 참형(斬刑)으로 규정한 율문보다 가벼운 형벌을 과하는 경우를 말한다. 이러한 참작감률의 인식은 『서경』「제전」의 "과실과 불운으로 일어난 범죄를 풀어주어 사면할 수 있고, 확신범이나 재범은 처벌하되, 공경스럽고 조심스럽게 하여 긍휼의 정신으로 형벌을 내려야 한다."에 근거하고 있다(정긍식, 2003: 108).

다산의 참작감률사상의 저변에는 그의 자율적이고 주체적인 인간관이 깔려 있다. 즉 인간은 자기 스스로의 판단에 의하여 결정하고 행동하며, 또 그 행위에 책임을 지는 존재라는 것이다. 이러한 인간가정에 의하여 자기 판단과 결정과는 크게 관련이 없는 과실범이나 어린이의 범죄에 대해서는 참작감률을 넓게 인정한 반면에, 도덕적·사회적 행위에 대해 자기 스스로 판단하고 결행할 수 있는 범죄에 대해서는 참작감률을 좁게 인정하였다. 특히 강상범죄, 신분범죄 등 삼강오륜으로 대표되는 유교적 윤리에 반하는 범죄에 대해서는 참작감률을 인정하지 않고 법대로 처벌할 것을 주장하였다.

다산은 형벌행정 또는 형사사건의 목적은 범죄자의 응징에도 목적이 있지만, 그 보다는 범죄의 예방과 풍속과 교화의 실현이 더 우선적이라 보았다. 따라서 다산은 흠휼의 이상을 실천하기 위하여 형사재판에 있어서 죄형법정주의를 원칙으로 하면서도 극단적인 문리적 형식논리를 배격하여 법경(法經) 외에 권도에 따른 재판도 긍정하였던 것이다(박병호, 1990: 598-599). 또 다른 한편으로는 무조건적인 감형으로 목숨을 살려주는 것은 오히려 법적 정의를 실현하는데 장애가 될 뿐 아니라, 교화에도 도움이 되지 않는다고 인식하였다. 이런 점에서 다산은 형벌행정에 있어서도 정(政)과 교(敎)를 분리시키지 않고 있으며, 애민과 휼민 등의 인정주의 행정사상이 흐르고 있음을 볼 수 있다.

05 다산의 행정사상과 철학의 현대적 의미

지금까지 다산이 남긴 방대한 저서의 내용분석을 통하여 그의 행정사상과 철학을 정리해 보았다. 비록 18세기 후반부터 19세기 초반 조선왕조시대에 살았던 한 학자의 행정사상이지만, 그의 국정운영사상이 현대에도 중요한 의의를 갖는 것은 그의 사상과 철학이 역사성을 갖고 있기 때문이다. 역사성이 있다는 의미는 그의 개혁사상과 개혁내용이 과거라는 시한 속에만 한정되어 의미를 갖는 것이 아니라, 오늘에 생생하게 되살아 그 의미를 되새기고 전승되어지는 생명력을 가지고 있다는 말이다.

다산의 행정사상과 철학이 역사적 의의를 가지게 되는 이유는 혼란이 격심했던 격동의 시기에 나라의 기강을 바로잡고 도탄에 허덕이는 백성을 구해야 한다는 뜨거운 인간에 대한 사랑이 있었다는 점이다. 이러한 애민정신이 있었기에 잘못된 현실과 낡은 질서를 과감하게 비판하고 그 개혁안을 제시할 수 있었다. 이러한 낡은 질서에 대한 비판정신, 행정은 우리의 문화와 역사에 뿌리를 두어야 한다는 민족자주사상, 공(公)이 바로 서야 행정이 바로 된다는 봉공정신, 행정의 성공은 관료들의 청심에서 시작된다는 청백리정신 그리고 외래문물과 선진문화를 흡수 소화하여 부국강병과 국리민복에 도움을 주어야 한다는 그의 개방주의 사상은 오늘날의 국정운영에서도 배우고 되새겨야 할 교훈이다. 뿐만 아니라 그의 행정사상과 철학은 오늘날의 현대행정학이 지향하고 있는 가치와 이론을 담지하면서 미래를 지향하고 있다는 점에서 행정학사에서 높이 평가하지 않을 수 없다.

오늘날 물질만능주의가 심화되어 공(公)의 개념이 점점 사라져갈수록, 또 공직자의 부패가 심화되어 갈수록 다산의 행정윤리와 목민사상을 되새기며 교훈을 찾게 되는 것은 그의 사상이 오늘에 전승되는 역사성이 있기 때문이다. 현대행정학의 관점에서 다시 그의 행정사상을 재음미해 본다.

1. 권력을 행정의 중심개념으로 바라본 행정관

다산은 행정을 권력의 관점에서 바라 본 현실주의 학자였다. 다산이 추구한 행정가치 중에서 가장 중요한 것은 행정은 국가권력의 횡포와 자의적 행사를 방지하는데 초점을 두어야 한다는 신념이다. 다산은 국가를 봉사기관으로 본 삼봉과 율곡과는 달리 권력기관으로 보고 그 권력을 소유한 왕과 중간관료집단들의 농단과 횡포를 방지하는 것이 국가개혁의 제1과제로 보았다. 다시 말하면 국가는 하늘을 대신하여 어리석은 백성을 가르치고 그들에게 시혜를 베풀어야 하는 봉사조직이라는 전통적인 국가관에서 벗어나 다산은 국가를 권력기관으로 보고, '어떻게 하면 그 권력을 백성을 위하여 공적(公的)으로 잘 쓸 것인가?'에 초점을 두고 행정을 바라본 행정학자였다.

다산은 천하가 부패한 이유는 수령과 아전 등 중간관료집단이나 일선행정기관(street-level agency)이 국가권력을 소유하고 자의적으로 전횡하였기 때문이라고 진단하고 이를 방지하는 것이 행정이 해야 할 일이라고 보았다. 『목민심서』에는 국가권력의 사유화와 자의적 행사가 일어나는 상황을 자세하고 묘사하고 있고, 『경세유표』와 『흠흠심서』는 관료들의 자의적 권력횡포를 방지할 수 있는 다양한 법과 제도를 모색하고 있다. 다산은 「탕론」 「원정」 등에서 천자나 군왕은 민에 의해 선출된 지도자이기 때문에 그들이 가진 국가권력은 민의 요구와 필요에 대응하여 써야 한다는 상향적(下而上) 민본을 강조하고 있다. 즉 군왕이나 통치권을 행사하는 지도자의 선출과 교체의 권리는 전적으로 백성에게 있으므로 지도자들은 전적으로 민의 눈치를 보아야 한다는 주장이다. 인재등용의 중요성과 행정의 전문성을 강조한 과거제도개혁, 인재활용을 위한 고적제도의 개혁 등은 모두 국가권력의 횡포를 방지하기 위한 것이었다. 비록 그의 주장이 구체적으로 민주선출제도 개혁안으로 이어지지는 않았지만, 국가권력의 행사를 행정의 중심개념으로 삼고 개혁방안을 모색하였다는 점은 민주화된 오늘날에도 여전히 타당할 뿐 아니라 오히려 본 받아야 할 사상이다.

국가가 권력을 얼마만큼 갖고, 어떤 방식으로 권력을 행사하여야 할 것인지의 문제는 국정운영체제의 전부라 해도 과언이 아니다. 그럼에도 불구하고 현재의 민주주의 국가에서에서조차도 과도한 행정권력의 통제에는 별로 관심을 기울이지 않고 오직 능률성과 효율성만을 추구하고 있음을 볼 때 다산의 권력통제의 강조는 오늘날에 아무리 강조해도 지나치지 않다. 오늘날 정책집행과정에서 나타나는 온갖 부패와 부조리에 대하여 그저 공직윤리만 탓하고 강력한 처벌만을 능사로 알 뿐, 그 진정한 원인이 행정 권력의 과도한 소유와 전횡에 있음을 알지 못하고 있다. 권력의 관점에서 행정을 바라본 다산의 시각과 사상은 민주화된 오늘날에도 더욱 강조되어야 할 것이다.

2. 조직행정사상의 현대성

다산의 관료제개혁론에서 추구한 조직관리의 특징은 현대의 조직관리이론과 많은 점에서 그 맥이 닿아있다. 다산은 당시 조선은 정부기구에 대한 편제관리와 정원관리가 원칙이 없고 허술하여 관료들의 기강이 무너졌다고 진단하고 있다. 조선의 기본법인 『경국대전』에서도 정부조직편성방법이 기구별로 정해진 것이 아니라 품계별로 정해져있고 그 정원도 원칙이 없이 대강만을 정하고 있어 각 시대마다 달리 적용되었다는 것이다. 이러한 난맥상을 없애고 정부의 조직관리와 인사관리를 보다 계획적이고 효율적으로 수행하기 위하여 정원제를 도입하여 기구의 신설과 폐지를 엄격하게 제한할 것을 주장하고 있다. 이는 기구의 증설과 관료의 충원은 예산의 문제와 직접적으로 관련이 있기 때문에 국정의 효율적 수행과 관료기강의 확립이라는 관점에서 보다 신중을 기하여야 한다는 능률행정사상의 발로라 할 수 있다. 다산의 정부조직개혁은 현대조직이론의 원리를 상당부분 그대로 반영하고 있는 것이 특징이다.

첫째, 다산은 정부조직과 관리에 있어 계층제의 원리를 활용하고 있다. 즉 정부조직의 편성에 있어서는 위는 적고 아래는 많도록 인력을 배치하여야 한다는 이소예다(吏少隷多)의 원칙을 적용하고 있으며, 그렇게 하여야 능률과 기강을 바로 잡을 수 있음을 강조하고 있다. 당시 조선의 관직은 그 반대로 높은 관직의 수가 많고 낮은 관직의 수가 적어 천지의 법칙을 어기고 있다고 비판하고 있다. 그는 관료조직은 계층제의 원리, 분업의 원리, 통솔범위의 원리가 적절하게 조화되어 피라미드 형태의 업무구조를 갖추는 것이 행정의 능률과 기강을 바로 잡을 수 있다고 생각한 것으로 볼 수 있으며, 이는 현대의 조직원리와 거의 일치함을 알 수 있다.

둘째, 다산은 정부조직의 최상위 직급에서 최하위 직급에 이르기까지의 품계가 지나치게 많고 세분되어 있어 행정업무의 지연과 능률을 방해한다고 보았다. 그는 당시 문무관료 36단계로 세분되어 있는 관직의 계급을 11개 단계로 대폭 간소화하고 축소하여야 한다고 주장하였다. 지나치게 많은 계급은 민

(民)을 위한 행정 및 관리에 역기능을 한다고 보고, 키큰 조직(tall organization)에서 보다 키가 작은 조직(flat organization)에 적합한 간소한 품계로 개혁할 것을 주장한 것이다. 이도 현대 조직이론과 그 맥을 같이 하고 있다.

셋째, 관료부패를 방지하고 관료기강을 확립하기 위하여 행정내부통제기능을 강화할 것을 주장하였다. 백성들에 대한 관료들의 수탈을 방지하고 아전들의 농간과 수탈을 통제하기 위하여 장서원(掌胥院)을 설치할 것을 제안하고 있다. 이러한 내부감사가능의 직제를 마련하여 지방행정을 통제하고 부패를 감시하려는 다산의 생각은 그 당시로서는 매우 획기적이고 개혁적인 발상이라 할 수 있다.

넷째, 다산은 국가발전 부국강병 이용후생이라는 기준에 의하여 정부조직의 통폐합을 주장하고 있다. 그 중에서 특히 선진 과학기술의 도입과 발전 등 이용후생과 관련된 부처는 신설하고, 중복된 기능을 담당하는 기관은 폐지함으로서 행정의 효율화와 행정의 간소화를 주장했다. 그는 과학기술이 발달하지 못하면 부강한 나라가 될 수 없고, 경제적으로 잘 살 수 있는 나라가 되지 못하면 결국 외세의 치욕을 당할 수밖에 없다고 단정하고 있다. 과학기술의 도입을 추진하기 위한 이용감(利用監), 가옥의 구조를 개선하기 위한 전도사(典堵司), 운송수단의 원활화를 위한 전궤사(典軌司), 산술발전을 위한 산학서(算學署), 산림행정을 총괄하는 임형사(林衡寺), 저수지관리를 위한 택우사(澤虞寺) 등이 모두 그 사례에 해당된다.

다산은 19세기 초반인 그 당시에 이미 대규모 행정관료제를 어떻게 하면 효율적으로 그리고 민의에 따라 운영할 수 있을 것인가에 대하여 많은 고민을 한 것으로 보인다. 행정의 능률성과 민주성을 확보하기 위해서 관료제는 합법성, 합리성, 규칙성에 의하여 엄격하게 안정적으로 운영되어야 한다는 막스 베버(1864～1920)의 이념모델을 그 당시 다산은 이미 간파한 것으로 볼 수 있다. 막스베버보다 1세기 이전에 다산은 이미 피라미드형의 조직구조, 계층의 원리, 통솔범위의 원리, 업무분장을 통한 분업의 원리 등을 적용한 정부조직개편안을 제시했다. 특히 지방행정구역 개편에서 감독자의 능력, 지리적 분산의 정도,

시간적 요인, 피감독자의 성격, 주민의 편이성 등의 요인을 고려하고 있음을 볼 때 통솔범위의 원리가 깊이 고려된 것으로 볼 수 있다. 이러한 점에서 볼 때 다산의 행정사상은 통시성을 띤 역사성과 현대성을 가지고 있다고 할 수 있다.

3. 인사행정사상의 현대성

다산이 국가개혁을 위해 가장 심혈을 기울인 분야는 현능한 관료를 발굴하고 등용하여 국정운영에 활용하고자 하는 인사행정부분이다. 다산은 국정운영에서 가장 중요한 것이 인재를 알아보고(知人) 등용하는 일(立賢)이라고 보았다. 이러한 지인과 입현을 위하여 당시의 인재등용제도였던 과거제도를 개혁하고, 인재등용에서부터 인사관리·평가·활용에 이르기까지 광범위하게 개혁안을 제시하고 있다. 그의 개혁안이 현대 행정이론과 어떤 관련성이 있는가를 중심으로 평가해 보면 다음과 같다.

첫째, 다산은 철저하게 기회균등과 능력중심의 인재등용과 활용을 주장했다. 다산은 당시의 과거제도가 문벌과 지역, 그리고 신분에 따라 차별적으로 운영하고 있음을 통열히 비판하고, 서얼(庶孼) 소민(小民) 중인(中人) 서북인 남인 북인 등의 구분과 차별 없이 능력이 있는 자라면 누구나 관직에 취임할 수 있도록 기회를 주어야 한다고 했다. 서얼의 자손이라도 능력이 있으면 정승이라도 시켜야 한다고 주장했다. 이러한 평등사상과 능력주의는 통치이데올로기의 차이를 별도로 한다면 19세기말 이후 영미에서 발전되어 오늘날의 공무원제도의 기조가 되고 있는 실적제도(merit system)와 그 맥을 같이하고 있다고 볼 수 있다.

둘째, 다산은 현능하고 덕성이 있는 관료를 선발하기 위하여 일정자격을 갖춘 사람에게만 과거에 응시할 수 있도록 추천제(공거제)를 과거제도와 연계시키고 있다. 각 지방 향교에서 6인의 추천위원회의 추천을 받은 선사(選士) 중에서 과거에 응시할 거자(擧子)를 선발하고, 그들로 하여금 이후의 과거시험에 나가게 한다는 것이다. 이렇게 응시자의 자격을 제한하고, 또 합격자의 수를 일정한 수로 제한한 것은 현능한 엘리트를 능률적으로 선발하고자 한 것이다. 또한 과거에 의하지 아니하고도 현능한 자를 선발할 수 있는 치선제를 과거제도와 함께 제도화하고 있는 것이 특징이다. 광범위하게 문호를 개방하여 인재를 발굴하려고 하는 공거제와 치선제를 통한 인재등용안은 지인과 입현이야말로 국정운영의 첫째 조건이라고 보는 그의 행정사상의 반영이라 할 수 있다.

셋째, 관료로 선발된 이후에도 계속적인 업무능력평가와 통제를 강화함으로서 관료들의 도덕성과 능력을 지속적으로 개발하도록 해야 한다고 보았다. 다산 당시에도 감사제도 암행어사제도 그리고 고적제도 등 업무능력평가와 통제를 위한 제도가 있었다. 고적제는 조선초기부터 시행하고 있는 제도로서 관료관리와 통제를 위한 대표적인 제도였다. 그러나 그 근무성적평정의 대상이 하위직에 한정되어 있는 등 고적제도가 허술하고, 또 정실이나 권력에 의하여 불공정하게 운영되는 등 인사통제제도로 그 기능을 발휘하지 못하고 있다고 보았다. 다산은 고적의 대상을 전 관료로 확대하는 한편, 목민관인 수령에 대한 근무성적평정과 활용을 특히 강조하고 있다. 다산이 고안한 고적법은 다소 복잡하다는 점은 있으나, 매우 과학적이고 객관적이며 구체성을 띠고 있다는 장점이 있다. 도덕성을 갖춘 능력 있는 관료만이 당시의 무너진 관기를 확립할 수 있다고 본 다산의 인사행정사상이 반영되었다고 볼 수 있다.

4. 다산이 추구한 공직윤리의 현대성

다산은 공직자의 정신과 자세, 즉 공직윤리를 특히 강조했다. 다산은 행정에 있어서 제도와 구조도 중요하지만 그 보다 더 중요한 것은 행정을 담당하는 관료들의 가치관 태도 동기 등을 포함한 그들의 정신과 자세라고 생각했다. 이는 행정을 권력의 관점에서 본 당연한 결과이다. 관리는 그가 속하는 제도와 구조의 종속물일수도 있지만 그것을 새롭게 창조하고 유지 발전시키는 아이디어와 실천력을 지닌 권력의 실체이기 때문이다.

다산 이전에도 율곡 반계 성호 등이 관료의 본분에 관하여 언급한 바가 있었지만 공직윤리에 관하여 체계적으로 이론화시켜 청백리 관료상을 제시한 학자는 다산이 최초라 생각된다. 『목민심서』 <부임6조> <율기6조> <애민6조> <진황6조> <해관6조>는 순수하게 공직자의 윤리 또는 윤리적 차원의 업무를 기록하고 있다. 청백리에 관한 기록으로는 <율기6조> 청심에서 청렴을 강조하고 있지만 청백리상을 체계적으로 서술하고 표현하고 있는 곳은 <해관6조>이다. 다산이 주장한 공직윤리의 현대적 의미를 정리하면 다음과 같다.

첫째, 다산의 공직윤리 또는 행정윤리는 시간을 초월하여 통시적으로 그 의미가 있다. 다산이 강조한 관료의 정신과 자세로는 청렴과 청심, 정직, 신독, 성실과 근면, 소신과 강직 등이며, 이 중에서도 청렴과 청심이야말로 모든 목민관의 본무이며 모든 선의 원천이며 모든 덕의 근본이라고 강조하고 있다. 특히 공(公)과 사(私)의 구별이 엷어지면서 공직부패가 만연되어 가고 있는 현대 공직사회에서 다산이 강조하고 있는 청렴과 청심은 반드시 명심하여야 할 윤리덕목이다. 관료부패는 관료 자신의 윤리부재, 특히 청렴과 청심의 부재에서 일어난다. 다산이 산 당시의 삼정(三政)의 문란은 수령과 향리 등 관료의 부정과 토색에 의하여 일어났듯이, 오늘날의 관료부패도 공직자의 청심과 청렴이 부족하여 일어난다. 이러한 상황 하에서 다산의 공직윤리는 우리에게 하나의 귀감이 되고 있다.

둘째, 다산이 제시한 청백리상은 이른바 해박한 지식과 세상을 경륜할 수 있는 능력과 지조를 강조하는 선비사상과 일치하는 것으로 우리들이 본받아 할 가장 중요한 공직자상이다.

셋째, 다산은 순수한 공직윤리이외에도 목민관이 그 직무수행과정에서 지켜야 할 성실하고 공정한 자세, 즉 합리적인 직무계획과 그 집행방법에 관하여도 상세하게 제시하고 있다. 『목민심서』 <봉공6조> 및 <이조6조>에서 <공조6조>에 이르기까지 42개 조에서 제시하고 있는 행정윤리도 행정에 있어서 합리성과 능률성의 실현을 시도한 것으로 비록 업무의 복잡성과 내용은 다르지만 오늘날의 행정관리에서도 사사하는 바가 크다.

다산의 연구업적은 그 문제선정과 그 실용성에 있어서 우리나라 고금의 어떠한 행정관련 연구업적보다 높이 평가된다. 철저하게 현실을 전제로 경험적이고 실증적인 분석을 통하여 개혁안을 제시하였을 뿐 아니라. 경세제민과 이용후생을 기준으로 하여 실학행정의 바탕을 만들었다. 그의 사상과 철학은 오늘의 우리들에게 귀감이 될 뿐 아니라, 미래에도 항상 새겨야 할 고전이자 모델이 될 것이다.

제6장 종합적 해석과 평가

-조선시대의 행정사상-

"조선시대의 행정사상은 유교적 통치사상과 이념에서 크게 벗어나지 않는다. ………… 조선시대의 행정사상사는 유교의 통치이념인 민본·위민사상의 내재적 발전 및 변용(variation)의 역사인 동시에, 인간에게 널리 이롭게 해야 한다는 우리 홍익인간사상의 구체화과정의 역사라 할 수 있다."

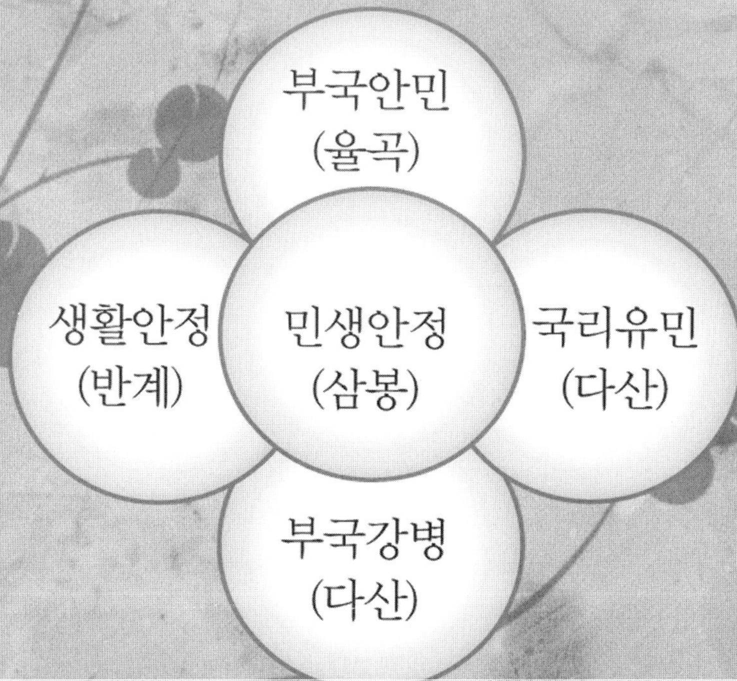
부국안민
(율곡)
생활안정
(반계)
민생안정
(삼봉)
국리유민
(다산)
부국강병
(다산)

01 서론

지금까지 해석학적 접근방법(hermeneutics approach)을 통하여 삼봉에서 다산에 이르기까지 그들의 행정사상과 철학을 현대 행정학적 용어로 주석하고 해석해 보았다. 여기서는 그들의 행정사상을 서로 비교하면서 개별 사상가들의 행정사상의 특수성과 보편성을 규명하는데 초점을 두었다. 특히 조선시대의 유학의 학풍이 행정사상의 전개에 어떠한 영향을 미쳤는가를 염두에 두면서 조선시대 행정사상의 변화와 흐름, 즉 한국행정사상의 역사적 전개를 정리해보고자 하였다.

유교적 통치이념인 민본·위민행정사상이 시대적 흐름에 따라 또는 사상가에 따라 어떻게 구체화되고 변용(variation)되어 왔는가를 살펴보기 위해서는 지나간 시대를 산 선현들의 행정사상을 모두 분석해보고 그 속에서 규칙적 변화를 찾는 것이 가장 이상적이다. 이 연구는 조선시대 대표적인 사상가 네 사람의 행정사상만을 분석하였기 때문에 조선조의 행정사상사의 흐름을 일반화하기에는 다소 한계가 있는 것은 사실이다. 그러한 한계에도 불구하고 선정된 사상가들이 한 두 세기의 시차를 두고 생존했고, 또 한국행정사상사에서 차지하는 비중이 매우 크기 때문에 이들의 행정사상을 종합적으로 비교분석하여 본다면, 시간적 흐름에 따른 행정사상의 변천뿐만 아니라, 보편적인 한국행정사상의 원형도 발견할 수 있을 것으로 생각했다. 또한 그렇게 발견된 우리 고유의 행정사상과 서구에서 도입된 현대의 행정사상을 비교해 봄으로써 우리 고유의 행정사상의 역사성과 우월성을 발견하고자 하였다.

이 장에서는 앞에서 개별적으로 연구한 선현들의 행정사상을 비교하고 종합하면서 주로 다음 사항에 초점을 두고 서술하였다. ① 삼봉에서부터 다산에 이르기까지 민본주의 행정이념은 그 의미가 어떻게 변용(variation)되어 왔고, 그 의미의 변화는 행정을 어떻게 방향 지워 왔는가? ② 국정운영목표와 행정목표는 어떻게 변화되어 왔으며, 이들 목표는 유교적 통치목표와 어떤 관계가 있는가? ③ 정책이나 행정수단을 실현하는 과정에서 추구해야 할 행정이념은 각 사상가별로 무엇이 강조되었는가? 이러한 행정이념은 현대행정학의 행정이념과 어떠한 관계가 있는가? ④ 공직자들이 행정행위를 하면서 지켜야 할 바람직한 행위규범과 태도는 무엇으로 보고 있는가? 이들은 오늘날의 공직윤리와 어떠한 관계가 있으며 이들은 오늘의 행정에서 어떻게 수용되어야 할 것인가? ⑤ 행정이념과 목표가 어떻게 변하든 그 목표달성을 위한 조직, 인사, 예산의 운용과 관련된 행정사상은 어떠하였는가? 그리고 서구의 이론으로 배워 온 행정이론과는 무엇이 다른가?

02 민본주의의 의미와 역사적 변용

1. 민본의 유래와 개념

삼봉에서 다산에 이르기까지 그들의 행정사상에 가장 크게 영향을 미친 것은 유교의 통치이념인 민본주의이다. 이 민본주의는 조선왕조의 개국과 함께 삼봉에 의하여 채택된 이후 가장 대표적인 국정운영이념으로 자리 잡는다. 원래 민본이라는 말은 『서경』의 민유방본(民惟邦本)에서 유래했다. 즉 "백성이야말로 나라의 근본이니 근본이 굳어야 나라가 편안하다(民惟邦本 本固邦寧)"라는 말 중에서 민유방본을 줄여서 일컫는 말이다. 이 민본의 이념은 고대로부터 유교의 핵심통치사상으로 이어져왔다.[1] 이 민본사상을 보다 구체적으로 정의한 사람이 바로 맹자이다. 맹자는 "백성이 가장 귀하고, 사직은 그 다음이며, 임금은 가장 가볍다"(『맹자』 「진심」 하)라고 하면서, "걸주가 천하를 잃은 것은 그 백성을 잃은 까닭이다. …… 민심을 얻으면 곧 백성을 얻을 수 있고, …… 백성을 얻으면 곧 천하를 얻을 수 있다(『맹자』 「이루」 상)."라고 하였다. 이러한

---

1) 유교의 경세사상, 즉 공·맹의 정치행정사상은 민본사상, 천명사상, 정명사상, 왕도사상, 인정사상, 덕치와 예치사상으로 요약할 수 있다. 그 중에서 민본주의가 가장 핵심적인 통치사상이다. 천명사상에서 나온 민본·위민사상을 실현하기 위해서 정명(正名)이 필요하고, 정명을 왕에게 적용한 왕도(王道)가 필요하고, 또 인정과 덕치와 예치가 필요하다고 본 것이다.

민본주의는 왕을 백성의 지배자로 보는 것이 아니라, 하늘(天)을 대신하여, 즉 하늘의 명을 받아 백성을 통치하는 천명의 대행자로 보는 사상과 관련이 있다. 이를 천명정치사상이라고 하는데 주자의 「大學章句序」에 잘 나타나 있다.

> "대저 하늘이 사람을 내실 때부터, 이미 인의예지의 본성을 부여해 주지 않음이 없건만, 그러나 타고난 기질이 다 한결같을 수가 없기 때문에, 이로 인하여 모든 사람마다가 자기의 본성이 지니고 있는 바를 능히 깨달아 이를 온전히 하지를 못했던 것이다. 이리하여 일단 총명하고 예지가 있어 능히 그 본성을 다 발휘하는 이가 그들 사이에서 나오기만 하면, 하늘은 반드시 그에게 명하여 억조창생의 군사(君師)가 되게 하였다."(주자 『대학장구서』)

위 글에서 볼 때 왕은 하늘의 명을 받아 백성을 통치하고 교화하여 그들로 하여금 각자가 타고난 인의예지의 본성을 회복하게 하는 역할을 담당한다. 이러한 왕의 역할, 즉 하늘의 명을 수행하기 위한 왕의 올바른 도리를 왕도(王道)라 한다. 즉 왕도는 왕이 자신의 사욕을 떠나 의(義)롭게 백성을 사랑하는 것이라 할 수 있다. 결국 왕도의 가장 핵심적인 내용은 인정 내지 애민이라 할 수 있다. 그렇다면 하늘은 왕이 자신의 명을 잘 지키고 있는지를 어떻게 평가할 것인가? 즉 왕도를 평가하는 근거를 어디서 찾을 수 있을까? 그것은 "하늘은 백성을 통하여 보시며, 백성을 통하여 들으신다." 그리고 "백성들이 하고자 하는 비는 하늘이 반드시 따른다."라는 『서경』의 말 속에 잘 나타나 있다.[2] 왕도의 평가기준은 곧 민의요 민심이며, 그 민심이 천심이라는 것이다. 천명사상의 요지는 민심을 통하여 하늘의 명을 확인한다는 것이다.

결국 민본주의의 기본체계는 천(天), 왕(王), 민(民)이 삼위일체를 이루어 덕의 세계, 즉 인의예지의 세계를 성취하는 것을 이상으로 하는 천명정치사상을 기본으로 하고 있다. 따라서 왕으로 선택된 사람이 부덕하여 민심을 잃게 되면 민본주의의 근본이 흔들리게 된다. 맹자는 여기서 한걸음 더 나아가 왕으로 선택된 사람이 부덕하여 민심을 잃으면, 다른 유덕자가 나타나 그 왕을 왕으로 보지 않고 하나의 간악한 도적으로 보아 방벌(放伐)할 수 있다는 혁명론을 전

---

2) 『서경』「주서」泰誓 中, 天視自我民視 天聽自我民聽, 泰誓 上, 民之所浴 天必從之

개했다(『맹자』「양혜왕」 하). 민이 없으면 나라가 없고 민심을 얻어야 보위를 유지한다는 민본사상은 공·맹이래 일관되게 유지해온 유교의 통치이념이자 조선의 통치이념이었다.

2. 민본사상의 구체화

그렇다면 조선시대 유교적 통치이념인 이 민본사상은 시간이 흐름에 따라 또는 사상가에 따라 어떻게 해석되고 구체화되었을까?

삼봉은 그 누구보다도 공·맹의 민본사상을 신봉했고 또 혁명으로 그 사상을 몸소 실천했다. 그는 덕과 예에 의하여 이루어지는 인정(仁政)이야말로 위민이자 애민이며, 민본을 달성할 수 있는 행정이념이라고 보았다. 구체적으로 그는 『조선경국전』 <정보위>에서 군왕의 자리(寶位)의 지존성과 그 자리를 유지하는 원리를 천명하면서 인정주의를 다음과 같이 전개하고 있다. 즉 "성인의 큰 보배는 위(位)요, 천지의 큰 덕은 생(生)이니, 무엇으로 위(位)를 지킬 것인가? 바로 인(仁)이다."라고 하는 『주역』의 내용을 인용하면서, 인(仁)으로서 위(位)를 지키는 것이야말로 군왕이 해야 할 일임을 선언하고 있다. 임금이 왕위를 지키기 위한 가장 좋은 방법은 민심을 얻는 것인데, 민심을 획득하는 방법은 인(仁)의 마음을 가지고 불인인지정(不忍人之政)을 행하는 것이라 보았다. 여기서 불인인지정이란 차마 남에게 잔인하게 하지 못하는 마음, 또는 차마 남을 그냥 보지 못하는 동정심, 즉 측은지심을 가지고 행정을 베푸는 것을 말한다. 삼봉이 주장한 인정주의(仁政主義)는 지속적으로 조선왕조의 국정운영이념이자 행정이념이 되었다. 인정을 통하여 민본과 위민을 달성해야 한다는 삼봉의 민본에 관한 해석은 공·맹의 견해와 거의 동일하다.

다음으로 율곡은 민본을 어떻게 해석하고 구체화하였는가? 율곡도 삼봉과 마찬가지로 천명정치사상을 근간으로 민본을 해석하고 있다. 즉 "민심이 향하는 바가 바로 천명이 돌보는 바(「성학집요」 『국역전서』 5: 448)"라고 하면서 위민과 민본을 강조하고 있다.[3] 율곡의 민본주의는 천명을 받아 백성들의 인의예지의 본성(덕)을 회복케 하는 왕도정치로 구체화된다. 경세가로서 율곡의 국정운영목표는 인과 의를 기초로 하는 왕도정치의 구현에 있었다. 왕이 자신의 사욕을 떠나 의(義)롭게 백성을 사랑하는 왕도(王道)는 그 내용면에서는 인정과 애민의 표현이며, 궁극적으로는 안민(安民)을 달성하기 위한 것으로 보았다. 율곡은 '국가의 근본은 안민(安民以固邦本)'이라고 주장하면서(「간원진시사소」『국역전서』 2: 13) 안민이야말로 행정이 달성해야 할 구체적인 행정이념이자 목표라고 보고 있다. 이 안민을 달성하기 위한 수단으로서 제시한 정책이 바로 국민경제의 발전(興利)과 개혁정책(革弊)이었다. 율곡은 도덕과 경제의 균형을 통하여 안민을 달성할 수 있다고 보았다.

반계의 위민행정사상도 물질적 풍요인 양민(養民)과 도덕적 성숙인 교화(敎化)의 조화를 강조하는 맹자의 왕도정치(politics of kingship)에서 많은 영향을 받았다. 그는 행정의 존재이유는 위민(爲民: for the people)에 있으며, 그 위민의 구체적 실현은 나라의 근본을 바로세우는 일, 즉 사회제도의 합리화와 사회구조의 개선에서 찾으려고 하였다. 그동안 지나치게 도덕적 교화를 본(本)으로 생각하고 양민이나 항산을 말(末)로 생각해온 그 당시의 행정문화를 비판하면서 반계는 '국정운영에는 무엇이 근본이 되어야 하는가?'에 대하여 의문을 던진다. 그는 '항산이 없으면 항심이 없고', '교학이란 양민을 기다린 연후에야 비로소 가능하다'는 맹자의 행정적 사유에서 많은 영향을 받았다.[4] 그러나 반계는 주관적이고 원론적인 접근으로 민본을 실천하고자 한 맹자의 접근방법을 완전히 전환시켜 객관적인 법제도를 통하여 민본을 실현하는 것이 보다 더 효

---

3) 율곡은 『율곡전서』 곳곳에서 "백성은 나라의 근본이며, 왕은 근본인 그 백성을 하늘처럼 받들어야 한다."고 하면서, 『서경』의 민유방본(民惟邦本)을 민위방본(民爲邦本) 또는 백성자 유방지근본(百姓者 有邦之根本)이라는 말로 표현을 바꾸어 사용하고 있다(「성학집요」 「진시폐소」 「옥당진계차」 「논윤원형소」 등)

4) 맹자의 왕도정치는 인정(仁政)이라는 도덕정치를 통해 백성들로 하여금 자발적으로 복종을 확보하는 정치이다. 이 왕도정치는 양민(養民)에서 출발하여 교민(敎民)으로 완성된다. 즉 선심(善心)과 선법(善法)이 모두 갖추어져야 좋은 정치가 가능하다고 하면서도(「이루」 상), 맹자는 교민이 제도보다 더 근본적이라고 본다. 선정(善政: 예악형정)은 선교(善敎)로 민심을 획득하는 것보다 못하다고 주장한다. 이에 대하여 반계는 좋은 제도를 통한 항산이 있어야 좋은 정치와 교민이 가능하다고 보면서 제도의 중요성을 강조한다. 이는 위민의 실천에 대한 관점이 차이이다.

과적인 동시에 국정운영의 근본이라고 주장한다. 기존의 국정운영시각을 완전히 변화시킨 것이다. 즉 도와 교학 중심의 수기행정보다는 객관적 규범을 통한 법제도 중심의 행정이 보다 더 위민과 민본을 충족시킬 수 있다고 본 것이다.

반계는 인간과 자연의 합일을 강조하는 주자학적 세계관에서 벗어나 인간은 '자연을 인식하고 사물을 분별할 수 있는 주체'인 동시에 '이익과 욕망을 추구하는 존재'로 보고, 자연의 천리를 강조하는 관념중심의 행정보다는 실리(實理)에 합당한 법제도중심의 행정행위를 통하여 민의 경제와 후생을 충족시키는 것이 보다 현실적이고 진정한 민본·위민행정이라는 논리를 폈다. 그러면서도 그 논증의 근거를 성리학의 본말론, 주정론, 체용론에서 찾고 있다. 그는 관료들의 자의적인 행정행위를 방지하면서 동시에 백성들의 경제활동(항산과 항업)을 유인하기 위해서는 수기와 도덕에만 의존하는 행정만으로는 항산과 항업을 원하는 인간의 욕구와 욕망을 충족시킬 수 없다고 보았다. 그는 인간의 욕망을 가치중립적으로 보고 이를 개인윤리적인 문제로서보다는 통치의 대상으로 다루어야 한다고 본 최초의 실학자였다(박충석, 1982: 87). 그는 인욕의 내적 다스림도 중요하지만 그 인간의 욕구에 합당하게 대응하는 제도적 규범도 중요하다고 보았으며, 그 모범을 고법(古法) 또는 성인지제(聖人之制)에서 찾고자 했다. 반계는 인간의 욕망은 밖으로부터 규제해야 한다는 객관적 제도주의를 중시했다. 그에게 있어서 좋은 행정이란 인간의 욕구와 이기심을 전적으로 멸하도록 강요하는 것이 아니라, '실리에 합당하고 공정한 법제도'를 통하여 백성들 스스로 자신들의 욕구와 이기심을 다스릴 수 있도록 유인하는 것이라고 보았다. 반계는 백성들은 비록 어리석지만 자기들에게 이롭고 득이 되는 것이 무엇인가를 분별하고 판단하는 인식능력과 이성을 가지고 있다고 보았다. 그는 실리와 시대에 적합하지 않는, 그것도 사심에 의하여 만들어진 법제도로는 민의 신뢰를 얻을 수 없다고 생각했다. 나라를 다스리는 데 가장 중요한 것이 민신(民信)이라고 했던 공자의 행정적 사유를 보다 구체화하여, 실리와 시대적 상황에 적합한 법제도를 통하여 민의 신뢰를 얻는 행정이 가장 바람직한 행정이라고 본 것이다.

반계는 통치에 있어서 가장 중요한 것은 실리(實理)에 합당한 법·제도의 공정한 시행이며, 치자(治者)는 이 좋은 제도가 있음으로써 비로소 양치(良治)가 가능하다고 주장하고 있다(『반계수록』「전제후록」하). 즉 행정의 성공여부는 법과 제도의 합리성을 높여 그 공리적 효과를 극대화함에 달려있다고 본 것이다. 반계의 민본은 율곡의 시무와 무실사상으로부터 많은 영향을 받어 주로 시대상황에 적합한 제도개혁을 강조했다. 그러나 율곡이 주로 개개 폐정에 대한 대안을 왕에 대한 진언을 통해(소, 차 등의 상소문) 제시한데 반하여, 반계는 사회제도의 합리화와 사회구조를 재검토하는 개혁안을 체계적인 저술을 통하여 제시하였다는 점에서 차이가 있다. 즉 율곡시대는 사림정치의 사회적 이상을 추구하기 위한 '도학적 민본과 위민'을 더 강조하였다면, 반계는 '제도적 민본과 위민'을 더 강조하였다. 『반계수록』은 각종 제도의 불합리성을 배제하여 제도의 공리적 효과를 높이려는 데 그 목적을 두고 있다고 볼 수 있다.

다산이 추구한 최고의 행정가치도 주자학적 통치이념인 인정(仁政)을 통한 민본이다. 다산의 행정사상은 애민과 휼민을 그 내용으로 하는 목민사상으로 구체화된다. 그가 가장 바람직하다고 생각한 대표적인 행정 가치는 목민(牧民)이다. 다산의 목민사상은 기존의 주자성리학에서의 민본사상과는 많이 다르다. 다산의 민본주의는 단순히 통치자나 관료들의 사랑과 배려만을 기다리는 수동적이고 객체적인 민(民)의 개념에 머물지 않고 보다 적극적인 민의 개념을 상정하고 있다. 다산은 '천명사상의 구체적 실천인 인정(仁政)이 제대로 이루어지지 않을 경우 민은 어떻게 해야 할 것인가?'를 사유하면서 관(官)과 민(民)의 관계를 정립하고 있다.

유학에서의 민본의 개념은 통치권자인 군주는 왕권신수(王權神授)의 입장에서 만백성에게 자애를 베풀고 사랑해야 한다는 의미에서의 하향적 민본이었다. 즉 군주는 기본적으로 하늘에서 백성의 군(君), 사(師), 부모(父母)로 선정한 사람이며, 백성은 다만 그 북극성(왕)을 둘러싼 뭇별에 불과한 것으로 보았기 때문에 백성은 주체로서의 존재가 아니라 어디까지나 통치행위의 객체적 대상일 뿐이었다. 이에 대하여 다산이 설정한 통치권자와 민(民)과의 관계는 통치권자인 군주는 왕권신수(王權神授)일수가 없고 근원적으로 민에 의하여 선출된 것이라 보았으며 사회생활 관계에 있어서 하나의 평범한 지도자로 파악했다. 백성은 천자라든가 통치자를 선출할 수 있는 권리를 스스로 지니고 있는 새로운 개념의 백성을 상정했던 것이다. 이러한 점에서 다산이 말하는 목민(牧民)의 민(民)은 군주의 객체로서의 민이 아니라 군주를 선출 할 수 있는 권리를 가진 민이라고 할 수 있다. 그러므로 목자는 당연히 이 민(民)에 군림하거나, 지배하거나, 착취하려 들 수 없는 것이고, 오로지 백성을 위해서만 존재할 수 있다는 논리를 전개했던 것이다.

일부 행정학자들은 '관이 민을 지배한다.'는 우리나라의 전통적인 사고방식을 대변하고 있는 것이 바로 『목민심서』라고 주장하기도 한다(조석준, 1992: 145). 즉 관은 목자이고 민은 양이며, 따라서 민은 양같이 완전히 무력한 보살핌의 대상으로 보고 있다는 것이다. 그러나 이는 지나치게 다산의 목민사상을 용어에 집착하여 민에 군림하는 좁은 개념으로 보고 있다. 목민의 어원은 맹자가 평륙(平陸)에 갔을 때 가축을 키우는 것(芻牧)을 백성을 기르는 것에 비유하여 사용한 용어이다. 다산 스스로 『목민심서』서문에서 백성을 기르는 것을 목(牧)이라 일컫는 것은 성현이 남긴 뜻이라 설명하고 있다. 목민이라는 용어만 단순하게 해석하면 민은 양(가축)과 같은 무력한 지배의 대상이다. 그러나 다산의 목민은 요·순시대의 정치이념인 치민(治民)을 본받아 자신의 통치이념인 애민을 성현이 사용한 용어를 빌어 가장 극진하게 표현한 용어이다. 다산이 사용한 목민의 민은 지배의 대상이 아니라 관을 선출할 수 있는 권한을 가진 주인이자 감시자이고 평가자임을 강조하고 있는 개념이다.

「원목」「탕론」「일주서극은편변」 등에 나타난 그의 백성관을 종합해 보면 다산의 관민관계 사상은 전통적인 <지배－복종>의 관민관계를 지향하였다기보다는 관은 민을 이끌고 배려하며, 민은 관을 선출하고 감시하는 <배려－평가>의 관민관계를 상정하고 있다고 할 수 있다. 현대 민주주의국가의 <지도－참여>의 관민관계는 아니라 하더라도 민의 선출권을 의식하여 민의 눈치를 보며 백성만을 위한 행정을 지향하였다는 점에서 관은 민을 지배하여야 한다는 사상, 또는 지배·복종의 행정사상과는 거리가 멀다. 이러한 다산의 민본사상은 '주권재민적 민본사상' 또는 '민권사상'이라 할 수 있다.

다산의 목민지도(牧民之道)는 공자의 수기치인의 군자학과 직결되는 것으로서, 공자의 인도(仁道)를 백성에까지 확충하여 목민사랑(牧民慈)으로 발전시킨 것이다. 공자의 인도(仁道)는 효제(孝悌)의 실천을 통하여 시작된다고 본다면, 다산의 목민의 도(道)는 공자의 인도(仁道)를 백성에까지 확충하여 완성되는 것이다. 즉 가족적인 효제가 국가적인 목민의 도(道)로 발전되었다는 것을 의미한다. 다산은 인(仁)이란 두 사람간의 관계에서 지켜야 할 지선의 행동, 즉 도리에 진력함을 말하는데, 부모, 형제, 군신 간의 사랑을 실천하는 것이 바로 인(仁)이라 보았다. 그래서 인(仁)은 바로 일상적 생활의 범주 속에서 구해야 한다고 보았다. 다산이 강조하는 목민사랑(牧民慈)은 백성을 상대로 인(仁)을 실천하는 것이라 할 수 있다. 특히 다산은 목민을 보다 구체화하여, 노약자와 어린이, 그리고 질병과 어려움에 고통 받고 있는 백성들에게 사랑과 도움을 베푸는 휼민행정을 강조하고 있다.

삼봉, 율곡, 반계, 다산이 사용하고 있는 민본의 구체적 표현(대표적인 행정이념)을 시각적으로 비교표시하면 다음 <그림 1>과 같다.

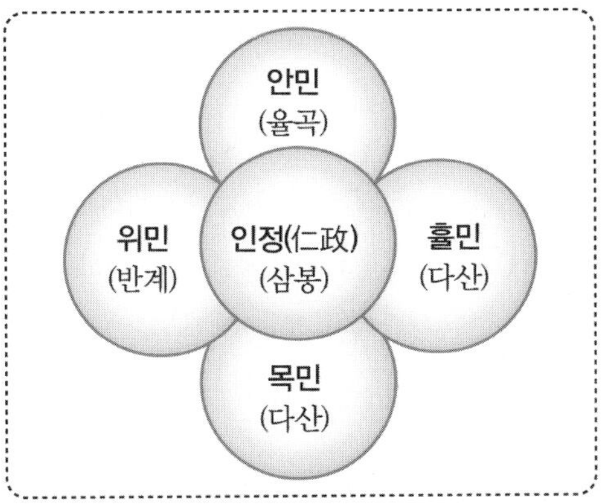

▌그림 1 행정가치(1) : 민본의 구체적 표현

3. 민본사상의 역사적 변용

행성은 실천의 영역이다. 민본이라는 통치이념과 행정가치는 행정과정을 거치면서 그 이념에 대한 해석과 구체화과정을 밟게 된다. 삼봉에서 다산에 이르기까지 모두가 민본과 위민이야말로 행정이 추구하여야 할 가장 바람직한 최고의 가치라고 보고 있지만, 그 의미의 해석이나 실천방안에는 서로 조금씩 다른 견해를 나타내고 있다. 민본을 보는 시각과 관점은 사람에 따라 상대적이기 때문이다. 그렇다면 각 사상가들은 이 민본을 어떠한 의미로 해석하여 정책과 행정으로 연계시키고 있을까?

삼봉에서 다산에 이르기까지 우리 선현들은 치국과 경세를 궁구하면서, "민본이란 무엇인가?" "누가 누구를 위하여 어떻게 하는 것이 민본인가?" "왕(관)과 민의 바람직한 관계는 어떠하여야 하는가?"에 대하여 끊임없이 사유해 왔다. 이러한 문제의식과 사유과정을 거치면서 그들의 체계적인 행정사상이 형성되었다고 볼 수 있다. 이 연구에서 <텍스트>로 활용한 모든 것이 그 사유의 결과물이다. 전통시대의 행정은 민본·위민사상의 구체적 실천과정이자 성리학적 통치이념의 내재적 발전 및 적용과정으로 설명할 수 있다. 조선시대의 행정사상사는 민본의 개념이 시대에 따라 또는 사상가에 따라 어떻게 변용(historical variation)되어져 왔는가에 대한 역사라 할 수 있다.

1 왕도중심의 하향적 배려행정

유교의 천명사상에 근거한 초기의 민본은 지배자의 판단에 의하여 왕이 민에게 하향적(downward)으로 인정을 베풀고 배려하는 '지배자중심의 시혜행정', 또는 '하향적으로 덕을 베푸는 배려행정'을 의미했다. 다시 말하면 왕의 바른 몸가짐과 행동을 통하여 민을 감화시켜 사회적 질서를 찾고자 하는 '왕도행정'에 초점을 맞추었다. 이 시대에는 국왕과 국가가 일체화되어 있는 가산국가였으며, 통치주체인 국가 또는 지배자(왕 또는 관료)는 하늘을 대신하여 어리석은 백성을 가르치고 그들에게 시혜를 베푸는 일종의 하향적 봉사기관이었다. 안민(安民)을 위하여 흥리와 혁폐에 힘쓰는 것도 어디까지나 지배자의 배려에 의한 정책이었다.

삼봉과 율곡은 친－왕－민이 삼위일체가 되어 덕의 세계를 구현해야 한다는 유교적 천명사상에 근거를 둔 전통적인 민본개념에 충실하게 국정운영 또는 행정은 이루어져야 한다고 보았다. 삼봉은 조선왕조의 기틀을 마련하면서 철저하게 맹자의 민본사상을 원형대로 심는데 노력하였고, 율곡은 천명을 받아 백성들의 인의예지의 본성을 회복케 하는 왕도정치(politics of kingship)를 실현하는데 노력했다. 이 시대는 천-왕-민으로 이어지는 천명사상에 근거하여 왕이 중심이 되어 '하향적으로 도덕을 베푸는 행정'인 인정(仁政: politics of virtue)이 가장 바람직한 행정이라고 보았다. 이러한 민본과 인정은 매우 이상적이고 규범적이기는 하지만 현실적으로는 잘 지켜지지 않았을 뿐 아니라, 그저 전제통치를 정당화시키는 수사에 불과했다. 봉사와 시혜를 베풀어야 할 관료집단들이 합당하지 않은 거대한 국가권력을 이용하여 백성을 마음껏 괴롭히고 수탈했다. 인정을 베풀어야 할 지배관료들이 자기이익을 위하여 공권력을 자의적으로 행사하게 되면서 백성들은 나라를 신뢰하지 않게 되었고 , 따라서 백성들은 관을 두려움의 대상으로 여기게 되었다. 이러한 국정운영상황을 거치면서 전통적인 민본의 개념은 점점 현실적으로 변용되기 시작했다. 반계에 이르러서는 민의 입장에서 민본을 해석하게 된다.

2 인정(人情)에 부합하는 법제도중심의 실리행정

그렇다면 반계 유형원은 민본을 어떻게 해석하였을까? 평생을 농민과 함께 고통을 같이 한 반계는 지배자의 입장에서가 아닌 민의 입장에서 진정한 민본과 위민이 무엇인가를 사유했다. 반계가 생각하는 민본과 위민은 왕이 하향적으로 덕을 베푸는 '정신적 도덕적 위민'이라기보다는 실제로 민(民)이 원하고 있고 민의 욕구에 합당한, 또 민(民)에게 지속적으로 도움이 되는 '제도적 실용적 위민'이어야 한다고 보았다. '도(道)를 밝히면 기(器)는 저절로 회복된다.'는 주자학적 관점이 아니라, '도(道)는 기(器)를 떠나 홀로 행해질 수 없다.'는 신념으로 도덕이나 교화중심의 행정보다는 실리(實理)에 합당한 제도중심의 행정을 강조했다.

반계는 진정한 민본·위민행정이 되기 위해서는 수시로 나타나는 폐정에 대한 일회성의 개혁이 아니라, 지속적이고 영구적인 위민행정을 위한 제도적 장치가 필요하다고 보고 사회제도의 합리화와 생산기술의 개선 등 사회구조를 재검토하는 차원에서 행정이 이루어져야 한다고 생각했다. 사림정치의 사회적 이상을 추구하기 위한 '도학적 행정'이 아니라 반계는 '제도중심의 행정'을 통하여 지속적이고 실용적인 위민을 달성해야 한다고 보았다. 이렇게 도(道)를 본(本)으로 하는 도학적 행정사상으로부터 벗어나 사회제도의 합리화와 사회구조의 개선에 중점을 둔 이론을 폈기 때문에 실학은 반계로부터 시작된다는 것이 통설이 되었다고 볼 수 있다.[5)]

인정(仁政)과 교화를 보다 강조하는 초기의 민본사상은 반계에 이르러서는 좋은 제도를 마련하여 항산(恒產)에 힘쓰는 것이 나라의 근본을 세우는 일인 동시에 진정한 민본이자 위민으로 보고, 시대와 환경에 적합하게 그리고 민의 이익과 욕구에 부합하도록 과거의 공정하지 못한 기존(조종)의 법과 제도를 개혁해야 한다고 주장했다. 즉 민이 바라고 원하는 것을 왕이 받아들여 제도적으로 해결해주는 '제도중심의 행정'이 바로 민본사상을 실현하는 것으로 파악했다. 반계는 당시의 정치적·사회적 폐단은 군주의 일심보다는 이 폐법(弊法) 또는 비법지제(非法之制)에서 연유한다고 보았다. 따라서 지배자들의 이익만을 고려하여 만들어진 현재의 법제도를 백성들의 이익에 부합하고 실리에 합당한 법제도로 전면 개혁하는 것이 진정한 민본이라고 보았던 것이다. 그는 '이익을 따르고 손해를 피하는 것은 만고천하의 같은 인정(人情)'이라고 하면서 그 민

5) 천관우(1979)는 "반계 이전에 실학의 붕아 없지 않고, 반계 이후에 실학의 대성 없지 않으나, 실학을 학문으로 정립시킨 위공은 반계수록 26권에 돌려야 한다."고 주장한다. 실학의 개념을 정립하는데 많은 영향을 미친 최남선은 "양란 이후에 자아라는 사상이 선명해지면서 조선의 본질을 알고 실정(實情)을 밝히려는 경향이 날로 깊어져 영정(英正) 양조에 이르러서는 드디어 학풍이 일변하였다."고 말하고 신학풍의 선구자로 반계 유형원을 지목하고 있다(김용덕, 1977: 542).

의 인정에 부합하는 법제도를 통하여 인간의 분별심과 인식심을 움직이는 행정이 가장 바람직한 행정이라고 판단했다. 그는 인간이란 '이익을 추구하는 존재'인 동시에 '인식심과 분별심을 가진 이성적 존재'로 가정하고 있다.

반계는 시대가 변하면 시대에 맞게 법과 제도를 바꾸어야 한다고 보고 제도개혁을 통하여 국정운영을 전면 개혁할 것을 주장했다. 반계는 윤리적 도덕적 가치의 실현을 통하여 사회질서를 유지하고자 했던 전통적인 국정운영사상에서 벗어나 유형적이고 물질적이며 경제적인 가치의 충족을 통하여 사회질서를 유지하는 것이 보다 더 현실적인 위민행정이라고 생각했다. 반계에 이르러 인간의 경제적 욕구(economic needs) 등 이기심(interest)을 보다 적극적으로 정책과 행정의 대상으로 삼기 시작했다고 볼 수 있다. 인간의 욕망을 수기(修己)를 통한 멸인욕(滅人慾)의 대상이 아니라 정책의 대상으로 보기 시작하였다는 점에서 큰 의의가 있다.

3 국가권력의 바른 행사를 강조하는 민권행정

그 후 다산에 와서는 민(民)의 주권적 개념이 들어간 주권재민적 민본의 개념으로 변용되기 시작한다. 다산은 봉사와 시혜를 베풀어야 할 위정자들이 합당하지 않은 거대한 권력으로 백성을 마음껏 괴롭히고 수탈하였기 때문에 천하가 썩었다고 보았다. 다시 말하면 당시 조선의 온갖 폐단이 국왕과 백성사이에서 권력을 농단하는 중간관료세력 때문에 발생한다고 보았다. 다산은 행정은 수령과 아전 등 중간 행정 관료들의 권력농단을 방지하는 일에 초점을 두어야 한다고 보고 국가개혁의 방향을 모색하고 있다. 그는 국가란 백성에게 봉사하는 조직이 아니라 국가권력을 휘두르는 권력조직으로 보았다. 따라서 다산은 행정을 논할 때 항상 권력을 중심개념으로 삼아서 생각했다. 다산은 국가권력이라는 관점에서 세상을 보고 행정을 본 현실주의(realism) 행정학자였다(최병선 · 심준섭, 2010: 270).

다산은 『목민심서』에서 국가권력의 사유화와 자의적 행사가 일어나는 갖가지 상황을 소상하게 묘사하면서, 그 권력누수와 침습의 역기능을 상세하게 분석하고 있다. 다산은 국가권력의 사유화와 자의적 집행을 방지하고, 그 권력이 바르게 행사되도록 중간 관료들의 행동기준과 제도적 장치를 마련하는 것이 행정의 우선과제라고 지적하고 있다.[6] 다산은 국가권력을 행정의 중심개념으로 놓고 그 국가권력이 어디에서 연유하는가에 대하여 깊이 사유했다. 다산은 「탕론」과 「원목」에서 국왕이나 수령이 행사하는 국가권력은 본래 백성의 여망이나 필요에 의해 주어진 것이고, 법은 백성의 편익을 위하여 만들어진 것임을 천리(天理)로서 설명하고 있다. 한걸음 더 나아가 다산은 『목민심서』에서 권력의 행사 또는 행정은 노약자나 어린이, 슬픔과 어려움과 질병에 고통 받고 있는 자 등을 우선적으로 도우는 것이어야 한다고 주장하면서, 휼민(恤民) 또는 사회적 형평성(social equity)을 중요한 행정이념으로 구체화시키고 있다. 실제로 『목민심서』 72개조는 모두가 일선 지방행정 관료들의 자의적 권력행사와 횡포를 방지하고, 사회적으로 소외된 계층들에게 도움이 되는 행정을 하여야 한다는 자신의 애민행정사상을 담고 있다고 볼 수 있다.

다산은 목(牧)과 민(民)의 관계 또는 민의 행정참여문제에 대하여 많은 관심을 가졌다. "목이 민을 위하여 있는가? 민이 목을 위하여 존재하는가?"를 사유하면서 임금과 관료 등 정치적 지배권이 어디에서 유래하는 것인가를 천착했다. 다산은 국정운영에서 민의 참여를 배제한 채 지배자에 의한 하향식(top-down)의 일방적인 규율과 규제가 관철되는 현실을 비판하고, 아득한 옛날(오제 삼왕시대) 지도자의 추대방식의 역사를 들어 민이 정치의 주체가 되어야 함을 주장했다. 다산의 주장에 의하면, 국왕과 관료는 민(백성)의 추천에 의하여 선출된 자들이며, 따라서 그들이 백성을 위하여 일을 하지 않을 경우 백성은 그들을 갈아치울 수 있는 권리를 가졌다고 보았다. 다산에 있어서의 백성은

---

6) 민주주의가 고도로 발달된 오늘날에도 권력의 사유화와 자의적인 행사로 인하여 일어나는 행정의 부조리와 병폐는 과거와 다르지 않다. 그럼에도 불구하고 정책의 결정에만 관심을 가질 뿐 법령의 집행과정에서 일어나는 부조리와 부패에 대해서는 그저 공직윤리만 탓할 뿐 별로 관심을 기울이지 않는다(최병선·심준섭, 2010: 271). 행정은 백성을 골고루 잘살게 하기 위하여 국가권력의 남용을 방지하는 일에 중점을 두어야 한다는 조선시대의 행정사상은 오늘날에 더욱 귀담아 들어야 할 사상이다.

단순히 지배자의 통치에 수동적으로 복종만 하는 통치의 객체로서의 백성이 아니라 오히려 통치자 또는 지배관료들이 눈치를 보아야 하는 대상으로 보았다. 더 나아가서 잘못된 정치행정에 대해서는 백성이 통제 또는 저항할 수 있는 권리까지도 있음을 시사하고 있다.

이러한 민의 정치행정에의 참여문제는 「원목」 「탕론」 「일주서극은편변」 등에 잘 나타나 있다.[7] 다산은 민의 참정권을 인정하면서 민의 요구와 필요를 충족시키는 것이 민본의 실현이라고 보았다는 점에서 '의민행정(依民行政)' '주권재민적 행정' 또는 '민권행정'을 지향했다고 볼 수 있다. 다산의 행정사상이 사유재산을 전제로 한 자본주의적 생산관계와 보통선거제를 기초로 한 서구적 근대민주주의 사상과는 비록 그 궤도를 달리하고는 있지만, 하향적 전제정치에 대한 항의와 상향적 민본주의적 이념에 토대를 두고 있다는 점에서 근대민주주의의 민권이념과 그 맥을 같이 하고 있다.

행정의 내용면에서는 관념적인 '도덕행정'이 아니라 경세치용과 이용후생을 강조하는 '실용(학)행정'을 강조하고 있음을 볼 수 있다. 행정은 지배자(군왕과 관료)의 인정과 배려에 따라 백성에게 하향적으로 도덕과 교화를 베푸는 것이라기보다는, 백성이 절실히 요구하고 필요로 하는 것을 받아들여 그들을 만족시켜 주는 행정, 그리고 현실적으로 백성들에게 도움이 되는 행정을 지향했다. 한국 행정사상사는 이 민본·위민행정사상의 역사적 변용과정이자, 유교적 통치이념인 민본주의의 해석과정의 역사라고 볼 수 있다. 주권이 왕에서 민으로 점차 이동하면서 현대의 '민주행정'의 이념이 싹트고 있음을 볼 수 있다.

다음 <그림 2>는 민본의 해석과 적용의 차이에 따라 나타나는 사상가별 행정의 특징을 가시적으로 비교한 것이다.

---

7) 다산은 중국사의 전개과정을 오제(五帝)시대－삼왕(三王)시대－진(秦)나라 이후의 시대로 구분하고 있다(『상서고훈』 요전). 그는 민의 정치적 참여가 자유로우며 선양방식에 의하여 정권교체가 이룩된 오제시대를 가장 이상적인 시대로, 그리고 삼왕시대를 그 다음으로 본 반면, 왕권의 세습과 민의 정치참여 기회가 박탈된 채 상이하(上而下)의 정치가 실시된 진나라 이후의 정치가 가장 퇴보한 시기로 설정하고 있다(조휘각, 2004: 174). 다산은 삼왕시대의 정치행정을 모델로 하고 있다.

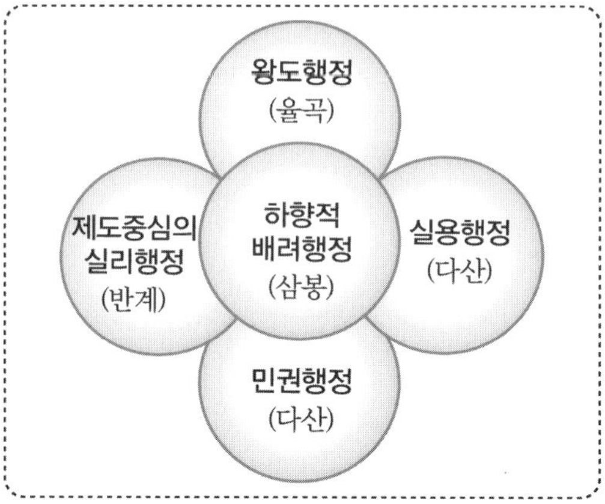

그림 2 사상가별 행정의 특징

03 국정운영목표와 행정목표

각 사상가들이 주장하고 있는 국정운영목표나 행정목표는 그들의 시대인식에 따라 또는 집권자의 정책의지에 따라 달라질 수 있다. 삼봉에서 다산에 이르기까지 조선시대의 국정운영목표는 그 시대마다 약간의 차이를 보이고는 있으나 족식(足食) 족병(足兵) 민신(民信)이라는 유교적 통치목표에서 거의 벗어나지 않고 있음을 볼 수 있다. 여기서는 각 사상가들이 추구하고 있는 국정운영목표나 행정목표를 상호 비교하여 보고 그 차이점과 일반적 경향성을 살펴본다.

삼봉이 지향한 국정운영목표이자 행정목표는 민생안정(民生安定)과 부국강병(富國强兵)이었다. 즉 인정(仁政)이라는 행정방식을 통하여 삼봉이 달성하고자 한 것은 바로 민생안정과 부국강병이었다. 삼봉은 “민(民)은 나라의 근본이니 그 근본이 튼튼해야 나라가 편안하다”는 확고한 신념을 가지고 있었으며, 이를 위해 국가가 제일 먼저 해야 할 일은 민생을 안정시키는 것이라고 보았던 것이다. 여기서 민생안정은 경제안정을 의미한다. 항산을 마련하여 민생을 안정시키고 사회질서를 유지하는 것은 통치자나 행정이 해야 할 기본임무라고 본 것이다. 민생안정은 민본, 애민, 인정의 바람직한 최종 결과이자 목표라고 할 수 있다. 구체적으로 조준(趙浚)과 함께 실시한 전제개혁은 민생의 안정을 위하여 인정(仁政)을 행한 대표적인 사례라고 삼봉 스스로 말하고 있다. 민생안정을 위한 경제정책은 삼봉에서 다산에 이르기까지 모두가 추구한 국정운영목표이자 행정목표였다. 이는 백성은 먹을 것을 하늘로 삼고, 항산이 없으면 항심이 없다는 유학의 국정운영목표를 따른 것이고 오늘날의 국가운영목표와 다를 바 없다.

민생안정과 함께 삼봉이 추구한 또 다른 행정목표는 부국강병이었다. 삼봉은 사직안정이 없이는 민생안정도 없다고 보고, 신생국가로서 명나라의 압박을 슬기롭게 해결하고 상호성원리에 입각한 외교관계를 정립하기 위해서는 부국강병이 무엇보다 중요하다고 보았다. 그는 나라의 힘이 있어야 강대국의 간섭과 압박에서 벗어날 수 있다고 생각했다. 삼봉이 추구한 부국강병 정책은 굳건한 자주의식의 토대위에서 중국과의 쌍무관계를 정립하려는 자주와 주체사상의 발로였다. 요동정벌계획 등으로 나타나는 이러한 부국강병목표는 이방원에 의하여 좌절되고 실현되지는 못했지만, 그의 상무정신과 부국강병목표는 후에 율곡에 의하여 다시 그 맥이 이어지게 된다.[8)]

율곡이 추구한 행정목표는 부국안민(富國安民)이었다. 율곡은 왕도정치와 위민행정(민본주의)의 실현을 통하여 나라를 부유하게 하고 국방을 튼튼히 하여 모든 국민이 편안하게 살 수 있도록 하고자 했다. 국정운영 또는 행정목표

---

8) 삼봉을 제거한 이방원세력에 의하여 기록되고 또 태종의 검열을 거쳤다는 실록의 기록에 의하면 요동정벌계획이 표전문제로 곤경에 처한 삼봉 자신을 구하기 위하여 무모하게 군사적 모험을 강행하려 했다고 되어 있으나, 최근 연구에 의하면 요동정벌계획은 조선을 지키기 위한 고도의 방어전술이라고 보는 견해가 강하다(정두희, 1983: 28-30. 박홍규, 2003). 삼봉의 생애 전반을 통틀어 볼 때, 확실한 것은 힘의 뒷받침(부국강병)이 없는 사대는 상대에게 자신의 운명을 내 맡기는 것 외에 그 어떤 것도 아니라는 그의 외교행정사상이다.

의 계층적 구조라는 관점에서 볼 때, 율곡은 왕도정치와 위민행정을 통하여 부국과 안민을 달성하고자 했다. 즉 부국과 안민은 국정운영을 통하여 달성하고자 하는 두 가지의 목표가치였다. 율곡은 스스로 “안민이라는 것은 이(利)를 일으키고(興利), 해(害)를 없이하여(除害) 그 삶을 즐겁게 해주는 것”으로 정의하고 있다(「성학집요」『국역전서』5: 381). 결국 왕도와 인정의 이념은 현실적으로 안민으로 나타나며, 안민은 이(利)를 일으키는 경제문제와 해(害)를 제거하는 혁폐 또는 개혁의 문제로 전개됨을 알 수 있다. 율곡은 부국과 안민을 달성하기 위하여, 신분제도개혁, 정치개혁, 경제개혁, 교육개혁, 병제개혁 등 국정운영전반에 대하여 광범위하게 경장(개혁)할 것을 제안했다.

반계가 추구한 국정운영목표이자 행정목표는 생활안정이었다. 이는 삼봉이 주장한 민생안정과 같은 개념이었으며, 그 구체적인 실현방법은 무너진 근본을 세우는 일이라고 주장하면서 인간의 욕구와 욕망을 정책의 대상으로 삼을 것을 주장하고 있다.[9] 주자학에서 추구하는 통치이념은 인간의 내면적 도덕성, 즉 도(道)의 추구와 수기(修己)와 정덕(正德)을 바탕으로 하여 정치적·사회적 질서를 확립하려고 하는 것이었다. 그러나 반계는 “도(道)를 밝히면 기(器)는 저절로 회복된다”는 가정 하에 인간의 내면적인 도덕성을 밝히는데 초점을 둔 주자학적 행정관에서 벗어나, “도(道)가 어찌 일찍이 기(器)를 떠나서 홀로 행하여지겠는가?”라고 반문하면서 기(제도)의 중요성을 강조한다. 즉 공정하지 못한 제도를 개선하여 민의 생활안정을 달성하는 것이 국가의 행정목표가 되어야 한다고 주장했던 것이다. 그는 인간의 도덕적 규범에만 의존하는 관념적인 행정만으로는 이익을 추구하는 백성들의 욕구를 충족시킬 수 없다고

---

9) 삼봉과 반계는 맹자의 항산과 항업을 중시하면서, 각종 법과 제도의 확립과 개선을 통하여 민의 생활안정을 도모하는 것이 국가의 행정목표가 되어야 한다고 주장하였다는 점에서 매우 비슷한 행정관을 가지고 있다. 삼봉이 제거된 이후 조선의 행정은 인간의 내면적 도덕성에 의거한 도(道)의 추구가 통치의 기본이라고 보는 주자학적 통치사상으로만 흘러 지나치게 수기와 정덕만을 강조했다. 그 결과 당쟁이 심화되고 농민들의 생활고는 극에 달했다. 이 시점에서 반계는 기(器)의 중요성을 강조하면서 제도중심의 행정을 통하여 근본을 세우고자 했던 것이다.

보고, 제도개선을 통하여 항산과 항업을 달성하고 나아가 민의 생활안정을 꾀하는 것이 정부가 해야 할 궁극적인 행정목표라고 주장했던 것이다.

다산이 추구한 국정운영목표나 행정목표는 삼봉 율곡 반계가 추구했던 행정목표와 크게 다르지 않다. 다산은 부국강병(富國强兵)과 국리유민(國利裕民)을 나라가 추구해야 할 국정운영목표이자 행정목표라고 주장하고 있다. 부국강병은 삼봉이나 율곡이 주장한 바와 같이 나라가 부유하지 않고 국토방위가 굳건하지 않으면 민생안정이 불가능하다고 본 것이다. 국력이 없음으로 인하여 국란을 당했으며 백성이 도탄에 허덕인다고 진단한 다산은「경세유표」에서만이 아니라 그의 저술 여러 곳에서 부국강병과 국리유민(國利裕民)을 강조하고 있다.

이상을 요약하면 조선시대의 국정운영목표이자 행정목표는 민생안정과 부국강병이라는 유교의 국가통치목표와 한 치의 다름이 없다. 즉 국가가 해야 할 가장 중요한 일은 ① 백성들에게 먹을 것을 충분하게 해주어야 하고(足食), ② 군비를 충분히 하여 국방을 튼튼히 하는 일이며(足兵), ③ 백성들을 믿게 하는 일(民信)이라고 주장한 공자의 국정운영관에서 한 치도 벋어나지 않고 있다.[10] 삼봉과 율곡은 족식과 족병을 강조한 반면, 반계와 다산은 민신과 민권을 보다 강조했다. 그렇다면 실제 국정운영에서도 이러한 항산 또는 경제안정을 중요하게 다루었을까? 어느 나라이든 표방된 이상적인 목표와 실제 추구한 국정운영 목표 사이에는 항상 괴리가 있기 마련이다. 조선의 경우도 초기의 안정기를 지나면서 지배계층의 관심과 학풍이 철학과 인륜도덕만을 지나치게 강조하는 방향으로 바뀌게 된다. 즉 항산(경제)을 통한 민생안정보다는 도덕적 규범을 강조하고 정신적 교화를 통하여 사회적 질서와 안정을 유지하려는 경향이 더 강했다고 볼 수 있다. 윤리적 가치보다 경제적 가치를 보다 중요하게 다루는 실학적 학풍이 등장하기 이전까지는 경제적 민생안정은 국가의 중요한 국정운영목표로서 기능하지 못했다고 볼 수 있다. 반계를 중심으로 한 경제학파의 등장을 계기로 경제와 제도에 대한 비윤리적 가치에 대하여 관심을 가지게 되었다고 볼 수 있다.

---

10) 『논어』의「안연(顔淵)」7편, "子貢問政 子日 足食 足兵 民信之矣"에 잘 나타나 있다.

삼봉, 율곡, 반계, 다산의 국정운영목표를 비교하여 시각화하면 다음 <그림 3>과 같다.

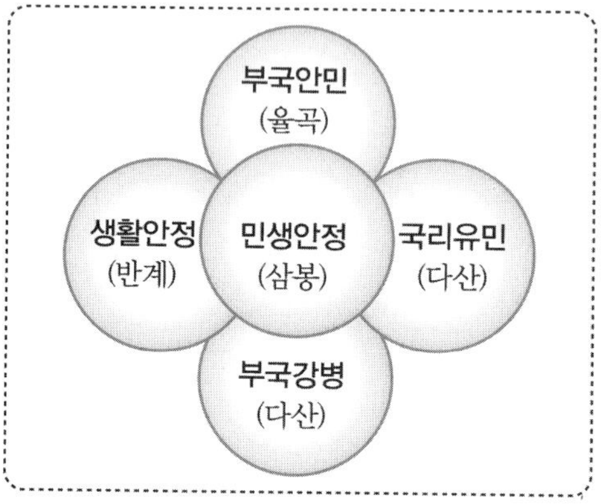

▌그림 3 국정운영목표와 행정목표

04 행정이념

행정이념이란 행정이 업무를 처리하는데 있어서 의존하는 일련의 기준 또는 지도정신으로서 수단적 행정가치를 말한다. 즉 행정목표달성을 위한 수단의 실현과정에서 지켜야 할 최고가치 또는 지도정신을 말한다. 행정과정에서 추구해야 할 행정이념은 하나가 아니라 매우 다양하다. 또한 시대에 따라 또는 통치자가 추구하고자 하는 중점정책에 따라 강조하는 우선순위도 달라진다. 삼봉에서 다산에 이르기까지 그들이 추구한 중요 행정이념들은 무엇이었으며, 또한 현대 행정학에서 주장하는 행정이념과 어떠한 관계에 있는가를 살펴본다.

삼봉이 조선을 건국하면서 국가행정이 지향해야 할 최고의 지도정신으로 표방한 것은 공정성과 합법성, 그리고 절약과 능률이었다. 먼저 공정성은 그의 토지제도개혁과 조세제도개혁에서 잘 나타나고 있다. 삼봉은 백성과 나라의 경제적 기반이 오직 농업에 의존하기 때문에 토지의 공정한 분배(fair distribution)와 그 생산물에 대한 공정한 조세(fair tax)가 이루어지지 않으면 나라의 민생안정은 달성할 수 없다고 보았다. 그는 토지의 공정한 재분배와 공정한 부세를 바탕으로 안정적인 재정운영을 이룩하고자 하였다. 그가 표방하고 있는 행정목표인 민생안정은 공정한 토지분배와 공정한 조세행정을 통하여 달성할 수 있다고 보았다. 삼봉은 고려왕조의 멸망의 원인을 공정하지 못한 토지제도와 공정하지 못한 조세행정으로 인한 공직부패에 있다고 보았으며, 사(私)가 공(公)을 지배하고, 사(私)로 공(公)을 가리는 세상을 바로잡기 위해서는 공정한 행정이 무엇보다 중요하다고 보았다.

다음으로 삼봉은 법과 규정에 의한 합법적인 행정을 강조했다. 원래 삼봉은 조선왕조의 이데올로기적 기초를 유학(주자학)에서 찾았기 때문에 법치(法治)보다는 덕치(德治)를 이상적인 정치행정으로 상정했다. 그러나 그는 덕치라는 규범적인 기준은 자의적인 정치행정으로 전락할 가능성이 있다고 보았다. 즉 덕치가 현실에 근거하지 못하고 추상화되었을 때, 그 통치권은 남용될 가능성을 배제하지 못한다는 것이다. 따라서 삼봉은 법과 규칙을 통하여 국정운영을 하고자 했다. 이는 삼봉이 덕치를 가볍게 본 것이 아니라, 끊임없이 변화하는 구체적인 현실 속에서 법제의 정비를 통한 민생의 안정이 보다 더 필요했기 때문으로 보아야 할 것이다. 삼봉이 지향하는 합법성 또는 법치주의는 전대지법(前代之法)과 금일지의(今日之宜)를 참작하여 시대에 따라 변통하는 의미에서의 법을 말하고 있다. 따라서 삼봉은 법과 제도를 통하여 백성의 삶을 철저히 통제하여야 한다는 『주례』의 행정사상과 보이지 않는 사회의 도덕적 질서와 규범을 통하여 인간의 삶을 통제해야 한다는 유교의 행정사상을 동시에 가지고 있었다. 『조선경국전』은 그런 의미에서 유가와 법가의 철학을 창조적으로 결합한 것으로 볼 수 있다(김용옥, 2004: 35).

삼봉은 국가재정운영에서 반드시 지켜야 할 행정이념으로 절약과 능률을 강조하고 있다. 삼봉은 국가재정의 건전성을 확보하기 위해서 양입제출(量入提

出)의 재정원칙을 법제화하였다. 즉 수입을 헤아려 지출함(量入爲出)을 재정운영의 최고원칙으로 정하여, 세입의 범위 내에서 계획적이고 건전한 재정운영을 하도록 하였다. 이렇게 수입과 지출항목을 획정하고 각 항목에 따른 운영원칙을 제시한 것은 수입과 지출을 연계시켜 재생산적 경제순환이 가능하도록 한 것이었다. 이 절약과 능률은 이후 조선시대 행정을 관통하여 흐르고 있는 행정이념이 되었으며, 또한 이러한 양입제출의 예산원칙은 최근 재정건전성을 강조하는 현대국가에서도 강조되는 예산원칙이다.

율곡은 행정에 있어서 지켜야 할 중요한 가치는 무엇이라고 생각했을까? 평생을 관직에 봉직하면서 제도개선과 행정의 합리화에 기여한 율곡은 시무와 무실, 능률성과 합리성, 사회적 형평성 등 현대행정학에서 주장하고 있는 행정이념을 거의 대부분 제시하고 있다. 율곡의 대표적인 행정사상은 시무(時務)와 무실(務實)이다. 시무의 골자는 아무리 좋은 법과 제도라 하더라도 시간이 흐름에 따라 시의에 맞지 않을 수 있기 때문에 그 때를 놓치지 말고 고쳐야 한다는 행정사상이다. 그 시대적 요청 또는 시의를 파악하는 기준으로서 제시하고 있는 것이 창업－수성－경장의 틀(frame)이다. 현대 행정학의 관점에서 본다면 변화에 대응하는 행정(responsiveness), 적실성 있는 행정(relevance)등과 그 맥을 같이 하고 있다. 무실사상은 실천과 실효를 중시하는 율곡의 행정사상이다. 이 사상은 행정을 행함에 있어서 실심(實心)을 가지고 실공(實功)을 통해 실효(實效)를 거둘 수 있도록 하여야 한다는 사상으로 후일 조선 후기 실학사상, 즉 경세치용과 이용후생 등의 개념에 크게 영향을 미쳤다. 현대 행정학적 관점에서 본다면 효과성(effectiveness), 실천성, 효율성(efficiency) 등의 행정이념과 그 맥을 같이 하고 있지만 그 보다 훨씬 더 중요한 행정이념이다. 무실이념은 현대 행정에서의 능률성이나 효과성 등의 이념에 앞서 고려하여야 할 중요한 행정이념이다. 무실이념은 언행의 일치, 이념과 현실의 일치, 내용과 형식의 일치, 무사안일주의와 복지부동의 타파 등 능률성으로 계량화하기 어려운 공공분야에서 중시하여야 할 종합적이고 대표적인 행정이념이라 할 수 있다.

율곡이 강조한 행정이념 중에서 시무와 무실 다음으로 강조한 것이 사회적 형평성이다. 율곡은 공동체내의 구성원들 간의 공물이나 국역의 부담이 지나치게 한쪽으로 치우치거나, 불공평해서는 안 된다는 이념을 가지고 있었다. 행정을 통하여 그 부담을 공평하게 해 주거나, 더 나아가 통치계급의 부를 들어 백성들의 이익에 보탬이 되도록 하는 것이야말로 행정이 해야 할 일이라고 생각했다. 구체적으로 율곡은 통치자나 통치계급의 부를 덜어(줄여) 피폐한 백성들에게 이익이 되도록 해야 한다는 손상익하(損上益下)와 신분제도개혁을 통하여 서얼과 천인에 대해서도 벼슬길을 열어주고(仕路許通), 공적이고 사적인 천인들에게는 천인신분을 면하게(從良) 해 주어 사회적 불평등을 제거해 주는 것이 행정이 해야 할 일이라고 생각했다. 오늘날 신행정론자들이 주장하고 있는 행정의 기준인 사회적 형평성(social equity)과 그 맥을 같이 하고 있다.

법·제도중심의 행정을 강조한 반계 유형원이 가장 강조한 행정이념은 당연히 공정성과 공평성, 그리고 실리와 합법성이다. 반계는 그의 저서 『반계수록』에서 각종 법과 제도의 결정과 집행이 공정하지 못하고 공평하지 못하면 근본이 무너진다고 주장하면서 그동안 농민들이 받은 고통과 불이익은 모두 사욕에 의하여 만들어진 폐법(弊法)과 비법지제(非法之制)에서 비롯되었다고 주장한다. 공정과 공평에 대한 강조는 인구관리정책과 토지제도개혁정책 뿐만 아니라, 노비제도 자체를 폐지하여야 한다고 주장한 신분제도개혁 등 『반계수록』 도처에서 발견할 수 있다. 반계는 수신과 교화 등 도덕적 규범을 강조하는 도학행정보다는 제도와 법제의 개선을 통한 위민행정을 강조하면서, 국정운영과 행정에서 지켜야 할 도(道)로서 공정과 공평을 지극히 중요한 가치로 생각했다(송주영, 1979: 26). 그러나 반계는 무엇보다도 법·제도가 공정하고 공평하기 위해서는 각 제도나 정책에 내재된 법칙과 원리인 실리(實理)에 합당하게 만들어야 한다는 것을 강조했다. 국정운영의 각 영역을 관장하는 법과 제도에는 이를 작동케 하는 기본원리와 이치가 있으므로 이를 밝혀내고, 그 이치와 원리에 합당한 법제도를 만들어야 공심(公心)에 의해 만든 좋은 법·제도라는 것이다.

공정과 공평 그리고 실리 다음으로 반계가 중요시한 행정이념은 절약과 능률이다. 『반계수록』의 관료제개혁론에 나타나고 있는 반계의 행정사상은 관료조직을 대폭적으로 축소하여 낭비요인을 철저하게 제거해야 한다는 능률사상이다. 중복요인을 제거하여 조직을 간소화하고, 명령계통의 질서를 잘 살려 능률적인 관료조직으로 만드는 것이 곧 위민행정이라고 보았다. 예컨대, 비변사의 폐지 및 관료기구의 계층제적 편제 강화, 제조와 체아직의 폐지, 겸직기능의 폐지, 임시관청의 설립금지와 정부기구의 대폭적인 축소 등은 반계의 절약과 능률이라는 감축관리사상이 반영되어 있음을 볼 수 있다.

다산은 특히 애민과 휼민이라는 행정가치를 달성하기 위해서는 백성들에게 부과하는 세금이나 부역의 부담은 되도록이면 간소하고 균등하며 공정(fairness)해야 할 뿐만 아니라, 한 걸음 더 나아가 공공 서비스의 혜택이 사회적 불우집단에 더 많이 돌아가도록 해야 한다는 가치규범, 즉 사회적 형평성(social equity)을 강조했다. 그는 『목민심서』에서 노인(애민 제1조)과 어린이(애민 제2조)를 포함하여 가난하고(애민 제3조) 병들고(애민 제5조) 재난을 당한 자(애민 제6조) 등 사회적 불우집단을 우선적으로 도우는 행정이 바로 위민이자 목민이라고 보았다. 이는 1970년대 초 행정이란 국민의 욕구(needs)를 기준으로 가난하고 소외된 계층을 우선적으로 돌보고 구제하는, 즉 사회적 형평성(social equity)을 달성하는 것이어야 한다고 주장한 신행정론(new administration)의 이론과 그 맥을 같이 하고 있다.[11)]

이상에서 우리는 삼봉에서 다산에 이르기까지의 행정이념을 분석하고 해석해 보았다. 비록 군주주의 국가시대였지만 오늘날 현대행정이 추구하고 있는 행정이념과 한 치의 다름이 없다. 합법성, 능률성, 효과성, 민주성, 사회적 형평성, 적실성, 융통성 등 서양에서 수입된 용어로 설명되고 있는 오늘날의 행정

---

11) 사회적 형평성의 내용은 지극히 다양하여 그 기준을 명백히 제시하기란 쉽지 않다. 다산이 강조하고 있는 휼민행정은 주로 불우대상에게 복지를 제공함으로써 최소한의 생활수준을 제공하여야 한다는 사회복지적 입장에서의 형평성이다. 반면에 율곡이 주장하는 손상익하(損上益下)의 개념은 소득재분배의 향상을 통한 수직적 형평성을 강조하는 경제적 입장에서의 형평성이다. 또한 신분제도개혁을 통하여 서얼과 천인에 대해서는 벼슬길을 열어주고(仕路許通), 공적이고 사적인 천인들에게는 천인신분을 면하게(從良) 해 주어 사회적 불평등을 제거해야 한다는 율곡의 주장은 정치적 접근방법에서의 사회적 형평성이라 할 수 있다.

이념들이 우리의 전통적인 국정운영과 행정에서도 너무나 잘 설명되고 적용되어 왔음을 볼 수 있다. 예컨대, 시무(時務), 무실(務實), 시의(時宜), 변통, 흥리(興利), 손상익하(損上益下), 선공후사(先公後私) 등등 무수히 많다. 그러나 행정학 교과서에서는 우리의 전통적인 행정사상을 담고 있는 용어는 찾아 볼 수 없을 뿐만 아니라 암암리에 우리의 행정은 이러한 행정이념과는 동떨어져 있는 것으로 낮추어 평가하고 있다. 일제 강점기와 근대화과정을 거치면서 우리의 장점을 폄하하고 서구의 이론을 비판 없이 수용한 결과라고 볼 수 있다. 우리의 선현들이 추구한 행정이념은 오늘의 발전된 현대국가에서 지향하고 있는 행정이념과 다를 것이 거의 없다. 공정하고 능률적이며 합법적인 행정을 통하여 백성을 잘살게 하고자 하는 행정사상은 예나 지금이나 다를 것이 없다. 다음 <그림 4>는 삼봉에서 다산에 이르기까지의 각 사상가들이 강조한 대표적인 행정이념을 비교한 것이다.

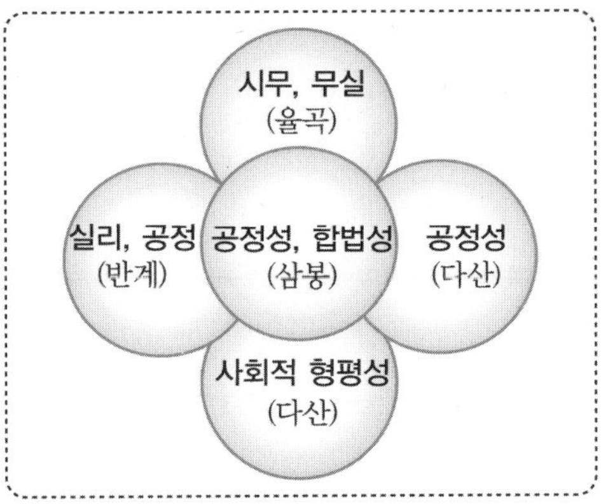

▌그림 4 행정가치(2) : 행정이념

05 공직윤리

삼봉에서 다산에 이르기까지 그들이 가장 중요시한 공직윤리의 덕목은 무엇이었을까? 여기서 공직윤리란 행정가치를 구현하기 위해 공직자들이 공무수행과정에서 마땅히 지키고 준수해야 할 태도와 행동규범을 말한다. 유교적 통치이념을 도입한 조선시대의 공직윤리는 거의 유교적 가치에 기인한 것이 많다.

먼저 삼봉이 추구한 공직윤리는 태조 즉위 당시에 교시한 고과법(考課法)에 잘 나타나 있다. 그는 목사, 감사, 수령, 현령 등 관료들의 근무성적(고과)은 그들의 행동규범과 업적에 의하여 평가해야 한다고 주장하고 있다. 여기서 행동규범평가란 공무수행과정에서 관리들의 행동과 태도가 얼마나 선했으며 도덕적이었는가에 대한 평가를 말하며, 업적평가는 관리들이 수행해야 할 각 행정영역별 업무를 얼마나 잘 달성하였는가에 대한 실적평가를 말한다. 삼봉은 『경제문감』(하)에서 관리들의 행동규범에 대한 평가는 <선·악의 법>으로, 그리고 행정업무능력은 <전·최의 법>으로 평가할 것을 구체적으로 명시하고 있다(「경제문감」 하, 『국역삼봉집』 2: 97-98). 여기서 행동규범평가 또는 도덕성평가의 기준이 곧 공직자가 지켜야 할 공직윤리인 것이다.

삼봉은 이 <선·악의 법>의 구체적인 평가기준으로서, 각각 4가지의 기준을 제시하고 있다. 그는 공직자의 올바른 근무태도를 선(善)이라 평가하고, 올바르지 않은 근무태도를 악(惡)이라 평가하면서, 선의 평가기준은 공(公), 염(廉), 근(勤), 근(謹)이며 악의 평가기준은 탐(貪), 포(暴), 태(怠), 열(劣)로 평가하였다. 즉 공직자는 업무를 수행함에 있어 공정(公正)하고 청렴(淸廉)하며, 근면(勤勉)하고 몸가짐을 신중하고 바르게 하여야 하며(謹愼), 재물을 탐하고 백성에게 포악하며 나태하고 수준이 낮은 행동을 해서는 안 된다는 것을 규정화하고 있다. 삼봉의 이 공직윤리는 조선왕조의 일관된 공직윤리가 되었다. 율곡, 반계, 다산도 이 공직윤리에서 벗어나지 않고 있다.

율곡은 공직윤리를 기강으로 설명하였다. 기강은 국가의 명맥이자 국가의 원기이며, 국가의 가장 중요한 원동력이므로 행정(위민)은 국가의 기강을 세우는 일부터 먼저 해야 한다고 주장했다. 율곡은 「만언봉사」에서 당시의 기강해이 상태를 ① 관료들의 직무태만(百僚怠官), ② 공익보다 사익를 앞세우는 행위(先私後公) 그리고 ③ 법령과 명령에의 불이행(號令不行) 등 세 가지로 요약하고 있다. 구체적으로 율곡은 관료들이 직무를 성실히 수행하고(謹), 개인적인 사익을 버리고 공익을 추구하며(公), 법령과 명령을 충실하게 이행하여야(行) 기강이 선다고 주장하고 있다. 보다 자세히 설명하면, 공직자들이 행정과정에서 지켜야 할 태도와 윤리는 ① 사심 없이 공평 정대한 마음을 가지고 관리의 임면을 합당하게 하는 것이며, ② 상벌을 공정하게 행하는 것이며, ③ 법령이나 규정을 성실하게 지키는 일이며, ④ 근면하고 성실하게 업무를 수행하는 일이라는 것이다. 율곡의 공직윤리는 삼봉이 공직자들의 근무평가를 위하여 제시한 공직윤리인 공(公), 염(廉), 근(勤), 근(謹)과 매우 유사하다.

반계는 『반계수록』에서 직접적으로 공직자의 윤리를 논하고 있지는 않다. 그러나 그의 제도개혁론에서 암암리에 추구하고 있는 관료들의 행동규범을 유추해보면 삼봉이나 율곡이 주장하고 있는 공직윤리관에서 크게 벗어나지 않고 있다. 즉 독점금지정책이나 토지제도 등 각종 제도의 문제점을 지적하면서 공정과 공평하지 않는 법제는 시의에 맞게 공정하게 개혁하여야한다면서 공직자들의 공(公)의 개념을 강조하고 있다. 그리고 군포제도, 조세제도 등의 문란의 원인을 공직자들의 사익추구에서 비롯됨을 강조하면서 관료들의 청렴(淸廉)을 강조하고 있음을 볼 수 있다.

다산은 공직윤리를 가장 강조하고 있는 사상가이다. 다산은 『목민심서』에서 공직자가 지켜야 할 많은 윤리항목을 제시하고 있지만, 그가 가장 중요하게 지목하고 있는 공직윤리는 세 가지이다. 첫째는 청(淸)이요, 둘째는 신(愼)이요, 셋째는 근(勤)일 뿐이라고 하였다. 남을 다스리는 자는 항상 청렴해야 하고, 몸가짐과 행동을 삼가야 하며, 부지런해야 한다는 것이다. 「목민심서」 제2편 율기(律己) 제1조는 칙궁(飭躬)으로 몸가짐을 바르게 하는 일이며, 제2조 청심(淸心)은 청렴한 마음으로 정사에 임해야 한다는 것이다. 다산은 이 신독과 청심을 가장 중요한 공직윤리로 보고 있다. 그 외에도 소신과 강직 등의 윤리를 들고 있으나 다산이 가장 강조한 윤리는 청렴과 신독을 강조하는 청백리정신이다.

전통행정시대에서 공직자들이 지켜야 할 태도와 규범, 즉 공, 염, 근 신은 현대의 행정에서도 지켜져야 할 불가역의 원리이다. 즉 공직자는 업무를 수행함에 있어 ① 공정(公正)하고 ② 청렴(淸廉)하여야 하며, ③ 근면(勤勉)하고 ④ 마음과 몸가짐을 신중하고 바르게 하여야 하며(謹愼), 재물을 탐하고 백성에게 포악하며 나태하고 수준이 낮은 행동을 해서는 안 된다는 규범은 동서고금을 초월한 진리임에 틀림없다. 삼봉이 건국 초기부터 공직자들에 대한 근무평가 기준으로 제시한 이 기준은 오늘날에서도 더 강조되고 중요시되는 기준이 되고 있다.

삼봉에서 다산에 이르기까지 그들이 강조한 공직윤리를 그림으로 비교하면 다음 <그림 5>와 같다.

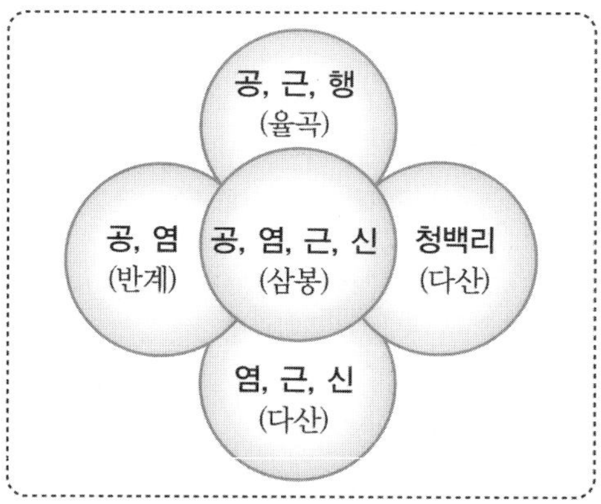

▌그림 5 공직윤리의 비교

06 행정의 구조: 분권, 감축, 통제, 소통

국가목표달성을 위해서는 반드시 정부조직이 필요하다. 정부조직을 어떻게 구조화(structuring)하는가에 따라 그 나라의 정책결정구조가 달라진다. 여기서 구조(structure)란 역할(role)간의 정형화된 관계(patterned relationship)를 말한다. 예컨대 왕, 재상, 판서, 감사, 현감 등의 권한과 역할을 어떻게 구조화하는가에 따라 국정운영방식이 달라진다. 조선시대의 우리 선현들은 어떻게 행정조직을 구조화하고 관리하는 것이 가장 바람직하다고 생각하였을까? 한 나라의 조직행정사상은 시대의 변화에 따라 또는 사상가에 따라 서로 다를 수 있지만, 그 나라의 지배적인 사상은 존재한다. 여기서는 시대와 사람을 관통하여 조선시대를 지배해온 일반적이고 보편적인 조직행정사상은 무엇이었는가를 밝혀보고자 한다. 이미 앞의 개별 장에서 각 사상가별 조직행정사상을 밝혔기 때문에 여기에서는 그들이 공통적으로 생각하고 있는 조직행정사상을 중심으로 정리한다.

1. 견제와 균형을 강조한 분권적 조직행정사상

삼봉에서 다산에 이르기까지 모든 선현들이 공통적으로 중요시하고 있는 조직행정사상은 정부조직은 어느 일방이 권력을 절대적으로 휘두르지 못하도록 조직하고 운영하여야 한다는 권력에 대한 견제와 균형사상이다. 이 사상은 통치권이든 행정권이든 어느 한 사람이 권력을 전횡하지 못하도록 하는 제도적 장치(institutional arrangement)를 마련하고 운영하는 것이 가장 바람직한 조직 구성이라는 사상이다. 구체적으로 이 사상은 다음 두 가지의 형태로 요약할 수 있다.

첫 번째는 권력분산을 통하여 절대 권력의 출현을 막아야 한다는 사상이다. 우리 선현들은 권력의 전횡과 횡포에 대한 견제심리가 매우 강했다. 권력의 집중은 항상 부패와 남용으로 이어져 왔으므로 그 절대 권력이 존재하지 못하도록 권력을 종적 또는 횡적으로 분산시켜야 한다는 것이다. 왕이 절대 권한을 가지고 있는 군주주주의국가일수록 오히려 군주의 절대 권력을 제한하고 견제할 수 있는 행정 구조를 만들어야 진실로 민본·위민행정을 달성할 수 있다고 보았다. 이러한 권력분산의 개념은 합의와 협의 그리고 토론과 간쟁 등을 강조하는 조선시대의 합의형의 관료제 조직에 잘 나타나 있다. 조선시대의 관료조직은 상명하복을 중심으로 한 계층적 구조라기보다는 상하간의 합의관계를 더욱 강조하는 위원회적 성격이 강했다. 물론 형식적으로는 품계에 의한 계층적 조직구조를 갖추고 있었으나, 실질적으로는 명령복종을 강조할 수도 없었고, 하급자도 상급자에게 이의를 제기하거나 잘못을 들어 시정을 촉구할 수도 있었다. 이러한 운영방식은 절대 권력을 인정하지 않으려는 우리의 분권사상의 결과라 할 수 있다.

삼봉이 주장한 재상중심의 국정운영제도에도 권력분산의 개념이 들어 있다. 삼봉은 국가권력을 통치권과 행정권을 분리하여 통치권은 군주가, 그리고 행정권은 재상이 담당하여 상호 부족한 부분을 보완해야 한다고 생각했다. 군주제에서의 군주는 종묘와 사직의 의귀(依歸)하는 바로서 한 나라를 대표하며 국정운영의 최종 책임을 진다. 삼봉은 군주중심의 중앙집권적인 행정체제를 지향하면서도 군주 한 사람에 의한 권력독점과 전횡에 의한 전제정치는 막아야 된다고 생각했다. 군주의 권한은 어디까지나 상징적인 것이지 실제로 절대권을 가진 전제자가 되어서는 안 된다는 생각을 가지고 있었다.

삼봉이 전제정치를 비판하고 재상중심의 행정제도를 지향하고자 한 이유는, 바로 현인정치(賢人政治)에 의하여 인정주의와 민본정치를 구현하고자 함에 있었다. 원래 현인정치는 유교정치의 기본사상이다. 삼봉은 세습군주의 전제정치를 막고, 왕도정치를 실현하기 위해서는 유능하고 능력 있는 현인(賢人)이 재상이 되어 백성의 이익을 위해 정사를 담당하여야 한다는 신념을 가지고 있었다. 삼봉의 재상중심의 국정운영사상은 오늘날의 입헌군주제(constitutional monarchy)의 원류라 할 수 있다.[12] 군주는 존재하지만 상징적 권한행사만 하

12) 입헌주의(constitutionalism)란 역사적으로 왕권의 제약과 관련된 개념으로, 모든 정치과정과 정부의 권력을 제약하고 통제하는 것을 말한다. 삼봉은 왕권을 제약하는 여러 가지

고, 실권은 내각에서 이루어지는 오늘날의 입헌군주제와 외형에는 별 차이가 없다. 만약 재상을 선출하는 과정을 보다 개방적으로 제도화했더라면 당대의 세계사에서 가장 앞서는 입헌군주제가 되었을 것이다(김용옥, 2004: 13). 삼봉은 개인의 권력을 위해서가 아니라, 자기의 철학을 실현하기 위하여 노력한 탁월한 정치가였다. 삼봉이 꿈꾼 재상중심의 국정운영사상은 비록 도당과 같은 대규모의 합의기관은 아니지만, 의정부의 삼정승 합의제로 이어졌다. 삼봉이 죽은 이후, 재상이 주관하는 도평의사사와 같은 다수의 합의제 의정기관은 없어지고, 의정부로 이어진다. 의정부는 3정승으로 구성되는 회의체로서 모든 안건은 세 정승의 합의에 의하여 이루어진다. 절대권자의 전횡을 방지하고 합의에 의한 의사결정은 국가위기를 극복하기 위해 만든 한시적 조직이었던 비변사(군국기무를 관장한 문무합의기구) 시대에도 지속적으로 유지되었다. 율곡이나 반계는 이 합의제의 적극적인 찬성론자였고, 다산은 개혁을 위해서는 왕이 직접 개혁과 그 집행을 지휘하고 통제할 수 있는 권한을 가진 강한 군주제를 찬성하였으나, 재상중심의 제도자체를 반대하지는 않았다. 단지 개혁에 필요한 절대적인 권한을 군주(정조)에게 일임하여 그 시대의 개혁을 이루도록 하여야 한다는 논지였다.

두 번째는 견제와 균형의 조직행정사상이다. 조선은 군주국가이지만 군주나 재상의 절대 권력을 인정하지 않았다. 군주와 재상의 권력횡포와 독단적인 정책결정을 견제할 수 있게 하기 위해서는 정부조직내의 의사전달과 외부와의 소통이 원활하도록 행정조직을 만들 필요가 있다고 보았다. 삼봉에서 다산에 이르기까지 모든 선비들은 자신들의 입(口)은 곧 권력에 대항하는 무기라 생각했다. 간관제도의 도입과 제도언론의 활성화가 그 대표적인 사례이다. 삼봉은 군주제 아래에서 군주의 일방적인 권력독점도 바람직하지 않지만, 재상의 권력독점도 바람직하지 않다고 보았다. 권력은 적절히 분산되어 견제할 수 있어

통제장치를 고안했다. 삼봉이 설계한 조선의 사상적 기초인 유교적 윤리는 바로 입헌주의 질서의 한 전형으로 볼 수 있다. 또한 예(禮)는 피지배층의 윤리의식과 지배층의 윤리의식 모두를 동질적으로 지배하는 규제의 원리로 볼 수 있다(Chaihark Hahm, 2000, 김용옥, 2004: 12).

야 일방이 전횡하지 못하고, 또 썩지 않는다는 것이다. 따라서 군주 또는 재상의 권력독점으로 인한 전횡과 정책실패를 막기 위해서는 제도적 언론인 간관제도(諫官制度)를 활성화하여 그들의 독단적 결정을 견제할 수 있어야 된다고 본 것이다. 삼봉은 나라의 중요한 정책결정이 공정하고 합리적이기 위해서는 무엇보다도 정책과정에 참여하는 공직자들 간의 소통(communication)이 자유로워야 하고, 또 이를 제도적으로 뒷받침하여야 그 실효성을 담보할 수 있다고 보았다.[13]

삼봉 정도전은 고려 말 대간제도의 폐단을 실제로 지켜 본 사람이다. 고려의 대간(臺諫)은 재상의 통솔 하에 있어서 재상을 탄핵하거나 견제하지 못하였을 뿐 아니라 오히려 귀족정치를 옹호하는 방향으로 운영되어 많은 폐단이 있었다. 삼봉은 이를 신랄하게 비판하면서 새로운 대간제도를 모색했다. 그리고는 새로운 신왕조에 적합한 대간제도, 그리고 군주와 재상을 동시에 자유롭게 견제할 수 있는 언론제도, 권력분산을 통한 안정적인 국정운영시스템을 만들고자 노력하였다.[14] 이러한 간관제도는 절대 권력의 출현을 막을 수 있었고, 출현했다하더라도 지속적인 권력유지를 못하게 하여 조선왕조를 500년 이상 지탱하게 하는데 가장 크게 기여하였다. 이러한 권력균형과 권력분산을 염두에 둔 조직행정사상은 오늘날에도 맥맥히 이어져 오고 있다.

---

13) 여기서 말하는 정치과정에의 소통과 정책과정의 개방주의는 지배계급인 관료와 사림에 한정되는 개념이다. 조선왕조는 기본적으로 신분적 계급제도를 전제로 하였기 때문에 피지배계급인 민중의 정치참여는 배제되었다. 민중은 치자의 선과 윤리적 의무에 의하여 보호받는 소극적 객체로서 정치과정에 간접적으로 연계될 뿐이었다. 따라서 조선왕조는 관인지배체제의 성격을 띤다(김운태, 1970: 181-183).

14) 삼봉의 권련균형사상과 제도언론의 활성화 사상은 삼봉이 죽은 뒤에도 그대로 받아들여, 태종 원년(1401)에는 사간원을 독립기관으로 하고, 사헌부의 위상을 강화하였다. 이후부터 사간원의 간쟁 기능과 사헌부의 탄핵기능은 조선시대 대표적인 제도적 언론으로 자리매김한다.

2. 조직 간소화 및 감축관리사상

삼봉에서 다산에 이르기까지 모든 사상가들이 공통적으로 추구하고 있는 또 다른 조직행정사상은 정부조직의 구성과 관리는 번거롭지 않아야 하고 간소화해야 한다는 능률행정 사상이다. 오늘날의 작은 정부론(small government) 또는 감축관리론(cutback management)과 그 맥을 같이 하고 있다. 먼저 삼봉이 조선왕조를 설계하면서 제시한 그의 조직행정사상을 정리해 본다.

삼봉이 조선왕조의 행정시스템을 설계하면서 참고한 것은 『주례』의 관료제도이다. 그는 이상사회로의 목표실현을 위하여 백성을 효율적으로 통제하려면 추상적이고 막연한 도덕적 규범이 아니라 구체적인 제도, 즉 관의 질서를 통하여 달성하여야 한다는 『주례』의 조직행정사상을 도입하고자 했다. 삼봉은 군주에서 일선관리에 이르기까지 종적·횡적 업무분장과 권력배분을 명시한 관료제(bureaucracy)를 통하여 국정운영의 기강을 확립하는 것이 이상사회를 실현하는 중요한 수단으로 보았던 것이다. 중앙행정조직은 재상을 중심으로 한 6조 체제, 지방행정조직은 관찰사가 있는 상급행정조직인 도(道)와 수령이 있는 하급행정조직(부·대도호부·목·도호부·군·현)으로 이어지는 2단계 행정조직으로 구성했다. 삼봉은 『주례』에서 실현가능한 구조와 의미만을 취하였다.

율곡은 정부조직의 효율적 운영을 위하여 관직을 통폐합하여 정부기구를 축소할 것을 제안하고 있다. 율곡은 관청의 수가 너무 많고 관직이 너무 번다함을 지적하고 가능하면 관사를 줄이고 꼭 필요하지 않은 인원은 감축할 것을 제안하고 있다(의진시폐소, 『전서』1: 76). 예컨대, 내수사(內需司)를 호조에 편입시켜 운영비를 줄이고 나아가 궁중경비를 좀 더 공식화할 것과 다양한 임시직을 폐지하여 예산낭비를 줄일 것을 주장하고 있다.

반계는 대폭적인 구조조정(re-structuring)을 통한 정부축소를 가장 강력하게 주장한 사람이다. 『반계수록』의 관료제개혁론에 나타나고 있는 반계의 행정사상은 관료조직을 대폭적으로 축소하여 낭비요인을 철저하게 제거해야 한다는 능률사상이다. 그는 정부조직의 점진적 축소가 아니라 국가개조론이라 부를 만큼 대폭적인 감축관리를 주장하고 있다. 그는 동서반 구분의 폐지, 비변사의 폐지와 관료제의 계층적 편제 강화, 제조직책 등 겸직의 금지, 임시관청설립의 금지, 퇴직 문무관의 예우를 위하여 만들어진 체아직의 폐지, 궁중관련기관의 대폭 축소 등을 통하여 기구를 대폭 간소화할 것을 주장했다. 특히 반계가 조직축소를 통하여 겨냥한 것은 책임소재를 명확히 하여 행정을 전문화하고자 한 것이다. 반계의 분석에 의하면 조선조 관직의 60～70%가 겸임제로 되어 있어 책임행정이 이루어지지 않음을 강력히 경고하고 있다. 겸직행정은 책임소제가 명백하지 못하여 책임행정이 이루어지지 못하고, 관직자체가 언제나 들뜨고 흐트러진 상태가 되어 업무의 능률이 오르지 않는다고 주장하고 있다.

반계는 당시 존재하는 궁중과 관련된 관아 50개중 28개를 대폭적으로 삭감하거나 폐지할 것을 주장했다. 이렇게 통폐합을 통하여 업무분장을 합리적으로 조정하고, 또 궁중관련관아의 업무를 간소화하면서 집행기관으로 대폭 이양하고 나면 6조와 그 속사(屬司)가 맡은 일의 분량과 경중이 비교적 고르게 되어 행정집행기관의 권한이 강화된다는 것이다.

다산의 조직행정사상의 핵심은 번잡하고 혼란스러운 조직구성을 6조 중심의 일원적 행정체제로 재구성하고, 또 각 조직내부의 위계적 질서를 확립하여 행정의 능률화와 합리화를 기해야 한다는 사상이다. 다산은 당시 법과 제도의 질서가 무너진 원인은 조직관리의 위계적 질서(hierarchical order)가 무너졌기 때문으로 평가하면서, 내명부의 품계와 명칭,[15] 관료의 품계와 명칭 등의 단순화를 통하여 의사전달과 명령체계의 혼란과 번잡스러움을 방지하고자 하였다. 즉 관료계급수를 축소하여 조직을 간소화하고, 업무와 기능이 중복되어 있는 기관은 대폭 통폐합하여야 하며, 지방행정구역의 분등(分等)과 분현(分縣), 즉

15) 내명부에 3품 3등급으로 구성되어 있는 빈(嬪)의 품계를 3품으로 줄이고, 빈 밑에 12층 27가지의 명색(명칭)이 있는데, 이를 간소하게 고칠 것을 주장하고 있다. 즉 27가지 명색 중에서 좋은 것만 택해서 4품을 상궁, 5품을 상침이라 하고 품마다 2명씩으로 하고, 6품을 전의, 7품을 전선이라 하여 품마다 4명씩으로 하고, 8품을 전약 9품을 전등이라 하여 품마다 8명씩으로 하여 피라미드형이 되도록 할 것을 주장하고 있다(경세유표 권1, 천관이조 친관지속 명부사편).

수직적 수평적 분할도 간소하고 합리적으로 할 것을 제안하고 있다.

다산은 관료의 계급을 9품으로 한정하고 정과 종의 구별은 없이하되, 오직 1품과 2품에만 정과 종을 두도록 하고 있다. 결국 문·무반 전체 36품계를 11품계로 단순화하고 그 명칭도 문무 단일명칭으로 단순하게 통일할 것을 제안하고 있다. 이와 같은 높고 긴 키다리 계층제(tall organization)현상은 국고의 낭비와 백성에 대한 가렴주구 등을 부추기는 원인이 되는 것이므로 다산은 종래의 번잡한 품계를 단순화할 것을 제안했던 것이다.

이와 같이 삼봉에서 다산에 이르기까지 이들의 행정조직의 구성과 관련하여 공통적으로 나타나는 행정조직사상은 정부의 행정조직은 번거롭지 않고 일의 능률을 지향할 수 있도록 간소하게 구성되어야 한다는 사상이다. 조직은 시간이 지남에 따라 업무의 증대와는 관계없이 위인설관 등에 의하여 점차 늘어나고 관기가 문란해지는 현상을 항상 경계하여야 한다는 사상이다. 이것이 민본이며 위민이며, 백성의 부담을 들어주는 행정이라고 본 것이다.

3. 관료제를 통한 계층적 통제

삼봉에서 다산에 이르기까지 우리 선현들은 '어떻게 하면 유교적 통치이념을 잘 구현할 수 있는 관료조직을 만들 수 있을까?'에 대해 고민하고 사유했다. 이들은 모두가 국정운영목표를 달성하기 위한 수단으로서의 관료조직은 반드시 '기강이 잘 확립된 계층제 관료조직(hierarchical structure)을 통하여 이루어져야 한다.'고 보았다. 조선시대의 관료제는 그 구조적인 면에서는 현대의 관료제와는 동일하나 그 성립배경과 기본정신은 다르다. 엄격하게 말하면 화폐경제가 발달하고 자본주의 성숙되면서 지배의 수단으로서 권위가 합법성과 합리성을 띠게 됨으로서 나타난 막스 베버의 현대관료제와는 그 성립배경이 다르다. 조선시대의 관료제는 지휘계통을 확립하는 것을 기본정신으로 하여 주례의 관료제를 모델로 하여 도입하였으나, 인간적 편견과 감정을 완전히 배제한 몰인간적 초연성(impersonal detachment)을 강조하지는 않았다. 조선시대의 관료제는 인간의 자의성을 철저하게 배제하고 객관적인 규율과 질서에 의하여 객관성과 합리성을 추구하는 현대의 관료제와는 달리, 참여와 논쟁이 보장되는 인간성이 반영된 성취형의 관료제를 지향했다.

조선시대의 관료제는 그의 내부동태에 관한 한 오히려 오늘날 우리나라 관료제보다 우수한 점이 많다(조석준, 1992: 161). 그 대표적인 사례가 관료조직 내에서 관리들이 떳떳하게 공개적으로 정책논쟁을 할 수 있는, 참여가 보장된 관료제였다는 점이다. 즉 조직부서의 장이 결정권한을 전횡하거나 독점하지 못하도록 자유로운 협의와 논쟁이 가능하도록 운영하였다는 점에서, 오늘날의 우리의 관료제보다 훨씬 더 융통성, 적응성 그리고 자율성을 가진 성취형의 관료제였다고 볼 수 있다. 따라서 조선시대의 관료제는 인간의 자의성을 철저히 배제한 몰인정성(impersonality)을 중심으로 객관성과 합리성을 추구했다기보다는, 구성원의 참여와 토론 등을 광범위하게 인정하면서 합의적 의사결정을 중요시한 위원회적 관료제였다고 볼 수 있다.

삼봉은 조선왕조를 설계하면서 『주례』의 중앙집권적 관료제도를 모델로 삼았다. 그는 군주에서 일선관리에 이르기까지 종적·횡적 업무분장과 권력배분을 명시한 관료제(bureaucracy)를 통하여 국정운영의 기강을 확립하는 것이 이상사회를 실현하는 최선의 수단이라고 보았다. 이러한 사상이 담겨져 있는 통치법전이 바로 『조선경국전』이다. 삼봉이 구상한 중앙집권적 관료체제는 중앙행정조직은 재상(영의정)을 정점으로 그 밑에 6조를 두고, 다시 각조 소속하에 많은 관청을 두어서 행정의 조직체계를 확립하는 안이었다. 또 지방의 행정조직은 군현제도를 확립하고, 관찰사와 수령간의 지휘감독체계를 유지하는 한편, 중앙정부, 관찰사, 수령간의 수직적 지휘감독체제를 확립하는 것이었다. 조선왕조 500년간 조직의 명칭은 다소 변화가 있었지만 그의 사상은 그대로 이어졌다.

율곡의 조직행정사상도 삼봉과 마찬가지로 정부조직 내 상하간의 위계질서의 확립을 통하여 효율적인 행정이 이루어져야 한다고 생각했다. 그러나 당시의 관료제는 형식적으로는 품계에 의한 계층적 조직구조를 갖추고 있었으나, 실질적으로는 명령복종을 강조할 수도 없었고, 하급자도 상급자에게 이의를 제기하거나 잘못을 들어 시정을 촉구할 수도 있었다. 다시 말하면, 상명하복을 중심으로 한 계층적 구조라기보다는 상하간의 합의관계를 더욱 강조하는 위원회적 성격이 강했다. 즉 오늘의 관료제처럼 상하간의 계층적 질서가 확립되어 있지 않았다. 특히 대간의 직에 오르면 미관말직이라도 삼공육경(三公六卿)을 얼마든지 탄핵할 수 있었다. 따라서 상하간의 질서가 문란하고 의견이 백출되어 조정(coordination)이 쉽지 않아 행정이 매우 비효율적이었다. 이 당시는 정책의 결정도 어려웠지만 집행도 관료조직의 혼란과 무질서, 그리고 무사안일주의적인 행정행태로 인하여 효율적이지 못했다. 율곡은 관료조직내의 행정의 무질서와 혼란, 그리고 기강의 해이를 지적하면서 행정의 통일성과 체계성, 그리고 효율성을 위해서도 계층적 질서의 확립을 촉구하고 있다.

그렇다면 반계의 조직행정사상은 어떠하였는가? 반계도 율곡과 마찬가지로 관료기구의 계층적 질서를 매우 중시했다. 그는 비상사태의 처리를 위하여 만든 임시특별기구인 비변사가 공식적인 정무기관으로 변질되면서 관제질서(hierarchical order)를 붕괴시켰다고 주장한다. 그는 이같이 관제질서가 붕괴되어 있는 상태에서는 의정부가 정무를 총괄적으로 관리하기 어렵고, 또 예하기관의 백관들이 상급관청(의정부)에 참알(參謁)하고 품사(稟事)하고 명령을 받아 집행하는 것이 일상화되기도 어렵다고 보았다. 또한 비변사와 같은 수십 명으로 구성된 다수합의제는 책임소재의 분산으로 인해 책임 있는 정책을 결정하고 그 집행을 감독할 가능성이 높지 않다는 것이다. 사실 비변사와 의정부를 동시에 거느린 당시의 국정운영방식은 비상시에 국왕이 직접 이들 기관의 운영을 챙기려는 국왕중심의 친재편제(親裁編制)라 할 수 있다. 그러나 전란의 위험이 사라진 시대에는 의정부중심의 재상편제(宰相編制)가 국왕을 보다 적극적이며 책임 있게 보좌할 수 있는 제도라고 본 것이다. 반계도 관료기구의 위계적 질서와 계층적 통제(hierarchical control)를 통한 행정이 가장 바람직하다고 보았던 것이다.

다산도 조직관리의 핵심은 바로 관료제도의 합리적 운영이라고 주장하고 있다. 그는 당시의 법과 제도의 질서가 무너지고 행정이 비합리적으로 이루어지는 원인은 조직 및 조직운영의 위계적 질서(hierarchical order)가 무너졌기 때문으로 분석하고 있다. 그는 당시 정부조직의 관직구성이 높은 관직의 수는 많고, 낮은 관직의 수는 적은 비정상적인 관료조직이라고 실증적으로 분석하면서, 이 역피라미드형의 조직구조에서 나타나는 역기능을 예리하게 지적하고 있다. 다산은 이러한 직급구조의 비정형성과 복잡한 품계 및 계층으로 인해 업무처리가 비합리적으로 이루어진다고 보고 이를 개선할 것을 주장하고 있다. 그는 구체적으로 조직의 통솔범위(span of control)와 통솔구조(structure of control)가 합리적으로 배열된 정상적인 6조 중심의 관료제 형태로 조직을 개편할 것을 주장했다. 다산은 내명부의 품계와 명칭, 관료의 품계와 명칭 등의 단순화를 통하여 의사전달과 명령체계의 혼란과 번잡스러움을 방지하고자 하였다.

이렇게 삼봉에서 다산에 이르기까지 모두가 행정업무처리의 비합리성을 개선하기 위해서는 무엇보다도 '관료기구의 위계적 질서와 계층적 통제'를 확립하여야 한다는데 뜻을 같이 하고 있다. 이러한 사상은 계층제의 원리, 명령통일의 원리, 분업과 통솔범위의 원리, 그리고 분업과 규정 등에 의하여 행정이 이루어지는 오늘날의 고전적 관료제이론과 그 구조와 원리면에서 맥이 닿아 있다. 원래 관료제는 복수적 목표보다는 단일한 목표를 달성하기 위해 합목적적으로 고안된 조직으로 상하 일관된 명령의 체인을 갖는 위계조직이며, 철저하게 분업화되어 있으며 관리개인이 거대한 전체기계의 작은 톱니로 격하되어 보일만큼 한 사람 한 사람에게 특수역할이 부여되어 있고, 상세한 일반적 법규와 규정이 공무수행의 모든 행동을 지배하며, 또 관직은 출생이나 특전에 의해서가 아니라 오직 능력과 업적위주로 선발하고 이들은 대체로 종신 직업이 된다(이종수, 1985: 158). 그러나 그 당시에는 철저하게 분업이 이루어지지 못했고 또 위계적 명령체계가 제도화되지 않았기 때문에 오늘날 막스베버(Max Weber)가 정의하는 관료제의 개념과는 많이 다르지만 그 원리와 사상은 동일하다.

현대행정학에서는 피라미드형의 관료조직을 통한 계측적 통제의 강화는 행정의 도덕성과 부도덕성 모두의 원천이 된다고 본다(Waldo, 1980). 즉 관료제는 국정운영에 긍정적인 영향과 부정적인 영향을 모두 줄 수 있다는 것이다. 전자의 주장에 찬성하는 사람들의 견해를 보면, 계층제는 권력의 책임성을 확보할 수 있어 민본주의와 민주주의를 달성할 수 있으며, 효과적이고 효율적인 정ㅂ를 촉진시키며, 특수이익보다는 전체이익을 중시한다는 점을 든다(Appleby, 1952). 또한 계층제적 통제를 통하여 윤리적 부정이나 비능률성 문제를 제거할 수 있으며, 이익간의 갈등을 해결할 수 있다는 점을 들기도 한다(Bernstein, 1972: 314-347). 반대로 계층제를 반대하는 학자들은 계층제를 민주주의나 민본주의의 촉진을 위한 수단으로서의 계층제의 한계, 그리고 계층제가 행정의 부도덕성을 촉진하는데 연류되고 있다는 점을 강조하고 있다. 즉 조직은 고객의 의지 및 통제와 조화될 수 있도록 보다 소규모단위로 조직되어야 민주주의가 달성될 수 있으며(Ostrom, 1973), 계층제는 비증률성을 증대시키며 행정의 부도덕성과 직접관련이 있다고 주장하면서 바람직한 미래를 위하여 반드시 철폐되어야 한다고까지 주장하고 있다(Thayer, 1973).

조선시대의 우리 선현들이 주장한 관료제는 현대 관료제의 긍적적인 면을 지향한 것이었다. 조선시대의 우리 선현들은 관료조직과 고객과의 관계, 즉 환경적응성(adaptability)이나 대응성(responsiveness)의 문제보다는 조직 내의 업무효율성과 기강의 문제를 더 중시했다.

그 결과 관료기구의 위계적 질서와 계층적 통제를 중심으로 이루어진 조선시대의 행정은 오늘날의 계급주의, 서열주의, 권위주의 등의 행정문화에 많은 영향을 미쳤다고 볼 수 있다.[16)]

---

16) 최근에는 복잡하고 비연속적인 환경변화에 적절히 대응하고 고객의 요구에 적절히 대응할 수 있는 융통성있는 조직모형, 즉 고정되지 않고 반드시 계층적일 필요도 없는 구조적 동태성을 지닌 조직모형이 제시되고 있다. 신행정론을 주창한 프레드릭슨(Frederickson: 1980)은 그러한 조직모형으로 행정분권화모형, 주민통제모형, 매트릭스모형, 협상모형 등을 제시하고 있다.

4. 정치행정과정의 개방주의

삼봉에서 다산이 이르기까지 모두가 공통적으로 주장하고 있는 조직행정사상 중의 하나는 정책과정에 참여하는 공직자들 간의 소통(communication)이 자유로워야 하고, 이를 제도적으로 뒷받침하여 그 실효성을 강화해야 한다는 개방주의 행정사상이다.[17)]

삼봉은 간관제도를 통하여 정책과정에서의 의사전달을 활성화시켰으며, 율곡은 '공론'을 통하여 나라를 다스리는 것이 왕도정치를 실현하는 길이라 주장했다. 공론이 조정에 받아들여지면 나라는 다스려지겠지만, 그것이 골목에만 머물면 나라는 어지러울 것이며, 위아래 어디에도 공론이 없으면 나라는 망한다(「代白參贊疏」『전서』1: 137)라고 하였다. 공론(公論)과 합치되면 나무하는 사람의 말과 김매는 사람의 말도 가볍게 여길 수 없지만, 사의(私意)에서 나온 말이라면 제왕의 말이라도 고쳐야 한다(「경연일기」(2)『전서』2: 155)고 하였다. 이처럼 율곡은 국정운영과정에서 개방적이고 공개적인 의사전달을 강조했다.

언로를 개방하고 활성화하는 이유는 나라의 실정을 정확히 알고자 함이다. 임금은 구중심처에 거(居)하고 있기 때문에 나라의 실정과 폐단을 알기가 어렵다. 율곡은 임금은 여러 사람의 귀를 자신의 귀로 삼고, 중인(衆人)의 눈을 자신의 눈으로 삼아야 한다고 주장한다(「應旨論事疏」『전서』1: 124). 그러나 의사전달의 길만 열어 놓는다고 해서 행정과정의 개방성이 확보되는 것은 아니다. 율곡의 입장은 군왕이 너무 총명해서 남의 말을 믿지 않거나 무시해도 정치행정의 개방주의는 일어나지 않고, 또 군왕이 우둔해서 간신 등에 휩싸여 있어도 국정운영의 개방성이 차단된다고 보았다. 그래서 율곡은 정치행정의 개

17) 조선왕조는 기본적으로 신분적 계급제도를 전제로 하였기 때문에 피지배계급인 민중의 정치행정참여는 배제되었다. 민중은 치자의 선과 윤리적 의무에 의하여 보호받는 소극적 객체로서 정치행정과정에 간접적으로 연계될 뿐이었다. 따라서 조선왕조는 관인지배체제의 성격을 띠고 있기 때문에(김운태, 1970: 181-183), 정책과정의 개방성은 지배계급인 관료와 사림에 한정되는 개념이었다. 그러나 율곡, 반계 그리고 다산은 의사소통의 범위를 일반 백성에 이르기까지 개방할 것을 주장했다.

방성을 확보하기 위해서는 우선 군왕이 현신과 간신을 구별할 수 있는 능력이 있어야 하고, 공식적 자리뿐만 아니라 비공식적 자리에서도 신하와 자유로이 접촉하여야 한다고 강조하고 있다. 또 임금에게 의견을 제시할 수 있는 사람도 관직에 있는 벼슬아치나 선비계급에만 국한하지 말고 상민에서 천민에 이르기까지 의견제시권이 열려있어야 한다고 보았다.

반계는 제도중심의 행정을 주장하면서, 각종 제도의 공정과 공평은 국민의 시각에서 공정하고 공평하여야 함을 강조하고 있다. 공평과세의 중요성을 설명하면서, 조세는 반드시 그 금액과 과세표준, 그리고 그 세율을 과세주체와 납세의무자 쌍방이 일목요연하게 이해할 수 있게 반포(頒布)하고, 또한 불부합(不符合)이 있는 경우 이의신청(異議申請)의 길을 허용해야 한다고 주장했다. 비록 사후적이지만 백성의 의견과 이의수렴을 제도화하여 공정한 과세행정이 이루어지도록 해야 한다고 주장하고 있다. 그는 관(官)이 정한 등급이 불공정할 때에는 백성으로 하여금 고(告)하게 하고 관은 동네사람들과 상담하고 다른 토지와 비교하여 보고 연후에 수령은 반드시 친히 조사하여 정정(訂正)하라고 논하였다(「반계수록」 6, 전제고설). 이와 같이 반계는 민의 의견이 구체적으로 행정에 반영될 수 있도록, 소통시스템(communication system)의 제도화를 주장했던 것이다.

마지막으로 다산의 의사소통관은 어떠했는가? 다산의 언론관은 그 누구보다도 넓다. 조선시대의 간관제도는 언로의 개방 또는 정치행정과정의 개방성을 설명하는 대표적인 제도적 장치이다. 다산은 언로의 개방을 위하여 오히려 이 간관제도의 폐지를 주장한다. 원래 대간제도는 국왕 또는 권신들이 권력을 독점하고 전횡하지 못하도록 하기 위한 제도적 장치이다. 이러한 대간제도는 조선의 가장 빛나는 자랑거리였으며, 이로 인해 조선왕조가 오랫동안 유지할 수 있었다고 평가받고 있다. 그런데 다산은 왜 이 제도를 폐지하여야 한다고 주장하였을까?

다산은 그 당시의 대간제도가 국익에 보탬이 되지 않을 뿐만 아니라 오히려 크게 해독을 끼치는 기관으로 분석하고 있다. 즉 제도도입 당시의 순기능을 상실한지 오래 되었다는 것이다. 그 이유로서 다산은 다음 세 가지를 들고 있다. 첫째, 대간이 아닌 자는 비록 나라를 걱정하고 사랑하는 마음이 심중에 쌓이고 맺혔더라도 논의 한마디 할 수 없고, 따라서 간쟁에는 전혀 관심을 두지 않는다는 것이다. 둘째, 대간제도가 오히려 언론의 자유를 제한하고 파당을 부추긴다는 것이다. 언론을 담당하고 있는 대간을 자기편으로 만들어야 일당독재 또는 장기집권이 가능하기 때문에, 대간 자리를 둘러싸고 파당이 심화되었다. 그러므로 이러한 역기능을 막기 위해서는 대간에게만 간쟁의 기능을 줄 것이 아니라 일반조신들 모두가 간쟁할 수 있도록 언로를 개방하고 활성화시켜야 한다는 것이다. 그 당시의 대간은 이미 중립성과 공정성을 잃었다는 주장이다. 마지막으로 필요 없는 직위를 존속시킴으로써 국가예산을 낭비한다는 것이다. 대간은 재무나 병무, 문교 등 국정을 처리하는데 아무런 능력이 없는 자도 그 직책을 맡을 수 있고, 또 그들이 관기를 문란케 하고 인재의 진출을 막는다고 보았다. 따라서 다산은 이러한 청직(淸職)을 폐지하여 언로를 더 넓게 활성화할 것을 강조했다.[18] 그래야만 문벌만 숭상하는 풍습이 사라질 것이며, 자기와 뜻을 같이 하는 사람은 당으로 하고 반대편의 사람은 공격하는 풍토가 없어질 것이라고 분석하고 있다. 그의 주장에는 언로의 전면적 개방을 통하여 파당을 방지하고 민의 요구와 의견을 행정에 반영하여야 한다는 그의 실학행정사상이 그대로 반영되어 있음을 볼 수 있다.

이상에서 보는 바와 같이 조선시대의 행정사상의 가장 큰 특징은 언로(communication)의 개방 또는 정책결정과정에서의 의견수렴의 강화를 통하여 행정실패나 오류를 극소화하여야 한다는 행정사상이다.

---

18) 다산은 문조(文調)의 재주를 위주로 하는 청직(淸職)은 개인의 명성을 영화롭게 하고, 자손에게 덕을 입히는 자리이긴 하지만, 국가에는 보탬이 되지 못한다고 비판한다. 관직은 국가에 이롭게 하기 위한 것인데 청직은 그렇지 못하다고 주장한다(「경세유표」 춘관예조, 『전서』 5: 15). 다산은 조선시대 대간제도의 역기능을 주장한 대표적인 학자이다.

07 행정의 주체: 능력, 청렴, 절약, 능률

1. 능력과 실적주의

조선시대 유학이 인사행정에 미친 역기능 중의 하나는 가족주의(familism)에서 오는 문벌중심의 인력활용현상이라 할 수 있다. 사회 안정의 기초가 한 집안의 평화에 있는 것은 사실이지만, 유학이 이를 지나치게 강조한 나머지 국가나 사회를 가정보다 경시하는 폐해가 있었다. 이러한 폐해는 관료의 충원에도 자기 문벌중심의 발탁과 임용, 나아가서는 자기 파벌의 인물을 등용하는 제도로 전개되기도 하였다.[19] 그러나 유학 본래의 인사행정사상은 평등과 능력을 중시하는 인력활용사상이다. 삼봉에서 다산에 이르기까지 그들이 공통적으로 주장하고 있는 가장 바람직한 인사행정도 지인(知人)과 입현(立賢) 또는 현인주의로 표현되는 능력중심의 인사행정사상이다.

삼봉은 수많은 역사서의 탐구를 통하여, 창업기가 지나간 세습군주국가에서는 '출중한 군주가 계속하여 나올 것으로 기대하기는 어렵다.'는 것을 잘 알고 있었다. 따라서 그러한 상황에서 국가를 지속적으로 유지경영하기 위해서는 평범한 군주를 보좌하여 국가를 운영해 갈 우수한 관료가 무엇보다도 중요하다고 보았다. 건국 이후 그가 쓴 『조선경국전』은 조선왕조의 법과 제도를, 그리고 『경제문감』에서는 그 법과 제도를 운영할 관료에 대한 자신의 구상을 피력했던 것이다. 삼봉은 법과 제도만 갖추어지면 모든 것이 이루어진다고 생각하지 않았다. 그 법과 제도를 운영하는 관료(인재)의 활용이 무엇보다 중요하다고 생각했다. 특히 집행 관료들의 선발, 평가, 활용을 매우 중시했다. 삼봉은 고려의 인사행정의 문란상을 거울삼아, 인재를 철저하게 교양(양성)하고, 정밀

---

19) 유학사상이 한국 민족에 미친 영향중에서 공(功)에 속하는 것으로는 군자학의 면려, 인륜도덕의 숭상, 청렴절의의 존중이고. 죄(罪)에 속하는 것으로는 모화사상, 당쟁, 가족주의의 폐해, 계급사상, 문약, 산업능력의 저하, 상명주의 그리고 복고사상으로 요약할 수 있다(현상윤, 2010: 22-28).

하게 선발하며, 신중하게 등용할 것을 제시하면서 능력중심의 인사행정을 주장하였다. 또한 재임기간의 장기화를 통하여 행정을 전문화할 것을 주장하고 있다. 인력양성, 인재등용, 인재평가, 인력활용의 연계를 통하여 능력 있는 자들을 임용해야 나라의 이념을 달성할 수 있다고 본 것이다.

율곡의 경우, 인사행정에 있어서 가장 강조한 것은 정실과 청탁을 배제한 능력중심의 인재의 등용이었다. 당시에는 과거제도를 통하여 인사를 충원하였지만, 문벌주의가 성행하여 다 같이 등과를 하여도 권문세가들의 자제들만 크게 등용되는 폐단이 있었다. 특히 관리의 전형은 청탁이나 정실로 많이 이루어져 능력위주의 인사행정이 이루어지지 못했다. 율곡은 인사를 평가할 때, 그 사람의 능력, 실적, 식견, 명절만 보면 되지 그 외의 것은 볼 것이 없다고 하였다. 그가 어디에 소속하고 출신성분이 어떠하든 능력위주로 일을 맡기고(任之專), 그 일을 전문적으로 하도록 해야(持之久) 소기의 성과를 거둘 수 있다는 것이 그의 소신이었다.

율곡은 관직은 나라의 공기(公器)이며, 민생의 행·불행이 달려있는 천직이므로 연공에 따른 승진제도를 반대했다. 율곡이 인사원칙으로 특히 강조한 것은 능력 있는 사람을 순서에 구애받지 않고 써야한다는 것과, 임용, 승진, 좌천이 경력에 따라서가 아니라 오직 능력과 업적에 따라 이루어져야 한다는 것이다.

반계의 경우도, 나라의 인재등용과 활용은 문벌과 신분을 따지지 않고 철저하게 능력중심으로 이루어져야 함을 강조하고 있다. 그의 인사행정관은 교육제도개혁사상과 깊은 관련이 있다. 그는 관료의 선발은 종래와 같은 시문(詩文)이나 경전(經典)보다도 덕행과 견식에 기준을 두어야 하며, 광범위하게 인재를 발굴하여야 하고, 문벌이나 신분계층에 구애받지 않아야하며, 철저하게 교육과정을 거쳐 검증된 자에게 기회를 주어야 한다고 생각했다. 따라서 교육제도와 추천제도를 철저하게 연계시킨 공거제(貢擧制)의 도입을 주장하였고, 문벌을 숭상하는 폐단으로 현재(賢才)의 등용을 방해하고 있는 서경법(署經法)을 폐지할 것과 지방관의 임기를 길게 하여 행정을 전문화할 것을 제안하고 있다.

다산도 국정운영에서 가장 중요한 것이 인사행정이라 보았다. 그는『대학요의』에서 인사행정에서 가장 중요한 일은 지인(知人)과 입현(立賢)이라 했다. 여기서 지인은 사람을 알아보는 능력을 말하며 입현은 현인을 발굴하여 나라 경영에 활용하는 것을 말한다. 다산은 인재의 선발에서부터 인사배치와 활용, 그리고 인사평가에 이르기까지 광범위하게 인사행정의 개선방안을 제시했다. 그의 인사행정사상의 핵심은 모든 사람에게 공직의 기회를 균등히 보장하여야 하고, 등용과 활용은 오직 능력중심으로 이루어져야 한다는 것이다. 그는「통색의(通塞議)」와「오학론사(五學論四)」그리고「경세유표」등에서 당시의 과거제도와 인력활용정책이 문벌과 지역에 의한 차별이 극심하여 진정한 능력본위의 인사행정이 이루어지지 않는 병폐가 있음을 통열히 비판하고 있다.

다산은 현재(賢才)를 적재적소에 쓰면서 국정운영을 성공적으로 수행한 바 있는 순임금의 인사정책(命官)과 주나라의 인재등용방법(立政)을 본받을 것을 강조했다. 즉 광범위하게 인재를 발굴 등용하여 이를 적재적소에 배치하고, 업적평가를 통하여 지속적으로 인사관리를 하며, 겸직의 금지와 구임(久任)의 제도화를 통하여 행정을 전문화하는 것이 궁극적으로 목민을 달성하는 것으로 보았다.

이들의 인사행정사상의 공통점을 요약하면, 국정운영의 성공은 인재의 활용 여부에 있으며 능력위주의 인재등용과 활용만이 그 성공을 담보할 수 있다고 보고 있다는 점이다. 삼봉은 세계 어떤 나라의 공무원제도보다 가장 먼저 실적주의(merit system)를 사용하였던 중국의 관료제를 본받아 성취형의 인사행정을 제도화하고 실천했다. 그 이후부터 이 성취형의 인사행정은 움직일 수 없는 조종의 원칙이 되었다. 조선시대에는 이 능력과 실적위주의 인사행정이 흔들릴 때마다 건국초기의 인사원칙인 객관적인 업적과 능력중심의 인사행정으로 되돌아오곤 했다.

조선시대는 전통적으로 계급사회였기 때문에 일반교양과 능력을 가진 사람을 채용하여 능력과 개성에 따라 적재적소에 인사 배치하고 승진시키는 사람중심의 인사제도(person-oriented system)를 사용했다. 이 계급제(rank system)

는 직무의 내용을 사전에 분석하지 않고 관료의 계급을 종적으로 분류하여 놓고 보수책정은 계급에 따라서 하고, 모집은 인간의 잠재력과 일반적인 교양을 중시하고 승진과 전보도 다양한 직무에 유동할 수 있게 하고, 훈련과 근무평정도 구체적인 기준이 아닌 일반적인 기준에 의하여 운영하는 시스템을 말한다. 이러한 계급제 인사제도를 운영하면서 인재를 알아보고(知人) 현재를 등용하는(立賢) 관료선발과정에서는 공개경쟁시험이라는 객관적 시험제도를 활용하였고, 승진과 전보에는 고과법에 의한 객관적인 업적평가점수를 그 기준으로 활용하였다. 이러한 성취형의 인사행정사상은 오늘날까지 우리의 전통적인 인사제도로 자리 잡고 있다.

유교의 영향을 받은 우리의 문화가 가족주의적이고 귀속적인 요인을 중시한 것은 사실이지만,[20] 인사행정의 기준은 어디까지나 실적주의라는 객관적 기준을 벗어나지 않았다. 비록 조선시대의 과거제도가 상류계층의 출신자에게만 응시자격이 한정되었었지만, 그 범위 내에서의 경쟁기준은 어디까지나 실적과 능력을 기준으로 한 것이었다. 우리의 역사를 볼 때, 관직의 임용이 공개경쟁을 폐지하고 귀속적인 관계에서만 공직을 채용한 사실은 없다. 공거제와 추천제의 도입을 주장한 반계와 다산도 그 제도를 운영하는 선발기준은 어디까지나 객관적인 능력과 실적이었다. 광범위하게 능력 있는 현인을 구하기 위한 제도로 활용하고자 한 것이다. 이와 같이 강한 성취형의 인사행정제도를 오래 전부터 정착시킨 나라는 적어도 구미각국 중에는 없다(조석준, 1992: 159).

최근까지도 우리는 식민사관의 영향을 받아, 조선시대 관료제는 파벌싸움만이 판을 치는 곳으로 교육받아 왔다. 그러나 조선시대 관리들의 충원, 승진,

---

20) 인간관계나 가족을 중시하고, 개인보다 '우리'를 좋아하는 한국인의 가치관이 행정문화에 반영되어 파벌이나 파당을 조성하였다고 주장하지만, 가족주의를 공적인 것과 대비시켜 한국의 특징이라고 주장할 필요는 없다고 본다. 세상이 파벌 없는 조직이나 행정이 어디 있겠는가?. 조선시대의 파벌을 수치스럽게 생각하는 것은 역사의 단점만을 소개한 사람들의 책임이다. 공적 타당성을 해치지 않는 범위 내에서 하나의 조직을 가족화하는 작업은 장려되어야 하고, 이를 위해 전통적인 우리의 가치관을 활용해야 한다(조석준, 1992: 143).

보직 등은 파벌적 고려보다는 경력과 업적 등의 객관적 기준에 의하여 이루어지는 것이 원칙이었고, 파벌적 고려라는 것은 어디까지나 예외적인 것에 불과했다. 뿐만 아니라, 상소제도를 통하여 하위품계에 있는 관리들도 자유롭게 자기의 경륜을 펼 수 있었으며 왕이나 고위품계에 있는 사람들도 이들의 정책논쟁을 경청하였다. 조선시대의 관료제는 오늘날 우리가 상상하는 것보다 훨씬 더 많은 객관적인 참여가 보장되어 있었고 계서지향성(hierarchical orientation)의 정도도 낮았다고 할 수 있다.

2. 경제정책과 예산운영의 보수주의

삼봉, 율곡, 반계, 다산은 기본적으로 농민들의 생활이 안정되어야 국부가 이루어진다고 믿는 농본주의자였다. 삼봉에서 다산에 이르기까지 공통적으로 나타나는 재정운영사상은 적극적인 생산장려를 통한 확대재정운영이 아니라, 농업생산에서 들어오는 수입의 범위 내에서 안정적으로 재정운영을 하여야 한다는 보수적 재정운영사상이다. 이러한 보수적인 재정운영사상은 유가의 전통적인 경제사상이기도 하다. 즉 "유교는 … 적극적인 산업개발이나 흥리사업으로 국부를 증강하려는 목적이 아니라, 백성의 적당한 정도의 생활을 보장하여서로 '안분수업(安分守業)'하려는, 즉 자기분수를 지켜 생업에 종사하게 하려는 것이 목적이었다(이상은, 1981: 295)." 이러한 재정운영의 보수주의는 다음 분야에서도 잘 나타난다.

첫째는 국가의 세입원을 적극적으로 확대하려는 노력보다는 기존의 세원을 유지하는데 초점을 둔 정책행태에서 재정운영의 보수성을 볼 수 있다. 당시에는 백성과 나라의 경제적 기반이 오직 농업에 의존하였기 때문에 토지의 공정분배(fair distribution)와 생산물에 대한 공정한 조세(fair tax)만이 민심을 얻고 나라의 안정은 달성할 수 있다고 보았다. 삼봉과 반계는 토지제도개혁을 통하여, 율곡과 다산은 조세제도개혁을 통하여 이를 달성하고자 하였다. 반계와 다산에 이르러 농토개간이나 저수지확대를 통한 농산물증대정책을 주장하였으나 주된 관심은 여전히 공정한 토지제도와 공정한 조세행정을 통하여 민생안정과 국리유민을 달성하려는 보수적인 정책이었다.

둘째는 국가재정의 운영은 절약과 능률을 바탕으로 건전하게 운영하여야 한다는 예산운영방식에서도 재정운영의 보수성을 찾아볼 수 있다. 삼봉은 국가재정의 건전성을 확보하기 위해서 양입제출(量入提出)의 재정원칙을 법제화하였다. 즉 수입을 헤아려 지출함(量入爲出)을 재정운영의 최고원칙으로 정하여, 세입의 범위 내에서 계획적이고 건전한 재정운영을 하도록 하였다. 이렇게 수입과 지출항목을 획정하고 각 항목에 따른 운영원칙을 제시한 것은 수입과 지출을 연계시켜 재생산적 경제순환이 가능하도록 한 것이었다. 이러한 양입제출의 예산원칙은 율곡 반계 다산에 이르기까지 모두가 강조하고 있는 예산원칙이다. 이 원칙은 재정건전성을 강조하는 현대국가에서도 강조되는 예산원칙이다.

셋째는 윤리와 도덕을 특히 강조한 인사정책과 경제정책에서도 보수적 재정운영의 성향을 발견할 수 있다. 삼봉에서 다산에 이르기까지 모두가 전통왕조에 있어서 재분배체제의 확립은 그를 운영하는 관리자의 윤리도덕에 달려 있다고 주장하면서, 재정운영의 윤리성과 재정운영 관리자의 덕성(德性)을 특히 강조하고 있다. 일반적으로 근대 이전의 경제사상은 지나치게 경제주체들의 윤리도덕을 중시하였기 때문에 그들의 경제동기가 억제되어 시장경제의 발전이 늦게 이루어졌다는 것이 현대의 경제이론이다. 마찬가지로 조선시대에도 유교적 경제사상에 입각하여 윤리도덕을 강조하는 보수적 경제운영을 중시하였고, 또 이를 통하여 경제안정을 달성하고자 했다. 그러면 삼봉에서 다산에 이르기까지 그들이 중점적으로 주장한 보수지향의 재정운영의 내용을 소개한다.

먼저 삼봉은 『경제문감』에서[21] 국정운영을 담당하는 군주와 관료들이 지켜야 할 직분과 재정운영원리를 제시하면서, 윤리도덕에 입각한 보수적 재정관리를 강조했다. 여기서 강조한 윤리도덕은 치자(治者)에게는 청렴과 효율에 의한 재정운영을, 피치자(被治者)인 백성들에게는 경제적 동기의 억제 즉 절약과

21) 『경제문감』은 재상이하의 대관, 간관, 위병, 감사, 주목, 군태수, 현령 등의 신하들을 다루고, 『경제문감별집』은 군주만을 다루고 있다.

절제를 강조하는 개념이다. 재정운영 담담자의 윤리를 강조한 이유는 그들의 행정이 나라의 경제안정과 직결되었기 때문이다. 삼봉이 우수한 신하, 도덕적이고 윤리적인 인재의 등용을 중시한 이유는 바로 건전한 재정운영을 위한 것이었다.

율곡의 경제행정사상도 유가의 전통적인 경제사상에 기초를 두고 경제안정을 강조하고 있다. 당시의 지배계급은 유형적인 가치인 물질이나 산업보다는 무형적 가치인 윤리나 도덕만을 앞세웠고 이러한 윤리나 도덕만으로써 정치질서를 이끌려고 하였다. 즉 하늘의 이치이자 근본(本)인 윤리와 도덕을 강조하면 말(末)인 국정운영은 저절로 잘되리라 믿어 유형적인 경제활동이나 산업에는 전혀 신경을 쓰지 않았다. 그러나 율곡은 당시 사회의 퇴폐상과 도덕의 문란상을 개탄하면서 여기에 대한 대책으로써 도덕의 재건을 내세운 것이 아니라 우선 경제의 발흥, 즉 양민정책을 내세웠던 것이다. 물론 율곡의 경우에도 왕도정치의 실현을 위한 인의예지를 강조했다. 즉 그의 궁극적 가치는 도덕적 가치였다. 그러나 아무것도 없는 상태에서 도덕적 가치만 추구한다고 해서 도덕이 실현되지 않는다고 보았다. 그는 도덕적 가치의 실현을 위해서도 우선 그 바탕이 되는 경제적 가치부터 다지고 키워야 한다는 것이다. 아무리 높은 도덕적 가치라도 경제적 가치를 뒷받침하지 않고서는 실현될 수 없다는 입장을 취하고 있다.

부국을 위한 구체적인 세부정책으로는 ① 궁중의 소비절약, 제사의 간소화, 정부기구의 축소통폐합 등을 통하여 정부지출을 축소하고, ② 적절한 수준의 세금을 거두어들이고 백성과 국가사이에서 관리들이 백성을 착취하는 일을 막아 국고수입을 증대시키는 방안을 제시하고 있다. 오늘날의 예산정책과 다를 바가 없다.

율곡의 재정운영사상은 국가의 경비를 절약하고 백성의 부담을 줄임으로써 백성의 복지를 신장하고자 하는 것이지 생산 확대를 통하여 적극적으로 부국을 꾀하자는 것은 아니었다. 이러한 소극적 부국책은 유가의 전통적인 경제사상이기도 하였다. 당시로서는 생산의 근원이 농토이었기 때문에 농업위주의 생산 장려정책과 백성의 부담을 줄여 안민할 수 있도록 하는 정책개선에 그 중점을 두었던 것이다. 비록 농업생산위주의 소극적인 경제정책이었으나, 율곡의 시무사상과 무실사상, 그리고 그의 경제개혁사상은 반계와 성호를 거쳐 조선 후기 실학자들에게 큰 영향을 미쳤다.

반계는 그 누구보다도 더 철저하게 중농주의 정책과 양입위출의 예산원칙에 의한 재정운영을 선호한 학자였다. 반계가 양입위출의 예산원칙에 따라 국정운영을 하여야 한다고 주장한 이유는 궁중의 사치, 관료의 가렴주구, 조세부담자인 농민의 궁핍 등이 극에 달해 있어 수입원의 탄력성이 매우 빈약했기 때문이었다. 이 주장은 조선을 설계한 삼봉에서부터 율곡에 이르기까지 일관되게 나타난다. 이는 농업국가가 가지는 특성과 유교적 재정보수주의에 기인한 것으로 볼 수 있다. 이 양입위출의 예산원칙에 따른 재정운영은 오늘날 세입원의 탄력성이 약한 지방정부에서, 또는 최근 자원난시대의 국가재정운영에서도 그 의의를 인정받고 있는 예산운영 원칙이다.

다산은 현자를 등용하는 인사행정사상, 즉 지인(知人)과 입현(立賢)을 매우 강조하였으나, 그에 못지않게 민의 경제적 안정, 즉 안민(安民)과 산재(散財)를 강조하였다. 원래 원시유학에서는 안민이나 민생을 중시하였으나 주자학이 지나치게 군주 일심의 도덕과 인륜, 그리고 덕을 중요시하여 인륜에 기반을 둔 정치를 강조하였기 때문에 안민과 민생을 경시하였다는 것이다. 다산은 민생과 경제안정이 없이는 인륜이 자리 잡을 수 없다고 보았다.

3. 절약과 능률주의

삼봉에서 다산에 이르기까지 그들이 공통적으로 지니고 있는 행정사상은 절약과 능률주의이다. 실제로 그들은 조직관리 인사행정 그리고 재정운영 등 모든 행정 분야에서 절약과 능률을 기준으로 개혁안을 제시하고 있다. 이미 앞에서 설명한 바와 같이 삼봉은 국가재정의 운영은 절약과 능률을 바탕으로 건전하게 운영하여야 한다고 주장하면서 양입제출(量入提出)의 재정원칙을 법제화하였다. 즉 수입을 헤아려 지출함(量入爲出)을 재정운영의 최고원칙으로 정하여, 세입의 범위 내에서 안정적이고 건전한 재정유영을 하도록 하였다.

율곡은 무엇보다도 국가차원에서 소비절약을 실천할 것을 강조했다. 우선 궁중에서부터 소비하는 물자를 줄여야 한다고 주장하면서, 내탕의 물자는 사용(私用)되는 경향이 많으므로 내탕과 내수사를 호조에 통합하여 나라의 공비(公費)로 삼을 것을 주장했다. 또한 제사를 간소화하고 정부기구의 축소 및 통폐합을 통하여 쓸데없는 관료의 수를 줄여 경비를 절약하고 행정을 능률화할 것을 강조했다.

반계의 재정운영사상은 그의 국가개조론인 토지제도개혁론과 관료제개혁론에 잘 나타나 있다. 그는 세입행정부문에서는 공정하고 공평한 토지분배와 조세행정을 통하여 민생의 안정을 기하고, 세출행정부문에서는 절약과 능률을 통하여 건전하고 청렴한 행정을 구현하고자 하였다. 아울러 삼봉과 마찬가지로 양입제출의 원칙에 입각하여 예산을 운영할 것을 강조하였다. 또한 반계는 대폭적인 정부구조조정(restructuring)을 통하여 정부기구를 간소화할 것과, 그동안 무절제하게 예산을 운영해온 궁중관련관아 50개중 28개를 대폭적으로 삭감하거나 폐지할 것을 주장하면서 행정의 절약과 능률을 강조했다. 특히 그는 궁중관련기관의 예산사용을 국가가 배정한 예산액의 범위 안에서 사용하도록 하여야 한다는 왕실비제도(civil list)의 도입을 주장하였다는 점에서 그 당시로는 획기적인 제안이었다고 볼 수 있다.

다산은 그의 저서『목민심서』에서, 일선관리들의 <부임>에서 <해관>에 이르기까지의 공직생활에서 그들이 지켜야 할 태도와 규범을 상세하게 제시하면서, 특히 관료들의 공심과 청심 그리고 절약을 강조하고 있다. 특히 다산은 공직자들의 청심과 신독을 통하여 애민하고 휼민하는 청백리정신을 강조하고 있다. 이러한 공도정신과 청백리정신은 애민과 목민의 실천이념인 동시에 백성들이 낸 세금의 절약을 통하여 민의 부담을 줄여주려는 절약과 능률주의 행정사상으로 연결된다.

이와 같이 절약과 능률은 조선시대의 대표적인 행정이념이자 사상이었다.

절약과 능률은 현대행정학이 정치로부터 독립하여 독립분과학문으로 자리매김할 때 내세운 대표적인 슬로건이었으며, 초기의 행정학은 어떻게 하면 국민이 낸 세금을 절약하고 능률적으로 운영할 것인가에 초점을 맞추었다. 조선시대의 일관된 행정사상도 바로 이 절약과 능률이었음을 볼 때, 절약과 능률은 동서고금을 떠나 불가역의 행정이념이자 행정사상임을 알 수 있다.

08 유학의 학풍과 행정사상

사상은 역사적 산물로서 그 시대의 사회적 성격과 학풍 등 환경적 요인에 의해 영향을 받는다. 조선시대의 행정사상도 시대가 변함에 따라, 그리고 각 사상가들의 시대인식에 따라 변화해 왔다. 삼봉에서 다산에 이르기까지 개별 사상가들의 행정사상을 종합해 보면, 조선시대의 행정사상은 유교적 통치사상과 이념에서 거의 벗어나지 않고 있다. 비록 그 시대의 지배적인 학풍이나 문화로 인하여 그 강조하고 중시하는 점이 달랐을 뿐, 기본적인 행정사상은 유학사상의 범주에서 벗어나지 않는다. 한국행정사상사는 유교적 통치이념인 민본·위민사상을 당시의 현실에 맞게 구체화하고 실현하기 위한 내재적 변용 또는 발전과정의 역사라 할 수 있다. 민본과 위민의 구체화 또는 변용과정에 가장 크게 영향을 미친 것은 당시 사회를 지배한 또는 사상가의 사유체계를 지배한 학풍이라 할 수 있다. 조선의 건국초기에서부터 유학의 학풍과 행정사상과의 관계를 일별해 본다.

조선의 건국, 즉 이성계의 역성혁명은 고려말기 사회개혁을 목표로 한 신지식인들의 끊임없는 개혁운동의 결과로서 나타난 사건이다. 고려 말의 사회는 부의 극심한 불평등으로 인한 계급간의 갈등과 대립이 첨예하여 가족, 사회, 국가의 기강과 질서가 무너지고, 그에 따른 도덕과 윤리체계의 붕괴를 가져와, 사회적 아노미의 극한상황이었다. 당시 주자학적 학문배경을 가지고 관료에 진출하여 개혁세력을 형성한 신진사대부 또는 신진사류들은 대부분 중흥이나 경장을 통하여 쇠퇴하고 있는 나라를 일으켜 세우려고 하였다. 즉 혁명을 통한 문제해결보다는 중흥에 의한 문제해결을 지향했던 것이다. 그러나 그러한 개혁시도가 끊임없이 좌절되자, 그들은 결국 급진적인 새로운 왕조의 개창으로 몰고 갔다고 볼 수 있다. 다시 말하면 개혁의 완결을 위하여 건국이 나타났던 것으로 볼 수 있다. 그 당시 신지식인들의 사회개혁 프로그램의 욕구를 충족시켜주는 새로운 사유의 체계(a new thought system)가 바로 성리학이었다. 조선의 건국과 함께 삼봉에 의하여 주도적으로 도입된 주자학적 통치이념은 그 이후 조선의 행정사상에 많은 영향을 미쳤다. 삼봉에서 다산에 이르기까지 그들의 행정사상과 철학은 모두 유학적 사유에 그 기반을 두고 있다. 그러나 유학이 내포하고 있는 범위가 워낙 넓고 여러 방면이 있기 때문에 시대에 따라 그 강조점과 지향점이 달랐다. 따라서 조선시대의 행정사상은 그 시대의 학문경향, 다른 말로 표현하면 유학의 학풍경향에 따라 많은 영향을 받았음을 알 수 있다. 관인지배체제였던 조선에서는 과거시험을 통하여 유학을 공부한 선비들을 충원하였고, 그들로 하여금 국정운영을 담당케 하였기 때문에 그들의 학문적 경향이 행정현실을 지배하지 않을 수 없었다.

그러면 유학의 학풍은 어떻게 변화되어 왔는가? 조선유학의 핵심은 송나라 주자에 의하여 체계화된 주자성리학이다. 일명 정주학 혹은 주자학이라고 일컫는다. 그러나 원래 유학은 매우 범위가 넓어 여러 방면이 있다. 정치, 경제, 법률, 철학, 윤리도덕, 문학, 예학 등 다양하다. 먼저 이를 기재한 경전을 중심으로 설명하면, 『상서(서경)』『춘추』『논어』『맹자』등은 주로 정치·경제·법률·윤리도덕을 논하였고, 『중용』『대학』『주역』 등은 주로 철학을 말하였으며, 『예기』와『악기(전하지 않음)』는 예악을, 『시경』『서경』『논어』『맹자』『악기』『춘추』 등은 또한 문장의 표본이 되는 것이다. 공·맹 이후 시대와 사람에 따라 이들 중 어느 방면을 강조하고 발달시켰느냐에 따라 그 사람 또는 그 시대의 특색(학풍)을 발휘하게 된다. 중국의 한나라와 당나라는 특히 정치·경제·법률 부분을 적용하여 발전시켰고, 송나라와 명나라는 그 철학적 방면 즉 주

자성리학의 부분을 발전시켰다(현상윤, 2010: 20).[22]

우리나라의 유학사를 간단히 살펴보면, 신라와 고려시대의 유학의 학풍은 한나라와 당나라의 학풍의 영향을 받아 경학(經學)에 통달하고 역사에 밝아야 하며(通經明史), 또한 시나 문장에 능해야 하는 것(詞章)을 지향했다. 그러다가 고려 말기에 송나라의 학문인 송학(宋學)이 점차로 소개됨에 따라 유학의 철학 방면이 발달하여 주자성리학의 학풍으로 옮겨가게 된다.

삼봉은 주로 경학과 역사중심의 학풍, 즉 유학의 철학적 측면보다는 정치 경제 법률 윤리도덕 등을 중시하여 이를 조선건국의 이념적 제도적 틀을 만드는데 활용하였다. 건국 이후 그가 쓴 『조선경국전』은 조선왕조의 법과 제도를, 그리고 『경제문감』에서는 그 법과 제도를 운영할 관료에 대한 자신의 구상을 피력했던 것이다. 삼봉은 법과 제도만 갖추어지면 모든 것이 이루어진다고 생각하지 않았다. 그 법과 제도를 운영하는 관료(인재)의 중요성을 무엇보다 강조했다. 이렇게 시작한 조선유학의 학풍은 시대가 변함에 따라 점차 그 학풍도 변화하였다. 먼저 그 흐름을 정리하면, ① 조선 초기의 학풍, ② 조광조로 대표되는 지치주의 시대의 실천유학 학풍, ③ 퇴계 율곡으로 대표되는 성리학 전성기 시대의 학풍, ④ 예학과 당쟁시대의 유학, ⑤ 경제학파의 출현과 원시유학(실학)의 학풍, ⑥ 성리학의 재강조의 시대, ⑦ 서학과 위정척사의 학풍으로 전개되어 왔다(현상윤, 2010). 여기서는 삼봉 율곡 반계 다산의 행정사상에 영향을 미친 학풍만을 다룬다.

---

22) 유학의 기본서인 사서삼경 중 『논어』『맹자』『대학』『중용』이 사서이며, 『서경』『시경』『역경』이 삼경이다. 『대학』과 『중용』은 이미 저작된 『논어』와 『맹자』를 이론화한 책들이다. 이미 있었던 관료조직 국가였던 주(周)나라를 흠모해 쓴 글들이 『논어』『맹자』이며, 삼경은 주나라의 건국에 관한 글들로 볼 수 있다. 삼경 중 역사를 쓴 것이 『서경』이고, 시가 『시경』 그리고 변화이론이 『역경』이다. 한편 『논어』『맹자』 중 먼저 쓰인 것이 『논어』이고, 『맹자』는 나중에 쓴 책인데, 지금으로 해석하면 같은 문화현상을 인문학적 입장에서 쓴 것이 『논어』이고, 사회과학적 입장에서 쓴 책이 『맹자』이다(이문영, 2006: 181). 맹자는 공자의 학문을 완성한 사람이다. 그것도 인문학적 관찰을 바탕으로 쓴 『논어』를 사회과학적 관점에서 완성한 것이다. 삼봉, 율곡, 반계, 다산은 모두가 맹자의 행정적 사유에 많은 영향을 받아 자신들의 행정사상으로 발전시켰다.

1. 조선초기의 학풍과 삼봉의 행정사상

조선 초기의 학풍은 한편으로는 고려 말기의 유학을 계승하고 또 다른 한편으로는 조선 중기의 정주학 전성시대를 연결하는 중간시기인 만큼 학풍도 두 시대의 중간적인 색채를 띠고 있다. 먼저 조선초기에는 유학을 적극적으로 장려하여 오랫동안 불교사상에 염증이 났던 백성의 마음을 공맹사상을 존숭함으로써 치유하려 했다. 당시 국정운영을 말하는 이들은 말할 때마다 요·순, 공·맹을 칭송하고, 재야에서 풍습을 교화하고 윤리도덕을 말하는 사람 또한 사서오경을 근거로 삼지 않는 이가 없었다. 유학은 조선 초기에 들어서면서부터 학계와 사상계 그리고 정치행정계에 군림하여 그 주류가 되었다.

조선 초기의 학풍은 정치·경제·법률과 문장을 학습대상으로 하는 한나라와 당나라의 학풍경향과 조선중기의 철학중심의 성리학 학문경향이 공존하고 있던 시대였다. 특히 삼봉을 위시한 개국초기의 관학파들은 한·당의 학풍경향 즉 유학의 정치적 사회적 적용을 강조하는 측면을 보다 강조하였다. 그들의 정치경제사상은 성리학에 근거하면서도 현실에 맞게 다소의 수정을 가한 것이었다. 즉 명분을 이야기하면서도 실용을 중시하고, 도덕적 자율을 강조하면서도 법치와 패도를 용인하며, 사대를 선호하면서도 민족의 자주성을 도모하는 것이었다(김홍경, 1996). 조선건국에 가장 크게 영향을 미친 유학사상은 바로 이 관학파의 유학사상이다.

조선 초기에 편찬된 각종 법전과 규범집 등에는 관학파들의 유학사상이 녹아 있다. 조선 초기에는 삼봉이 지은 『조선경국전』을 비롯하여 조선 최초의 법전이라 할 수 있는 『경제육전』이 조준과 삼봉에 의하여 편찬되었고, 이를 기초로 하여 궁극에는(성종 16년) 법치국가의 대요를 밝힌 『경국대전』이 완성되었으며,[23] 사회적 전례의 한 규범으로서 『주자가례』에 입각하여 의례의 실

---

23) 세조의 명에 의해 편찬을 시작하여 성종 대에 완성한 조선 왕조의 기본법전이다. 조선초기 『경제육전(經濟六典)과 그 뒤의 법령을 종합해 만들었으며, 1485년 『을사대전(乙巳大典)의 명칭으로 완결되었다. 이것을 시행할 때에 앞으로 다시는 개수하지 않고 최종적으로 확정된 것으로 규정지었다. 그리하여 영세 불변의 조종성헌(祖宗成憲) 또는 통치의 기본 법전으로서 그 시대를 규율하게 되었다. 이 『을사대전은 우리나라에 전해오는 법전 중 가장 오래된 유일한 것이다.

시가 강요되었으며, 세종대에는 『삼강행실도』 『국조오례의』 등이 편찬되었다. 이러한 사례는 주자성리학, 특히 관학파의 유학사상이 조선의 국정운영체제에 얼마나 크게 영향을 미쳤는가를 나타내는 대표적인 사례이다. 삼봉은 좋은 법과 제도를 마련하고 시행하는 것이 민본·위민을 실천하는 것이라고 생각하여, 고려의 실패경험과 『주례』의 제도를 참고하여 조선의 국정운영의 틀을 마련하는데 노력했다. 당시 국가형성기의 행정은 고려시대의 잘못된 제도와 행정관행을 혁파하고 새로운 국정운영의 제도적 법적 틀을 만들고 시행하는 것이었다.

조선의 국가형성이 안정기에 접어들고 무오사화(1498)와 갑자사화(1504)를 거치면서 유학의 학풍은 공·맹의 사상과 도를 정치 경제 교화에 실제로 실현시키는 것을 목적으로 하는 지치주의(至治主義)가 지배한다. 이 학파의 주장과 특색은 문장과 이론을 밝히는 학문에 만족하지 아니하고 몸소 관료로 나아가 정치나 제도를 실천하고 실행하여 임금과 백성을 요임금과 순임금의 시대의 임금과 백성으로 만드는 것을 목표로 했다. 따라서 이 학파는 '실천유학'이라 할 수 있다. 이 학파에 속하는 사람들은 하·은·주 3대의 해와 달이 실현될 것이라는 확고한 신념을 가진 젊은 학자들이었다. 그러나 그 실현수단의 선택이 지나치게 원리적이고 급진적이며 집요했기 때문에 임금에서부터 신하에 이르기까지 동조를 얻지 못하고 좌절되었다. 이시기의 대표적인 학자가 정암 조광조(1482～1519)이다.

2. 성리학 전성시대의 학풍과 율곡의 행정사상

성리학은 송나라의 정자나 주희에 의하여 철학과 인륜도덕을 강조한 유학이다. 일명 리학(理學)이라 부르며, 유교철학을 의미한다. 지치주의 이후에 나타난 학풍으로 서경덕, 이황, 이이 등이 대표적이다. 당시 성리학의 학풍은 두 가지의 목표가 있었다. 즉 존양과 궁리가 그것이다. 존양(存養)이란 존심양성(存心養性)의 준말로서 선량한 마음을 잡아 보존하고 본래 타고 난 본성을 기르는 것을 말하며, 궁리(窮理)란 도리를 궁구하는 것으로 우주의 근본원리를 탐구하고 천인관계(天人關係)를 간파하여 인생에 있어 당위적 본래의 의무를 발현하고자 하였던 것이다.[24)] 그러므로 조선 성리학의 주된 관심은 결국 우주론과 심성론, 그리고 윤리학에 관한 것이 된다(현상윤, 2010: 98).

성리학이 융성했던 시대 이전의 지난날의 다른 유학자들은 치인(治人)을 강조하는 위인지학(爲人之學)인데 반하여 당시의 성리학은 주로 수기(修己)를 강조하는 위기지학(爲己之學)의 성격이 더 강했다. 즉 성현을 본받고 배우는 것이 그들의 학문이고 수양이었다. 이 시대 학자들의 국정운영 및 행정사상은 철저하게 수기와 교화를 강조하는 '도덕행정'을 지향했다고 볼 수 있다. 다시 말하면, 백성들이 본래 가지고 있는 본성인 인의예지를 발현시켜 덕과 윤리의 세계를 만드는 것이 사회질서를 건전하게 유지하는 것이라고 생각하여 주로 수기와 교화중심의 행정을 지향했다. 따라서 우월적 입장에서 관이 민을 교육하고 교화하여 윤리적 이상사회를 만들어나가는 것이 국정운영이고 위민행정이라고 보았기 때문에 어디까지나 권위적이고 하향적이고 지배적인 특징을 가진다. 이러한 속성을 보완하기 위하여 왕도와 치자의 도덕성, 그리고 정명을 강조하였던 것이다. 이러한 철학과 인륜도덕을 강조한 성리학적 학풍이 조선 전 기간을 풍미했던 것은 아니지만, 그 밑바탕을 이루어 온 것은 사실이다.

3. 성리학 학풍의 비판과 반계 · 다산의 행정사상

명종과 선조 연간에 퇴계와 율곡 등 여러 현인 학자들이 성리학을 고도로 발전시킨 후 조선의 학풍은 리(理)와 기(氣)를 말하면서 지리멸렬한 공리공담만을 일삼았다. 한편 백성들은 생활이 곤궁하여 굶어죽는 이가 거리에 깔려 민폐(民弊)와 민막(民瘼)이 하나 둘이 아니었다. 그러나 학자들은 이에 대한 문제의식이 없이 한갓 당쟁, 그리고 사리(私利)와 공리(空理)에만 몰두하고 있었다.

이러한 송나라의 철학위주의 성리학 학풍에 반기를 들고 나타난 것이 한나라의 학풍을 중시하는 경제학파와 공자와 맹자가 주장했던 그 본래의 원시유

24) 여기서 궁리(窮理) 또는 격물치지(格物致知)는 오늘날의 인식에 해당하는 것으로서 지식을 확실하게 하는 것이다. 그러나 지식의 본질이나 지식의 타당성을 연구하고 검토하는 소위 인식론적 연구는 별로 힘쓴 것이 없었다(현상윤, 2010; 99).

학으로 되돌아가자는 수사학의 등장이다. 유형원으로부터 이익, 정약용, 박제가, 홍대용, 이덕무에 이르기까지 상하 150년간에 이 학풍은 성세를 이루었다. 오늘날 실학이라 부르는 이 학풍은 주로 이용후생, 경국제민의 학풍으로서 조선의 실정연구를 통하여 실사구시를 하려는 학풍이다. 이들은 낙토조선(樂土朝鮮)을 만들기 위해서는 무엇보다도 조선의 역사와 지리, 물산과 풍토 등 조선의 실정을 조사 연구하여야 하고, 조선의 실정에 적합한 행정을 펴야 한다고 생각했다. 동시에 외국의 문물과 학술 가운데서 우리보다 우수하고 진보 발달된 것이 있으면 널리 그것을 수입하여 모방하고자 했다. 우리의 역사와 문화를 이해하고 우리 실정에 적합한 국정운영을 하되 외국의 좋은 제도와 문물도 받아들여 국리유민과 민생안정을 달성해야 한다는 자주적이고 합리적인 행정을 주장한 것이 특색이다. 예컨대, 반계는 조세부정과 비리의 온상이 되어 온 복잡하고 어려운 토지면적 산정방법을 보다 합리적이고 알기 쉽게 바꾸기 위하여 왜구들이 사용하고 있는 <경묘법>을 도입할 것을 주장하였다. 우리의 <결부법>보다 왜구의 <경묘법>이 과세의 기준이 되는 토지의 실제면적을 보다 쉽고 합리적으로 산정할 수 있는 계량단위라는 것이다. 외국의 좋은 제도는 어디서건 받아들여야 한다고 생각했다. 특히 다산은 한강의 배다리 건설, 수원성 축조, 기중가 설계, 그리고 가좌부(家座簿: 호적부)의 개선 등 세부적인 행정관리기술에 이르기까지 광범위하게 서양의 과학기술을 활용하였고, 또한 우리의 역사와 문화를 이해할 수 있는 인재를 양성하기 위하여 한국사를 반드시 과거시험과목에 포함시킬 것을 주장하기도 하였다. 또한 그의 행정개혁안은 객관적이고 경험적인 실증자료를 사용하여 개선안을 제안하고 있다. 다산은 성현을 본받고 사람의 마음을 올바르게 한다는 도덕과 정신에 치중한 행정이 아니라, 객관적인 지식과 술법을 중시하는 행정을 지향했다.

실천과 이용후생을 중시하는 이 경제학파의 등장은 국정운영에도 영향을 미쳐 수기와 교화중심의 도덕행정에서 점차 민의 요구와 의견을 현실행정에 반영해야 한다는 실용행정 또는 민권행정으로 발전하게 된다. 즉 민의 의견을 중시하고 민의 의사에 눈치를 보는 행정, 또한 단편적인 문제해결중심의 행정이 아니라 사회구조나 생산기반 등 구조적 문제에 관심을 갖는 제도중심의 행정으로 발전해 왔다. 반계의 제도중심의 행정이나 다산의 목민·휼민행정은 민의 시각에서 민본과 위민을 해석하고 구체화시킨 결과라 할 수 있다.

이렇게 볼 때, 조선시대의 행정사상은 거시적으로 볼 때 유교적 통치사상과 이념에서 거의 벗어나지 않고 있다. 비록 그 시대의 지배적인 학풍이나 문화로 인하여 그 강조하고 중시하는 점은 달랐지만, 기본적인 행정사상은 유학사상의 범주에서 벗어나지 않는다. 결국 한국행정사상사는 유교의 통치이념인 민본·위민사상의 내재적 발전(development)과 변용(variation)의 역사인 동시에 인간에게 널리 이롭게 해야 한다는 우리 홍익인간사상의 구체화과정의 역사라 할 수 있다.

참 고 문 헌

1. 고문서 및 자료

(1) 경서류

▸ 논어(論語), 맹자(孟子), 대학(大學), 중용(中庸), 서경(書經), 주역(周易), 중용장귀(中庸章句), 예기(禮記)

(2) 문집류

▸ 김종서(민족문화추진회 역)(2004).『고려사절요』. 서울: 민족문화추진회.
▸ 유형원(1982).『반계수록』, 서울: 명문당.
▸ 유형원(1990).『반계잡고』, 서울: 여강출판사.
▸ 유형원(북한과학원고전연구실 역)(1991).『 반계수록』(전4권), 서울: 여강출판사
▸ 이이(1971).『율곡전서』, 서울: 성균관대학교 대동문화연구원.
▸ 이이(심상섭 옮김)(1987).『국역율곡전서』 1. 서울: 한국정신문화원.
▸ 이이(이종술 외 옮김)(1996).『국역율곡전서』, 서울: 한국정신문화연구원.
▸ 이익(최석기 옮김)(1999).『성호사설』, 서울: 한길사.
▸ 정긍식(2009).『역주경국대전주해』, 서울: 한국법제연구원.
▸ 정도전(1977).『삼봉집』(1). (2), 서울: 민족문화추진회.
▸ 정도전(민족문화추진회 역)(1986).『경세유표』 1-4. 서울: 민족문화문고간행회.
▸ 정도전(이익성 옮김)(1997, 2002).『경세유표 Ⅰ,Ⅱ,Ⅲ』. 서울: 한길사.
▸ 정약용(1987).『여유당전서』 1-6. 서울: 경인문화사.
▸ 정약용(1987).『여유당전서보유』 1-5. 서울: 경인문화사.
▸ 정약용(2001).『여유당전서』(전 20책), 서울 : 민족문화문고.
▸ 정약용(노태준 옮김)(2008).『신역목민심서』. 서울: 홍신문화사.

2. 단행본 및 논문

▸ 강광식(2005). 율곡 이이의 정치행정사상: 정치행정적 담론적 분석을 중심으로. 한국행정학회 2005년 추계발표회 학술논문집 별쇄본
▸ 강만길(1985).『한국근대사』. 서울: 창작과 비평사
▸ 강만길(1992). 유형원의 개혁사상, 강만길 외(역).『한국의 실학사상』. 서울: 삼성출판사.

▸ 강석화(1989). 정약용의 관료제개혁안 연구,『한국사론』21. 서울대국사학과
▸ 강신택(2002).『행정학의 논리』. 서울: 박영사.
▸ 강재언(1981).『한국근대사연구』. 서울: 도서출판 한울
▸ 강재언(1990). 정다산의 서학관,『다산학의 탐구』. 서울: 민음사
▸ 고려대아세아문제연구소 한국연구실(편)(1974).『실학사상의 탐구』. 서울: 현암사.
▸ 고승제(1995).『다산을 찾아서』. 서울: 중앙일보사
▸ 금장태(1972). 정도전의 벽불사상과 그 논리적 성격.『동교민태식박사고희기념유교학논총』
▸ 금장태(1987).『한국실학사상연구』. 서울: 집문당
▸ 금장태 (1997). 사직제와 禘祭에 대한 茶山의 禮學적 관점,『종교학연구』16, 서울대학교 종교학연구회.
▸ 금장태(2001).『다산실학탐구』. 서울: 소학사
▸ 금장태(2005). 다산의 인 개념의 인식과 실천,『다산학』7호.
▸ 김광웅(1983).『사회과학방법론』. 서울: 박영사
▸ 김권집(1983). 조선조 행정사상연구 1,『논문집』. 대전: 충남대법률행정연구소
▸ 김권집(1987). 유형원의 행정개혁론 연구,『중앙행정논집』. 창간호
▸ 김길환(1972). 율곡성리학에 있어서의 실학개념의 체계,『아세아연구』46.
▸ 김상준(2003). 남인 예론과 근대주권론,『다산학』4. 다산학술문화재단
▸ 김상준(2003). 조선후기 사회와 '유교적 근대성' 문제,『대동문화연구』42. 성균관대학교 대동문화연구원
▸ 김성현(2008). 다산의 정부조직개편안 연구: 경세유표를 중심으로,『한국공공관리학보』22(1).
▸ 김정기(2007). 삼봉 통치사상의 현대적 조명,『한국행정사학지』21.
▸ 김영평 · 홍준현 편(2010).『다산의 행정개혁』. 서울: 대영출판사.
▸ 김용덕(1977, 1981).『조선후기사상연구』. 서울: 을유문화사.
▸ 김용옥(2004).『삼봉 정도전의 건국철학』. 서울: 통나무.
▸ 김운태 외 공저(1982).『한국정치행정의 체계』. 서울: 박영사.
▸ 김운태(1970, 1981, 1982, 1983).『조선왕조행정사』(근세편). 서울: 박영사.
▸ 김운태(1980).『한국정치론』. 서울: 박영사.
▸ 김재철(1995). 율곡의 행정개혁사상에 관한 연구.『율곡사상연구』. 제2집.

▶ 김채윤(1973). 유형원의 계급관념에 대한 사회학적 고찰. 『공삼 민병태박사 화갑기념논총』
▶ 김태영(2003). 다산의 국가산업행정체제 개혁론. 『한국실학연구』 5.
▶ 김태영(2000). 다산 경세론에서의 왕권론, 『다산학』 창간호.
▶ 김태영(2011). 『유형원』. 서울: 민속원.
▶ 김항규(2010). 『행정철학』. 서울: 대영문화사.
▶ 김홍경(1996). 『조선초기 관학파의 유학사상』. 서울: 한길사.
▶ 김홍우(1983). 현상학과 사회과학, 김광웅(편) 『사회과학방법론』. 서울: 박영사.
▶ 나중식(2002). 『예산정치론』, 서울: 형설출판사.
▶ 나중식(2010). 『한국의 공직윤리』. 서울: 서울경제경영
▶ 내무부(1966). 『한국지방행정사』. 서울: 내무부
▶ 문형만(1990). 하륜의 세력기반과 그 가계. 『민족사의 전개와 그 문화』. 벽사이우성교수정년퇴임기념논총.
▶ 민병학(2005). 『한국정치사상사』. 서울; 도서출판 대경
▶ 박동서(1961). 『한국 관료제도의 역사적 전개』. 서울: 한국연구도서관
▶ 박동서(1972). 『한국행정론』. 서울: 법문사.
▶ 박병련(2000). 정도전 정치사상과 유교적 관료체제의 재설계. 『한국사회와 행정연구』 11(2).
▶ 박병련(2000). 행정사. 『한국행정오십년』. 서울: 한국행정학회.
▶ 박병련(2010). 『삼봉 정도전의 행정사상』. 한국행정학회 추계학술대회 발표논문
▶ 박병호(1985). 다산의 법사상, 『정다산 연구의 현황』. 서울: 민음사.
▶ 박병호(1990). 다산의 형률관, 『다산학의 탐구』. 서울: 민음사
▶ 박병호(1996). 『근세의 법과 법사상』. 서울: 진원
▶ 박상길(1969). 『한국통치기구발달사』. 서울: 성문각
▶ 박석무(역)(1980). 『유배지에서 보낸 편지』. 서울: 시인사.
▶ 박석무 · 정해겸 교주(1999). 『흠흠신서 원문』. 서울: 현대실학사.
▶ 박석무 · 정해겸 역주(1999). 『역주 흠흠신서(1-3)』. 서울: 현대실학사.
▶ 박승용(2002). 정도전 행정사상에 관한 서설적 연구, 『중앙행정논집』 16(1).
▶ 박영진(1993). 율곡의 정치 · 행정사상에 관한 연구, 『한국행정사학지』 2.
▶ 박이문(1980). 『노장사상』. 서울: 문학과 지성사

▸ 박종천(2001). 「국조전예고」에 나타난 다산 정약용의 예론, 『한국사상사학』 16.
▸ 박종홍(1977). 이율곡의 경정점진주의, 『한국사상사논고: 유학편』. 서울: 서문당.
▸ 박충석(1982a, 1988). 『한국정치사상사』. 서울: 박영사.
▸ 박충석(1982b). 근세실학파의 정치사상, 『한국정치행정의 체계』. 서울: 박영사.
▸ 박충호 · 유근호(1980). 『조선조의 정치사상』. 서울: 평화출판사.
▸ 박현모(2003). 정약용의 군주론: 정조와의 관계를 중심으로, 『정치사상연구』 8. 한국정치사상학회.
▸ 박홍규(2003). 공요계획 재검토, 『정치가 정도전의 재조명』. 제1회 삼봉학 학술대회 자료집.
▸ 배종호(1974). 『한국유학사』. 서울: 연세대학교출판부
▸ 백민정(2006). 『정약용 철학의 형성과 체제에 관한 연구－주자학과 서학에 대한 비판적 수용과정을 중심으로－』, 연세대 철학과 박사학위논문.
▸ 백승균 외(1996). 『해석학과 현대철학』. 서울 : 철학과 현실사
▸ 백완기(1980). 한국행정의 전통. 김운태 외. 『한국정치론』. 서울: 박영사.
▸ 백완기(1982). 율곡사상의 사회과학적 해석, 김운태 외 공저, 『한국정치행정의 체계』. 서울: 박영사.
▸ 백완기(1987). 한국행정이론의 성립가능성, 『한국정치핵회봄』 21.
▸ 백완기(1992). 정도전의 권력관 연구: 재상중심의 권력구조를 중심으로, 『고려대 사회과학논집』
▸ 백완기(2005). 『한국행정학 50년: 문헌검토를 중심으로』. 서울: 나남출판사.
▸ 서영호(2000). 다산관계저작총목록, 『다산학』 창간호.
▸ 성낙훈 역(1972). 『한국의 사상대전집』 12. 서울: 동화출판공사.
▸ 손흥철(2009). 다산학의 재조명을 위한 시론, 『다산학』 15호.
▸ 송복(1982). 유형원 관제개혁론의 현대적 조명, 『한국정치학회보』 16
▸ 송복(2007). 『위대한 만남, 서애 유성룡』. 서울: 지식마당
▸ 송주영(1979). 『한국실학사상대요』. 서울: 박영사
▸ 송주영(1979b). 반계 유형원의 사회개혁사상, 『역사학보』. 45.
▸ 신봉승(2010). 『문묘 18현』. 서울: 청아출판사
▸ 신용하(1981). 실학파의 토지개혁사상, 『월간조선』 11.
▸ 신용하(1997). 『조선후기 실학파의 사회사상연구』. 서울: 지식산업사

- 신일철(1991). 『현대철학사상의 새 흐름』. 서울: 집문당
- 안병영(1982). 행정이론의 토착화, 『월간조선』 7월호
- 안병영(2005). 한국행정학의 성찰과 전망. 『한국행정학회 춘계학술대회발표논문집』
- 안병영(2006). 시대별국가과제와 행정학의 대응분석, 『한국행정학오십년』 서울: 한국행정학회
- 안인식(1978). 이율곡선생의 생애와 업적, 『율곡전서』, 성균관대학교 대동문화연구원.
- 안재순(2009). 『유형원』. 서울: 성균관대학교 출판부.
- 오항녕(2009). 십만양병설조작 주장은 율곡전서 판본무지서 비롯, 한겨레신문 7월 22일.
- 유봉학(1999). 정조시대 정치론의 추이. 정옥자 외, 『정조시대의 사상과 문화』. 서울: 돌베개.
- 유원동(1988). 『한국실학개론』. 서울: 정음출판사.
- 유정동(1980). 한국실학의 실리성에 관한 고찰: 퇴계 · 율곡 · 반계 · 다산을 중심으로, 『성균관대인문과학』 9.
- 윤사순(1986). 정도전 성리학의 특성과 그 평가, 『한국유학사상론』. 서울: 열음사.
- 윤사순 · 유정동 역(1988). 『한국의 유학사상』. 서울: 삼성출판사
- 윤재풍(1982). 다산의 행정사상, 김운태 외 공저, 『한국정치행정의 체계』. 서울: 박영사.
- 이광모 · 엄운섭 · 김형준(2010). 다산의 복지공동체 행정사상 연구, 『한국공공관리학보』 24(3).
- 이기백(1973, 1990). 『한국사신론』. 서울: 일조각
- 이단행(1992). 다산의 정치행정사상에 관한 고찰, 『한국행정사학지』1(1).
- 이덕일(2009). 노론-식민사관: 사대주의와 인맥 연결됐다, 한겨레신문 2009년 7월 8일.
- 이도형(2004). 『행정철학』. 서울 :대영문화사
- 이동인(1996). 조광조와 이이의 사회개혁사상 비교연구, 『사회과학논총』 7. 충남대학교 사회과학연구소.
- 이동인(2002). 『율곡의 사회개혁사상』. 서울: 백산서당,
- 이문영(2006). 『협력형 통치』. 서울: 열린책들
- 이병걸(1972). 다산 정약용의 과거제개혁론, 『동양문화』 13집. 대구: 영대부설동양문화연구소.

▸ 이병도(1973). 『율곡의 생애와 사상』. 서울: 서문문고,
▸ 이병도(1992). 삼봉의 유불관. 『삼봉 정도전연구』. 서울: 삼봉선생기념사업회.
▸ 이봉규(1996). 정약용의 17세기 예송에 대한 이해와 예송의 철학적 쟁점: 『正體傳重辨』을 중심으로, 『공자학』 2. 한국 공자학회,
▸ 이봉규(1997). 조선후기 예송의 철학적 함의: 17세기 상복논쟁을 중심으로, 『한국학연구』 9. 서울: 인하대 한국학연구소,
▸ 이봉규(2005b). 사서 해석을 통해본 정약용의 정치론, 『다산학』 7호.
▸ 이봉규(2005a). 다산학연구의 최근동향과 전망, 『다산학』 6호.
▸ 이봉규(2007). 다산의 정치론 : 주자와의 거리, 『다산학』 11호.
▸ 이상백(1949). 정도전론, 『한국문화사연구논고』. 서울: 을유문화사.
▸ 이상백(1949). 『이조건국의 연구』. 서울; 을유문화사.
▸ 이상은(1981). 유교의 이념과 한국의 근대화 문제, 『유학과 동양문화』. 서울: 범학사.
▸ 이석규(1990). 정도전의 정치사상에 대한 연구, 『한국학논총』 18.
▸ 이성무(1994). 『한국의 과거제도』. 서울: 필문당.
▸ 이영훈(1996). 다산의 정전제 개혁론과 왕토주의, 『민족문화』 19.
▸ 이영훈(2000). 다산 경세론의 경학적 기초, 『다산학』 창간호. 다산학술문화재단.
▸ 이영훈(2003). 다산의 인간관계 범주구분과 사회인식, 『다산학』 4. 다산학술문화재단.
▸ 이우성(1982). 실학연구서설, 『한국의 역사상』. 서울; 창작과 비평사.
▸ 이우성(1983). 실학연구서설, 『실학연구입문』. 서울: 일조각.
▸ 이우성(1988). 초기 실학과 성리학과의 관계, 『동방학지』58.
▸ 이을호(1967). 『다산경학사상연구』. 서울: 을유문화사.
▸ 이을호(1974). 다산 실학의 수사학적 구조, 아세아문제연구소 한국연구실, 『실학사상의 탐구』. 서울; 현암사.
▸ 이을호(1981). 『다산경학사상연구』. 서울: 을유문화사.
▸ 이을호(2000). 『이을호전서 1』. 서울: 예문서원.
▸ 이익주(2003). 고려말 정국에서의 정도전의 정치적 위상, 『정치가 정도전의 재조명』. 제1회 삼봉학 학술대회 자료집.
▸ 이재룡(1975). 유형원의 제도개혁론, 국사편찬위원회(편), 『한국사14』. 서울: 탐구당.
▸ 이종범(1986). 『국민과 정부관료제』. 서울: 고려대학교출판부.

- 이종범(2006). 서론, 『한국행정오십년』. 서울: 한국행정학회
- 이종수(2009). 『행정학사전』. 서울: 대명출판사.
- 이종수(1985). 『막스 베버의 학문과 사상』. 서울: 한길사.
- 이종익(1971). 정도전의 벽불론 비판, 『불교학보』 8.
- 이태진(1969). 율곡 이이의 사회개혁사상, 『문화비평』 2(7). 서울; 문화비평사.
- 이헌창(1999). 반계 유형원의 경제사상에 관한 연구, 『조선시대사학보』 10.
- 인외순(2001). 다산 정약용의 정치권력론의 성격, 『동방학』 7.
- 임의영(1993). 『스키너의 행동주의적 인간관』. 서울: 문학과 지성사.
- 임의영(2006). 『행정철학』. 서울: 대영문화사.
- 장동우(1997). 『다산 예학의 연구』. 연세대학교 철학과 박사학위논문.
- 장동희(1987). 『정약용의 행정사상』. 서울: 일지사.
- 장동희(1998). 정도전 행정사상의 특징과 현대적 의의. 『한국행정사학지』 6.
- 장득진(1984). 조준의 정치활동과 그 사상. 『사학연구』 38
- 정구복(1970). 반계 유형원의 사회개혁사상, 『역사학보』 45.
- 정구복(1983). 유형원의 반계수록, 역사학회 편, 『실학연구입문』. 서울: 일조각.
- 정긍식(2003). 참작감률을 통해본 다산의 법인식, 『다산학』 4호.
- 정두희(1983). 『조선초기정치지배세력연구』. 서울; 일조각.
- 정석종(1986). 『정다산과 그 시대』. 서울: 민음사.
- 정성식(2003). 『포은과 삼봉의 철학사상』. 서울: 심산.
- 정성철(1989). 『실학파의 정치사상과 사회정치적 견해』. 서울: 한마당.
- 정시채(1985). 『한국행정제도사』. 서울: 법문사.
- 정용덕 외(1999). 『신제도주의연구』. 서울: 대영문화사.
- 정일균(2003). 다산 정약용의 형율관과 그 사상적 기반: 흠흠신서를 중심으로, 『한국사회사상사연구』. 서울 : 나남.
- 정재동(2006). 다산의 행정학 탐색: 다산의 관료제기구 존폐론을 통한 조직관 분석, 『정부학연구』12(1).
- 정재훈(2005). 『조선전기의 유교정치사상연구』. 서울: 태학사.
- 조기영(2004). 『삼봉리더십』. 서울: 이치.
- 조석준(1992). 『한국행정학』. 서울: 박영사.
- 조항덕(2007). <경제문감>에 나타난 삼봉 정도전의 정치사상, 『한문고전연구』 14.

- 채무송(1989). 이율곡의 정치사상, 『율곡학』 제2집. 율곡사상연구원.
- 천관우(1969). 조선실학개념성립에 관한 사학사적 고찰, 『이홍식선생기념논문집』.
- 천관우(1978). 조선후기 실학의 재검토, 국사편찬위원회(편). 『한국사23』. 서울: 탐구당.
- 천관우(1979). 반계 유형원연구. 『근대조선사연구』. 서울; 일조각.
- 최남선(1977). 조선역사강화, 제33장. 『육당전집』
- 최병선 · 심준섭 편(2010). 『다산의 행정사상』. 서울: 대영출판사.
- 최상용(2003). 정치가 정도전연구. 『아세아연구』. 서울: 고려대학교아세아문제연구소.
- 최상용 · 박홍규(2007). 『정치가 정도전』. 서울: 까치
- 최익한(1955). 『실학파와 정다산』. 평양: 국립출판사.
- 최진덕(1998). 다산 실학의 구조와 그의 상복제도론, 『다산의 사상과 그 현대적 의미』. 한국정신문화연구원.
- 최창집(1999). 반계 유형원의 행정철학, 『한국행정학보』 33(1).
- 최홍기(1984). 율곡의 경세관에 있어서의 민사상, 『제3회 국제학술대회논문집』. 서울: 한국정신문화연구원.
- 추제협(2011). 반계 유형원의 이기심성설과 그 실학적 단초, 『한국사상사학』 37.
- 한영우(1973). 『정도전사상의 연구』. 서울: 서울대출판부.
- 한영우(1983). 정약용의 여유당전서, 『실학연구입문』. 서울: 일조각.
- 한영우(1999). 『왕조의 설계자 정도전』. 서울: 지식산업사.
- 한우근(1966). 한국 실학사상의 구조와 발전, 『사상계』 3.
- 허흥식(1981). 『고려과거제도사연구』. 서울: 일조각.
- 현상윤(1949. 1952). 『조선유학사』. 서울: 민중서관.
- 홍이섭(1959). 『정약용의 정치경제사상연구』. 서울: 한국도서연구관.
- 황의동(1987). 『율곡철학연구』. 서울: 경문사.
- 황준연(2000). 『이율곡, 그 삶의 모습』 서울: 서울대학교 출판부.
- Appleby, Paul.(1952). *Morality and Administration in Democratic Government,* Baton Rouge, La.
- Bernstein, Marver.(1972). “Ethics in Government: the Problems in Perspectives,” *National Civic Review* 61, July.

- Bleicher, Josef.(1975). 『현대해석학』. 권순홍 (역). 서울 : 한마당
- Bowman, J. S.(1991). "Introduction." in J. S. Bowman(eds.) *Ethical Frontiers in Public Management.* San Francisco: Jossey -Bass.
- Burrell, Gibson and Gareth Morgan.(1982). *Sociological Paradigms and Organizational Analysis,* London Exeter, New Hampshire: Heinemann: 윤재풍(역) 사회과학과 조직이론, 박영사, 1990.
- Chaihark Hahm.(2000). *Confusion Constitutionalism,* Harvard Law School, J.S.D. dissertation 2000.
- Dahl. R.(1947). The Science of Public Administration: Three Problems. *Public Administration Review,* 7(1): 1-11.
- Dilthey. Wilhelm. 손승남(역). (2008). 『해석학의 탄생』서울: 지만지고전천줄
- Dilthey. Wilhelm. 이한우(역). (2002). 『체험표현이해』, 서울: 책세상
- Dimock, M. E.(1965). *A Philosophy of Administration,* N. Y.: Harper and Row.
- Frederickson, H.G.(1971). Toward a New Public Administration. in Marini(ed.), 309-331.
- Frederickson, H.G.(1980). *New Public Administration,* Alabama: The Alabama University Press
- Gulick, L. & Urwick L. eds. (1937). *Papers on the Science of Administration*, New York: Institute of Public Administration.
- Habermas, J.(1986). 박성수(역). 『사회과학의 논리』 서울: 문예출판사.
- Hargrove, Erwin C.(1975). *The Missing Link,* Washington D. C.: Urban Institute,
- Harmon, M.(1981). *Action Theory for Public Administration.* N. Y. and London: Longman, Inc.
- Husserl, E.(1981). *Shorter Works,* ed. P. Mccormick, Notre Dame Press.
- Millspaugh, A, C.(1936), *Local Government and Crime Control.*
- Morgan, Clifford T. and Richard A. King(1966), *Introduction to Psychology,* N. Y: McGraw-Hill, 1966.
- Myrdal, G.(1972). "How Scientific are the Social Sciences?," *Journal of Social Issues,* 28(4).

▸ Newell. A. Shaw, J. C. and Simon, H. A.(1958). Elements of Theory of Human Problem Solving. *Psychological Review*, 65(3); 156-166.

▸ Ostorm, Vincent.(1973). *The Intellectual Crisis in American Public Administration,* University, Ala.

▸ Palmer, Richard S. (1995). 이한우 (역). 『해석학이란 무엇인가』 서울 : 문예출판사

▸ Schutz Alfred.(1973). *Collected Papers Ⅰ.* ed. by M. Natanson. The Hague: Martinus Nijhoff.

▸ Simon, H. A.(1947). A Comment on "The Science of Public Administration." *Public Administration Review,* 7(3): 200-203.

▸ Simon, H. A.(1976). *Administrative Behavior: A Study of Decision-Making Processes in Administrative Behavior*, New York: The Free Press.

▸ Smith, Thomas B.(1973). The Policy Implementation Process, *Policy Sciences,* 4(June).

▸ Thaver, Frederick C.(1973). *An End to Hierarchy! An End Competition! Organizing the Politics and Economics of Survival,* New York.

▸ Thompson, Victor A.(1961). *Modern Organization,* N. Y.: Knopf.

▸ Waldo, Dwight(1980). *The Enterprise of Public Administration,* Novato, California: Chandler and Sharp Publishers, Ins.,

▸ Wilson, W.(1887). The Study of Administration. *Political Science Quarterly,* 2: 197-220.

찾 아 보 기

영문

한글

저자소개

나중식(羅重植)
jsnah@ks.ac.kr

▸ 서울대 행정대학원을 졸업하고, 영남대학교에서 행정학박사 학위를 받았다. 미국 노스캐롤라이나 주립대학(North Carolina State University) 국비파견교수, 프랑스 국립행정대학원(ENA) 연구교수, 한국지방정부학회 부회장과 고문, 부산국제광고제 이사, 그리고 경성대학교 총장(2005～2009)을 역임하였다.

▸ 현재는 경성대학교 행정학과 교수로 재직하고 있다.

▸ 주요 저서로는 『재무행정론』『예산정치론』『민주주의 조세행정론』『한국의 공직윤리』『행정학』『신행정학원론(공저)』 등이 있고, 주요논문으로는 「지방정부의 예산결정실태와 경향성분석」「주민참여예산제도의 운영모형에 관한 비교연구」「반계 행정사상의 기본논리와 철학」 등 예산 및 재무행정에 관한 다수의 연구논문이 있다.

▸ 최근에는 한국행정의 뿌리를 찾기 위한 한국행정사상사 연구에 몰두하고 있다.

한국행정사상사

제1판 1쇄 인쇄 | 2012년 5월 23일
제1판 1쇄 발행 | 2012년 5월 30일
지 은 이 | 나중식
발 행 인 | 김은중
발 행 처 | (주)서울경제경영출판사
북디자인 | (주)우일미디어디지텍
주 소 | 120-808 서울특별시 서대문구 대현동 67-5
대현빌딩 6층
전 화 | (02)313-2682
팩 스 | (02)313-8860
등 록 | 1998년 1월 22일 제 5-63호
ISBN | 978-89-88106-95-2 93350
정 가 | 24,000원